吴觉农 集

杂著并书信集

吴觉农 著

中国农业出版社
北京

中国国际茶文化研究会《吴觉农集》
编辑委员会

出版说明

　　吴觉农先生（1897—1989）是我国著名的农学家、茶学家和社会活动家，也是我国现代茶叶事业复兴和发展的奠基人，被誉为"当代茶圣"。一生撰写、翻译、主编220多部（篇）论著，时间跨度达74年之久，是中国现当代茶业的全景式历史文献，对于从茶业角度深入了解认识现当代中国社会历史，有着无可替代的重要作用。

　　为使读者全面了解现当代中国茶业发展的历史及其与中国社会政治经济发展的相关性，本编委会特编选《吴觉农集》，收录吴觉农与茶有关的120余部（篇）论著，时间从1922年到1989年达67年之久。作为历史文献，其文字内容与习惯表述方面有着鲜明的历史性，为免引发歧义，本编相应对其作了一些处理，主要集中在如下几个方面：

　　一是当时仍被日本、英国、葡萄牙占据的台湾、香港、澳门，在述及茶叶产地、进出口地及相关数据时，被作为地区单独列出叙述，直到1945年、1997年、1999年相关表述才有改观。对于本编中的相关地区名称与现今规范不同的表述，为保留文献的历史性而保持原状，在每部（篇）文献第一次出现时，加编者注予以说明，或在行文便宜处加"中国""地区"以规范其表述。

　　二是西藏、新疆、内蒙古等民族地区，唐代实行茶马贸易以来，对边疆少数民族地区的茶叶贸易一直实行不同的政策，在历史资料中也都以不同的民族地区名称称呼之。外蒙古地区于1911年宣布独立，但曾长期没有得到中国政府的承认，故而在对蒙古的称谓上，并不特别区分内蒙古与蒙古。而在西方传教士、学者的游记或学术著作中，更是将西藏、新疆、蒙古单列称呼，甚至与中国并列叙述。为尊重文献的历史性，本编也在每部（篇）文献第一次出现不合现在规范表述时，加编者注予以说明，或在行文便宜处加"地区"以规范其表述。

　　三是一些时代性的表述，如称孙中山"国父"，在演讲中自称"兄弟"等，皆予保留原文，不改动、不加注，保持文献的历史原貌。

《吴觉农集》编委会

2017 年 9 月

序

中国国际茶文化研究会会长　周国富

　　吴觉农先生（1897—1989），浙江上虞人，原名荣堂，后更名"觉农"，以示为振兴祖国农业而奋斗之志，曾用笔名有咏唐、池尹天、施克刚等。吴觉农先生是我国著名的农学家、茶学家和社会活动家，也是我国现代茶叶事业复兴和发展的奠基人，被誉为"当代茶圣"。

　　他1914年考入浙江省甲种农业专科学校，开始了解中华茶叶历史，立志从事茶业。在校修业四年，1918年毕业后留校担任助教。1919年留学日本，在日本农林水产省静冈县牧之原国立茶叶试验场学习，专修茶业。

　　1922年学成回国后，他曾去安徽芜湖第二农校从教，其间在《东方杂志》上发表了《中国的农民问题》的文章，引起关注。因这篇文章涉及农民在我国政治、经济上的地位，土地、农民受剥削压迫、农业科技与农民教育等问题，对提高当时农民的思想觉悟、促进农民运动的发展具有一定的作用。因此这篇文章于1926年为毛泽东同志主办的广州农民运动讲习所采用，作为培训教材。

　　1923年，他从农校辞职回上海，在家乡上虞县开办泰岳寺茶场，同时在上海筹建了振华茶栈。他把自己在上海的寓所作为中华农学会的驻地，是年在《中华农学会报》上发表了《茶树原产地考》和《中国茶叶改革方准》，引起业界重视。其后曾任上海市园林场场长，浙江省政府合作事业室主任及上海劳动大学教授等职。他自1931年起就任上海商品检验局茶叶监理处处长后，为振兴茶叶经济，维护华茶在国际市场上的声誉，改善茶农的生活状况，做了多方面的努力，如首创茶叶出口口岸和产地检验制度，在浙江、安徽、江西等产茶省成立茶叶试验场和茶叶改良场。其目的不仅要禁止劣质茶叶出口，而且要全面提高茶叶质量，采取科学办法从栽培、采摘、制造、贮藏等方面入手，改变因循守旧的手工生产方式。

1934 年秋至 1935 年 11 月，他先后到日本、印度、锡兰、印度尼西亚、英国、法国和苏联考察，对有关国家的茶叶生产和销售情况，以及茶叶的国际市场进行了详细的调查，回国后写出了《华茶在国际商战中的出路》《华茶对外贸易之瞻望》《中国茶业复兴计划》等多项报告和建议。

抗日战争期间，他负责当时政府贸易委员会的茶叶产销工作，在中国最大的茶叶出口市场上海沦陷后，他努力开拓茶叶对外贸易，特别是对苏易货贸易，代表贸易委员会和苏联商务代表在武汉谈判，签订了易货协定，随后在香港设立贸易机构富华公司，在内地颁布《管理全国出口茶叶办法大纲》，实行全国茶叶的统购统销。他亲自到各省联系，先后在各产茶省成立茶叶管理处（局），组织茶叶生产、收购、加工、运输等工作，借此消除了过去洋行买办、洋庄茶栈的垄断和地主豪绅、商业高利贷者对农民的剥削，恢复已萎缩的茶区生产，把分散在各省农村的成百万担的零星茶叶，加工为成品箱茶，汇集香港履行对苏易货和海外销售。1938—1939 年两年，取得较大成绩，华茶外销跃居出口商品第一位，不仅超额履行了对苏易货合约，还向西方国家换回一定数额的外汇，支援了抗日战争时期的经济。

他十分重视茶叶专业人才的培育。1940 年在重庆复旦大学，他与该校教务长兼法学院院长孙寒冰等商讨，成立了第一个高等学校茶叶系，自兼系主任和教授，并邀请了一批有名望的学者专家授课。在筹建茶叶系的过程中，孙寒冰在日机的狂轰滥炸中不幸牺牲。吴觉农在茶叶系的开学典礼上，沉痛悼念孙寒冰，要师生们永远纪念这位杰出的、著名的进步文化人。1941 年他加入了中国共产党领导的秘密组织"中国民主革命同盟"（简称"小民革"），开展了一些革命活动。

1941 年，他组织了一批有志于复兴中华茶叶事业的人士，在浙江衢州万川，设立了"东南茶叶改良总场"，亲任场长。1942 年，迁址福建武夷山，创立了我国第一所国家级的茶叶研究机构"中国茶叶研究所"，他亲任所长。集中了一批专家、教授和有实际经验的茶叶从业人员，系统研究茶叶的栽培、制造和贸易等方面的课题，取得了不少较有影响的研究成果。1946 年他回到上海，出任兴华制茶公司总经理，其间曾去台湾考察茶业。

吴觉农先生既是一位杰出的农学家和茶学家，也是一位知名的爱国民主人士和社会活动家，他振兴中国茶业的理想同他爱国主义的思想密切相关。从青少年时代起，他就追求真理，倾向进步。他同胡愈之、沈端先（夏衍）等情同手足。在杭州求学时代，即同共产党的早期先驱人物宣中华、杨贤江等交往密切。1927 年"四一二"反革命政变时，他同胡愈之、郑振铎等七人在报上发表了抗议国民党反动派血腥屠杀革命群众的公开信，被周恩来称之为"中国正直知识分子大无畏的壮举"。20 世纪 20 年代末，他和周建人、叶圣陶、章锡琛等进步文化人，共同创办了在知识分子和进步青年中有很大影响的"开明书店"。30 年代，他又与陈翰笙、薛暮桥、孙冶方、钱俊瑞等组成了中国共产党所领导的进步团体"中国农村经济研究会"，宣传共产党的主张，他担任该会代理事长。同时，他还担任中国农学界的学术组织"中华农学会"的总干事，在农学界前辈梁希、邹秉文的支持下，广泛联系农学界人士，负责组织和出版会刊等工作。在民族危亡的关键时刻，他加入了"中国人民救国会"，积极参加营救"七君子"及其他被捕同志的工作。40 年代初，他加入了周恩来直接领导的秘密组织"中国民主革命同盟"，并在上海担任负责工作。1946 年国共和平谈判破裂，中共代表团撤离前，周恩来召见"小民革"负责人指示今后工作，吴觉农等四人参加。在抗日战争和解放战争时期，他不顾个人安危，受党的委托做出了他力所能及的贡献。如在上海解放前夕，营救被捕同志；联络马寅初、吴有训、竺可桢、茅以升等知名人士，以防被国民党劫持；动员他留日时的老同学汤恩伯起义等。

1949 年 9 月 21 日，他在北京参加了中国人民政治协商会议第一届全体会议，参与制定新政协的《共同纲领》。10 月 1 日，又登上天安门城楼，出席中华人民共和国开国大典。新中国成立后，他担任了农业部的副部长，随后便立即会同贸易部副部长姚依林等同志讨论成立了中国第一个对外贸易公司——中国茶叶进出口公司（归中央贸易部领导），他亲自兼任总经理。在当时错综复杂的国际形势变化中，他迅速同苏联等国签订茶叶贸易合同；加紧组织进行茶叶的收购加工，履行易货偿债，并积极开展对资本主义市场的贸易，推销积存茶叶；大力订制制茶机械，在各主要茶区筹建各种类型的制茶厂；同时联系各省积极建立和扩大茶叶教学与科研机构等。当抗美援朝开始后，美国对我国实行封锁禁运，他又采取了绿茶改制红茶等应变措施。随后他召开了全国茶叶会议，制订了第一个茶叶发展计划，为新中国的茶叶事业勾画了宏伟细致的蓝图。

吴觉农先生历任第一、二、三、四届政协全国委员会委员，第二、三届政协全国委员会副秘书长，第五、六、七届政协全国委员会常务委员。其间任中国人民赴朝慰问团中央分团副团长，赴朝慰问。作为中国代表之一，出席了在哥本哈根召开的国际经济会议筹备会。出席了在维也纳召开的保卫世界和平大会。参加中国科普代表团访问苏联，庆祝十月革命节。

吴觉农先生历任中国农学会副理事长、中国茶叶学会名誉理事长。一直关心着中国农业和茶叶事业的发展。在经历了十年"文化大革命"的浩劫后，他已年逾八十高龄，但仍积极与农业和茶叶界人士探讨问题，参与各项考察和学术活动。他亲自去云南、广西、海南等茶区做调研，建议云南、贵州、四川、广西、广东发展红碎茶，以适应国际市场的需要；为增强茶叶出口的竞争力，他首先提出外销红、绿茶出口免税的建议；统筹外销茶产制运销一条龙等。这些战略性的意见，引起了有关部门的重视，有的已被采纳实施。

吴觉农先生晚年，还继续致力于著书立说，主编了《茶经述评》《中国地方志茶叶历史资料选辑》等著作，发表了《湖南茶业史话》

《四川茶业史话》《我国西南地区是世界茶树的原产地》等重要论文。他九十岁时还发起筹建中国茶叶博物馆的倡议，为中国茶产业和茶文化的发展竭尽全力。根据他对中国茶叶事业建立的功绩，以及他渊博的茶学知识、丰富的实践经验和理论著述，陆定一同志称誉他为"当代茶圣"。

1989 年 10 月 26 日吴觉农先生因病在北京逝世。

吴觉老一生的实践，是我们学习的楷模。吴觉老临终前说："我一生事茶，是一个茶人。"至于什么是茶人和茶人精神，吴觉老曾经有过这么一段精辟的概括，他说："我从事茶叶工作一辈子，许多茶叶工作者、我的同事和我的学生同我共同奋斗，他们不求功名利禄、升官发财，不慕高堂华屋、锦衣美食，没有人沉溺于声色犬马、灯红酒绿，大多一生勤勤恳恳，埋头苦干，清廉自守，无私奉献，具有君子的操守，这就是茶人风格。"中国社会科学院院长胡绳同志就曾这样评价他："吴觉农先生出生于苦难的旧中国，具有高度的爱国主义精神，是不断求进步的革命知识分子，他的身上表现着富贵不能淫、威武不能屈、贫贱不能移的高贵品质。"

2001 年 5 月，由我国茶学界、茶文化界以及有关企业单位发起组织了学术性民间团体"吴觉农茶学思想研究会"，宗旨是团结茶界专家学者和广大的茶人、爱茶人共同探讨与弘扬他的茶学思想，繁荣茶叶经济、茶文化，为社会主义的物质文明和精神文明服务。

吴觉农的茶学思想内容是多方面的，他始终是一位振兴华茶的倡导者和实践者。吴老的同学、妻兄、中国蚕丝专家陈石民先生曾经有一句话说：觉农是一位茶叶界的革命家，他所做的一切都是前无古人的。回顾吴觉老光辉的一生，他确实为振兴华茶做出了巨大贡献。他是我国茶史的考证者和茶政的改革者，发展茶叶对外贸易的积极实践者，我国茶叶出口产地检验的创始人，我国茶业高等教育的开创者，也是我国茶叶科研工作的开拓者。

为了弘扬吴觉农的茶学思想，继承吴觉农振兴华茶的事业，为了使吴觉老创导的"茶人精神"代代相传，2006 年 4 月由中国国际茶文化研究会、吴觉农茶学思想研究会、中国茶叶学会、中国茶叶流通协会、中华茶人联谊会、华侨茶业发展研究基金会、绍兴市人民政府、上虞市人民政府、中国茶叶博物馆、上海市茶叶学会、浙江省茶叶学会、浙江省茶叶产业协会、浙江省茶文化研究会、浙江国际茶人之家基金会共同发布了"弘扬吴觉农茶学思想倡议书"。倡议书中建议"多方筹集资金，组织整理出版《吴觉农茶学文集》"，后改名为《吴觉农集》。

经过几年各方面的努力，确定由中国国际茶文化研究会和吴觉农茶学思想研究会具体负责，并成立了由全国有关专家组成的《吴觉农集》编委会。筹集了启动资金，广泛进行了有关文献资料的收集和整理，并进入了编辑出版阶段，确定由中国农业出版社出版。《吴觉农集》共八册，近四百万字，包括《茶经述评》等百余篇（部）文献和著作，还有书信一百五十余封，现在终于可以与读者见面了。

《吴觉农集》内容广泛，全面反映了吴觉农茶学思想的方方面面，阅读和学习它，对弘扬中华茶文化、振兴中国茶产业具有现实意义。让我们通过对《吴觉农集》的阅读与学习，借鉴吴觉老提供的历史经验，弘扬吴觉老的"茶人精神"，为复兴中华茶文化、振兴中国茶产业做出更大贡献。

2016 年 4 月于杭州

凡 例

1. 统一采用横排简体字版式，原竖排版式文献中右、左等方向词相应改为上、下。

2. 在编辑整理过程中，对明显的文字排校差错进行必要的订正，疑字和无法认清的字用"□"标示。

3. 原著中的繁体字、异体字和错别字作统一规范，通用的字、词保持原貌，不作改动。

4. 专著、论文、讲话、讲演稿、调查报告、序、跋、书信、译著标题，皆在文末以括注的形式作题解，如写作时间和发表时间齐全，采用发表时间；发表时间不详或无考，采用写作时间，外文原著译为中文，亦按译文发表或出版时间编排。

文献无标题或原标题不明确的，编者根据文献内容和有关背景情况拟出标题，在文末括注形式的题解中予以说明。

5. 原著行文中的历史纪年，1949 年 10 月 1 日中华人民共和国建立前使用历史纪年和民国纪年，涉及其他国家的使用公元纪年；中华人民共和国建立后统一使用公元纪年。

6. 原著或译著中涉及中国地名，行政区划归属今已不同者，不作更改。

7. 译著中洲名、国名、州省郡名，俱改从今通行译名。译著《茶叶全书》中的人名，除日文外皆未译成中文，今仍原样。而《茶叶全书》部分专名、地名在译文后重复保留的英文原文，大都予以删除。

8. 1945 年以前的原著及 1949 年以前的译著中，台湾皆作为一个单独的地区名出现，这是因为台湾岛自 1895 年《马关条约》清政府被迫割让后即为日本侵占，1945 年抗战胜利后才归还我国。除少数地方为避免引起歧义而加国名称"中国台湾"外，一般皆仍原样，以使读者看到真实的历史面貌。

9. 原著及译著文献行文中用中文或阿拉伯数字表示的数据，时间（世纪、年代、年、月、日、时刻）、物理量、约数、概数等统一用中文表示。整数万位数及万位数以上用"万"或"亿"表示，非整数的万位数及万位数以上、千位数及千位数以下不变。

10. 原著及译著统计表内数据统一使用阿拉伯数字。

11. 原著及译著中的计量单位为英制、旧制的，保留不变。

12. 原著及译著中无标点的，按现行新式标点予以标注；非标准标点，则作适当规范。

13. 原著正文和注释引用外文的，以及译著中未译的外文，皆保持原貌，不作翻译。

14. 编者所加注释，统一在句末标明"编者注"，以与作者原注相区别。注释统一置于页下，使用如①的序号。

15. 编者为书信所加简单注释，则按出现顺序在文末一并以括注形式标注，不加注释序号。

目　　录

中国的农民问题

一 农民与中国

我国从开国以来，完全是以农业立国。试一阅我国的农业史，凡是承平的时代，都是农民生活余裕的时期；一遇灾歉，农村就引起不安，从而地方亦随之而不安了。因为农民居中国全人口的 90%，衣食住器具杂用之所出产，工之所制造，商之所懋迁，都是仰给于农民。现在逐一分述他的重要的关系：

一、与中国文化的关系　中国国民性，一向以勤苦耐劳俭朴等著称；可是这完全是农民的一种特性，换言之：中国的国民性，完全是以农民来作代表的。杜威博士在《中国人的人生哲学》——见本志十九卷三号——里说："世界上其余的农民，已把土壤的膏腴，吸收完了；但是中国人还是照旧的耕种着；而且熬着千辛万苦，也仍是耕种着，而土壤的生产力，仍和先前一样……借此可以说明中国人的保守主义，可以说明他们尊重自然，和蔑弃一切用人力奋斗，并求速效的那种态度……""保守"两字，在文化的意义上说：我们可以认作退婴的不进化的一种主义看，可是我们在数千年来，还能够遗留古风，迄今不衰，就不能不来崇拜农民的能够具此特性了。

二、与生产上的关系　一国生产品的多寡良否，与国家的进步发达，有直接的关系。我国自和各国通商以来，每年输入的大都是工艺制造品，约计达海关两四五亿之多；如果把这几十年以来的漏卮合算起来，不知道有几百兆亿了！幸亏大多数的农民，一面能够把他们的农产品作极大的输出品，——每年海关的统计，输出入相抵，约为八十和一百之比；而输出品的90%，都为农产品——又一面凡是农民每日之饮食，所著之衣服，所用之器具，所住之房屋，虽然到现在，还是自耕而食，自织而衣的居多。所以我们可以说一句："如果中国的农民不勤苦耐作，也沾染都会住民的根性，那么中国国际的地位，更要糟到不堪设想！"

三、地位上的关系　中国人口，一向无精确的统计，据最近《上海经济报》的记载，谓十八行省的人口，计三亿三千六百二十七万一千，满、蒙及新疆、西藏计一亿六千一百三十八万八千，合计将达五万万。即以80%为农人，那么已达四万万的农民了——据农商部第五次的统计，谓中国农户共四千九百零二万八千八百六十四，而四川、云南尚未列入；两湖及两广又多报而未周；就以七千万户计，每户平均五人，也达三亿五千万的农民了——以偌大多数的农民，其生活的安危，智识程度的高低，关系于文化的进展，国势的强弱，不待言而可知了。

四、与国课的关系　我们一查中国的财政，虽然紊乱到不堪言状；可是每年军警行政的巨款，教育实业的设施，年耗五六亿元；而这一项的巨款，完全由生产阶级为之负担。我国的生产阶级，不待说，当然是三四亿的农民了。例如经常岁入最大的为田赋约一亿元，其次为盐税约九千万元，田赋税名义上虽由地主阶级为之代纳；而实际间接取之于农民者，更十余倍。盐税一项，简言之：亦完全由农民担任，因为食盐的90%，都是农民所消耗的。其余如货物税，丝茶税，烟酒税，糖及木料税，以及各种的杂税也无一不直接间接取之于农民。所以要图国课的增收，财源的旺盛，根本之图，不能不注意到农民生活的健康，与农业经营的改良发达了。

以上仅就其大者而言，其实我国即使工商业如何的发达，将来总是一个农业国。如果农业改良，农业丰富，不但使内地人民，生活可以非常地安乐，就是在国际地位上，也可以衣食世界。欧战以后，各国都觉悟专重工商的不可靠，已回头注意到农业方面去了，我们还可以延缓么？

二　我国农村的危机

我国农民生活的疾苦，不是今日才发生的现象；不过近年以来，外受外国资本家及工商业的压迫；内受政治纷扰及贪官污吏的荼毒；所以越弄得不堪设想了！现在只把最浅显的例，拿来说明一下：

一、土地分配的不足　我国边境，虽然旷地很多；但是内地农民，却有土地不足的恐慌，越近都会，交通越便的所在，这种现象也越加显著。所以酿成这种的缘故，自不难想象而得：（1）农民多富于保守性，不愿远徙他处。（2）坟墓荒地甚多，或为迷信所阻，或无资本经营。（3）一部分的平地农，尚不能注意到无量数的陵阜的高山上去。（4）交通水利的不便。（5）人口生产的过剩。这几大原因中，我们认第五项最有关系，因为我国一向有"不孝有三，无后为大"的教训；而且从前的生活程度，又不见得什么高，所以儿女生产虽多，生活上还不觉得什么为难，可是现在就不然了。罗素在他的《中国之国际的地位》里有一段说："中国土地的大部分，当初虽在自作农手里。可是把所有地一经分给子孙，又一代一代的下去，到后来每人所有的产业，只够支持他自己和自己的家族。一遇水旱，或者别的事故发生，就有无数人口，因此饿死……如其他们把大家族制度这样永远的继续下去，他们的贫苦，终没有永久的救治法了。"现在内地确有这一种的现象，乡村青年，跑到城市，改就他项的工作及各种的小买卖者，已不知有多少了。

二、农民粮食的恐慌　三五年以前的米价，每石不过四五元，现在已到了十多元了。照农家的经济原则，本来是"米粮越贵，农家的收益越多"，因为米粮都是农家手里所出产，米价越高，则农人的收入自然越多；可是我国的农家，实际上适得其反，米粮越高，则农民越起恐慌，这是什么原因呢？因为我国虽然没有像英国和美国那样的大地主；但是一般所谓中产阶级的不动产，都是农民的土地，能够种自己的土地的自作农，百分之中，恐怕占不到二三家。所以一家老小终岁辛勤之所得，其收获的四分之三，或三分之二，都须供给那班无事坐食的地主阶级。加之生齿日繁，新辟的土地无几，农民多有劳力过剩的恐慌，而所谓山地农，又不能出产米麦。是食粮愈益恐慌了！观乎近几年外国输入米的增多，与各省饥荒的频报，当可了然了。

三、农民生活的穷困　我国大多数农民，既苦于土地的不足；复迫于粮食的缺乏，所以各地的生活状况，都和流离失所的灾民一样！家长则力疾从事，子女则面皮黄瘦，缺乏一定的滋养。这是现在农村普遍的一种现象，据日本学者的调查，现在日本的佃户，每日所食用的食粮，平均尚不及监狱里的一个囚人（详见本期拙著《日本农民运动的趋势》）。而照记者实地的观察，我国现在的农民状况，比之日本农家，还要艰苦好几倍！现在再据日本森本厚吉博士调查农民的营养状态如下：

	蛋白质	脂肪	碳水化物
农民每人每日必需保健食粮的标准量	32 钱	11 钱	124 钱
实际所消费的农民的食粮	25.2 钱	4.4 钱	184.7 钱
标准食粮与农民食粮的百分率	79%	40%	148%

照上表就可以知道现在的农民，对于蛋白质及脂肪的营养，非常不足。不得已，只得以蔬菜杂物等的碳水化物，充充空腹而已。这不但有害于国民的健康，就是农业前途，也发生极重大的危险啊！

四、农家收入的低减　我国农家，本来乏科学的常识，各种农产，都没有改善的希望。近年以来，又因丝茶及其他输出品的递减，及价格的低落，无形之中，减少了不少的收入。于是购买肥料，经营土地的财用，也非常地匮乏了；况且农家经营土地，原来是受"土地报酬渐减律"的制裁的，不像工商业的能够随资本之大小，而自由发展其营业；如果不再用科学的方法以为之救济，则农民的生活，更不知要困苦到什么田地咧！

五、灾荒的频仍　据农商部第五次的统计，合计农田及园圃为十四亿七千二百十九万三千八百四十四亩，但因森林的滥伐，水利的失修，与病虫害防止法的没有研究预防，以致每年损失，不下几万万元，间接减少国家的收入，直接就是斲丧农家的元气。现在只把民国三年各省所调查的各种灾荒，统计起来，几乎是全国农田的二分之一左右都受水旱及病虫害之患了！

灾　别	所害农田及园圃亩数（民国三年）
风雨	7 403 767
被水	41 622 567
被旱	588 780 805
被雹	2 750 690
虫害	9 420 544
病害	2 405 739
其他	1 093 338
合计	653 475 445

在上面这六万万五千万亩的灾歉中，平均以一元计，则农民所丧失的已达到六万万五千万元的巨额；这不是一件很可注意的事情么？

六、受工商业的影响　近几年来，都会工业的发展，和商人转运的敏捷，使农民都放弃从前自织而衣的布帛，不能不向城市去购买，直接停止家庭的手工业，间接被都会工业及商人榨取无量的金钱。茶茧等项，因农人乏资本及团体之力，一任内地商人的宰割，例如：禁止农人自立烘茧灶，明明是垄断农民，强使以低贱的价格，卖给商人。又如都会工厂，都招收健康的农村青年，于是农村的工价，因此飞涨；而农村中且乏有力的青年。又因工商业逐渐发达，资本家渐渐产生，买卖土地及改土地为住宅等事越多，地价亦从此增高，农民就越感到苦痛了！

七、受地方资本家的压迫　我国农民社会，一向有句古话："正月贩新丝，三月卖新谷。"因为一般农民，都苦于资本的缺乏；而种子肥料人工农具……等又随处需费，当需要急用的时候，自然不能不抵押自己所有的田地或预卖他们还未收获，甚至还未着手饲养或栽植的物品了！而穷凶极恶的资本家，利用这种破绽，于是放年债以盘剥三四分钱的重利者，到处皆是！所以心计稍细的自作农，有不到三五年，已把许多自己所有的良田肥山，入于资本家的掌中。而普通佃户，偶因年岁不良，或家中稍遇他种事故就弄得走投无路了！这种情形，是南方农民普遍的现象。至于北方，则因缺乏资本，虽有劳力土地，而无从着手耕种的，又随处皆是。

上面不过约略举几个显著的例，其余如因战争疫疠所受的损失，苛捐土匪的骚扰；因土地的散漫，而使生产能力的减少；因交通河道的不便，而使物产不能运送；因婚姻丧葬等礼节的过繁，而使经济上发生极大的困难；因智识及团体能力的缺乏，而使居间商人任意的欺弄……那更不胜其枚举了。

农民与我国前途的关系，既如是其大；而目下农民的生活，又如是其困苦，那么应该谋如何的补救，应该谋如何的改造呢？我以为这个问题应该用三种方法来解决，就是：

第一改正地主与佃户之关系。

第二改良农业之经营法。

第三改善农民之生活。

三　地主与佃户的关系

俗话说："雇人种租田，讨饭在眼前。"农民生活第一个解放问题，莫过于佃租制度了。现在工业劳动与资本阶级的争斗，都集中于"剩余价值"的分配，这是大家都明白的。然而从农业方面而论，颇有几个不同之点：（一）有土地的地主阶级，虽然坐收农民的剩余，但是现在地主之所得，实际上决不能和工商业的资本家相比较：例如经商贩茧，只要一二个月工夫，可以得二三分钱的重利；现在的纺纱厂丝织厂，除了各种的公积金，总理事务员董事们丰富的报酬以外，各股东还能得二三分的厚利。这是工商业和农业不同之点。（二）从佃户的方面论，也有许多和工业劳动不同的地方，例如：

1 工业劳动者，只能得一定的赁银，而佃户除缴纳租谷，或稍价

（以现钱代租谷者曰稍价）以外，其余生产的全部，都归佃户所有。

2 工业劳动者，直接受工场主之监督，而佃户则有耕作自由之权。

3 劳动者除得赁银以外，对于生产物没有何等的权利；而佃户对于自己的生产物，有自由处分之权。

4 工业劳动者只以身体的单纯的劳力，供雇主的驱使；而佃户则须自己供给种子肥料及农具等，有自由投资的可能。

可是现在农村里的农民，实际上的情形怎样？纯粹的所谓农业劳动者（被农家所雇佣的劳动者），比较现在中国的工业劳动者，总要多几十倍。论到佃户们的生活状况，每日的工作差不多要做十五六小时——日出而作，日入而息，这是一定的规矩，一家的男女老幼，都要共同的帮忙，虽然热到百度以上，仍须到田间去犁田耙草；冷到冰点以下，还只有败絮破棉，咬着齿牙去过冬，粗糙麦饭，还算是无上清福，蔬食瓜菰，作终年的佳肴美菜……又比较工业劳动者，还要担忧田作上无限的责任。一遇天灾水旱，不但预付的稍价，没有着落，即所投的种子肥料人工……的资本，亦尽付东流；卖子鬻妻者，时有所闻。所以我们说中国农民，比较任何地方的工业劳动者还要困苦，也并非过言。现在再说地主阶级私有土地的一种特别的利益——比较工商业稳健的地方：

（1）土地有自然增高土地价格的利益。

（2）地主所受的损失，至多不过一二年，工商业有丧失其全部资本者。

（3）土地的获利是永久的，工商业是一时的。

地主与佃户的关系既明，现在应该想一种什么办法呢？这是现在世界的大问题，不仅是中国的一国的问题。在理，自然除"土地国有"的办法以外，其余都是不中用的策划了。我们在华言华，且来一说中国古代的土地制度罢。"井田制度"，是三代所盛行，其法画田为九区，区各七十亩，外边为民田，八家各耕公田；且公田的七十亩中，还须除十四亩作庐舍，所余的只五十六亩，所以每家只耕七亩，不过尽十分之一的义务罢了，比较现在二八（地主八佃户二）、四六分租者，相差多少？自秦以后，虽渐有地主阶级产生，但是《汉书·食货志》："民年二十受田，六十归田；七十以下，上所养也；十岁以下，上所长也；十一以上，上所强也。"不但有自由耕种的乐趣，而且老幼得有所养的设施。晋的"均田赋"，魏孝文的"授田法"，隋时的"别田亩"，唐时的"口分世业田"，都是农民直接受田于国家，纳税于官厅的。宋时的"立制限田"，更是预防大地主的兼并。而现在的土地，已大都在地主之手，且田无论好歹，岁无论丰歉，做地主的逼迫佃户，做胥吏的勒索民间，农民的痛苦，是不必细说了。所以从世界的大势看，从我国的古制看，对于佃户根本的解放，只有请地主阶级，放弃其土地的一法！但是这或许在将来的事情，目下只好讲几个治标的办法了，治标方法的主要的：

一、租额的规定　现在各国农民与地主间主要的争议，不外争论租额的多寡，我国农民一向被视为"乡愚"；而且几千年来，都处在官厅及绅阀的积威之下，所以虽有争论，结果总归是佃户失败。但是这种高压制度，在真正的 Democracy 之下，总应该有打破的一日；而且农民一经觉悟，反容易惹起地方的不安，如浙江萧山的农民运动，就是最近的例。至于租额的决定，当采法国的"分益制"，地主至多不得过一半。遇有水旱疾害，两面均匀分受，庶几佃户地主，不致两受不平。

二、租种年限的规定　地主与佃户间，最容易发生争端的，是退租与转租的时候。佃户靠田地为惟一的生产要素，如果地主们有买卖及改换佃户的时候，势必使佃户们互起争租的弊窦，这不但使租价因此抬高；而且也容易起佃户滥用土地的流弊。所以应该规定最小的年限，在这年限以内，无论地主有转卖及他种情事，佃户仍可安心耕种，日本新定最小年限为七年，说者犹谓其太短，故最小年限，应以十年为定。

三、佃户先买权的确立　当地主转移地主权于他人的时候，应该使佃户以相同的价格，有先买的权利。这种规定，可以使土地不至于集合在大地主之手，所以各国都实行之。但在一方面，还须国家或公团设立纯粹的低利的"农民银行"，专为佃户们融通资金，使于几年以后，可以得到"自作农"的地位；那么农村间自作农也可以从此加多了。

四、田租审判所的设立　当佃户与地主争执的时候，官绅偏袒地主的居多；佃户的理由无论怎样正当，总是失败。所以今后无论在宪法及民法上，都应该本民治国家的精神规定制度。另外最好设一田租审判所，以富于农业智识的人，充当陪审员及调查人，或在各乡镇设立委员会，以地方公正绅董，及佃户公同集议做标准。

以上不过举其要者言之，其余如承认佃户的团结权，减免租税权……等，均须有详细法律的规定，而农民银行的亟待设立，尤是目下所刻不容缓的事。

四 农业及经营法的改善

我国农业的亟待改善，经营方法的亟须革新，这是谁都承认的；可是改革的方法，头绪纷繁，农业不良的地方，又触处皆是；现在且把目前亟待改革的几大端，提出来讨论一下：

（甲）工作能力的增进 我国农民，生活简单，经营方法还是因袭着几千年以来的古法；与近世科学差不多还不曾接触着；所以现在应该注意的，在撤换古代式的农业，而易以近世科学的农业。英、美、德、法、日各国，已都从十八九世纪起，把农业与科学一天一天的接近起来了，所以收获量及生产品的质地，都比较从前有充分的进步，而所以谋改良进步惟一的工具，就是农业教育与农业试验场；而农业行政的改善，亦直接间接与农业有极大的影响，现在只说增进农业工作的几个要项：

（1）农用器具的改善 "工欲善其事，必先利其器"，这是很普通而且是含有精理的话。华农所用的器具，还是几千年以前的农具；便利的新式农具及机械，如缫丝、制茶、打麦、舂米及播种、耙田的器具，都未着手应用，去年海关报告，进口农业机器虽已经由一百万两（九年度）增加到二百二十万两；但这是很小的数目，而且普通农家，都未着手应用，今后对于旧式农具，应该着手改良；新式机械，当集合一村几十户或几百户的农民，作共同的使用，则减少劳力，增加生产，补助农民生计，当然不小了。

（2）耕地整理　我国现在的耕地，不但划分极小，而且多很散漫，农民耕种，有须走五六里或十多里的远地，才能工作的。又因划分极小，不能利用机械；而耕作田亩，又是散漫不一，乡间道路，大都绕曲而行，丧失土地，阻碍交通，耗费劳力者极大。耕地整理，就是将所有的土地重行划分，使乡间道路，不特因此可以改善；就是土地亩积，也能够增进 10%～20%。这是日本许多地方所实行的结果。不过这种也须明订法律，特派人员，专管其事，才能有成效罢了。

（3）改良乡村道路　现在铁路的建筑，还是幼稚时代，农产物输送，都靠人力肩挑而行；贵重的农产物，或者还可以赚点微利，稍微笨重及容易腐烂的物产，就不能运送到远处了；即使可以输送，价格也增加得很高。又如肥料的输送，也极为困难，生产量就难以增进。所以地方或国家应该筹措款项，利用农闲，修治道路，使可以通行马车，或运载的货车，无形中增加生产，便利人工者不少。

（4）改良肥料　我国农田，大都利用人粪及各种植物的腐殖质；但这种都是笨重的，而且是含肥料质量极少的东西，又因大水的冲洗，缺乏有机质肥料的地方很多；今后应该研究化学的肥料，使搬运便利，效力增进。

（5）改良品种　动植物品种的优良与否，直接关系于生产的多寡。我国农民对于选种育种的方法，素来不甚注意；所以现在的品种，不但没有进步，而且是逐渐的退化！据日本某学者的报告：检查中国某一种的稻，混杂种类达八十余种之多。如柑橘桃梨等优良的品种，从外国方面输入者，每年达数百万两；中国棉因纤维的不良，不能不掺杂外国的棉纱；因丝茶品质的不曾改良，出产额逐渐被各国所蚕食，这不过是最显著的几个例。所以今后应该研究优良的品种与夫病虫害抵抗力较强的种类，这是最紧要的事。

（6）提倡畜牧　我国每年羊毛兽皮的出产，肉类鸡蛋的出产，为数很大；又如北方放牧之地，及南方丛林之间的放牧，都为增进生产最良的方法。农民肯注意畜牧，则劳力生产上，也有极大的补救。但目下因优良品种的缺少，如优良的乳用牛及多产的卵用鸡等，兽疫预防缺乏研究，进行上就觉得很为难！这都应该由政府及农学界中人，负完全责任的。

（7）病虫害的防除 据民国三年的统计，一年中受病虫害的田亩，达一千一百八十二万六千二百八十三亩之多；实际上必较此为尤巨；而现在一般农民，都以天灾目之！政府及地方人士，又没有补救的方法，农人的受害真不浅啊！

（8）森林事业的振兴 森林不但能增进地方的风景，补助农家的收益；又有扞止土砂，预防水旱灾的极大利益！现在各地的荒山既多，而农民又不知经营的方法，因此童山濯濯，水旱并告；而且近几年以来，内地已经有薪炭不足的恐慌，如果再不着手振兴，将来的祸患，更不知要到什么地步咧！

（9）兴修水利 我国在近几年以来，时时有洪水之患，农民既无法挽救，地方人士，又不能作根本上的计划，长此以往，势必致农民弃其田亩去干不正当的勾当不止。今后非由政府出资，一面督造保安的森林，一面聘请工程师，规定办法，兴修水利不可。

（10）开垦荒地 我国荒地，据统计所示，边境及云、贵诸省尚不在内，已达四亿亩之多；今后应改良领荒办法，使小农家都能到各处去领地开垦，且与以资金的融通及生活上的保障。

（乙）农民团体的组织 中国农民团体的不完备，经济组织的不确定，实为农业不进化的重大原因；今后农民应该自决的重要问题，恐怕莫过于组织团体合作事业的一事了，现在择要列示于下：

（1）生产合作 生产上的合作，是农民间相互的帮忙，如劳力的通融，机械的共同购买等，可以增加生产，发展事业。

（2）购买合作 现在农民需要虽少；但是一乡村里的农民，自衣食器具以至于肥料种子，各种需用物品，都是各人向各地自行购买；如果每一乡村，集合数十家或数百家，设立购买合作社，则一切货物，自然较个人购买，质美而价廉了。

（3）贩卖合作 农民所余剩的农产品，现在都经过贩卖商人之手，商人都属市侩，到处垄断。农民又因需用很急，不能待善价而沽；且因数量极少，不能直接运往大市场去贩卖，故茶茧棉花等，都不能不贱价售去，这是农民受损失最大的地方，非有贩卖合作，决不能免中间商人的垄断。

（4）制造合作　我国农民，对于农产加工制造，还不十分注意；其最大原因，就在没有共同制造的合作社。例如：制茶一项，农民因缺乏资本，不能购买新式机械；又因人手缺乏，虽有优良原料，亦不能精细制造。倘能组织合作社，共同经营，则费轻而效著，即其余一切农产，亦可加工制造，农民的收益，必三数倍于今日了。

（5）借贷合作　农村第一问题，莫过于资本；但农民没有钱的时候，均受地方资本家重利的盘剥；而有钱的时候，又无从存放生息，乡间虽亦有邀集亲友，作借贷的事业——如做月会、年会等，但此种大半非生产的借贷，最好自己组织银行——如雷发巽式的银行——有少数会员，即可组织。既可作借贷的互助，而且可以逐渐使银行的发达；那么，抵押土地，典当衣服，及被地主的盘剥重利等事，都可避免了。

（6）保险合作　欧美各国，对于农民的保险事业，都很进步；如病虫害、水旱灾等，都可出少量的费用，图安全的收获。我国农民，也应该共同作保险的合作。

（丙）农业行政及农业教育　我国自古重农，对于行政事业及教育方面，都很注意；但是现在的行政，似乎和农民脱离了关系，教育也只及于有产阶级的人民罢了。这是民主国家所应有的现象么？现在择要言之：

（1）农业行政机关的改革　我国农业行政机关，在中央最高者为农商部；各省为实业厅。农商部在各部中是最清闲的机关，经费又极缺乏，而且和工商各种事业相混杂。所以这十一年来，对于农业发展，农村改良的问题，丝毫不曾注意！实业厅更无聊极了，每一机关里边，都没有农业专门技术的人才，不过对于例行公事，做做承转的机关而已！各县公署，又没有实业科，更说不到有专门的农业人员了。浙江浙东各县，现在虽已添设一名农林视察员，而各知事大都叫不谙农业的人员兼领其事；农业前途，还有发展的希望么？今后应该从中央以至于各县，特设农业机关，多给以经费，多聘有专门技术的人员，尽力于农业的发展才好！

（2）农会　农会本来是农民及农业家的完全的人民团体，是农业行政机关与农民间的喉舌；对于农业的发展，农民生活的改造，关系很大。但是从民国元年，颁布农会规程三十六条以后，到民国五年，合计虽有省农会十九所，县农会二百二十六所，但市乡农会还只有二百五十六所，——市乡农会除江苏、福建、浙江三省以外，其余还都未筹备——而且顶重要的中央农会或是省农会联合会，除民国二年在北京开过一次联合会以外，一直到现在，还不曾有什么举动！所以现在各省县虽有农会，也是形同虚设，若再不振作精神，及各省县予以经费上充分的补助，农会对于农业，决不能发生关系，是可以断言的。

（3）试验场　各地方的农业试验场，及各专门的农事试验，本来为解决农业重大问题，改良农民生产技术的重要机关。但是现在国内的各试验场，第一是缺乏人才，第二是缺少经费；所以十余年来，对于农民一点没有效果发生。今后除人才经费，应该充分的补助以外，还须派各场的技术人员，到各处讲演及指导，凡有优良的成绩发见，最好到各地设立模范农场，农民虽富于保守性，只要真有成绩，不怕他们不来仿效。

（4）农学校　我国专门农校，虽已设有直隶、山东、山西、河南、江西、四川六校，甲种农校已有五六十所，乙种农校二百余所；但是专门学校仍没有解决农业问题的可能。甲种农校卒业生，论智识既极浅缺，而经验又不及老农！乙种农校，又因年龄和程度关系，目下正成为一大问题。1922年7月初旬，由中华农学会教育改进社及中华职业社，集全国农业家及教育家于济南，专门讨论农业教育问题，注重于农科大学的增设；甲种农校年限的延长，及行分科制办法；改乙种农校为农业补习科；而于乡村初等小学校，一律授以乡村的农业新智识，如果将来见诸实行，未始不是我国农业教育的一个新转机啊！

其他如（1）厘卡杂捐的亟应废除；（2）交通机关的亟待发展；（3）农业仓库的扩充；（4）农业法规的颁布……限于篇幅，不再述说了。

五　农民生活的改造

美国罗斯福总统说："凡是乡村的事业，就是全人类的事业，假使农民不能够享受良好的生活，即使收获非常丰稔，也是没什么道理的。"去年由美国特地来到中国调查农业问题的麻省农科大学校长白德斐博士在报告我国教育部《改进农业与农业教育意见书》里有几段说："要使中国有真正共和的希望，须先有生计宽裕、智慧开发的农村乡民……""中国乡村在政治生活中，时常沾有巩固的势力，将来新中国与华农必定成功一种政治的重心。""但是穷乡僻村，隔绝了世界的潮流，都成一种孤独的生活……这就是中国的一个大弱点！"我们看了以上两人的言论，对于我国农民生活的亟须改造，更觉得是显而易见了。要之：我国现在政治的扰乱，社会的疾苦，要从根本上加以革新；自非真正的民众——即大多数的农民，有真正的觉悟不可！所以农民生活的改造，比任何事情，更来得重要。现在就农民生活改造的几点，写在下边：

（1）农民教育　农民生活改造的第一部，自非从教育着手不可，但是教育应该分为三部：（a）失学农民的补习教育，（b）乡村妇女的补习教育，（c）乡村的小学教育。

（a）失学农民的补习教育　现在城市间一般的智识阶级，都很注意于义务夜校的筹备；可是乡村间还不曾实行，这是很紧要的事。应该利用农闲，或是晚间，假小学校或庵庙寺院，授以普通的公民常识，及世界大势与夫对于国家的观念，并每日教授国语或注音字母等。教授者，最好以各地小学教员任之。

（b）妇女教育　乡村妇女，在家庭中占极大的势力；可是都没有智识，而且不谙母教。应该授以家庭间应有的常识，及教养子女的方法，不但可以改善她们的生活，且对于将来的儿童，无形中也有很大的好处。

（c）小学教育　现在小学教育，还未普及，即使已经设立的地方，也都因陋就简，没有完备的居多！小学教育，实在是改造乡村唯一的机关，如果筹备得法，对于农村关系很大，我希望各地的师范毕业生，能够回到自己的乡村，去办理学校，去改造社会。又各小学校中于三四年级的时候，应授以农业上和经济上各种重要的智识，而乡间的动植物，土地，气候，及乡村生活，与人民顷刻是不相离的，应该时时提示，不应该死守着教本，去对付小学生。

（2）田园都市的创设　田园都市（Garden city）是英国所首创，现在已经盛行于欧美了，因为近世都会的繁华已达极点，各种游艺场的设备，影戏馆的开设，蜘蛛网似的电灯，电车汽车的设备，马路街衢的宏壮，建筑物饮食店的完备，使乡村青年，都闻而羡慕不止，愿意在都市中寻生活，因此各国乡村，都有一种"农村脱走"（Land fried）的杞忧。"田园都市"，就是使各乡间也有都市的各种娱乐机关的设备，使农民可以各安其生活，——而且可以得更愉快的生活。

（3）家庭生活的改善　家庭是社会的集合体；家庭生活的完美与否，直接关系于个人生活的安全，间接影响于社会的文化。中国乡村的家庭生活，虽不如城市间的资本家有蓄妾养婢等各种的流弊；但是还本着古代家族制度的遗风，父母私有子女，婚姻极不自由；而且一家中几世同居者又很多。今后应该规定结婚的年龄，提创新式的小家庭制度，庶几农民生活，也从此可以改善。又农民的喜庆宴会，耗费极大，亦应积极改良。

（4）乡村巡回指导员及巡回妇人　在目下乡村小学校尚属幼稚时代，经费人才，均属措办为难的时候，应该由各县由县费聘农校卒业生，及女子师范或女子蚕业的毕业生各二人或四人巡回各地乡村，一方调查乡村生活，力谋改进的方法；同时在各地利用小学校，招集农民，作各种讲演，使农民知道农业改良的紧要，农民团结的方法。又巡回妇人，在德国早已创办，使他们慰问各农民的疾苦，且同时可以接近农民的家庭，与农妇作种种的谈话；又可以担任农妇的教育事业，费轻而用宏，亟应从早仿行。

（5）卫生及团体运动　农民虽每日与自然相接触；但因卫生的不讲，赤足裸膝，患钩虫病和肺痨者极多。而乡间又缺少专门技术的医生，故对于卫生上，应该时时劝告；且须时时派医生下乡看护。团体运动，不但锻炼体魄，增加兴趣；而且可以养成团结的精神。又乡间青年，每于空闲的时候，多作极不正当的赌博，以事消遣；或是迎神赛会，作迷信的浪费，惟有提创各种的团体运动，可以纠正他们的弊病，而且可以改善他们的生活。

归农运动

记者说中国的农民问题，如农民的疾苦，农村的救济，农民的运动，农事的改良……唠唠叨叨说了许多，不但读者生厌，我自己也觉得这种种的问题的实行，不知在何年月日，才能够使我们看到？在这样阢陧不安的政象之下，在这样不曾觉悟的民众之间，我实在觉得我们的话，都是马耳东风，有谁能实行呢！而一方看看各国的农民，都已醒悟过来了；而我国并大多数的农民，还是酣睡着，深深地酣睡着，没有指引的人们，没有领袖的人物，谁能使他们苏醒转来呢？现在可以说：除有觉悟的青年男女，大家去"归农"以外，再没有别的方法。所以我最后提出这归农运动，来作我这篇拉杂的文字的殿语。

"归农"这句话，并不是现在的新语，欧洲各国，早已通用，英语叫"Back to the Land"，法语叫"Retour à la terre"，德语叫"Rück-kehr"。十九世纪的俄国青年，都从 V Narod 声中，到民间去教育儿童，医治疾病，扶持少年，看护老弱，排万难，忍辛苦，卒于搭救了俄国了。英国诗人 Oliver Goldsmith 尝尽了半世人情的辛酸，卒于弃掉了功名富贵，去尝那农间的疾苦，才写出如怨如诉的诗句，使农民和地主，有所感动。托尔斯泰氏敝屣贵族的尊荣，也去与农民为伍。我可敬可爱的青年们呀！觉悟群众的责任，都负在你们的肩上咧！你们肯点着希望的火把，引着农民到自由的地方去么？这是我所希望祝祷的。

（原载《东方杂志》1922 年第 19 卷第 16 号，后为毛泽东同志主办的广州农民运动讲习所采用为培训教材）

《新农业季刊》发刊旨趣和社评二则

（一） 发刊旨趣

新农业季刊，随了寒风怒吼，壤地冰结的 1924 年新年而产生了。

我们虽知道：

政治道德的堕落，已达极点；外国资本家的侵掠，深入腹地，无从再讲农业的科学，与农业的经济！

我们也知道：

处黄金万能的时代，深染了都会恶习的人们，早已忘其童年优游逸乐，充满着自然的故乡了；早已忘其工商业的基础，供给生活所必需的辛勤劳苦的男女劳动者了！又何从再讲农民的教育，与农民的生计。

然而我们的心灵，像蝉翼般的鼓动着：

农业科学的不振，农业状态的悲惨，只是单纯的一个农业问题么？都会一天一天地繁荣起来，农村一天衰败似一天了，农民的生活一天枯竭似一天了，这难道是社会的好现象么？我们的血液未凝结时，我们的泪泉还有余粒时，总当竭我们的声嘶，向着冷漠的社会而呼吁。

我们的经验，又常常向我们警告：

社会是进化不歇的，过去的事实，是几多先哲的血泪；未来的社会，是全仗我们的努力！所以能力虽微，也总得竭我们短促的生命，堆上了极小的工作。

谨在这寒沍的新年中，祝我农业进步！农民万岁！

（二）社评：为重农重工者进一解

被人们唾弃已久，蔑污已久，视为无关重轻的农业问题，也居然跟了近世资本主义的工业制度，为一般人所注目而加以讨论了。

我们虽然主张：农业为中国立国的根本；但是经济的进化史，很明显地告诉我们，人类从游牧时代，进而为农业时代，再从自足主义的农业时代，更进而为农工商业的时代了。依据国际的趋势，观察我国的国情，断不能固执片面的理论，或一己的成见，当作医治百病的良方，或为救国济世的妙计，这是要请世人和我农界同人所当注意的一事。

但是我们须更进一层：无论提倡农业，或主张工业，虽然都是进化的道程，不能有骀重、骀轻的所在；然而资本主义的流毒，已经弥漫了世界；片面的物质文明，更麻木了现代的人们，致使大多数的无产阶级者，益陷于水深火热之中了！

孟子说："民为贵，君为轻，社稷次之。"殷格尔（F. Engler）说："人与自然以外，没有旁的东西。"这种重民主义的精神，何等激昂？何等慷慨？我们专从农业来说：如果提倡农业，而不谋农民生活的健全；研究科学，而不为大多数的人民谋福利，尊物轻人，倒置本末，农工业愈发达，而农人工人的奴隶化，也越进步了！不知提倡重农重工主义的人，能够见到这一层否？

（三）社评：告学农青年

世界，已被物质如铁笼般地遮住着；人性，已被黄金如魔鬼似的迷惑着。有产阶级的青年，不是在家坐食游闲，也便跑到都市，干堕落的生活；即不然，也都憧憬着做官发财的奢望，得一纸学士、硕士的证书，以炫耀其乡里。直接做外国资本家的奴才，间接即剥削我们农村的脂膏！

农业是一向被人轻视的，农民是一向被人称为无智乡愚的，尤其是近来的农学生，因为大都是从乡间无产阶级的家中出来的，制服皮鞋，不像别的学校的漂亮；英语的 accent，不及他们的响亮；说话应酬，又不及他们的会作势装腔……所以都被视为没出息的家伙，没有作为的劣等生了！

然而，我们是目击着农民生活的痛苦的，是明知农业窳败情形，是了解要救中国，非从研究农学，改造农村不可的；而且我们更有我们的乐处：树枝上的雀儿，天天很和善地向我们报晓；风儿摇动着树枝，天天与我们欢笑。远山近水，都是我们的屏障，明月彩云，都是我们的佳客，一切自然的景物便可以作我们的安慰，辛勤操作的男女农人，便是我们伙伴，我们又何必羡慕他们非人的生活呢？

德国、法国因为有许多青年，在农村服务，虽然经过大战的惨剧，还能支持他们的国运。俄国与匈牙利因为有许多青年，归农去运动，俄、匈两国的农民，终于得救了！我们不必梦想卡柏氏（Cabet）"伊加里亚航海记"（Voyage to Icaria）的理想国，我们自有我们的安乐乡；可不再景慕托尔斯泰（Tolstoy）晚年归农的佳话，我们早就预备我们的职务了。

救中国、救世界的责任，负在中国农民的仔肩。我们便是执着灯火，引导农民群众共负这仔肩者的向导人。愿我国学农青年，各自奋勉！愿我国学农青年，努力并康健！

（原载《新农业季刊》1924 年第一期）

庚子赔款与中国农民

我国一切的政治、外交、经济、教育、实业、交通……为什么在在受外国的牵制？为什么处处受外国人之监督？近来国民的生计，越陷于悲惨的境地了，这最大的祸根，究竟在那里？

距今二十三年以前，有所谓义和团者，标榜了扶清灭洋的宗旨，使北京城中头脑昏庸的亲王贵族，受其蛊惑；使各地长受教会压迫无可申诉的良民，从而响应。于是在各处，焚毁了几所教堂，杀死了几名外国人，便引起八国联军闯进北京城。那时正是以中国为一家私产，人民为个人臣仆的光绪皇帝与慈禧太后的专制政体时代。自然他们因了北京的巢穴一失，子孙帝王万世之业，便将告终；虽然受盟城下，只要保得住一座龙庭，无论怎样的辱国丧财，都不在他们的意里！因此，束缚我们的各种的关税、交通、政治、外交等等的最厉害的《辛丑条约》，便在那时实现；使中国的财政，陷于极端的困难；使国内实业教育不能发展；使全中国农民，负担着极大的牺牲的四万万五千万两的"庚子赔款"，便在那时开始。这种劫掠而去的分赃式的钱，在稍具天良、稍有智慧的人，当然是拿不下手的。

美国总算最能见机，把这笔款项的一部分，拿来办个养成替美国人宣传特长的清华学校，和效奔波之劳的留学生的公费，在十多年来，居然大奏其功效。于是其他各国，一面看了美国这种举动的巧妙，一面又被国内外舆论的要求与鼓吹，也都不能不起来，假冒着开发中国文化事业的美名，拿了我们的钱，替我们向各处大做其人情！

在东北与东南的战争以前，于是许多大学校的教授们，便竭力的要求，将此款充大学校的教育基金；而吴佩孚等，偏又主张移赔款来筑路。他们如果能够明白这赔款的来路，都是农民所负担，都是农民的血汗，发展教育，无非是提高国民的文化，添筑道路，无非是开发内地的产业。如果这样，那我们便无话可说。

然而像吴佩孚等的那样处心积虑，这是司马昭之心，路人皆知；便是各大学教授，天天的奔走呼吁，怕也未必不含着由各国大量的分赃，一变而为国内各大学教育家的分赃罢了！我们虽然不完全反对大学校应该收受一部分的补助，然而如中、小学校的丝毫都不得分润，这不是对于文化上只注重直线的进展，而不注重横线的扩充么？而且庚赔的负担，都在大多数的中产阶级以下的人；如果只充大学校的基金，则占便宜的，只是一班有钱升学、有钱留学的公子少爷们罢了！

最近东南大学农科教授邹秉文先生所发表的意见，认为所有赔款的 90% 以上，都负担在农民身上，因此不能不将此款，移充农业方面之用，这比较上要切中情理得多了；可是他所举的关于农业方面的事务，也只提出了研究棉作、森林及兽疫检查所的几种，关于其他重要的农务，好像是不甚措意，这已经使我们非常地失望了；尤其关于目下农民生活的应如何改良？农村组织的应如何提倡，都无一言道及！

我不能不佩服俄国大使加拉罕氏，在国立大学发表退还庚子赔款的演说坛上所发表的意见，他的演说词极长，中间对于赔款的用途，是这样说的：

"原来庚子赔款，关于俄国部分，要比现在多一点，中政府已用去许多，用途的不得当，鄙人虽经照会过，现在不必说。将来关于一部分庚子赔款，鄙人以为要用在两个方面：第一方面吾人的意思，预算案上应有的教育经费，不能用这庚子赔款去代替它；必要用在一个扩充或新设的教育机关。第二方面就是现在中国不甚理会，并且没人注意之农民方面，中国农民，要占人民 80%，他们的生活如何？中国人不甚研究；虽然外国人有研究的机关，但他们抱一种侵略的目的。因此我们认为与国家经济生活上有重要的关系，不能不去注意他研究他。研究的方法，可以给人一个题目，叫他去研究，同时就要预备一种基金，等到他们研究出来报告，必定要给一部分的奖金……"

可是可怜的中国知识阶级们，对于他这样深刻的主张，郑重的表示，没有人起来共鸣，仿佛像马耳东风似的，失掉了知觉一样！

我只有默祷着还在睡乡中的农民，于魂梦中，能够感受他的热烈的意思；于朝雾明月中，能够接受他的那样痛切的诚意罢了！

（原载《新农业季刊》1924 年第三、第四期合刊）

农民运动的意义与方针

一、为什么有农民运动

要说为什么有农民运动，不能不先明白农民运动是什么？所谓农民运动，具体地说：是拥扶农民自己的权利，增进自己的地位，改善社会组织，并在合理的社会方针之下，作政治的经济的及技术的一种团体运动。物不得其平则鸣，农民运动，便是一种不平之鸣。

不平之鸣，本来是改进一切社会文化、经济、政治、教育、实业的泉源。占全人类最大多数的农民，长期间屈服在不平之下，这是社会进化上一个最大的障碍，也是人类间一个最大的污点。所以占全人类最大多数的农民，能够自己觉悟，能够自己起来，作经济、政治、技术的运动，即使不去尽力地帮助，也应该鼓舞着欢迎了。然而在现代的社会之下，处帝国主义的资本制度之下，不但不能使农民有所发展，而且层层地在压迫着农民，使他们连呼吁都无从呼吁，怎能讲得到增进地位，与获得权利呢？现在先来讲一点农民所受的不平。

（一）农民的日出而作，日入而息，御风寒，抗炎暑，劳苦的情形，是任何人所想象不出的；可是无论怎样的辛勤艰苦，无论以全家族的劳力胼手胝足地工作，总是在饥寒龌龊非人间的地位之下！树木不是农民栽培的么？而他们住的只是黑暗低矮的茅屋；棉花是农民的生产品，而全中国农民所御的是破旧的棉袄，所盖的是硬而且冷的旧花。食物化学专家山崎博士说过："中国农民的十有八九，因为少吃鸡卵（因鸡卵中最多生活素甲 Vitamin A）故多有眼病。"鸡卵是任何农家所有的；但是他们以鸡卵可以卖钱，也就不去吃它了！在汤惠荪先生"中国的佃户制度"报告中，明明白白地告诉中国农家收支不能相偿的事实。收支的不能相偿，自然不是一种因素的结果；但最大的原因，还是因土地所有者的分去大半的余润。空气、水、土地，都是自然的产物；但因了土地私有制度的关系，把土地当作重要的资本，使辛勤卒岁的农人，不能不将大部分所得，献给坐收其利的地主们，这是农民物质上所受的不平之一。

（二）自从科学进步，机械发明以后，交通机关的发达，大有一日千里之势；而工商业的进步，也非常人所能测度，但是静态的农业，不但不能受到科学的利益；而且更因科学的发达，交通的便利，使工商业压迫农业的机会越厉害了。货币制度，是工商业者惟一的武器，畸形的都市，是现代工商业者压迫农业的巢窟。尤其是中国，不但直接受国内工商业的垄断，且间接受国外工商业的压迫！棉花是向农人手里买来的，在辗转交易之间，本国及外国仲买商人，已得了不少的利润；本国外国的工厂，一经制造，其大部分的棉布，仍御在农民自己的身上，工厂主又得了极大的报酬。农民所有的丝茶品卖出的初价，只占最后消费者的所付之值的四之一，这四之三的利润，便是中间商人获得的酬劳；而所谓农人所得的初价，有时且低在自己的生产费以下。农民本身，既受了地主的大部分的分润；又被了工商业者重大的榨取，宜乎农民生活的困苦艰难，有非常人所能想象的了！

（三）农民在物质上，既然受了这样的疮痛，如果在精神上能够得到相当的安慰，或者还有话可说；但农民所得以安慰的只有惨淡的山间的明月，与寂寞的溪间的流水，与知识阶级所私有的咏叹诗歌以外；别的还有什么呢？只是些特殊阶级的奴视罢了，而且所谓咏叹的诗歌，还是少数人的少数，大部分都与特殊阶级一样，还以农民过醒醒的隶属的非人间的生活，认为当然的事！其实一切自鸣为高贵的特殊阶级，与自号为知识阶级的，何以非从农村中出来；其祖若宗，何以不是先前曾被世人所奴视，曾在被压迫的境遇之下呢？然而一离农村，便蔑视农民的人格：以为农民不必受教育，以为农民不必有知识，农民的被贱视，被压迫，并不算什么一回事，甚至视现在农民的地位，农民的生活，已可不必过问似的。如果农民真有相当的觉悟时，不知将如何的呼喊他们的不平啊！

二、农民运动的必要

农民在物质上的惨痛，在精神上的隶属，已约略地说过。如果我们能够承认农民在物质上及精神上有苦痛，则无论自动地以农民自己来活动，或者他动地代农民设法进行除去物质上及精神上的一切苦痛，当然都是人权上及人道上所必需的了。现在且不说农民为免除自身的物质上及精神上的痛苦，有自己起来活动的需要，现在从农业本身、社会政策、经济问题及政治方面，来阐述农民运动的所以必要。

（一）从农业的本身方面来说　中国的农业，无论谁都能承认是最伟大而且最重要的产业，每年供给于国内的消费，因为没有统计可以参考，不能在这里详说，即就输出到外国的出产品讲，农产品占百分之七十以上，差不多已能抵敌每年输出品的二分之一；但是现在呢？每年输入的棉花，达七千万海关两；甚至最重要的米，亦占六千万海关两以上，这不是一个不可思议的最危险的状态么？何以棉花米粮及其他的农产品，输入到这样的地步呢？虽然有政治上，人口上及其他的各种的原因，最重要的一点，是中国农民没有世界眼光，没有改良农业应用科学的知识，这是最显然的事！

（二）从开发农村的合作事业来说　现在几乎人人知道：要开发农村，救济农民，没有比合作制度的实用而且切要了！合作事业当然是现代最适用的一个方法，无论在专制国家制度之下，无论在已实行共产制度的苏维埃统治之下，都在提倡生产及贩卖等等的合作制度；但是所谓合作事业，不是像商店中有几个股东，一位经理，集点死的资本，招集几个伙伴，便可挂招牌做生意；合作，是先靠人与人的互相联合，要全赖各人明白合作事业的重要，自己有能力来参加合作事业的能力，才能使合作事业有充分的效果。例如美国输入到中国的牛乳粉，法国大批输入到中国的葡萄酒，都是各个农村所集合的农产品的一种联合的贩卖。如果像中国的农民地位，像中国的农民生计，像中国的农民知识，是不会信仰合作事业的重要，与参加什么信用合作、贩卖合作的能力的。所以要谋农村合作事业的发展，不能不先使农民的生计及知识有相当的地位。

（三）从政治方面来说　少数人的独裁政治，已不是现在的时代了；但如果要实现全民的政治，要使政治基础立于稳固的地位，自然非有大多数的农民群众的拥扶不可！有人说："中国的国民党，离去共产党，便不成其为民众的政党了。"这句话是怎样的解说呢？因为共产党有大批的农工阶级，为他们的后盾；共产党的使命，是为农工阶级而革命的缘故。可知政治的发展，是非有觉悟有知识的农民不可的；而且我们从反面来说，即使有了贤明的政府，如果农民自身没有能力监督政府，没有团结来主张自身的利益，拥扶自身的权利，则大之仍旧为一二人所操纵；小之仍旧为小资产阶级作利用的工具，所谓政治的革新，不过是历史上抽象的表现，仍旧谈不到实际的利益的。

（四）从教育方面来说　略有世界眼光，及稍稍同情于下层阶级的人，都知道农民第一的要紧事，是教育的问题。因为知识缺乏，无论什么事，是费力多而成功少的，故欲中国农业的发达要使人人都有参与政治的知识，非先将农民的教育方面着手不可！故在过去：杂志报章的鼓吹，个人及团体的进行，不能说不算活动；但是这种枝枝节节的进行，在实际上对于真正的农民，究竟有没有成绩呢？现在的农民生活，有没有余暇获得知识的可能呢？恐怕谁也不能回答罢！"富而后教"，这是几千年前的古人都已明显地说过；何况生活如此紧张的时代，国际资本主义层层在压迫的时代呢？所以要使农民都能受相当的教育，不能不先使农民在生产及分配方面，有一个相当的解决。

余如增进国际地位，改良农业生产，促进民族运动，提高社会文化，可以说无一不待农民地位的提高，农民生活的改良，农民知识的增进以后。

这样说来，由农民自身关于物质上精神上的痛苦看，或者由社会、政治、文化、产业的本身方面看，都有使农民团结，提高知识改良生活，增进地位的必要了。

三、农民运动的组织与指导者

农民运动，现在虽还在萌芽期中，但因指导者与国情的关系，组织上便有不同的倾向。左倾的急进的农民运动，主张与都会的工业劳动者相联合，采直接行动的阶级斗争，以达到无产者的专政。俄国初期的革命行动，现在托洛斯基反干部派的主张及各国的共产主义者，都属于这类。其次是依政府的指导之下，组织有规律的团体，使内部十分的巩固，俾直接参与政治，监督行政，并随时革新经济上的制度为目标。更其次，是组织政党，从议会政策着手，产生代表农民意志的议员，间接为法律上经济上及技术方面的改良。后者如日本今昨两年中所发起的无产政党属之。前者如中国国民党所颁布的农民协会组织法，及各次的宣言中，都显然地表示这种方针的。国民党的农民协会章程，共计十五章八十三条，凡是关心于农民问题的人，当然都已看到，只要把他的内容的第一章总则里，规定所为农民者：为自耕农、半自耕农、佃农、雇农、农村的手工业者，及在农村中为体力的劳动者，且限止有田百亩以上的财主的加入的规定，及第四章组织系统和权力机关，与中国国民党的组织系统和权力机关一样，以造成全国农民大结合为目的。在这两章中，便可以知道他的精神了。当然有策略有方法，来组织农民的团体，则今后中国农民运动，不能不以中国国民党为其唯一的依托的所在了。

但我始终相信这一句话："有治法无治人"，农民协会的章程，无论怎样的严密；假使没有纯洁的心灵，伟大的精神，积极的心愿，丰富的学术的人，亲到民众间去引导去指示去组织，虽然一时给予了一点兴奋剂，最后的结局，仍旧是陷于混乱与不安罢了。

最近广州农民运动的领袖甘乃光氏说："共产党的基础，立在工人之上；将来国民党要真正的成就，必须立在农民的基础之上！"我对于他的立说，具有十二分的同情。将来中国的农民运动是左倾呢？还是右倾呢？是在看他们的左派与右派活动的能力如何了！

四、农民运动应取的目标

要说农民运动的目标，照理应该先决定怎样才能使农民为自己而生产？怎样才能使农民受着正当的分配？换句话说：就是怎样才不至于使富的停滞蓄积？怎样才能避免劳动者从事于过激的劳动，还不能维持其生活的那样分配法？所以农民运动的旗帜，当然是"生产的合理化"，与"分配的正当化"。不过，这可以说是农民运动必要的原则，现在我想说的，是现在的农民运动，应该采取怎样的态度？个人的意见，可分为这几个项目：

（一）土地的收回运动　土地与水与空气的三种自然物，是农人所绝对的必要的。"耕者有其田"，才能有合理的生产，对于土地所有者，应该用怎样的方法收归国有或地方公有？这虽然是将来的问题；但农民不能不以此为第一个目标！

（二）资本的改善运动　要有合理的生产，第二还必须有相当的资本。如果地主一方放弃了土地，一方仍旧利用流动的资本，与从前放高利剥削农民的方法一样，那真是换汤不换药。故应当要求国家组织地方农民银行，与以低利的流通资金，这是第二个目标！

（三）打倒贪官土豪　从前的土豪，仍旧可以摇身一变，组织团体，参加运动；从前的贪官，仍旧会摇尾乞怜，继续往昔的勾当；而这所谓贪官土豪，是农民惟一的仇敌！在农民运动的目标中，或者比土地的收回，资本的改善，更应该努力的事！

（四）农产物的联合贩卖　生产物国际化，与国外工商业托拉斯组织化的今日，重要农产物买卖，应该组织贩卖联合会，国家应由中央银行予以资金的流通，并由中央协会，组织完备的贩卖机关，与消费者或国际间作直接的贸易。打破中间商人的居奇垄断，这也是农民运动中所应该注意的！

（五）教育及技术的改良　土地与资本问题的解决，贪官劣绅的打倒，农产物的直接贸易的成功则生产问题已解决大半；而消费问题亦可不生问题，从而进行知识的提高，技术的改良，则不过一举手一移足之劳了。

以上仅就大者近者约略说个大概，至于详细的讨论和计划，希望农业经济专家及关心农民问题的学者的指正！

（附记）我已有三年不执笔作关于农民问题的文章了，这次正因避难租界，稍有余闲，忽而想到对于农民运动有说几句话的必要，特抄此篇，虽然文意两缺，或者有抛砖引玉的机会罢。

一九二七，三，一日。补记于农学会。
（原载《中华农学会丛刊》1927 年第五十四期）

救济农民的一条康庄大道

一 农民的痛苦

中国农民所感受的痛苦，是谁都知道的吧，除掉重税，兵匪，水灾，旱灾等等以外，在经济的及生产的方面，还有重要的几点是这样：

甲、资本缺乏 "二月卖新丝，五月粜新谷，补得眼前疮，挖却心头肉。"中国农民的流通金融之难，与被剥削之惨，本来是古已有之的事；但是现在的惨痛，比以前要更厉害了：一方面各项物价则继续地增高，农产品的价格却还与从前相差不远，以致农家的收入，常是得不偿失，另一方面因兵匪的蹂躏，杂税的繁重，即使从前盘剥重利的，也都避匿于城市中做大小的寓公，同时因工商事业的发达，所有金融，都集中在城市，农民甚至出二三分乃至三四分利息，还借不到钱啊。

乙、商人剥削 在货币经济工商事业发达的时期，生产者与消费者之间，自然免不掉承转的商人；但是现在的农民知识如是其低，组织毫无，加之资本缺乏，交通不便，农民的生产品在在受居奇计赢的许多商人的垄断。生产上所必需的种子、肥料、农具，要费重价向商人购买，每人所需要的衣物日用品，又须经过杂多的商人之手。农民的农产品则又由中间商人转辗承转，以致收入的还不及消费者所支出的三四分或五六分之一，这种无形的损失与无形的痛苦，不是农民经济上一个极大的问题么？

丙、生产减退 在不明了农民痛苦的人，只会说农民富于保守而不能改良，其实"利之所在，人争趋之"。农民何尝不想增加他们的收入，改良他们的生产；然而经济上压迫他们不能利用新式的机械和农具，个人的能力上没有方法去改良各项的农事，因之只能保守着旧时代的生产器具，与旧时代的不良的种苗，加以外界的压迫，于是生产能力，天天的衰退了。

丁、生活困苦 农民生活的困苦，可以说各国皆然，但终没有再像中国农民的穷困无知与可怜了！农村中资金的缺少，生活的艰窘，农业生产方法的幼稚，这已在上面约略地说过了，特别是文化方面，间有一二所小学校，也大都是设备极不完全，其他的娱乐，艺术，卫生，水利，交通等等，都是与原人时代一样的幼稚，在这三民主义统治下的二十世纪的中国，我们能忍心听三万万以上的农民，过那辛酸可怜的生活么？

二 合作社的精神

在现代的资本组织的经济状况之下，凡是资本愈充足，所得的利益便愈大，他可以购入优秀的机械，屯积廉价的原料，制造便宜的生产品，可以待价而沽，更可以有信用借入自己所需要的资金，所以有大资本的工场农场，一天天的发达起来，越是小的工场，越是穷的农夫，就越受痛苦而无以生存，于是手工业者沦而为工场的劳动者，中小农变为佃户与贫农了，无形之中，形成了资产阶级与无产阶级的两个壁垒，阶级斗争，也便在这时候笑逐颜开地登场了！

合作社的组织，是产业革命后的一个重大的发明，也是在这二十世纪中缓和阶级斗争的一个极大的利器，尤其在三民主义统治下的中国，一方是要泯除阶级的意识，一方更要保护着劳苦的农工，同时因了国外的帝国主义与大资本家尽力的从外面的压迫进来，内地的资产阶级，与新兴的实业，也在蠢蠢思动，在这内忧外患的重叠中，合作社便是解放农工阶级及弱小资产家的一个福音了。

合作社的组织，由其性质及运用方法上，可以分为这四项：

信用合作社 社员得在生产的必要上，融通利息极低的资金与稳实可靠的储蓄。

贩卖合作社 社员的生产品或加工品，可以由社内以极优良极有利的方法，代为贩卖。

消费合作社 社员所需要的事业用品或经济用品，由社内代为购入，或再加以制造，得廉价分配于各社员。

生产合作社 社员生产方面所必要的农具，机械，动力，船舶，工场，土地，以至消费方面的住宅，浴室，病院，婚丧用具等，得由合作社共同设备，使社员充分的享用。

这不过是粗枝大叶的区分，以下再当分说。凡是合作社，是人的结合不是资本的结合，所以没有贫富智愚之分，有同等的资格，享同等的权利，与负同等的义务，社员的出资虽有多少之别，开会时的投票权则以人为单位，不若股份公司的得由大股东所操纵；合作社为公益与营利兼营的特别法人，得受国家充分的保护；社员一面为消费者，一面还可由其所消费的数量之多寡而分派社内的赢余，更因社员间的相互合作，还能增进社员的知识与道德咧。要之：合作社是解决现代经济组织中最平和而且最康庄的一条道路了，再把效用，说在下面。

三　金融的民众化

人人都知道：现在的金融，都集中在都市中少数的工商业者以及资产阶级之手，乡间农民流通资金的困难，怕没有再比现在情势的紧张了！不要说对人信用，便是有房产有土地的农民，也很难作抵押借贷；而且即使能够流通点银钱，试问农民终岁辛勤之所得，实际上能否有如现在高利贷的二分乃至三四分以上的纯利可收呢？

要救济现代农民的经济问题，唯一的出路，只有组织信用合作社的一法。信用合作社是一个地方的小银行，其组织又较普通银行为有利，银行的目的只在营利，其利益只分配于其股东；而信用合作社则以社员的利益为前提，社员是股东，同时又可以借钱，有钱储蓄时，可以得较高的息金，要借钱用，只须出很低的利子（即利息，编者注），例如春天买肥料借钱，一直可以欠到秋天还清，甚至可借三五年或数十年之久而不必有什么担保。更可以用全社的名义向其他银行去借贷也不必要土地及其他的不动产去抵押，例如江浙两省所组织的农民银行，其借钱的对手方都属于信用合作社，便是明证。所以信用合作社不但是救济一地方金融上的恐慌，而且是金融民众化的惟一的手段。

我们现在不是盛唱着要"耕者有其田"么，试问贫苦的农民，怎么能够买收高价的土地？但是有了这信用合作社，便可融通极低廉的利息，做这一件根本的事业了。

这里为参考起见，把最近各国所设立的信用合作社列表如下：

各国信用合作社数

国　　名	调查年度	合作社数
德　　国	1923	20 884
日　　本	1924	12 864
捷克斯拉夫	1923	5 852
波　　兰	1923	5 343
罗 马 尼 亚	1922	4 480
奥 地 利	1921	2 011
希　　腊	1921	1 287
芬　　兰	1923	1 050
荷　　兰	1923	843
丹　　麦	1922	659
俄　　国	1923	616

这还是六七年以前的情势，现在当必继续地增加了。

四　农产物的商品化

在营利组织的商战场中，农民还在极小的生产经营之下，无论为丝、茶、棉、麻、米谷、蔬菜、果实以及畜产、水产品等，所有品质皆不齐一，数量又是少之又少，以此而出售于市场，自然只能一任营商者的垄断剥削，而且因为组织的简单，商事知识的缺少，加工干燥等等设备的困难，以及需要金融的急迫，自不能待善价而沽了！要解决这些困难，惟一的办法，惟有贩卖合作社有这一个权能。

贩卖合作社得以集合多数社员的能力，设备优良的仓库与优良的干燥器具，使社员的生产品贮入一定的处所，一方面得以储积的物品，对外以融通资金；一方面得静待时机，等到相当的价格时出售于市场。其次，还可利用新式的制造器械，将各社员的生产品加以适宜而合于市场需要形式的加工与制造，因此，使各社员的货物品质齐一，提高了标准的价格。

这里拿农家的丝来比喻吧：现在不是一采下了茧子，便须立刻卖给茧行么？茧行是知道你不能不出卖的，他们对你很傲然，随便定一个价格，你如果不卖呢，隔一个过夜，蛾子要破茧而出！如果有了贩卖的合作社，汇集了一地数十百担的鲜茧，公举一位熟于市场的情形，直接与茧行谈判一个自己所需要的价格，甚至连称扣也不致使你吃亏；而且可以共同的设一口烘茧灶，自己先把它烘干，分量又轻，不怕延误了时间，进一步还可以直接运到大市场或制丝的工场，更进一步还可以自己制丝织绸，贩路的面积一直可以推广到数百千万里以外。更可设备优秀的机器，雇佣专门的技术人员，以改良当地各项栽培制造等等事项的可能，共同设施的精神，真可谓能战胜一切了。要之：农民的生产物，在目下的营利组织中，必须具备着商品的性质！贩卖合作社，能使贩卖品的品质统一化，标准化，工业化以及大量化，以适合于商业市场的性质，使时代变革中陷于苦境与绝地的农民，站到有利的地位。

丹麦是农民合作社最有成绩的一个国家，据1923年的调查，饲育乳牛者的89.8%是属于合作社的人员，共同卖出乳酪的金额，达6.65亿克朗，又鸡卵的贩卖合作社，在全国均设有支部，1923年的输出数量，达3.7万雪克。

美国也是以贩卖合作社著名的，现在输入到我国的花旗橘，葡萄干，以及冰淇淋等，大都均由各贩卖合作社所经营，现在只就加利福尼亚州的一个柑橘贩卖合作社来说，其成绩已可惊人，距今三十余年前，该州南部的柑橘栽培者，组织共同贩卖的方法，渐次因社数的增加，进而组织各地的联合会，至 1905 年，组织全州的联合会，近来在美国的市场上，已占据了独特的地位了，据 1921 年的调查，全州的合作社因各地方而联合者为数凡十有九，合作社数为 206 个，社员人数为 10 700 人，柑橘贩卖额达 1.2 亿元，占全加利福尼亚州的柑橘生产数的 72.5%，此种合作社的功能与势力，不难想象而知了。

五　分配的社会化

在社会经济还未发达的时代，人口稀少，欲望简单，各种货物的品质，不必问其优劣，生产上所必要的劳动，不必求其熟练，所需要的资本极为简单，土地可以自由利用，各人只须求自己所必需的物质，以自力来生产而充自家的消费，这就是自给自足的经济现象，无所谓分配的问题；但是人口日繁，分业日盛，人类欲望的种类，分量，品质亦次第发达，工商事业便急剧的发展，于是一切的生产组织都集中在企业的资本家之手，"不患寡而患不均"的现象，便从此发生了。

中国的农民，本来还不离自足自给的手工业组织之下；但是机制的洋布，已压倒了旧时代的土布了，农民不能不出售其生产的棉花，以替换布匹；人造的肥料，轻便而富于营养，为希望一定土地内的生产增加计，也不能不出售其剩余的生产品，以变换其市场上的商品，而且因生活的向上，嗜好的增加，一切日用物品，均须以货币互通有无，于是农民的一切生产品更不能不提供于市场了。又因分业的进步及气候土地方面的关系，有以养蚕制茶或栽培果瓜为其专业者，则日常所需要的粮食用品，亦须经过中间商人之手，间接为农人作交换的媒介，则其他所必需的教育、医药、农具、油、酱、盐、糖、家具等，更不必说了。

商人是习惯了籴贱贩卖，不但于一转移之间赚去了许多的优厚的金钱，更以恶劣的货物，欺骗无知的农民，利用赊欠的方法，增加极高的利息；而且一种货物辗转售于农民，至少要经过五六处乃至十余处的商人之手，农民的被剥削便越增加了。

孙总理在《民生主义》第一讲中，说到欧美经济进化的四种方法，第一是社会与工业之改良，第二是运输与交通收归公有，第三是直接征税，第四便是分配之社会化。对于第四种的解释曾这样的说过："人类自发明了金钱，有了买卖制度以后，一切日常消耗货物，多是由商人间接买来的。商人用极低的价钱，从出产者买得货物，再卖到消耗者，一转手之劳，便赚许多佣钱，这种货物的分配制度，可以说是买卖制度，也可以说是商人分配制度，消耗者在这种商人分配制度之下，无形之中受很大的损失。近来研究得这种制度，可以改良，可以不必由商人分配，可以由社会组织团体来分配，或由政府来分配，譬如英国新发明的消费合作社，便是由社会组织团体来分配货物……便可以省去商人所赚的佣钱，免去消耗者所受的损失。"

农民如果能共同的组织消费合作社，则购入农业用品时，不但能免除商人的佣钱，而且可购入品质纯正的货物。还有在消费合作社中，更可购入原料，加工制造，以供给社员，如肥料的配合、饲料的调制、蚕种的制造、小鸡的孵化；倘能联合各地的消费合作社的联合会，进而设立许多的工场，如人造肥料、农用药剂、农具、农用机械的制造等，则中小农人，均可在自己的工场中，得许多必需的优良的物品了。

六　生产的合理化

生产的合理化，是使生产经济切实的与经济主义相一致，换句话说：就是以最少的劳力，获得最大的效果。近来欧美各国的工场，以及一切的生产企业家，都在高唱着经济合理化，利用科学的方法，整理其业务，改良其组织，并尽力地提高劳动者的能力，节减生产费的消耗，使商品的价格，较前尤为低廉，推销的范围，较前更为扩大，同时，生产者的权利，也较前更其增加了。

农业的应该科学化，应该合理化，这不但是人人所希望；而且是目下紧张到无可再紧张的时候了！中国的丝茶，不是占输出品中最重要的地位，为农家副业及金融上最切要，工商业以及国家税收上独一无二的一件事业么？但是，因印度、锡兰茶积极的改良，与日本丝长足的进步，中国的丝茶事业，已在奄奄待毙了。米与麦不是我们日常所必需的唯一的食物么？也因为耕种的不知改良，科学方法的不能利用，每年有两万万元以上的粮食品，一年年地输入到国内来。再加上棉、麻、水产、木材以及畜产、园艺、动植物药品等，总计数量在四万万元以上，实占输入数量中的三分之一以上，堪与输入超过额的数字相埒咧。丝、茶事业的衰败，农产品的大量的输入，可以说一方面是中国农业生产已濒于破产，换一方面说，也就是中国的农民生活，已濒于绝境的时期了！

生产合作社，虽然不能立刻使衰败的农业，急剧发展；但至少可以使幼稚而粗放的农业，有一个改善的机会，领导贫苦无声的农民，得以试验新的科学知识，与运用比较合理的经营方法了。

这里再拿蚕丝来说吧，中国丝质的不良，第一要归罪于蚕种的恶劣与稚蚕饲养方法的不良，近来各蚕业机关初步改良的方法，是分配优良的蚕种，共同为之暖种与稚蚕的共同饲育，结果自然进步了不少。农民能自动合作，则养蚕的第一步合理化了，进而谋茧的共同贩卖，或丝的共同制造，不但生产品因以改良，农家的收入，工商事业的发展，也都有希望了。其次，再来说米谷，中国米谷，因品质不良，耕耘粗劣，以及所施肥料的不合理，每亩现实的收获，常在标准数二分之一乃至四五分之一以下，例如上海市乡间的稻田，每亩只能收两三担左右的谷子，在内地较好的地方，便可收至六七担之多，近来如日本的稻田，最进步的可以收至十二三担；而据专门家的意见，还以为不及理想数的三分之二咧。中国的农田面积究有若干，已无从稽考，不能妄行断定；但农民如果能共同地去试验去改良，至少，抵制现在所输入的四万万元以上的农产品，则不过一举手一投足之劳而已。

话已说多了，现在再切实地说点农民共同经营，便是生产合作方面的主要的几件事。第一，如农民所必需的农具与机械的共同设备：大之，如制茶制丝机械工场的共同筹设；小之，如改良犁、轧花机，以及灌溉排水用的小引擎的共同购入；更小点，如砻谷、精米、磨粉、车水，以及割稻器具等共同的使用，这些都与小农经营上的极大的便利。第二，是较大事业的共同经营，例如土地的耕耘，牧场的经营，鱼池的饲育，森林的栽植，以及生活上所必需的沐浴场、理发所、婚丧器具等，均可利用合作社的方法，为共同的设备与发展。第三，是共同的改良生产事业。第四是共同的经营加工及制造方法，前者如试验米麦的栽培方法，与改进养蚕的饲育方法皆是。因为农家如果要利用新的方法，决不能贸然从事，一则农家一年的生计，全靠那一次或两次的收获来维持，其二，农业常被天然的土地气候所支配，宜于彼者，未必宜于此，故非在当地加以二三度的试验不可。后者的共同加工制造，上面所说过如烘茧、制丝、织绸的例都是。其他，凡是农家的生产品如茶、牛酪、棉、麻、食粮、水产、园艺以及林产品等，均可利用生产合作社的方法，集合当地社员的资金，由社中推选有专才的人员负责进行，或者佣聘技术人员代为管理，可知合作事业，又是改良农业生产最合理的方法了。

七 生活的理想化

文化方面的设施，无论学术、文艺、交通、娱乐，现在无不集中在都市，农村中可以说是一无所有，这种偏枯的文明，实在是近代社会组织的一个最大的缺点。就中国言：农民人数占总人口的 80% 以上，我们天天在都市中高喊着全民革命，在各大报上的一角，每日登载着改良农民生活，改善农村组织；然而实际上对于农村间文化的设施，不但是一无所有；而且连顾问都不去顾问啊！

在这当儿，只能靠农民自己起来以自动的精神，共同的努力去发展不可了，要自己努力发展。唯一的办法，也唯有赖于这合作社的能力！关于农村中共同发展文化事业的方针很多，现在举其重要的说明如下：

甲、教育事业的合作 教育事业范围甚广，比较得重要的，如由合作社员组织定期或不定期的讲演会，一方宣传或讲演合作社的组织及发展的方法，一方讨论学术经济以及社会各方面的问题，以引起社员及其村内人员知识上的增进。举办小学校，补习学校及其他的职业学校，以培养儿童及成年者的知识技能；创办图书室、阅报室，以便利社员对于新闻及科学上的研究；组织书籍介绍及流通处，办理社员的印刷品及其他刊物，或筹设奖学金等以辅助并鼓励全村中向学的人才；或补助公共的团体，如妇女协会、学生会、青年会等，以使其作积极的活动与发展；更如利用农闲，利用留声机、幻灯、电影、歌剧、音乐会、旅行团，以及如最近所流行的无线电话等，均可由合作社适应时势，作相当的发展。

乙、医院与儿童的保护　农村中虽可摄取新鲜的食物，清香的空气；但因设备及卫生上的不讲究，各种的流行病：如霍乱吐泻，肠窒扶斯，赤痢等极危险的病害，到处蔓延；眼病，肺结核，胃肠病，心脏病等的痼疾，也为一般农民所沾染，然而近代农民的运命，都被下劣的过路郎中、巫女、算命的瞎子所支配，尤其是生产小孩，一方关系于母体的健康，一方影响于小孩的发育，也都赖无知识的产婆之手，不知损失了多少的生命！其余关于儿童的教养设施，也都一无注意，有人说："二十世纪是儿童的世纪。"我们看到农村中的现状，不能不使我们一掬同情之泪了！合作社假使能够办有相当的成绩，对于这方而，当然也可负起一部分的责任。

丙、交通的设施　近来我国对于省道、县道等已在积极地筹备；但是干线只管发达到任何程度，各村的支线没有相当的设施，则农民的生产上与文化上，仍旧不能作积极的发展，有合作社便可集合村内或村外的人员，负担着这一个的使命！

丁、水利通信发电以及其他的交通器具　一村乃至数村的水利，关系于一地的农作及搬运事业者至巨，非共同的兴修不能举办。全村的邮政，非自己设法投递，断非邮差所能从事。一村乃至数村的电力，也须群策群力，才能够举办。其他的交通器具，如舟楫、驴、马，以及近代高价的汽车，亦非贫弱的小农所能自备，有合作社则组织愈巩固，能力便愈大，设备也愈完。

八 结 论

照上面说来，合作社确是救济农民生活的独一无二的方法了；但是事实告诉我们：以现代农民的这样知识，无论是比这更美妙十百倍的方法，叫他们怎样去实行？尤其是合作社的根本精神，完全是人的结合，一则需要完全能懂得合作社的原理，有经营合作社的能力，更须有为合作社而努力而奋斗而富有高上道德的能够去指导去实行的人。其二还须在一村一乡或一部分的人，能够了解信仰并真实地能够要求合作社的实现，才能推行尽利，才能依照预定，建设出相当的成绩来。

何况中国人受了数千年封建思想的遗毒，只知有个人而不知有人群，只知自私自利贪赃枉法而不知为社会服务，为他人谋福利；更何况在乡村间充满着新旧的土豪劣绅，假团体慈善的美名以填满他自己的欲壑；在城市，更充满着帝国主义者的走狗与不知自爱的商人，在在可以用他们鬼蜮的伎俩，来捉弄或者破坏那优良的组织。所以合作社虽然是一条解决农民的康庄大道；但是还有无量数的深严的壁垒，重重叠叠的障碍在前路咧！

所以我们在提倡合作社之前，一方还得充实这整个的队伍，一方更须打破那深严的壁垒。要解决这些问题，说来话长，等将来有机会时再写。这里来简单地举几点重要的纲目，当作本篇的结论吧。

提倡合作社的根本问题，第一，当然是教育问题了。我觉得一方应实行普及教育，以提高农民的程度；一方在现在受中等或专门教育以及在充当教员的，应尽力的灌输他们以合作社的知识，如各学校的加入合作科目，各处设立合作训练班，进而创办关于合作的专门或大学程度的学校。第二，现在农民所最需要的，莫如流通金融，故各省市县设立农民银行以流通极低廉的资金，同时，督促乡村，组织信用合作社，这似乎是目下最需要的一件事，因为信用合作社直接与农民以利益，当然容易组织，于是合作社的种子播了，将来才能展枝开叶，生发出灿烂的花朵。第三，政府应尽力地加以奖励和保护，最近草拟的民法总则虽已规定合作社为社团法人；但将来更应在运输农产时，减低运费，免除一部或全部的捐税。在城市，例如在上海，便应设立灵敏巨大的介绍机关，代农民合作社贩卖或购买各种的物品，以免除中间商人的剥削。第四，先由政府机关与农民共同试办各项的生产品，例如近来江浙各蚕业机关与农民共同的育蚕缫丝，本市社会局与农民合作试验植棉与除螟等皆是。第五，是为谋发展农村改善生活根本问题的地方自治，应切实的推行，在现在的农村，毫无组织，毫无训练，而且又无领袖去指导，合作社的进行，即使官厅如何努力，社会如何提倡，仍旧不会普遍地与切实地发展的。最后我更希望着这一点：有志于农村生活与有志实行合作事业的青年，能实地地去干！简单地说，是回到乡间去，加入到农民的队伍里去努力地试验与实行！否则只是官民的合作，不是人民真正的合作，只是官厅的提倡，知识阶级的呼喊！你只管煞费苦心地提倡着，你只是力竭声嘶地呼喊着，贫苦的农民，仍旧是在打盹，仍旧是在水深火热中过惨苦的生活，他们哪里会知道自己有可走的大道，更哪里会知道什么康庄不康庄！

（原载《社会月刊》1929 年第 1 卷第 5 号）

改良种与农民经济

——浙江萧山县五十家蚕户调查简报

陈宣昭　吴觉农

一　引　言

　　两年前，我们同在浙江服务，当时为了职务上及研究的兴味上，曾拟了一个"浙江各县农家春期育蚕经济调查表"，委托各县的合作事业促进员，蚕业改良场的指导员，和女子蚕业讲习所的学生，先作一次调查试验。当初的目的，想把浙江所有蚕丝业区域内，每县都找到可以代表全县的大小蚕户数十家，综合地予以比较。不但想明了各地蚕户的经济关系，连乃时正在竭力推行的改良蚕种与土种的优劣关系，桑园与桑叶的供给问题等，也都想有个详细的研究。但是当时春蚕饲育已将完了，各地蚕业指导员大都已离开了乡间，有的又多缺乏蚕叶专门知识，怕对于表格的填注未能充分，因此竭力的缩小了范围。后来所收到的调查表，计有萧山、嘉善、德清、嘉兴、金华、平湖等十一县共两百余户，而除萧山县的七十九户比较完全外，其余都是大小不匀，不足以代表全县的概况。去年春间，我们又都离开了浙江，因此就把这报告搁置着迄今未加以整理。

　　最近《国际贸易导报》发刊救济蚕丝问题专号，我们认为原料茧的改良问题与桑园问题，是今后重要的中心问题之一。特抽出时间，把萧山一县中选择饲育改良种者二十一户，土种者十五户，改良种与土种兼养者十四户，合计五十户，把改良种与土种的得失及桑地情形，略作研究。在这里,可以知道改良种对于农家的关系,同时,在饲育改良种及桑园问题上,都有应该注意之处,可以供给专家的参考。至其余的问题,留待将来再说了。

不过这调查,觉得太简单,又没有优裕的整理时间。但我们有一点愿望:各地蚕丝专家对这问题如果感到兴趣,能够有更详细更充分的工作,乃就合了我们抛砖引玉的本意了。

二 改良种与土种的成绩比较

改良种的成绩优于土种,这不但在蚕业界已成了天经地义,便是一般农民,也几乎是家喻而户晓了。但究竟改良种比土种的成绩要差多少?似乎据我们所知道,还不曾有过一个确切的报告。

据这次萧山五十家的农户中,改良种每户平均,每钱蚁量平均每户可收茧十五点九斤,土种与改良种兼饲者为十点五斤,土种只有七点九斤。粗点的说法,就是土种的成绩,不及改良种的一半。改良种与土种兼饲者虽较纯养土种者优三分之一;而比较纯粹的改良种,也要差三分之一,比较表如下:

表一　每钱蚁量平均产茧额产茧量（每户平均）

调查户数	饲育蚁量 （每户平均）	每钱蚁 实际产量
改良种　　21	一两二钱九分	15.9 斤
土　种　　15	一两二钱四分	7.9 斤
改良种与土种兼养　12	五钱四分 二两二钱一分	10.5 斤

在调查时,最困难的是农户不知道实际的蚁量,上表是就改良种一张作一钱,土种一张作五钱计算,这自然不很精确;但大致是近似的。我们为使这标准确实起见,在调查表中,又列了一项农家预定的收茧数量,以便与实收数量作一个对比,结果是如此:

表二　农家预定收茧量与实收茧量表

	平均每户预定产茧量	实收茧量	实收占预定数%
改良种	314.8 斤	269.8 斤	85.7
土　种	178 斤	98.2 斤	55.6

表二中，因改良种与土种合养的几家，其预定数与实收数有多数并未分列，故暂不列入。就上表而论，表示改良种可照预定数收到85.7%；而土种只能收到55.6%。换一句普通农民所讲的话，是改良种的年成可达八九成，而土种只有一半多一点。又从一、二表互相参照，证明表一没有什么错误。

此外在各调查表中，还有一点是特别应该注意的：是饲育改良种者，其实收数量有超过其预定的数目的很多；而土种的收成，甚至有低到一成或一成以下的。我们从这里就很明显地知道，饲养土种的危险和改养改良种的必要了罢。

三　育蚕与农家经济

凡是农产物，如果把农家的生产费仔细计算一下，可以说没有一种能够超过一般的市价的。养蚕虽然是一件比较有利的事业，但也不能例外。

看了这次五十家蚕户的收支表，就是一例。自然，饲育改良种的，不至于像饲育土种的一败涂地，这应该附带在这里声明。

表三　农家育蚕收支对照表

调查户数			支出合计（元）	收款总数（元）	亏蚀数量（元）
改 良 种	二一	总数	3 318.90	3 087.66	231.24
		平均	158.04	147.03	2.01
土　　种	一五	总数	1 442.40	628.27	814.13
		平均	96.16	41.88	54.24
改良种与土种兼养	一四	总数	2 129.33	2 107.62	21.72
		平均	152.09	150.54	1.55

从上面的数字来看，改良种兼饲土种者每家亏蚀最少，平均不过一元五角五分，改良种者次之，每家平均亏十一元零一分，饲育土种的则每家平均须达五十四元二角四分之巨。土种与改良种兼饲的所以亏蚀较少，这里虽不敢下一个确切的评论；但大致为设备费较少，饲育方法又比较地近于粗放一点；而两种兼饲的农家，同时自然对于饲育土种，有相当的经验罢。

这里且不谈什么理论，我们更进一步来探讨这所以亏蚀的内容罢。

表四　每家蚕户平均支出费用表　　　　　　元

	桑叶费	膳食费	杂　费	工人费	蚕种费	支出总数
改良种	93.55	35.45	15.97	6.17	6.9	158.04
土　种	60.13	26.00	6.93	—	2.61	96.16
改良种与土种兼养	109.00	26.36	8.60	2.37	5.76	152.09

这里首先应该声明的，是第四项工人费，专指少数雇入的工人而言，他们自己家庭中所有的男女老幼，卜昼卜夜的勤劳着，是一文钱也没有算在里面的。照上面这五十家中的人口比例，每户平均虽不到七人；但壮年男女占56％，老年占10％，其余为十五岁以下之童年，现在平均每家工作者为四人，养蚕期及预备期至少要两个月，每人每月以六元计，则平均支出费中；非再加上四十八元的工资不可的。

但据我们调查表中的这一栏："约计起来你赚钱呢还是亏本?"其结果饲育改良种而自称赚钱的占75％，亏本者为20％，收支相抵者为5％。饲育土种而自称赚钱者，占26.7％，亏本者为66.7％，收支相抵者为6.6％。改良种与土种兼养，而自称赚钱者，计为72.2％，亏本者为27.8％。至于实际之盈亏如何? 第三四两表，已给与我们以一个证据，不必再待我们多说了。

这一点是较有兴味而可以附带在这里报告的，便是他们所谓赚钱的标准是如此：自己的工钱，诚然毫不计算在内，而只要桑叶的本钱有了着落，便算赚钱。这只须一看上列的第四表，每户的桑叶费都是占着三分之二的巨额，便可明了其究竟了。

四 桑园的改良问题

凡是谈到中国的蚕丝改良问题，谁都主张要有"价廉物美"的生丝，才能对外去竞争，物美则在蚕种的改良与制丝方法的改善，而价廉，则又恃乎桑园的改良。因为农家的桑叶生产能够合理化，蚕户的经济才有办法，原料茧的价格才可降低。本报二卷二号，夏道湘先生的"我国现代丝业问题之商榷"文中，提出要使单位茧价低廉，在乎桑叶，这已有明白的说明。这里特地把桑叶问题，也来附带报告一下。

在五十户中除五户的桑田为佃种及兼自耕者外，十三户为自耕农，三十二户为佃农。这就是蚕户的 26% 为自耕农；10% 为佃农兼自耗农，而纯粹的佃农占 64% 之多。10% 之佃农兼自耕农，以数字过少，并自耕及佃种的亩数不甚清楚，故不列表外，自耕及佃耕的比较表如下。

表五　蚕户桑园平均面积及叶量需给表

蚕户别	调查户数（户）	桑　地（亩）	其他农田（亩）	每户桑叶产量（担）	购入桑叶（担）	出售桑叶数量（担）
自耕农	13	6.69	14.50	50.00	12.70	10.30
佃　农	32	4.36	4.44	30.34	6.10	1.34

表五中，显然地表示佃农的桑田及农田面积的狭小，与其经济上困难的情形。但这还是桑园的一般问题，至于桑园生产的内容，还得另立他表，才能明其真相。

表六　桑园每亩平均生产费比较表

蚕户别	每年管理费（元）	每亩栽培成本（元）	每亩桑叶产量（担）	每担桑叶成本（元）
自耕农	4.22	11.3	7.47	0.716
佃　农	8.41	10.5	6.96	1.360

表六中，把每亩栽培成本，作年利一分计算，与每年管理费相加，

以除每亩产叶量，结果作为每担桑叶的成本。在这里，很显然地表示着：自耕农每担桑叶的成本不过七角一分六，而佃农则达一元三角六分，几乎要多上了一倍。这成本增加的原因是什么呢？不必容我们细说，便是管理费中，一则不必出佃租，而一则须纳四五元一亩的租费是。

而且我们在调查表中，又发见佃农每亩的桑叶产量，有多至十六担以上者，普通都是达十担左右，而自耕农最多的户数每亩产叶量也不过十担左右，是可知佃农对于桑园的爱护，较之自耕农更为尽力咧。

五　结　　论

粗枝大叶地说了一点，以时间及篇幅的关系，其他各类的分析不再多说了。

最后，我们就以上各表，再作一个简单的结论。

第一，土种的亟待划除，这不必再有什么怀疑；但我们希望改良种的品种，还要特别地精选；尤其应该下一个决心，把适应于各地的环境的品种，作一种严密的试验。同时，改良种（应为土种，编者注）的取缔，应格外地严厉。而改良种的价格，尤应设法再予以低减，因为改良种的蚕种费，较土种要高四五一倍以上（此处数字有误，编者注）。

第二，我们已知道无论饲育改良种与土种，在实际的生产费，都在市价以下。尤其是这一点，本篇所列的调查，系在两年前的市价，乃时改良种每担为五六十元，土种亦达三四十元（此为萧山蚕丝合作社的价格），今年虽因特殊情形，有限价之举；但为惨苦的农民着想，应该特别注意其收支的实况。

第三，桑园问题，关系原料茧的价格甚大。而桑园的亟待改良，固属急不容缓，佃农制度的亟待改革，亦为基本的问题之一。

（原载《国际贸易导报》1932 年第 4 卷第 1 期）

对春耕运动的具体建议

中国是素以农业国见称，但是多年来被帝国主义者和封建残余的剥削，每年反要从外洋输入一亿数千万元的食粮，棉花虽然有大量输出，而美国、埃及与印度棉仍有数千万元的输入。在抗战时期中因为日寇的海岸封锁，我们大宗食粮的进口，也将被封闭，尤其是江浙一带和华北五省盛产米麦的区域，都已沦陷敌手；同时，又因后方移民和难民的增加，前方作战部队的种种给养，食粮问题的严重自然更较迫切了。

自从抗战以来，幸赖去年的各地的谷类丰收，大家都还不曾感到食粮问题的迫切，但是摆在我们面前的，因为农产品的跌价，各种农作物耕种面积的减少将成为必然的事实；食粮品作物的栽培也未必能刺激农民较平时为更多量的生产。又因军事方面人心慌乱，冬期的水利、田亩以及冬期的绿肥作物，都比较平时减少注意，因此本年一般的生产量恐怕必然减少。

现在许多热心人士，主张移民开垦西南与西北各区，这当然是治本的方针之一。目下春已到了人间，而开垦的事业还在计划讨论中，农业的开垦，尤其是新的土地的开垦，决不是半年一年的事。西北虽然是极好的黄土区域，不必有多量的肥料就可以耕种，但因了森林的缺乏，雨水的不调，土地的生产力几已陷入休眠状态，非开发水利、培养水源以后，开垦是不能在短期内收效的。西南云、贵等地，又多是山岭起伏，可耕的面积极少，除四川、西康、广西的一部分以外，开垦也是极少有希望的。

据这样说来，我们今年的春耕问题应该注意在什么地方呢？我们的春耕运动正与军事一样，一方面应注意在辽远的后方，而在接近战区的几省，尤其应该由我们加以十二万分的注意。

就食粮而论，盛产稻米的区域为两湖和皖、赣，皖省虽然有一部分沦陷了，但据俗语所说："两湖熟，天下足。"只以湖南及江西、湖北三省，历年就有四分之一的米粮是可能输出的。换句话说，如果湘、赣、鄂三省比较丰年，可以供给一千万以上的人口的食粮，而四川、广东两省的平均米产，都在一千七百万市担以上，是国内产米最多数的省份，每省都比湖南多三分之一，比湖北、江西各多两倍以上。如果我们能积极指导，使之增加生产，除广东足供自给以外，四川也可以成为食米的供给地。再论军需品中的棉花和麻类，河北、山西、江苏各省的棉产地虽已沦陷，但陕西现在还存有不少的棉产，就是汉口市场上，现在也还有十余万担的棉花与五六万担的麻类无人来承受呢！

所以目下所应该注意的是两方面：一方面是如何去保护农民继续从事于原有的生产；另一方面是如何使农民能够较平时有较多的生产量。

农业的生产改良，我们听，并且加入在农民的队伍中喊，已经几十年了，有什么进步没有呢？连我们学农业的人也不敢自己作保证！最重要的一点是：政治的机构和社会的组织没有改进，农业是不会有进步的。

我们在这时候只能讲急则治标，不，在现在只能指出当前可以实行的几点。

第一，必须把过去妨碍农业生产的苛捐杂税、高利贷，首先加以切实的改革，以及封建残余的地主坐享其成的田租，最少应实行土地法，限制地主不得抽收地租375‰以上，这样才能刺激民众，对今后农业生产发生较大的效果。

第二，我们应该把土地的耕种面积扩张。中国全国的垦植面积的指数，只占15.4%，而照欧洲各先进国的已垦地面积的指数，大都均在40%以上。目下的办法，惟有把一切官荒，让当地有人力的民间自由领种，私荒须限期由所有者垦植，否则亦得由人民领垦，这里还有一件比较重要的事便是熟地的种植。凡无人种植者，亦得由当地人民领种。或以合作种植团等名义由当地民众共同垦种。其他如汉奸豪绅与贪官污吏的土地，亦须没收归农民种植。

第三，是资本问题。现在各公私银行都已紧缩了，在这两三年来，银行界似乎都有对农村大量放款的趋势。虽然过去放款的形式尚须彻底改革，然而现在连乡下放高利贷的以及原有的当铺也都停放、停业了，这时候若不加以救济，则农业生产势必陷于停顿。我们希望由政府督促中、中、交、农四行及农本局等，不应该退隐休闲，应该继续的并且大量的，尤其应该在接近战区的各省，去积极组织合作社，并且应该把合作社的股金减至最低数，以使贫农参加，受到实惠。此外，贸易调整委员会与农本局负调整农产品之责的，更应在这时候替政府尽量收买存积在各地的农产，贷放本年农村中各种生产资金，这不但使金融得以流通，并且使农民所有的米、麦、棉、麻、茶等等生产品能够换得货币，能够继续生产。

第四，是对耕种的人力问题。现在是春耕时期，乡间的人力当然感到不够。政府应充分把各地流亡的难民，各地学校师生，党政人员，以及在乡不从事生产的人力编制起来，下乡帮助农民耕种。住在地方的军队，尤应利用这时间帮助农民去种植，这一运动尤能使军民打成一片，对抗战地理的熟练与将来游击战争，更有极大的意义。

第五，是农业的技术指导问题。这时候再谈技术的改良，似乎接近迂腐，可是灌溉水源的兴修，病虫害的驱除预防，天然肥料的利用，农产品的加工，副业如畜牧、养鱼等的提倡，手工艺的改进等，都有重大的功用。其他如收量最多并可作为备荒最重要的洋芋，甘蔗及杂粮的种植等，亦属目前切要之图。这件事负农业行政及农业技术的当局，应该积极领导国内所有的农业者作一个总的动员的。

（原载《抗战三日刊》1938 年第 52 号）

对于春晖中学的几个希望

在日本的乡间不必说，没有东西来慰藉我，就是跑到上海、跑到杭州，也只有高挂的明月引为伴侣的一个学生农夫的我，不料回到上虞，参与了春晖中学的成立纪念了后，在晴明无尘的旷野中，有这样一所乡村学校，集合了热诚和蔼、富于牺牲及创造精神的教职员，与活泼愉快锐气方新的学生诸君……相接触于白马湖之滨，仿佛如武陵渔夫已找到了桃源胜地。那时刚碰到阴历十四五两日，圆圆的月照彻大地，散步湖滨，看傍岸远山，都倒映在白马湖中，使这寒夜景色，特别争妍，但是我不知怎的，心里虽想到"今日月比往日好"，然而我反觉得"明月哪得比春晖"。

我是个上虞人，实在没有誉扬春晖的必要，因为春晖中学虽办在上虞，而远地来的学者极多，所以办得好，这是办事者对于社会应有的责任，假使不能达到预期的目的，这是办春晖者所应该抱歉的！我虽直接间接，对于春晖没有关系，而且我的知识才能，又不能丝毫来补助春晖，这是我和我有同感的上虞人，所当引为遗憾的了。我没有别的贡献，我现在只好本我学生与农夫的两项资格，写出几个希望来。先说农夫资格的希望：

1. 造林。我们跑到西湖，精神上总算愉快极了，但是抬头四望，见环抱于西湖的群峰，都是牛山濯濯，这种气象，何等的枯寂呢？时时和我们冷漠的心坎相对无言。白马湖也有群山环抱，而其缺点也和西湖相等，所以希望春晖中学，大大能够购山造林，不但使白马湖的水色比今日澄明清洁，且一二十年后，可充学校的基金。小之也望能调查各山面积、户主，劝其用科学的方法，栽培合用的森林。或代为测量山地，或代为介绍种苗，使一二十年以后，春晖中学的子弟、白马湖的森林，都能为社会需用。故第一希望造林，不要仅限于学校的周围，与行道树为止。

2. 牧畜与养鱼。春晖中学离市较远，蔬菜的供给已感困苦，而动物的食品，更觉为难。以鸡卵而论：每日需要，必在几百个以上，如果能于校旁隙地，养鸡数百尾，则鸡卵供给就很裕如了。牛乳富含脂肪，不仅能够发皇体魄，而且为解决"东方民族专以米麦植物品当专食，一遇到水旱立见饥馑的恐慌"，春晖如能够用优良乳牛数头，小之可以供给校内的需用，大之可以分配种牛于乡间。又沿白马湖边，地积数百亩，如能养鱼数十万尾，则课伴之暇，湖滨垂钓，一校数百人，不患食无鱼了，其余如羊、豕、鹅、鸭，都可随时豢养。

3. 模范的种植。灌园植卉，这果然是人生乐事，但我国农业之所以窳败，其弊在无优良的种子和适宜的肥料，而各省虽都有农校及试验场，但都是教其所教，试其所试，对于农民没有丝毫的联络。春晖校可租地数亩，采良种，用新法，施肥料，辨土宜，栽培主要农作物三五亩，如果得法，不难使农夫争先效法，栽植果木瓜果蔬菜，虽是一种末道，但也能供给不少的食用。

4. 试办农民银行。驿亭方面的农夫生活情形怎样，我还未曾调查，但看到冬天休闲的农田之多，可以知道他们种子与肥料费，一定是很缺乏的了。假使白马湖旁边的休闲田一千亩，由农民银行放资二千金，叫他们冬期种麦种豆，那么明年至少每亩可收六七元，就能够生产四五千金钱出来了，这不过一个例而已。春晖中学既有存款，我想不妨扩出三五千元来，试办一个农民银行，在校里的收入无损，而附近的农民能够以低利来融通资金，不知受福多少啊！

5. 对于农民的教养。很好，春晖中学的师生们于成立之初，就能够办农民夜校。成绩怎样，内容如何，我虽没有知道，但是照我的想象，现在农民所需要的、农业技术方面的革新、农民生活的改造和农民相互互助以便养成消费贩卖等共同的行动等，比识几个字更为重要。识字固然是教养之初基，但我更希望春晖的师生们能够对于农业技术的改革、农民生活的改造格外留意一下！美国的乡村学校有一种叫"moon society"（"月亮社"——编者注），择农闲之晚，作种种的游艺，与农民大家娱乐，春晖校也当常常举行的。

一九二二、十二、六日上虞城中

（原载《春晖》半月刊 1922 年第 4 期）

论本县的富源

（一）

近来生活程度的飞涨，各界谋生的困难，不仅是上虞一县的问题，已成了全世界的大问题了！不过，在政治上尚未走入正轨，兵匪扰攘的中国，教育尚未普及，科学方法未能应用到实业方面的中国，碰着了现在的时势，自然愈加紧张，愈成为问题罢了。

这是最可乐观的事：我每到一处乡间，与友人谈起一地方的景况，只要年成比较得丰熟，或者某种出产品比较的价格高涨，则一地方的生活状况，便觉得非常裕如。举例来说：去年十五都、十九都出产的竹纸，市价比较略好，设有纸厂地方的厂主，固然有相当的收入，农人也得到不少的帮助。因为做纸的工人都是就近的农民利用闲暇，增加一家的收入，而竹价也要高起不少。又如今年因山头的茶价，比上前两年贵上一倍多，备有茶山的农人，遇到了像今年的旱荒水荒，也不至于十二分的苦痛了。其实呢，也不仅上虞一县如此，无论在工商本位的大小都市，在农业本位的乡村，在中国或在外国，只要某种生产事业比较的发达，他种事业没有特异的变动，一都市，一乡村，或者一省一国的金融上，便很能安安稳稳的度日了。

我们明白了这一点，因此，对于一地方的应兴的实业，便不能不急急地谋所以发展和革兴的方法了。虽然要发展实业，必须有相当的人才，相当的资金，依据地方情形，下一番探讨计划的功夫；并须有相当的保护和奖励的方法。而且像我这样，对于本邑状况，未曾下过深切的观察和调查，信口说来，未必都能中肯；但借这次出国庆专刊的机会，提出几件比较的重要的事，以贡献于在乡或旅外的同乡的参考，决不是无益的事情罢。

（二）

甲　蚕丝　蚕丝业的在中国，是独一无二的一个富源，我们邻近的新、嵊两县，每年在蚕丝业方面的生产，不下数百万；在上虞，各处虽都宜于栽桑，各家男女虽都有育蚕的经验；但要像新、嵊那样培植较多的桑园，饲育较多的蚕量者，殊不多见。因此丝茧的营业，及全县关于蚕丝的收入，数量极少。栽培桑树的手续极易，成效又速，山边宅旁都可栽种，采桑育蚕，又属家庭间妇女所能做的事。如果现在能积极地提倡，则十年之后，不难步新、嵊两县的后尘，且因此得建设较大的改良缫丝厂数所，乃至数十所，岂仅增加收入，还可以收容不少在家坐食的妇女咧。

乙　森林　森林事业的重要，直接有极大的收益，间接能调节雨量，避免水旱的灾荒，我曾在从前出版的《上虞声》里，详细地讲过。回忆上虞山岳连绵，荒芜不治，每年直接间接的损失，何止数千万！现在且拨开间接的利益不论，以直接的收入来说：每亩山地在三十年后至少有六百元的纯收入，即平均每亩每年有二十元的收益。本县荒山以二十万亩计算，每年无形的损失，已达四百万元的巨额。倘使早一年把官荒民荒详细地调查出来，定一严格的规程，限令几年以内必须造成，否则即由官厅收回，并颁布（禁止）滥伐森林的法律，则上虞全县每年便能多得四百万元的收入了。

丙　米粮　上虞现在究有多少人口？多少耕地？都没有确切的调查，所以上虞出产的米粮，能否供给上虞人自己吃？自然无从推测。据业米者言：每年从外埠输入的不下二十余万元，则米粮的不足，已可断言。再证诸近来农村间农民需要田地的急切，尤可以知道耕地的缺少了。要解决米粮问题：第一是将境内可耕的荒地，尽力开垦。例如章镇附近的大浸畈，稍加整理，便可多得耕地万余亩。与余姚毗连的西湖大小渣湖为田亦不下十余万，倘使当地人士，肯为地方民生着想，放大眼光，平心静气地讨论研究，则其造福地方，增进富源，实无限量。第二是兴修水利。近年因水灾旱灾的损失，为数不可胜计，募捐赈灾，都是头痛医头的办法。倘能栽培森林，兴修水利，不致酿成巨祸，则人民无形中的收入，又不知有多少？第三是改良稻种及栽培法。据老于耕种者言，上虞地方因多种台稻及黄岩稻之故，每年均受不少的损失。如余姚自改种火稻以来，因时期短，且能避免秋季的暴风雨之故，每年均得丰收。这不过是一个例，精于稻作的专门家告诉我，如能改种日本著名的神力种，其收成可多得一倍，则更是解决米荒的要件了。

丁　渔盐　我们上虞，真是一块福地，有山有田，而且还拥有渔盐的大利呢。我很惭愧，没有好好地注意到沿海的状况；但看到内地海产品的丰富，不能不令人想到该如何的去注意捕获鱼类的方法了。有一次听到几位水产学家谈起海中的富饶，与国人捕鱼方法的拙劣，使我在羡慕与惭愧之中，大发其感想！又如沿海一带，所出产的食盐，为数很大，但因制晒的方法不甚讲究，推销的手续也层层受到束缚，故渔盐两项，如果能下一番改良的功夫，关系于上虞人的生计，更是不能预计咧。还有一件要附带在这里说的，内地的养鱼事业也非常之重要。因为凡有农田的所在，都有相当的池沼，各地河道，所在皆是，都应该赶快来试办养鱼事业，本轻利重，而且是极容易实行的事。

戊　纸茶　上虞的制纸事业，还是沿用着几千年以前的陈法，故出产虽多，而利益终属有限。如果能设法把那种只能充纸巾做火纸用的纸张，稍稍改良，以作簿据纸或日用的纸张，则其价值必三五倍于现在的出品。或者有人说：现在的材料都是竹，要改良制造，非另加他种纤维柔软的木本类不可；但这也是极容易解决的事，因为我们有山有地，要种什么，便可种什么的。至于茶的一项，在制造方面来说：章镇一区，每年已不下二三百万元的出品。现在且不谈该如何如何的改良，即以营业权而论，都操在上海一二商人及几家外国洋行之手，赚钱亏本，都须听天由命，这是何等危险的事！且间接是影响于农民的茶价的高低的。我希望章镇能产出一二位眼光远大的商人，集合制品，直接运销外国；即不然，也该在上海自己设立一家直接贩卖的茶栈才是。又从培养方面来讲：因为乡人都不施用肥料及剪枝的方法，每年的出产也要减少一倍以上，这又是一个极大的损失。

一说已说了这许多，要是再列举起来，恐怕这张增刊也容不了这么多，而且像矿产唎、工业制造品唎、各种的小工业唎、农地的整理唎、棉花豆麦的改良唎……一来我是门外汉，其二横竖阅者，比我要更知道得多些。转过来，一述我个人对于着手进行的几个提案吧。

（三）

依照上面的说来，我们上虞实在不患穷，而患没有人大家同心协力地去做！这种担子，照理，凡属上虞人，都应该负相当的责任。或者有人会骂我说：讲讲是容易的，恐怕做起来便为难了。"难"只是庸人的字典中有这句话。不往前走，想从县衙门到城隍庙都不可能，何况走远路？不过在最近的现在，自然只好从简而易的如调查及计划方面着手，姑且举几个方针出来。

第一，我以为实业方面，也当像注意教育似的至少有二三万一年的常费，充调查研究的费用。如在国外，都有相当的组织，要改良蚕丝，有蚕丝业者自己拿出经费，有热心的资本家捐助，有政府的补协，或者派专门人才来指导，在中国则一无所能。目前的办法，只好先筹办一所实业局，规模不必大，有二三位熟悉本地情形，有农工业方面相当的知识，肯热心从公者便好。三两年内，先从调查入手，如果有费钱不多，容易举办的事业，不妨先行试办。

第二，上虞的县农会，该负相当责任，中国农会的组织，虽有许多缺点，既然有了这个机关，当然应该负这机关的使命。去年县农会开会，据会计报告，每年收入，大约也有二三百元；然而两年的开支，还不到一百元左右，论节俭诚节俭矣；可是把苗圃租给别人去种蔬菜，会所租给同善社去做事务所，会内没有办事人，到今朝已一年有余，不曾开过一次什么会议。这样消极的节省，还成为一个机关吗？我诚不懂，难道上虞真没有一件事情可做吗？随便拿点来说吧：现在的水灾旱灾，别人已闹得昏天黑地，农会的责任，应该替乡民呼吁奔走，替官厅传述意志，他们则行着无事；每年让租让粮，应该替农民向财主说话，到乡间去实地考查，他们则袖手旁观！现在乡间的稻田中，螟虫已蔓延得极多了，他们也无从知道；至于上虞究竟有多少田亩？有多少农户？蚕丝业该怎样的提倡？森林该怎样的发展？水利该怎样的兴修？不但毫无计划，恐怕也不在他们的意中？如说是没有人才，则每年的收入，还勉强可雇用相当的中等或专门毕业人员充调查或指导员。如说经费不够，尽可去设法筹募，或者试办几件公益事务，例如选择一二处相当的池塘，指导民间，养殖鱼类，抽其什一之利。又如开关城垣试种桑树，已经提议了不知多少次。迄今也不闻有什么消息，我真无话可说，也不愿多说了。

第三，实业局既不知什么时候成立？县农会又是这般行径，我就想到只好来利用本县的教育界了。如果教育界肯于教科之外，对于实业方面下研究指导的工夫，实在也是上虞实业界唯一的救星。我以为春晖中学实在不能推却负总指导的一层重要的使命了！例如学术方面：小之如探集动植矿物的标本，种属的分类，地质的状况，矿物的种类。大之如调查农作物的数量，荒山荒地的亩积，病虫害被害的状况。农家的经济等。在事业方面：如工商事业的指导，交通水利的测量，合作及仓库的组织，农作物的试验改良等，虽然有许多当然在执行之中，有许多不便兼顾；但我以为如春晖校的人才济济，是上虞独一无二的机关，倘能联合各校，督率进行，不但使全上虞蒙着极大的福利，即在校内的学生，亦得着许多活用的知识……今以上虞的春晖中校，联合了上虞的教育界，调查上虞的生产事业，其事甚易，而其效更宏，则又何乐而不为呢。

第四方面，是希望有资材有学识的同乡，都能共同联合起来，以发展上虞的教育、实业、交通、水利等为职志。有相当研究的，不妨以个人的资格，或联合了几个同志，先下一番调查研究的工夫，发表些具体的计划。有资材的选择一二项重要的事业，加以相当的协助。假如把在外辛苦赚来的银钱，为子孙买良田营华屋，不如捐出一二千金，试办一个改良造纸厂或蚕桑模范场。例如寄老先生想试办的一处农事试验场，听说在西南门外已买好十多亩田，只是没有基本金。如果能够筹集三四万金，聘请一二位专门家，在三五年内，研究出一种比较耐旱耐水收量较丰，或抵抗病虫害较强的稻种；或者选择出丝质丰富，茧粒优良的蚕种，分布民间，则其冥冥中造福桑梓，岂可限量！又如绍萧、绍嵊的汽车路，已在测量，奉宁的汽车路，也将举办；而在上虞的境内，应如何筹筑支路以利交通？都是有智识有资产的人，应该负共同的职责的。

今天是国庆纪念日，我便想到孙中山先生的缔造共和，努力革命的精神；而且我深深地感佩他的"知难行易"的一个学说。希望同乡大家努力研究，往前进行，"天下无难事，只怕有心人"。以此为民国十五年的国庆日预祝！

（原载《上虞声》三日刊 1926 年 10 月 9 日国庆增刊。略有删节订正）

茶　话

一　绪　言

　　应该说清楚这里所谓茶话，不是因为《一般》的发刊新年号，开个茶话会，讲点新年的故事解解闷；也不是像周作人先生在《语丝》上富于文艺性的茶话甲，茶话乙。因为本志主干想找点关于农业上的消息，给一般阅者知道点农业常识；我便拟了个"一年来的丝茶"。因为阅者无论在都市在农村，对于这个问题，都有注意的必要；即使不是直接有关，丝茶两项的在出产方面或销路方面，间接对于金融，对于地方经济也有很大的关系的。但等我执笔想写这一年来的报告时，便发生了十二分的困难。诸位都知道，中国的农村和市场上，向来不晓得有什么统计的；而且商人营业，全靠各个人的隐瞒欺诈，赚到了百分之几的Commission便尽了他们的能事了。自己也不必知道国内外需给的关系，到货出货的现状，自然更不愿他人知道这些了。所以要讲一年来，实在是不很靠得住的事。其二，要讲一年来，便不能不把一年以前的情形也略为说明点，才能使读者了解中国丝茶业的现状；但是照这样的讲法，便不能不把《一般》中很有趣味很感人的文章挤掉，把我这个丝茶问题排挤进去；不但你们阅者不赞成，便是我也不愿把这种枯燥的问题，向阅者多饶舌；所以改变了预定的宗旨，先来说茶，于是就名此篇曰《茶话》。还未入正题，闲话已说了这许多，言归正传罢。但是叫我如何说起呢？阅者虽不是茶商，也不是种茶的；你们茶总是喝的罢——或者你是喝开水的；但要知道这几片叶子，现在已分配在全个世界，数目已达十五万磅以上（连产茶国自用者在内），无论是被称为最文明的欧美人，或者最野蛮的非洲人，无论是寒带或者热带，都把它当作必需的饮料之一了。这其间必有复杂微妙的关系，所以最初先来讲点喝茶与人生的关系；以后再附带地讲点中国茶业的现状，和全世界茶叶供给需要的关系，及一年来的现状，如果诸位爱听，有机会时，再来补讲丝的消息如何？

二　我们为什么要喝茶

要讲喝茶以前，先应该知道红、绿茶的关系。同是茶的叶子可以做红茶，也可以做绿茶，更可以做像福建的乌龙茶，云南所产的普洱茶。香味各各不同，颜色也完全两样，这当然是件奇妙的事情了。但是中国的红茶，现在为什么已不及印度、锡兰红茶的香味好，水色浓——这并不是灭自己的锐气，各通商口岸或咖啡店的红茶，差不多都流行吃一种叫 Lipton 的红茶了——绿茶、乌龙茶也不及台湾产的那么好呢！这其间的原因虽然很多，要用一句话来说明则完全在乎制造方法的好不好，现在且来一述所以能做红茶或绿茶的原因：

在本志十一号中兼善先生有一篇《红叶》的文章，大概诸位都已看到了罢，凡是树叶在春夏之间，都是呈绿色的；但有许多含有糖或鞣质的植物的叶内，又含有一种红的色素，前者就所谓叶绿素，后者暂称之曰叶黄素，所以在制造茶叶的时候，如果能够把叶黄素不起作用，使叶绿素能够固定，则制造出来的茶叶，便是绿茶，又如果使叶绿素、叶黄素等受还元作用，使变成花青素（Anthakgan），便可变为红茶。这几句话虽然很简单；而印度、锡兰红茶的所以比中国红茶好，便是在制造上发酵方法（即还元作用）的优良；日本绿茶的所以在美国占特殊的地位，也因为叶绿素的固定方法，有了种新发明。诸位不信，可以把中国的红茶或绿茶拿来比较，中国的绿茶所泡出的水色，时常容易变红色；（越是低劣的绿茶，越会变红色。）所谓红茶，也不是什么深红色，凡此种种，都是制造方法上对于颜色方面的一个最大的缺点；其余因制造方法的恶劣，而使香气光泽茶味等发生不良的影响，当然也很大，这也就是中国茶叶在世界市场上不能立足的一个最大的原因。这里本来不想说什么制造的方法；但我觉得这一点，是读《茶话》的阅者，第一应该知道的事。

现在要继续着谈我们究竟为什么要喝茶呢？中国的古书上说的很多：什么茶能润渴补肺，健胃益神等话，也不必一一的搬出来了。照现在分析上所已经知道的，一片的叶子上，含有十多种以上的成分，在茶叶中所特别具有的，则有各种的芳香体，还有最重要的一种单宁素。（植物中含此者除茶外只咖啡、可可阿数种而已）其余如感到甜味的糖分，吾人所必需的粗蛋白质、纯蛋白质，以及 Fther 浸出物，Amido 窒素，蛋白质窒素，可溶灰分等，都相当的含有着，所谓润渴补肺，健胃益神者，便是茶叶中含有特殊的单宁等的缘由了。

最近更知道人类的生活要素，除蛋白质与矿物质之外，还有一种Vitamin（生活素），而茶叶中也含有这一种的要素。曾经有许多实验家把不含 Vitamin 的食物，饲养鸽子或鼠，不到一二十天功夫，就不能维持其生命；但在未死以前，注射 Vitamin 进去，它的生命立即可以复活。这一个例，便可以来说明中国茶叶所以远布于各国的原因了。最初到中国来的欧洲人，是荷兰的商人，他们因为需跋涉重洋，时常患一种软脚及精神萎靡的病，据说那时就把中国的茶叶为他们航海中必需的医药，后来便因此而流传到各地。

关于茶与人类健康的事，最近还可以举个例来说明，在 1926 年日本的天皇，举行银婚式，调查全日本九十岁以上的长寿者，一共计有七百多人，各人给一只御杯，藉留纪念。同时日本的茶业联合会，利用这个机会，便发了七百多封信，给日本的长寿者，问题是"你喜欢喝茶吗？"结果是 85% 以上，都是最喜欢喝茶的；10% 是喝茶而并不嗜饮；不喜欢喝茶的，不过 5% 罢了。这虽然是一个很平常的调查；但至少可以知道茶叶对于健康上，不但是没有妨害，而且是有益的了。

关于以上所说的话，我并不是想藉此作饮茶的宣传，不过简单地讲点茶叶既然支配了全世界的人类，自然有它的特别的原因罢了。

三　世界茶叶需要供给的最近趋势

茶叶虽然已成了世界的需要品；但出产茶叶的国度，只有中国、日本、印度、锡兰及爪哇的几国。在六七十年以前，供给世界茶叶的，只有我们中国，每年的出口数量，达三亿万磅以上。自从三四十年来，其余各国，都蒸蒸日上，我们所固有的许多老主顾，都被他们攘夺了去，这虽然有各种的原因，这里不能细表，现在为要明白世界各国茶叶需给的关系起见，把我所调查的可以作参考的几个表，录在下面：

全世界饮料中茶咖啡及可可阿的需要量

茶　叶	七亿五千万磅
咖　啡	三十亿万磅以上
可 可 阿	三亿二千万磅

上表，可以知道全世界饮料中，咖啡的势力的伟大。

世界输出茶中红茶绿茶的关系

总　额	八亿一千余万磅
红　茶	七亿二千万磅
绿　茶	九千万磅

上表，是表示全世界需要红茶的数量，占全数的 90% 左右，这在惯吃绿茶的我们怕也不很相信罢；但事实是这样的告诉我们，决不会有如何的错误的。

世界主要国茶叶输入额

英　国	四亿三千余万磅
俄　国	一亿九千万磅
美　国	九千万磅
澳　洲	三千万磅
加 拿 大	三千万磅

这可以明白世界茶叶的第一的需要国，是英国——虽然有一部分是要再输出到外边去——第二便是俄国了；论到俄国，是与中国的茶市最最有影响的，关于这一点我在下边还得仔细地加以说明。

世界各国及地区每人一年中平均消费额

澳 洲	7.10 磅	英 国	6.18 磅
加拿大	4.00 磅	台 湾	2 磅
荷 兰	1.40 磅	中 国	1.33 磅
美 国	1.30 磅	俄 国	1.25 磅
挪 威	1.10 磅	日 本	1 磅
丹 麦	0.36 磅	德 国	0.13 磅
法 国	0.06 磅		

这不过表示各国对于茶叶嗜好上的一个参考，从大体上说：欧洲大陆对于茶叶，是不很需要的；而英国及其属地，需要茶叶都很大，不过他们所需要的，现在已都是印度、锡兰的茶叶了，这个原因，自然因他们视殖民地的出产等于自己的国货一样，这里也只好按下慢表，现在觉得最应该使大家明白的，便是全世界的茶叶的供给国，究竟是如何的现象呢？要明白这件事，又要请阅者一看以下最近各国输出的数量表了。

世界产茶国及地区输出数量表　　　（单位：千磅）

	1921 年	1922 年	1923 年	1924 年	四年平均率
中 国	57.753	77.312	107.663	102.123	12%
印 度	342.636	302.759	322.589	347.216	46%
锡 兰	162.884	173.161	183.391	206.666	25%
爪 哇	79.618	82.107	84.125	106.458	12%
日 本	13.331	25.676	26.406	24.411	3%
中国台湾	18.072	11.360	21.828	21.384	2%
合 计	674.294	672.375	746.001	808.218	100%

从上表中，很明显地表示着中国茶叶，在世界茶叶供给者中所处的地位。无论那一个产茶地，都是从中国输入了茶的种子，雇佣了中国的

工人，先行试办起来的；然而他们都因为利用了科学的方法，宣传的工作，和政府及人民提倡合作的功夫，远则不过数十年，近则如爪哇还不到十余年，都后来居上了。这不是件极可痛惜极可羞耻的事情么？

四　华茶运命的休咎与最近现状

华茶所以一落千丈，这其间的原因，自然是一言难尽；但我们应该注意的，是从前的减少，还是缓缓地呈一种抛物线；而在欧战以后，倒成了直线形的骤然的减少起来。例如民国四年的输出数量，还达二亿三千万磅；民国七年乃不上五千五百万磅，几乎减少到五分之四，上海的商人，中国的政府，对此都不很注意，我在四五年来，时常在各处呼喊着；但也不能急切地引起各方的注意。其实是一个非常明显的问题，便是现在华茶市场的成败利钝，与俄国的关系非常之重大，因为俄国是华茶最大的顾客，自从俄国革命以后，各国对于劳农俄国取封锁的政策，中国的茶叶，也被这影响，而一落千丈了。因为俄国的需要茶叶，占全世界的第二位，从前每年达二亿万磅，其最大的供给国，便是中国。要证明这一个问题，只须一查中国最近的全出口数，与出口数中所运往的各国比较数便可了然。

民国纪元来的华茶输出额

民国元年	1 481 700 担	二年	1 442 109 担
三年	1 495 799 担	四年	1 782 353 担
五年	1 542 633 担	六年	1 125 535 担
七年	404 217 担	八年	690 155 担
九年	305 906 担	十年	430 328 担
十一年	576 073 担	十二年	801 417 担
十三年	765 935 担	十四年	833 908 担

民国六年华茶输出国别及地区表

	数量（担）	银额（两）
俄 国	734 943	15 349 514
美 国	171 600	6 693 795
香 港	78 431	1 756 368
印 度	32 476	1 569 496
英 国	34 954	1 205 361
法 国	21 419	893 511
其 他	51 712	1 639 642
合 计	1 125 535	29 109 687

从上面的第二表中，最明显表示的是华茶的输出到俄国的，数量占60%，银额占50%，故民国六年以后的华茶销路，正跟了一九一七年的俄国革命起绝大的变化。故我们说华茶的命运，实在直接操诸俄国人之手，也不是过甚其词罢。国人都知道中山先生的遗嘱中一句："我们要联合以平等待我之国家"，我希望中国茶叶的复兴，也应该积极地与俄国商量一个平等交易的方法，这不仅是挽救华茶惟一的机运，也是关心茶业的人，所不可不深切地知道的！

最后要讲一点上海的最近的市况，但因限于篇幅，只好简单地说一点了。

据上海茶业会馆的估计，每年到上海的茶叶，约如下数：

地别	茶别	数量
祁门浮梁秋浦	红茶	约45 000 担
修水武宁	红茶	约20 000 担
徽 州	绿茶	约130 000 万担
湖 南	红茶	约140 000 万担
湖 北	红茶	约20 000 担
浙 江	绿茶（平水）	约130 000 万担
	红茶	约5 000 担

这不过是在上海一部分贩卖的约数，当然不十分的准确；但其总数量已占全输出数的五分之三以上，故上海茶市的休咎，就可预卜全国茶业的状况。去年是人人都知道凡是做茶商的，都能赚钱；而今年却各家都有存底，就大体上说，大致是亏本的居多。这亏本的原因，虽然需要方面比较的减少；而其重大的原因，还因去年赚钱之故，茶商人因即加多，在山办茶，成本较之十四年要高一倍；而供给的数量，自然也要增加，现在且把十四年和十五年同时候止所卖出的箱数，（每箱约五十斤）比较列下：

民国十四年售出箱数（十一月三十止）	民国十五年售出箱数（十一月三十日止）
360 073 箱	301 806 箱

两者比较起来，到十五年的同时期，比之十四年要减少六万箱左右，这减少的原因，现在虽然不能正确的调查；但重要的关键，仍旧因俄商新泰洋行进货比去年减少之故。

到我完稿的时期止，据上海茶商的调查，尚有存底十五六万箱以上，如果俄商不再急剧的购买，则十六年的存底较多，各地山户的茶价，决不会再像十五年的那样高涨了。到此应该办一个结束了，我就把上海茶商应该注意的地方，写几条在下边罢：

一、茶商应该知道世界需要供给的关系，则不致陷于供过于求、存底加多的恐慌。

二、就上海方面说：制造的茶厂虽有百十余家，介绍给洋商的茶栈，也近二十家；但直接能运到国外的茶商，还只有一二家，这是对外贸易上最不经济的事。

三、茶商对于栽培制造的改良方面，还不充分的注意，茶业的金融机关，直到现在还不曾组织成立，都是今后茶商所应该努力的。

四、政府及茶商，应该提出相当的费用，派遣专家到国外考察贩卖及制造等方法，使国人充分明了世界茶业的大势。

上面是简单的几件，虽然是茶商应该赶快去实行，也是关心茶业问题的一般人，所不可不知道的。

十五，十二，十五日。

（原载《一般》1927 第 2 卷第 1—4 期）

半月来之茶叶市场

（民国三十五年七月下半月）

兴华茶业公司总经理　吴觉农

　　茶业的危机正随着时日而严重，近来虽有几百箱新祁红、婺绿、抽珍等出口，但或为土庄茶，或为新陈掺和，而且大部分是运到没有茶叶限价的地带，如印度和中亚细亚去的，仅小部分是运到欧美去的。这种情形已使茶业界异常焦急，茶叶搁置一日，利息、仓租、保险等费也增加一日；而且中农的茶贷也已到期，以茶业界本身的力量，实已无法打开这种局面。因此，才有茶业请愿团晋京请愿之举。

　　茶业界的要求极为简单，他们唯一的希望是推动今年新茶的外销，在保持成本的原则下，为中国茶业延续其久远的历史，茶业界的四项要求是：

　　一、请政府办理茶叶出口津贴，以平衡国内外茶价之差额。

　　二、请政府续办对苏贸易，并扩展易货区域及范围，以解除因内外茶价悬殊所发生之困难。

　　三、请政府运用经济外交，商请各国政府取消对于华茶进口量及价格等限制，并在主要茶叶市场设领馆，以保护贸易。

　　四、请政府延期归还茶贷本息，以使茶业有喘息之机会，并统贷精制及运输贷款，藉使一部分因贷金缺少不克精制之毛茶，完全精制成箱，备供外销。

　　茶业界的四项要求，其主要目的，在于维持今年外销以维持未来之外销市场，并非单纯为解决眼前的困难而作此要求，这是值得非常注意的，现在茶业请愿团已随上海工商业请愿团返沪，政府当局还没有肯定的答复，我们相信茶业界的要求决不能立刻获准，但也相信最后必能全部获准，盖非如是，今后国茶前途必致一蹶而不可复振也。

这半年来的陈茶花色，随着上半月微微的涨势，有着显著的进步，出口商行仍有吸胃，某出口行并在福州购进闽红三万余箱，上海的台红交易也颇热闹，但出口茶叶的品质，却值得我们异常忧虑，有霉味的茶叶，在目前茶叶出口中占着极大的比数，因此，我们如果以最近的出口数量与价值，来推断茶业的前途，将会得到完全相反的结果。

产地山价的变动也是值得注意的，眼前的茶业逆境，好像已成了定局，茶厂都已停秤，夏茶无人问津，秋茶自然不再采摘，但在茶农手里的春茶、夏茶还是不少，因此屯绿、平绿山价无不剧落，所例外的只有玉山绿茶山价反而上涨，但实际上并不是玉绿涨价，而是玉绿最初的玉山价较其他各地为低的缘故。山价的下落对于茶商已无好处，而对于茶农却有极端的损失。

在内销方面，密切地关联着国内的政局，东北、蒙藏、新疆以及西北、华北各省茶叶异常缺乏，各地茶商虽想在国内打开一条出路，终因交通困难无法实现，现在甚至连平、津的茶市也是沉寂得很，但上海市场有时也有热闹的场面，本街店庄与苏帮都以高价吸购，不过成效数量极属有限。

最近各报上对于茶叶洋庄走销，传着一片乐观的声调，但在茶业界看起来，实有过分渲染之感，举一个例来说：某次某出口行装运绿茶七百余箱至美，某报以特号字体为标题，其实我国战前输出茶叶每年达一百数十万箱，这个数目是微乎其微的，一天内不同的报纸上可以看到绝对相反的报道。总之，在现在的局势下，茶叶交易的旺盛、活跃，卖方的板价，买方的竞购，和大量的出运，都还谈不到。

半月来上海外销陈茶价格，有如下的变动（单位每市担国币元）。照最近的茶价趋势观察，陈茶价格均有步涨希望，其中台湾 B. O. P. 因存底极薄，涨风必劲，但陈茶究以品质关系，其价格乃有无形的限度，故亦未能过于乐观。

	7 月 23 日		8 月 7 日	
	最高	最低	最高	最低
陈特黄熙	55 000	32 500	55 000	48 500
婺东针眉	38 000	28 000	42 000	36 000
顶祁红	160 000	125 000	165 000	135 000
台红 B. O. P.	65 000	42 000	71 000	45 000
温红	65 000	39 000	66 000	43 000
闽红	80 000	40 000	80 000	45 000

（原载《国际贸易》1946 年第 1 卷第 8 期）

为茶农茶商作紧急呼吁

茶叶不但为出口货大宗，过去及将来已经而且必须以此去换取大量的外汇；并且与东南产茶各省的经济，山区茶农的生活有最重要的关系。在抗战初期，因了茶叶的首先进入国营同时设施了若干必要的产销的体系，原已奠定了若干的基础；但是后来为了经营的不善，又为了海口的尽被敌人封锁，一切物价都在继续的增长，独有茶叶的物价指数只有数倍乃至数十倍而已。因之在这三两年中，内地的茶树都荒芜了，而且若干内地的制造场厂大都被敌人毁坏或者烧光了。内地的以及在上海、汉口的茶商，除特殊的少数的例外，都在颠连困苦的状态中。

茶叶的外销，原受印度、锡兰、爪哇及日本各国的竞争，产销经营是受到相当的困难的。现在日本虽已战败；爪哇茶区也受战时的影响；但印度、锡兰在战争时期是反而受到战争的景气，同时英国茶商且予以积极的革新，对战后的中国茶叶要受到相当的威胁的。最近国内因了百物的昂贵，今年的茶叶成本预料不至于怎样的低；然而欧洲在战后民穷财尽，非洲的绿茶销路又因法国法郎的贬值，茶价必受相当的影响；苏联对我国尚有易货契约，过去尚未交足，市价也必受相当的限制。同时，因华北及东九省一带以前均为日本及台湾茶所侵占，战后国茶销路较有发展，因之最近市价逐日高涨，将来影响外销成本甚巨，这也是件应该注意的事。

上面是一点极简略的报道，已可知今后外销茶经营的困难，如果没有国家的力量予以扶植，前途是极端的艰巨和危险的。

茶农茶商最迫切的需要是什么呢？

第一，应该由国家即日在茶区向茶农宣传，于春初赶紧耕耘茶树，并发放二三十万万元的紧急无利或极低利息的茶贷，使茶农略可昭苏。

第二，对各地的制茶厂，应拨发十万元以上的低利的长期贷款，使之整理茶厂，在茶季前再拨二三十万万元的低利茶叶贷款以资周转，这所谓低利，虽然不希望能像美国的二厘三厘，但决不能超过一分二分，否则三五个月一对的高利贷，是对茶业反而有害的。

第三，内地的交通运输应赶速修复，俾箱茶可以源源运达通商口岸，以后国家经营的交通运输对茶叶的运输应特别予以便利，收费应特别予以减低；因为茶叶是抛货，且为提倡外销计；不得不由国家予以提倡的。

第四，上海的华茶交易，过去有极多的不良习惯，应赶速予以取缔和改善；最好应组设茶叶公卖市场，由检验机关予以卖前检查，并实施公磅；另又指定优良仓库，以廉价堆存茶叶。

第五，检验机关应限制过去的陈茶运销国外，尤其为红茶之类，受印度、锡兰的竞争最烈，不应运出国外，以自贬华茶声誉；至运往非洲的绿茶，或仍可配搭一部分的陈绿茶，但应注明年限，以示区别。

第六，我们与各国应从速签订互惠及公平的商约，如过去英国对华茶的入口税较印度、锡兰为高，应该积极争取平等的待遇，外汇比率应尽量提高；使茶农不致再如过去因无利可获而弃茶于树。

第七，为发展外销箱茶获取大量外汇起见，对外销茶应免除一切捐税，由中央通令各省及产茶县份切实注意；同时为限制内销茶及过量运销华北及东九省起见，内外销茶区最好有一个明确的划分。不然对内销茶除予以运输上之便利外，不妨酌收相当茶税——战前对外销茶原已免除一切税收，而内销茶是酌取捐税的。

第八，政府应拨大量款项向国外为国茶尽力宣传，并多予出口茶商以便利。并遵守国营民营平等的原则，我们不希望再有类似国营的机构出现，即使免不了产生，务须一体遵守上项原则。

第九，国内农林研究机关，应积极从事于茶树栽培机器制造等新式方法的研究和改良；俾农商得就其研究之结果，从事于推广。

第十，合作行政机构，应积极推动茶农的合作组织，使茶农对产制能逐渐改良，以达到茶叶产制技术的近代化。

这是一点管见，同时是当前迫切的需要，详细待有机会时再说了。

（原载《中国建设》月刊 1946 年第 1 卷第 5 期）

急需恢复和发展的农业生产

本篇为9月3日在本市青年会的讲演稿，略经修正，以应专刊读者。窝中材料短缺，错误难免，请阅者指正。

这次中国人民政治协商会议所拟订颁布的共同纲领——中国人民开国的大宪章，总计六十条，经济政策的部分却占有十六条。其中对于土地改革和农业生产的恢复与发展，尤为整个经济政策的骨干之一。虽然大家应该记住：要稳步地变农业国为工业国的一个大前提。

毛主席在《论联合政府》的论文里指示过："中国新民主主义的独立、自由、民主与统一，如无巩固的经济做它的基础，如无进步的比较现时发达得多倍的农业，如无大规模的在全国经济比重上占极大优势的工业，以及与此相适应的交通、贸易、金融等事业做它们的基础，所谓新民主主义的独立、自由、民主与统一，是不能巩固的。"

这说明了中国工农业发展的重要性，是我们每一位爱国的人民，所必需记住和应该努力的方向。

毛主席在同书中又说过："为发展工业，需要大批资本。从什么地方来呢？不外两方面：主要是要依靠中国人民自己积累资本，同时借助于外援。"

中国的工业基础，仅占总的工农业生产的十分之一；而在农业生产没有恢复以前，农民生活程度衰落，现有的工业生产大部分还愁闷着没有出路。因之，在当前，恢复农业生产，发展农村经济，更是我们当前急务中的急务了。

据不很精密的估计数字，单是每年的水灾、旱灾，其损失数字，超过了全国粮赋的总的收入。荒地和未开垦的土地，其数字当在现有的耕地一倍以上，即可能等于全国农民现在所收入的总数。真所谓"货弃于地"。中国的农业生产，如果能利用科学，防治病虫害和兽疫，增加肥料，改良品种，尽量繁殖牲畜，并发展水产事业，则增加一倍乃至两倍的生产量，决非难事。换句话说，又可能增加国家一两倍以上的财货。尤其是森林，按中国的高山、丘陵、峡谷及山地等，占全国土地面积的60%，而中国现在的耕地面积不及土地总面积的8%，较之森林地面积相差甚巨。森林中所收入的财富，原不在农耕地之下，我们如果能大量的增加林产，不但美化了风景，直接间接减少了水灾、旱灾，并且还能比现在全国农业生产品收入增加一二倍乃至三五倍的财富收入。

以上所举，知道从农业方面的恢复和发展就可增加国家大量的财富了。以下试列举实际上的数字，以资参考。

第一，从水灾、旱灾的救济可能减少的损失。我国的水灾、旱灾，几乎是各地皆有，每年遭殃。有数字可考的如1931年夏季大水灾，中国中部被埋灭的土地等于英国本土的面积；1934年有十一省三百六十九县的旱灾，十四省二百八十三县的水灾；加上1935年的水灾、旱灾、风灾，综计三年的损失，等于中国全国农民的总收入。而本年华北、东北及华东一带，最初苦旱苦雨，后来又是苦雨苦旱，据各地估计，损失当在30%~40%。中国的耕地面积，迄无精确统计，比较可靠的数字，现有耕地面积约占全国土地总面积的百分之八，即约九十余万平方公里，合九十余万万公亩，约计合十四万万市亩。由于历年荒歉水旱等灾荒及因日寇侵略及国民党匪帮发动内战而减少的农田，最少估计为两万万亩，故可假定现在的实际耕种亩数为十二万万亩。每亩的农业生产品平均产量以一百五十斤计算（据山东省两年三季的收入为一百六十斤为标准）每亩减产达四十五斤至六十斤。山东农民每亩负担的田赋为四十六斤，以这数字计今年水灾、旱灾的损失，不是比较国家全年的田赋总收入还要多么？再以总的损失作一计算，如每亩平均为五十斤，全国十二万万亩土地，损失为六百万万斤，如按平均价格每斤以人民币二百元计算，损失达十二万亿元人民币之巨。

第二，从开垦荒地可以增加的财货。据中外各方专家的调查数字，我国可耕而未耕的土地面积，占土地总面积的 8%～10% 以上，即比较业已耕种的土地大一倍以上，将来如再利用科学，对比较寒冷、干燥或泥沼地的发展，大有可能。因为在欧洲如丹麦、匈牙利由于科学较为发达，耕地发展占土地总面积的 60% 以上；捷克、波兰、意大利、德国占 40% 以上；中国耕地最少必不在 20% 以下的。同时我们还必须将历年减少的耕地——即荒地，迅速地尽先予以恢复。仅这一财货的增加，已达相当的巨数了。

第三，利用科学改良农产品而增加的财货。据最近东北考察所得的报告数字，东北各省的栽培面积和总的生产量，在这二十年以来（自 1924 年至 1944 年的统计数字），前者增加了 86%，后者增加了 20%；然而从每一单位面积的收获量来看，却已减产 35%～40%。换句话说：就是农田和总的生产量虽然扩大；但实际每亩的生产数字，却大大地减少了。说起来并不奇异，因为受了军阀和敌伪的连年的长期的剥削，土地的自然生产量已逐年减退，地力无法复元。这在以后，特别在土地改革以后，这情形我们相信能够改善的。但当前应该唤起各方面注意的，则为施用肥料，如能大量施用肥料，不但能恢复减少的产量，并可增加至一倍乃至一倍以上的产量。其次为品种的改良，和病虫害的防除问题。前者可增加 10%～100%，如苏联米邱林氏所试验的小麦新品种，有增加产量到两倍以上者。而每年我国农业因病虫害的损失，平均即在 10%～15% 以上。全国的农业生产从土地改革实现以后，农民的生产情绪必然地会普遍提高；如一面再能施用肥料，防除病虫害，改良品种，增加一倍乃至二倍以上的生产量，也是意料中的事。

第四，改良牲畜产品及发展水产事业。据华北政府农业统计所载的数字，战前 1935 年每户平均有羊 2.4 只，猪 2.25 只，鸡 3.62 只，战后的 1948 年，羊减为 0.32 只，猪 0.27 只，鸡 1.29 只，其他牲畜，如牛、马、骡、驴等都大量减少了。牲畜产品不但是农家重要的副业，特别是为农民增加了劳力及肥料，这自然非赶快恢复不可的了。不但是恢复，并且在品种上急须加以改良。就鸡的一种而论，最近从澳洲输入进来的黑鸡种，养至四个月后即可达三市斤；如来杭种，每年平均可产蛋二百个，较我国原来土种约多产卵一至三倍。尚有兽医部分也是极重要的。据专家估计：每年牛只损失为 10%～15%，猪 20%～25%，鸡为 60%，虽然这一技术，尚不能保证大部分没有损失；但最近数年来的兽医技术，成本已减少二百分之一，血清等防疫效力已增加五倍以上，将来当然更有进步的。再说到水产事业，中国海岸线长达一万二千余公里，据上月《人民日报》专刊栏，我国渔业生产的改进，其产量达三百三十余万吨，价值一万三千二百余亿，确也是个巨大的数字。而且内地的河流湖沼等天然的以及可以养殖的地方也大有发展的余地的。且据科学家的估计：同一土地面积所生产的动物蛋白质，超过同样面积的陆上的田地。

第五，就森林的保护和发展与国家财富的关系。国内除东北及西南的小部分尚有天然的林木以外，到处都是童山濯濯，木材的供给，已有匮乏之虞，水旱灾的到处发生，一方面固属水利失修，一方面还是由于滥伐森林，水土不能保持所致。按国内土地总面积计九百五十九万七千方公里中，平原及盆地的可供农作物栽培的面积约为 20%，除一部分积雪高原石山以及峻岭荒漠不堪造林的估计约为 30% 外，其他的 50%，大抵均可供培植森林之用。这一造林面积，当在五十万万至六十万万亩的巨数。若干造林地带需要人工的栽培，不少地点，只需加以保护，一二十年后即可自然成林。我们有句俗语："山荒出宝"，是指普通的山地，如能禁止滥伐就可蔚为大用的。造林原是国家一个最大的贮蓄，他的收入是可用复利来计算的。大家看，我们能按预定的计划，进行这一护林和发展森林的运动，对于国家的财富和林木的养成是不可胜数的。

第六，为农产品的出口贸易。如能恢复战前比较中等的出口量说，也是个极大的数字。从战前约略的估计：丝为十五万担，约值美金六千万元；各种红、绿砖茶估计为一百万担，约值美金五千万元；桐油及其他的植物油类，曾超过二百万担以上，值美金一万万元以上，蛋产品、猪鬃肠衣花生杂粮等也在一万万美金以上。而东北及山东各省的大豆，曾占出口品的第一位，年达一亿美金以上。上述这几种农产品出口，总数已在四五万万美金的巨数了。我们所需要的生产工具，我们所需要的工业原料，这几项农产品就可以换取得来了。

其他还有农产品的输入数字，也占得很大，如棉花、粮食等，不论在战前战后，仍旧占输入品中一个最大的漏卮，当然我们是不致再需要其进口的了。

我们所需要的独立、自由、民主、统一的中国，已摆在我们的面前了。毛主席指示过：今后的生产建设，正是万里长征开始第一步。当前的农业建设，就是我们开始前进的坦途。

（原载《人民日报》1949 年 10 月 22 日第 5 版）

目前茶叶产销趋势和我们的任务

在全国制茶干部训练班上的讲话

各位同志：今天和大家见面，感到非常高兴。这次我们大家集合在一起，互相学习，交流经验，这在过去是从来没有过的。在座各位从事茶叶工作，有的有廿余年的经验，有的有十余年的经验，或者原来是研究茶叶技术的，或者是新近参加实际工作的，大都有多年的经验，希望大家交流经验，最重要的是交流今年一年来的优缺点，特别是制造方面，要使 1951 年的工作比 1950 年提高一步，我现在提几个问题来谈谈：

（一）中国与全世界红茶生产趋势

依照公司今年推销的情形，红茶有十四万到十五万担（数字尚未确定），这数字是不够推销的，绿茶方面生产数字还没有确实的统计，今年公司做了十几万担，还有几万担没有销出去，私商经营的也有几万担未销出去，农民手里还有部分存茶，估计生产数量约二十几万担，而我们能够推销出去的，尚不到十五万担，总之红茶是不够推销，而绿茶则生产过剩。

1951 年度的生产情况，在北京这次经理会议上决定了"以销定产"的方针，即是以推销的数量来决定生产的数量，红茶方面，我们希望能生产到二十四万担，可能不容易达到，但在经理会议上再三研究，要争取这个数字。至于国外市场上的需要，特别是苏联红、绿茶的消费，红茶要占 75%～80%，其他新民主主义国家，如东德、波兰、罗马尼亚、捷克、匈牙利等都需要红茶，资本主义国家如英国和美国需要的也是红茶，照现实估计，红茶只能达到廿万担或廿一万担，其中部分红茶的品质还不大好，因此 1951 年的红茶生产，我们要争取增产，同时还要努力提高品质。

至于绿茶，国外市场推销最多的是北非，但其年销数量不过十五六万担，近来因为日本绿茶在美国的控制下去了不少，台湾也有一部分改作绿茶，销到北非去，再加上美国利用美金冻结，以及运输上对我们的封锁和阻碍，因此非销已感困难，而苏联所需的绿茶仅三四万担，连非洲在内，也不过二十万担，所以绿茶生产，明年必须减少，这就是红茶推销不够，绿茶生产过剩的产销情形。

另外一点需要向各位报告的，是全世界红、绿茶生产的对比，根据消费量来估计，全世界茶叶消费量大约九万万磅（茶叶生产国家消费在外），在抗日战争以前，绿茶约九千万磅，红茶则有八万万磅以上，即是绿茶占十分之一，红茶占十分之九，依照最近的趋势来看，绿茶仅占 5%～6%，红茶则在 90% 以上，这就说明了国际市场对红茶的需要比绿茶增加了。

红茶产量最多的国家是印度，其次是锡兰，再次是爪哇（即印度尼西亚）。以我最近所搜集到的资料，1951 年锡兰红茶产量是三万万磅，他是百分之百的生产红茶，外销占 95%，印度是五万万七千万磅，其中 90% 是出口，爪哇 1951 年的估计数字尚不知道，1950 年是七千五百万磅，锡兰还没有浙江一省这么大的地域，产茶三万万磅，反观我们中国，今年红茶仅产十四五万担，约合一千六百五十万磅，明年争取廿四万担，也不过是二千六百多万磅，只有爪哇的三分之一，不及锡兰的十分之一，所以比较各国的产量，少得很多，如果照全世界消费数字九万万磅红茶占十分之九来计算，我国的红茶产量更显得太少了。

在五十年前，印度茶还没有起来，我国茶叶产量，是全世界第一，出口也是第一，品质又很好，在最近二三十年来，是落后了，数量减少，品质也降低，如果没有人民政府的成立，还是国民党的反动统治，那么再过几年，中国茶叶恐怕就没有了。

（二）　为什么我国茶叶这样衰落

　　红茶在过去湖南一省就有八十多万箱，那时是帝俄在汉口收买。我国茶叶出口最多时，到过二百二十余万海关担（1886 年，包括青砖在内），现在所以减少的原因，一方面是我们故步自封，制造不科学，一方面是西方人民饮茶习惯的转变，都喜欢饮红茶，据我所知道的，我国人和外国人饮茶方法不同，我们是一泡二泡的慢慢品饮，外国人饮茶，则有一定的时间，午时茶或者早茶，或者晚茶，因为物质文明的发展，时间是很宝贵的，还有在饮茶时，要加糖和加牛乳，因为红茶醇厚，宜于加糖和牛乳，绿茶清淡，不宜于这样饮法，由于这个习惯的转变，所以红茶的需要日渐增加。印度的阿萨姆大叶种单宁含量多，气候又热，容易萎凋和发酵，不容易做成绿茶，却能做成顶好的红茶。因此，在英国的控制下，印度、锡兰大量生产红茶，加上他们广告宣传，数量多，能源源供应，在贸易上具备了推销的条件，而我们中国茶叶种类太多，没有标准划一的产品，有名的祁红数量又少，不够供应市场的需要，此外我们在推销上受了洋商、买办、茶栈、中间商人、茶贩等重重剥削，在帝国主义的压迫和国民党反动派的黑暗统治下，扼杀了生产者，茶叶从生产者到消费者的手里，经过重重剥削，农民无利可图。因此，中国茶叶是一天天的没落了。

　　在抗战开始时，茶叶生产曾一度抬头，但不久又被反动政府搞垮了，因为他们是不扶助茶农再生产，不会对茶叶有良好的政策，不会重视技术人员和工人的。我国茶叶出口，掌握在英国人手中，自从印度、锡兰产茶以后，我国红茶出口即见减少，民国元年前后，苏销比英销多，自从苏联十月革命以后，帝国主义包围的苏联，茶叶不能进口，因此我国茶叶外销更受影响，茶叶生产一落千丈，后来华茶外销，始终是不振的。

　　上面说明我国茶叶的生产，从二百二十余万海关担降到不足三千万磅的原因，不是偶然的，人家是科学的制造与广泛的宣传推销，我们则是在重重剥削下来摧残，这也就证明了政权没有掌握在人民手里，一切茶叶生产和改良都是被动的，不可能成功的。

（三）为什么要提倡机器制茶

关于这一点，大家都很明了，这是最重要的一点，要使茶叶发展推广，必须利用机械。过去生产力受帝国主义、官僚资本主义和封建势力的重重束缚，生产不能发展，现在我们已经把封建势力铲除，官僚资本打倒，帝国主义不存在我们的土地上，美国侵略朝鲜，也要把他赶走，时代不同了，但是生产关系改善了，生产力还很落后，赶不上生产关系。要发展生产力，需要有条件，首先是生产工具的发展，因为社会的发展，必须依靠生产力，而生产力的发展，必须依靠生产工具的改良。现在苏联友邦需要大量的红茶，我们生产不够，如果生产方法和生产工具不改良，是不行的，利用机械是发展生产的重要环节。去年订茶叶计划的时侯，规定了一项条例，"必须利用机械制造，商人用机械制茶，应予以鼓励和扶助"。过去手工制造，数量很少，一担茶叶的制造成本，往往要一石五斗到二石大米，加上原料包装运输等等费用，要七八石米以上，而国外的茶价有限制，所以无法推销。据个人的经验，机器制茶与手工制茶的制造成本，约一比三，比如今年二十万担茶叶，利用机械制造，一年可以在制造费用上节省二三十万石大米，毛茶价格，每担茶叶三石米并不算高，不用机械，即无法减低成本，过去以压低毛茶山价来减低成本，因此农民毛茶也做不好，这是一个必然的趋势。利用机械制茶，不但可以减低成本，另一方面可以提高毛茶山价和资金的积累增加，于国家和人民都有利，对茶叶改良也有了办法。好像作战一样，要突破一点，推动全面，生产关系可改善，生产力更可提高，这是公司的中心任务，是非常重要的环节。其他关于减低成本的问题，如原料收购，工厂管理，工人组织以及工作效率的提高等等，都要加以注意，这是训练的中心任务，即为如何利用机械以减低成本。

（四） 如何改良茶叶品质

今年红茶除了原有基础的地区以外，希望祁门、贵池等县祁红都能发展，湖北的恩施、宜昌、五峰等县宜红，湖南的安化、桃源、新化、长沙等县湘红，江西的修水、铜鼓等县宁红，以及福建，都要发展，不但数量上要增加，而且要提高品质，另外绿茶区要改制红茶，今年杭红生产二千多担，平水红茶也有二千多担，特别是皖北红茶的试制成功，这些地区，明年都要推广，大量的发展红茶，还有苏南的宜兴，向来有做红茶的习惯，也要予以发展，假定能将绿茶区改制红茶，那么数量就可能增加四五万担。怎样提高品质，是技术人员和工人的最大责任，每一茶区设一茶场，要负责这个区域内的茶叶改良和推广与发展的任务。

关于茶叶品质改良，以红茶论，制造技术比较复杂，采摘要细嫩，和绿茶一样，初制过程中，要经过萎凋和发酵，比绿茶为复杂，而品质改良必须从品种改良着手，印度阿萨姆大叶种是最适宜做红茶的品种，但是在降霜的地区，不宜栽培，台中和台南可以种，福建、温州也可以种，祁门等地区不宜于种植，现在云南有一种野生的大叶种，准备在温州试种，不宜植种大叶种的地区，应当将各地原有的品种加以适当的调整，如祁门可以用大叶种和当地的品种予以杂交，产生新的优良品种，也可以选择当地的优良品种，应用无性繁殖的方法予以栽培和推广，但是这种改良品种的工作，是需要很长的时间（至少在十年以上）才能完成，现在救急的方法，只有尽量利用种子大量繁殖，用科学的栽培管理方法，红茶初制不要在室外利用日光萎凋与发酵，要在室内利用常温萎凋与发酵，干燥技术对于成茶品质关系很大，晒胚红茶品质低劣，发酵固有关系，最重要的原因在于干燥的不合理，祁红品质特佳，是因为产区地势高，气候适宜，树林多，并用湿胚买卖，由茶号烘干，今年收七成干毛茶，品质就差了，所以 1951 年决定收湿胚。绿茶区改制为红茶的地方，希望也能收湿胚，因为茶农没有出售青叶习惯，收湿胚可以多做一些，对农民有利，在推广收购时，必须结合群众中的积极分子，尤其是土改以后，人民对政府百分之百的信仰，生产情绪很高，要推动群众，必须相信群众，利用积极分子去推动，各种推广事业均得力于此，茶叶也是一样。

（五）技术干部的责任

现在的人民政府是真正为人民做事的。像我们今年机器制茶的成绩与手工比较起来，并不见得个个都能够节省工料，这种情形，由于我们缺乏经验，和机器制造装配不及时等原因所造成，非技术人员单独的责任。要是在过去国民党反动派时代，是不能原谅的，现在呢？一致认为机器制茶的方针是对的，今年搞不好，明年要搞好，技术干部不好，实行教育改造，这在过去是根本不可能的。现在办这个训练班，集中大家来讨论研究，要全心全意为改良茶叶而奋斗，这是第一点。

其次对工厂管理与经济核算制度，要特别注意，浪费人力物力是不对的。每个厂需要多少工人，多少干部，都要精打细算，要安排得合理。机器的多少需要添加或减少，也要凭今年的经验加以确定，并且要研究与改良。对于工人要信赖依靠，发挥他们的积极性。

再次谈一谈老干部和非党员干部的问题。一般技术人员都有多年经验，愿意为人民服务，但是非党员干部，多带有小资产阶级知识分子的缺点，所以要随时虚心学习，眼睛向下看，学习老干部刻苦耐劳的精神。同时除了工作、学习、刻苦耐劳之外，必须站稳立场，站在无产阶级立场上谈原则，看问题。有些老干部对业务不能好好学习，认为茶叶简单容易，也是不对的，要知道茶叶将来必然发展，只有好好学习，才能学会。对于机械学习并不很难，只要深入研究，即可成为专家。

今天有这样一个优良的环境，又是各地来的同志，有年纪四五十岁的，也有年轻的，大家聚在一起，希望在短短的期内，继续不断的互相交流经验，吸取经验，回去后好好的安排工作。从 1951 年起，有各位技术干部配合在各厂，利用原有的经验，加上这次学习所得，从收购到制造以及团结各方面，积极发挥能力，努力工作，产生劳动模范和劳动英雄，这不仅是我个人的希望，也是中央人民政府对大家的期望。最后预祝各位学习进步！（汪瑞琦记录）

（原载 1950 年《制茶学习》，《茶叶》季刊 1987 年第 1 期）

恢复与发展中的东北农业

1950年，东北的耕地面积及粮食总产量实际已达到"八一五"前1943年的水平，商品粮如水稻的面积及总产量，均已超过伪满时代的最高标准，主要的工业原料作物棉花的耕种面积，亦已赶过了伪满时期的最高种植面积。其中特别可注意的是粮食单位面积的产量已经比1943年的单位产量提高，目前大致已完成恢复的阶段，今后将是从这一基础上走向发展。

过去，东北在伪满十四年的统治下，农村经济凋敝，农民过着凄惨的生活。解放后农村中到处呈现着积极生产的活泼景象，农民生活的改善除掉吃的好了，穿的比前整齐了之外，特别是农民们因为余粮的增加，购买力也跟着提高了。以黑龙江克山县一个普通的和平村为例，从1949年秋收到1950年5月底，已卖出余粮二百一十三吨，其全部余粮估计可达二百八十余吨，外加副业收入，尚有八亿五千万元，该村一年中用于购买生活、生产资料的款子达二十亿元。以克山全县来讲，1950年需要出售的余粮达八万八千三百一十二吨，需要出售的猪鬃、马尾、各种皮张、鸡蛋、肉类以及麻等轻工业原料，价值五百亿元，两项共合六千一百一十亿元，这样巨大的数字，都要买回他们所需要的生活用品和生产资料，仅布匹一项就要五万五千余匹，而且据合作社的调查，农民对于布匹品质的要求都有了提高。农民不但在衣着上面有所讲究，农村中还普遍地去计划修盖新屋，以黑龙江一省而言，今年需要榆、杨、桦、红松、落叶松等木材十九万三千九百立方米，估计可盖房子十三万间。

毛主席说："随着经济建设高潮的到来，不可避免地，将要出现一个文化建设的高潮。"东北农民随着物质生活的提高，农村文化生活亦逐步发展了。据东北三个书店的调查：东北农村中 1949 年文化课本的销售量为二十三万册，通俗读物十七万册，1950 年文化课本的售出数增加到三百九十万册，通俗读物增加为一百五十万册，足见农民生活改善后对文化学习要求的迫切。

东北自 1948 年开展全区范围的农业生产运动以来，迄今不过三年的光阴，已使东北的农业生产从恢复进展到发展的阶段。这种成绩之获得，首先与革命的胜利、土地改革的完成及社会秩序的安定分不开的，其次在党与人民政府的领导及各级干部的努力下，贯彻了农业生产与奖励的政策，博得广大农民的拥护，因而发挥了劳动农民的伟大力量，初步克服了自然灾害，逐渐提高生产水平，稳步地使生产从恢复转变到发展，这是一个艰苦的斗争过程。回顾过去，瞻望将来，东北农业当此恢复发展的过渡阶段，也面临以下几个问题，并将据为决定今后努力的新方向。

一、提高单位面积产量

东北粮食的单位面积（垧）产量 1950 年为二千四百一十二斤，虽比伪满时 1943 年最高单位面积产量超过 6%，但是 1943 年是伪满时期的最高纪录，因此恢复到 1943 年的成绩，不过是起码的要求，一个良好的开端而已。如以苏联的各种粮食单位面积产量为标准（参看《中国农报》一卷四期第 291 页及 299 页），则东北的单位面积产量距离理想相去还远。虽然苏联是社会主义先进国家，一切工农业生产进步的情况，非中国目前的物质条件所能比拟，但已指出，现有单位面积产量是大有发展的前途，而且也必须以此为努力的目标。提高单位面积产量，更应注意特产作物的单位面积产量。因为特产作物比较更需要技术，如在技术上多加改进，提高单位产量更易见效。过去东北棉花每垧单位产量有达籽棉四千七百斤以上的，而 1950 年平均产量每垧只达一千二百斤。又如甜菜过去最高产量每垧有三十吨以上的纪录，1950 年平均每垧产量六十三吨。以往亚麻最高产量每垧能达五千斤以上，而今平均产量为二千三百五十斤。这些都说明单位面积产量之必须提高，以及其提高的可能性是非常大的。

二、提倡商品粮食及工业原料作物

由于东北今后的农业生产将是一个发展的方向，因此主要的是增加商品粮食与工业原料作物，因为农业生产越是发达，商品粮食与工业原料作物也一定越是增加。所谓商品粮食，即农民所生产出来的粮食，除掉自己消费部分，其余供给市场出售者。增加商品粮食的目的不但可以增加输出，并且保证足够的民食，适当地增加国家与社会的储备，以应不时之需要。增加工业原料作物在于保证工业原料的自给，并亦可成为换取外汇的出口物资。

为了提倡商品粮和工业原料作物，首先，必须把各种作物面积有一个适当的调整，例如小米的种植面积可以酌量减少。据调查，1950 年东北余粮中 80% 以上为粗粮，即高粱、小米等，此等粗粮外国人很少食用，无法外销，关内对于高粱、小米亦不甚需要，是以大批粗粮处置困难。而易于推销的小麦、水稻等，所余则不多，为此，适当地调整作物耕种面积，实有必要。其次，在地区分布上，亦应以比较利益的原则，适当地予以分区，如南部重点应放在工业原料作物方面，北部为东北粮食主要产地，所以重点应为粮食。由于这种区域上的划分，使任务重点明确，力量集中，容易达到计划的要求。第三，今后不但要注意增加单位面积的产量，而且必须要提高产品的品质。因为商品粮与工业原料作物已经不只是农民自己用来消费的了，它们要向市场出售，就必须有一定的标准与规格，否则虽然在数量上增多，但未必一定能保证其价格与收入的增加。

三、贸易问题与农工业的配合问题

农业生产增加，必然会发生产品销路的问题，否则就会产生"谷贱伤农"的现象。正如辽西省农民反映"粮食多打了，不等于富了"。举一个例子，1950年大连的苹果上市后，市场上无法消纳，事前未作好外销准备，临时与天津商人订约，几乎都向天津一市谋出路，致在天津市场上苹果供过于求，价格跌落。还有大连的桃子，因为不能外销，产地桃子的价格低到二千元东北币一公斤。过去东北对于城乡贸易，及关内外贸易方面都做了许多工作，有其一定的成绩，但还是不够的。同样，农民所生产的工业原料作物一定要向市场出售，我们一方面既要求农民们的产品合乎标准规格，那么就必须为他们解决销路问题，并密切配合工业生产的需要。农民收入增加，购买力提高，对于工业品也必然提出各种新的要求。因此必须经常调查农民所需要的是什么，使工业也为农业服务。在农业向前发展的过程中，如果不能解决这些问题，农业生产向前提高一步就要受到限制。因此我们不但要领导农民生产，而且还要为农民办事，应该充分了解农村的经济状况：如生产力如何？购买力怎样？农民需要些什么？以至于一般的社会情况。掌握了这些，还必须主动地与其他部门经常取得联系，充分利用合作组织，来活跃城乡交流，开展内外贸易，满足农民的需要。

四、水利问题

东北河流之特点，在其主要河流的上流及支流多发源于四周的山地，中下流为平原，各支流又多集中相会于中流，下流平坦河槽容易淤浅；再加上近年来森林的减少及山地大量开荒，水土保持力小，致历年每逢7、8月雨季，山洪暴发，来势凶猛，水灾不断发生。过去东北在治水方面是有成绩的，但每年水患频仍，单靠筑堤防洪已解决不了什么问题。例如太子河的流量最大可达五千立方米，但是1950年太子河流量在仅一千立方米的情况下，仍有十万垧土地被淹，这说明这种"水来土掩"的治水方法，还是中国几千年的老法，这种治标的方法，只能解决问题于一时，有时还可能引起不良的后果，实非上策。如今东北已有水利工程与财政力量的具体条件，为改造自然环境，根绝水患，开发水利，利用水力起见，今后在治水工程方面将开始治本。当然在决定转变过程中，治标的治水方法同时还要继续，而且这一决定应有计划、有步骤、有重点的实施，以期在十年、二十年内解决东北几大河流的治本问题。从 1951 年起，开始调查和研究，在已经完成初步计划、测量设计以及工程计划的地区，亦应于审查计划后确定施工，这样的工作必须对人民切实负责。

五、农具问题

东北 1950 年开始推广改良农具，根据一年来的情况，基本上可以肯定说是成功的。使用新农具不仅"省工出活"，而且也改善了耕作方法，提高产量。东北对农民政治的、社会的一切束缚，已经完全解除，地主阶级已经消灭，但是生产工具对农民体力劳动的束缚还存在。因此推广改良农具，是今后发展东北农业生产主要方向之一，这是完全正确的。也就是改革农业生产工具，改变耕作方法的重大事情，这中间必然联系到一系列复杂的技术问题，经济条件问题，农业生产组织形式问题，以及耕作方法等问题。1950 年东北在推广工作中是有成绩的，但还有些毛病，如设计种类太多，制造上有缺点，推广中没有做到"稳步"和"有把握"的方针。因此东北今后在改良农具工作中，农具必须先定型，即在种类上采取少而精的原则，集中力量反复研究试验，做出一定的规格，而后经过批准，始得大量制造。

六、作物品种改良和试验研究问题

推广优良品种，必须普遍动员农民进行田间选种，但过去的经验还说明作物品种地区化的重要性，即凡良种的推广，必须先进行地域的试验，这点要特别强调。同时东北的经验也指出，就地选种、就地繁殖的方式，在推广良种的过程中，既是必要也是最快的。说到改良品种，农业试验研究工作必须与推广工作结合起来，各县示范农场应以选种、育种、示范、繁殖优良种子为其主要任务。而改良品种必须有重点，集中力量改良几种。以东北而论，重点可放在大豆、小麦、水稻、小米、高粱等作物上。改良品种不应花样繁多，而应集中力量，不是一般化而是有重点的。譬如棉花是辽西的特产，当地所种关农一号棉，现已逐渐退化，这就值得注意研究的。

七、深入检查问题

生产运动事前固然要有计划、有组织、有布置才能推动，但仅此还是不够的。因为生产从计划到完成，要经过一定的过程，由上到下执行中一定会发生很多具体问题，如果不及时发现而加以解决，必定造成错误与损失。尤其农业不比工业，生产是有季节性的，缺点如不及时纠正，一误即半年或一年，是以检查工作至为重要。过去虽有检查，但检查制度还没有健全树立，检查报告内容也常常流于形式，罗列事实而发现不了问题。因此，今后的检查将规定季节，深入检查，并要有定期的报告，内容着重提出问题，总结工作经验，以之指导工作，教育干部与群众。东北农业经过三四年的努力，已经从恢复走向发展，的确是站在全国农业生产的最前线。全国农业生产的大方针是恢复与发展，东北农业生产的成绩，已经指出了一个光明的远景，在其发展的过程中，有许多成功的经验与教训，是可以作为各地区参考的。

（原载《中国农报》1951 年第 2 卷第 3 期）

新中国茶叶的前途

我们伟大的祖国是发见以茶为饮料的始祖，是世界茶叶生产的母国。据可靠的历史纪录，我国人民饮茶，已有两千多年的历史。我国植茶面积之广，据唐陆羽《茶经》（780年）所载，当时已流传于长江、珠江和闽江各大流域的数十州郡，而饮用的普遍，不但扩展至黄河流域和北方一带，且已传到内外蒙古和新疆等地。现在世界上主要的产茶国家如印度、锡兰、印度尼西亚（爪哇）、日本等国所种茶树，莫不由中国所移植。现在中国茶叶种植面积已广达十七省五百余县，生产之丰，质地之好，驾乎其他国家之上。据抗战前的统计，中国生产的茶叶达全世界总产量的一半。

由于茶的消费普及全球，因此茶叶的贸易居于重要地位。我国在唐朝时即征收茶税，证明当时茶叶已成为普通商品。到了宋朝，并设有茶马司，以茶易马，茶叶贸易由此更见发展。十六七世纪时，我国已和葡萄牙、英国、俄国等建立了茶叶的贸易关系，此后中国茶叶即曾长时期在世界茶叶市场上居领导及独占地位。

英国及苏联曾先后为中国茶叶最主要的两大消费国家。1886年中国茶叶输出总数接近二亿四千万磅，达到对外贸易的最高峰，其中红茶占一亿八千万磅，绿茶仅占二千一百余万磅。即就世界茶叶消费来说，亦以红茶为主。全世界茶叶消费量在抗日战争以前约为九亿磅，绿茶占十之一弱，红茶占十之九以上。国茶产销，自19世纪末叶已逐渐下降，近十几年来，更一蹶不振，以解放前为例，外销少到只剩两千多万磅，其中红茶输出数量竟还不及绿茶的十分之一！

世界茶叶生产情况，则与近年我国茶产情况相反。红茶产量 1950 年印度为五亿九千万磅，锡兰是三亿二千万磅，印度尼西亚亦已恢复到七千五百万磅，这三国所产之茶，大部输出国外。日本生产大部分为绿茶，已恢复到战前八千二百万磅的数字。而我国红、绿茶输出国外总额，则较抗日战争以前大为降低。我国产茶，已有悠久的历史，但在反动政府二三十年的统治下，竟被摧残到这步田地了。

我国茶叶产销锐减的原因，首先，由于英美等帝国主义者操纵了印度、锡兰、印度尼西亚的茶叶，实行大量倾销，并对华茶作种种恶意宣传。其次，中国买办阶级和封建地主对茶农的非法剥削，使其无利可图，致原有的茶叶市场逐渐崩溃。第三，十月革命以后，反动政府蓄意与苏联为敌，停止对苏销茶，因而断绝了我国红、绿茶的最大销路。第四，近十余年来，日本侵略我国后，日本和台湾地区茶叶大量倾销东北和华北，使中国"南茶北销"受到严重打击。但更重要的是长期战争和不良政治的摧残，终于造成了茶园荒芜，茶业萧条！

中华人民共和国成立后，鉴于我国茶业的长期衰落，亟待恢复和发展，特设立了中国茶叶公司，统一领导全国茶叶的产制运销工作，并注意经营苏联和各新民主主义国家需要的茶叶。当时决定了 1950 年茶叶产销的方针，主要是：大力生产红茶，积极发展边销，组织并领导私商经营内销和侨销，提倡机械制造以减低成本，并发放茶叶贷款，规定茶粮比价等，以提高茶农生产的积极性。

过去一年中，在茶叶的产销方面，已获得了初步的成就，这证明了中央人民政府所定的方针是完全正确的。以几个茶区为例，毛茶山价平均较 1949 年增加 30% 以上，仅以外销茶叶产量而言，超过 1949 年的两倍，如专就红茶言，则超过了八倍，茶叶生产已开始走向恢复。

在国外贸易方面，销苏联的红茶，占总额 70%，一年中与苏联及新民主主义国家的茶叶贸易，均已超额完成了任务，奠定了有利于扩大茶叶生产的基础。内销方面特别值得提出的是恢复和发展了边销茶。我们知道，边疆少数民族，以茶为必需品，过去反动政府垄断茶价，不仅边销减少，并造成兄弟民族间的嫉视。现在，人民政府在照顾茶农再生产的条件下，合理地调整了少数民族以土产交换茶叶的比价。西康羊毛和茶叶的比价，已较1949年提高50%。新疆解放后由中央运去大量砖茶，以前每百斤羊毛只折合茶砖一块，现已提高到三块半，羊皮已由每百张折合茶砖八块提高到二十四块。

我们对于茶叶的经营，也照顾到公私兼顾的原则。1950年由于组织私商，委托加工制造，解除了私商的顾虑；在外销茶价的稳定方面，国营公司维持了一定的供需和代销办法，保障了私商的利益。

1950年的茶叶生产，虽然已得到以上的成绩，但还有些缺点，例如在外销红茶方面，因为追求数量的完成，未能充分注意品质的改进，使价格方面受到一些影响。机械制茶，因茶工和管理人员对机械还未熟练，精制率和成品未能提高到一定程度。在收购方面没有及时明确政府以发展红茶为主的方针，致私商收购有顾虑，而茶农在1949年粮荒之余，迫切需要出售茶叶，因而发生集中挤销的现象，政府财力有限，一时不能全面照顾，也引起一部分内销绿茶区茶农的不安，但是这些问题都是在恢复和发展过程中可以逐渐克服的困难，而且已经克服了许多。

综观1950年茶叶生产和贸易上的胜利，增加了我们对于国茶恢复和发展的信心。

中国茶叶发展有无限前途，这是有充分的事实根据的。以外销而论，苏联和新民主主义国家大量需要红茶，现在供给苏联的茶叶，距他们的需要量还很远。历史上我国销苏联的红、绿茶和砖茶曾有一亿二千余万磅的纪录。新民主主义国家对红茶、蒙古人民共和国对砖茶均有大量需要，而对其他资本主义国家，红茶输出，亦仍大有发展余地。同时北非向为中国绿茶外销的主要地区，年销可达二千万磅左右，中国绿茶品质优良，非日本绿茶可比，非洲人民习惯饮用，偏爱独甚，出价亦高，所以销往非洲的绿茶，也有前途。

从国内看，土地改革以后，农民购买力提高，需茶日多，边远区域对各种砖茶的贸易也在继续扩展。如果每人多消费茶叶半磅，一年即需增加茶叶二亿磅，内销的潜在力量极为可观。我们的茶叶生产原有很好的基础，客观需要方面又有这样有利的条件，在去年茶业开始恢复好转的基础上，1951 年的方针仍将大力生产红茶，扩充对苏联及新民主主义国家的贸易，边销茶由国家适当的掌握，大力推动，其他销往非洲的绿茶，内销及侨销等茶，均以领导并组织私商经营为主。今后茶叶事业的顺利开展自无疑义。惟在当前还须从以下三方面作共同的努力。

一、增产红茶：世界茶叶市场的消费以红茶为主，要开辟国茶外销的出路，就应大力地、主动地增加红茶生产量。以目前茶叶生产情况而言，红茶生产供不应求，绿茶则有滞销现象，因此除珍眉绿茶的重要区域如江西的婺绿，皖南屯绿，浙江的遂绿以外，其他如浙江的平绿、温绿，江西的玉绿等，必须尽量改制红茶，根据去年在皖北霍山和浙江平水区改制红茶的经验，证明这一工作是完全可能的。但绿茶区茶农对于红茶加工向无习惯，我们除了积极提倡而外，尤要切实加以技术的指导，才能成功。如能进一步改用机器并转变过去中国所用室外发酵（热发酵）的老法为室内发酵（冷发酵）的科学方法，则品质改进自有相当保证，印度、锡兰红茶品质一般较好的原因之一就在于此。

二、提高品质：我国茶叶品质过去逐渐降低，影响外销，并使茶农受到损失，所以国茶品质必须迅速加以提高。提高品质最简捷有效的方法是发动广大茶农，提高"早摘嫩采"，经验证明，凡是这样做的，茶叶品质都臻上乘。其次 1950 年有些茶厂雇工拣茶，每担毛茶卖价不过三担米，而拣工倒要一担米，问题自然严重，因此又必须发动群众，广为宣传，提倡茶农茶叶制成后自行"剔除梗片"，再行出售，如此茶农的毛茶可以卖得较高价格，茶厂亦可减少拣工，降低加工成本。此外，我国茶园长期荒芜，茶树品种既极复杂，且树龄过老，品质产量多已衰退。为树立长期建设的观点，同时应在现有的较著名的红茶区如安徽、江西所属的祁门、至德、浮梁的祁红区，江西的修水、武宁、铜鼓包括湖南平江等县的宁红区，湖北的恩施、五峰、鹤峰的宜红区，湖南的安化、新化、桃源的湘红区，发动群众将已有的零星散漫的茶园，加以补植或开辟新茶园培植优良新茶种，以期在三五年后，打定改良中国茶叶品质和增加产量的基础。

三、奖励机器制茶：中国茶叶外销衰落的主要原因，前面已经说过，但还应指出的由于手工制造，成本甚高，无法与其他国家竞争，此亦造成外销红、绿茶不振原因之一。"工欲善其事，必先利其器"，要使茶业进一步发展推广，就必须稳步走向机械制茶的道路，过去用手工制茶，每担精制茶叶的成本，往往要一石五斗到二石大米。机器制茶的成本一般较手工制茶低三分之二。过去以压低毛茶山价来减低成本，因此农民毛茶也做不好，这是必然的趋势。利用机械制茶，不但可以提高毛茶山价和资金的累积，并可使出品迅速整齐，统一规格，对于外销发展帮助甚大。

以上仅提当前亟需努力的三点，只要我们抓住：大力生产红茶，提高茶叶品质，稳步走向机械制茶以减低制茶成本几个重要环节，新中国的茶叶不久定可达到茶香处处，绿遍全球，红满大地，恢复华茶的历史光荣。

（任中央人民政府农业部副部长兼中国茶叶公司总经理时的讲话）

（原载《中茶简报》1951年第43期，及《人民日报》1951年4月19日第2版，后者题为"新中国茶业的前途"）

发展我国茶业的研讨

一、概　述

现在世界上主要的产茶国家如印度，锡兰，印度尼西亚（爪哇）和日本等，最初都曾从我国输入茶籽茶树，派人到我国来学习栽培制造方法，或聘请我国技工前往传授。现在我国茶树的栽培地区在国内已分布到十七省五百余县，产量的丰富，品质的优良，都在其他国家之上。据抗日战争前的统计，我国生产的茶叶曾达全世界总产量的一半。

日本是从我国输入茶叶最早的国家，大约在圣德太子时代（593 年左右）和美术，佛教，和我国文化同时输入。至于茶树的栽培方法，则是以后到我国来研究佛学的日本和尚所传去的。

欧洲各国到 17 世纪初期才从我国输入茶叶，不久就风行全球。因此我国茶叶曾长时期在世界市场上居领导和独占地位。

苏联和英国是我国茶叶的两大主要消费国家。1886 年我国茶叶输出总量约二亿四千万磅，达到对外贸易的最高峰；其中红茶占一亿八千万磅，绿茶则只占二千一百余万磅。全世界茶叶总输出量在抗战前约为九亿磅，红茶也占百分之九十以上，绿茶则不到百分之十。但我国茶叶的产销，从 19 世纪末叶以来，便逐渐下降。近十几年来，更一蹶不振。到解放前外销只剩两千多万磅，其中红茶输出量竟还不到绿茶的十分之一！因此怎样大力恢复我国红茶的生产，以适应世界市场的需要，是新中国茶叶发展的主要方向。

近年世界各国茶叶的生产情况和我国相反。1950 年红茶产量印度为五亿九千万磅，锡兰三亿二千万磅，印度尼西亚已恢复到七千五百万磅。他们所产的红茶，大部输出国外。日本以生产绿茶为主，也已恢复到战前八千二百万磅的水平。而我国红、绿茶输出量则较战前大为降低。我国产茶本有悠久的历史，但在国民党政府二三十年的统治下，竟被摧残到如此地步！

我国茶叶产销锐减的原因，在对外贸易上，主要的是由于苏联十月革命以后，国民党政府蓄意和苏联为敌，停止对苏销茶，断绝了我国红、绿茶的最大主顾。其次，是帝国主义者操纵了印度、锡兰和印度尼西亚的茶叶，垄断国际贸易，并对华茶作种种恶意宣传，不准华茶在伦敦公卖市场交易。在国内，更由于官僚资本、买办阶级和封建地主对茶农的层层剥削，使茶农无利可图，茶叶生产遂逐渐崩溃。再加近十余年来日本帝国主义侵略我国后，日本和台湾地区的茶叶便大量倾销东北和华北。使我国"南茶北销"受到严重的打击。但最重要的还是长期战争和反动政治的摧残，终于造成了茶园荒芜，茶业萧条！

二、 新中国两年来的成就

中华人民共和国成立后，鉴于我国茶业的长期衰落，亟待恢复和发展。特设立了中国茶业公司，统一领导全国茶叶的产制运销工作。依靠群众，有组织，有计划地从事复兴我国的茶业。在短短的两年中，随着政治上经济上一连串的胜利，在本质上已起了变化。外销上摆脱了对资本主义市场的依存关系，粉碎了美帝对我们的经济封锁，建立了独立自主的对外贸易基础。广大的内销边销市场，也由于城乡物资交流的促进而迅速恢复。使几十年来反动统治的半封建半殖民地经济所造成的茶叶滞销局面，基本上已不复存在。

从数量增加上看，1950 年中国茶业公司的经营量（包括部分内销）相当于 1949 年公私营外销红、绿茶总和的一倍半。1951 年较 1950 年又增加了 28.6%，1952 年的计划要在 1951 年的基础上再增加 44%。去年苏联专家认为订约红茶数字大得惊人，估计我们要完成任务是很困难的。但由于大家的努力，去年竟超额完成了。尤其是今年改制红茶的成功，使我们有了更大的信心。

从红、绿茶的改制和品质的提高上看，特别是关于红绿茶的改制，因为苏联和新民主主义国家需要红茶的数量很大，我们便不能不大量生产红茶。过去中南区两湖及江西的红茶产量本来很大，但已衰歇了30多年，恢复比较迟缓。华东区的绿茶，则去年早已预料到可能因美帝的封锁而外销会受到影响。所以决定在华东的各绿茶区部分改制红茶以适应外销的需要。总计本年华东区增产的红茶几达1950年的一倍，不但红、绿茶的改制工作完成了，同时品质也提高了不少。例如要茶农"早采嫩摘"，出售毛茶时要拣净老叶和粗梗等，都已实行。所以今年毛茶的收购价格也提高了，但精制率也跟着大大地增加了。这都是群众信任政府，技术改良和行政指导充分结合的具体表现。

从制茶机械的基础上看，在解放前，由于中间商和洋行买办的种种剥削，生产关系没有改善，生产力是不会发展的。因此使我国的茶叶制造始终停滞在手工业阶段。1949年第一次全国茶叶产销会议通过了制茶方法要走向机械化的决议。两年来虽然还没有达到理想，但已建立起良好的基础。例如中国茶业公司在1950年便装备了六百九十五部制茶作业机，1951年又增加了一千八百六十二部，共计二千五百五十七部。私营茶厂的还不在内。有了这么多的作业机，我国茶叶的生产力就提高到一个新的阶段。

从改进茶农生活所起的作用上看，两年来不但对城乡物资的交流，起了很大的作用，同时在茶农生产技术上，和生活改进上有了极大的帮助。例如战前一担鲜茧约值九担米，一担毛茶约值三担米，鲜茧和毛茶是三比一。目前一担鲜茧约值三担多米，一担毛茶也是三担多米，鲜茧和毛茶变成了一比一。从这点可以了解毛茶山价一般地说来是不低的。过去不但茶价低，而且受中间剥削如大秤去皮，佣金捐税，都使茶农吃亏很大。现在不仅废除了一切剥削，规定一律用市秤，在各地设厂设站收购时又有各专业公司配合推销各种日用品，解决了茶农生活上、经济上的许多困难。

　　以上所说的不过是新中国成立后两年来在茶业上比较重要的成就。当然我们有优点也有缺点，同时还有不少问题需要解决，尤其是对于产区的划分，茶园的整理，优良品种的选拔和推广，采摘和制造方法的改良，以及研究试验工作的进行等，尚待我们加倍努力。

三、 划分产区问题

　　两年来我国茶叶的产量虽然增加了不少，尤其是红茶增加得最多，但仍不能满足苏联和新民主主义国家的需要。内销茶也有供不应求的趋势。但个别地区，由于品质较差和运输困难，还有滞销的矛盾现象。有的茶区则兼产几种茶叶，过去都是盲目的生产，谁也不知道究竟哪一种最适合市场的需要，对于品质和数量的掌握当然更谈不上了。因此划定产区，以销定产，有重点的发展，是新中国茶业最基本的问题。在1951 年 8 月中国茶业公司生产会议上已有了初步的决定。

　　在外销方面，最主要的是红茶，应该就原有和改制成功的产区，大力发展。

　　祁门红茶以香气特高闻名于世，在国际市场上素负盛誉。始终能维持相当的销路，产区为皖南的祁门、至德和江西的浮梁，但附近的贵池、石埭、黟县、宣城，郎溪和广德等县也都能生产，可划为祁门的主要产区。

　　宜红的品质和祁红相似，香气也很高。产区虽丛山峻岭，交通不便；但还是比较适合于茶叶生产的条件，过去也有相当历史。可仍划湖北鹤峰、五峰、长阳和湖南石门等县为主要产区。

　　江西宁红的产量曾达到很大的数字，品质也不差，产区集中在修水、武宁和铜鼓三县，湖南平江的东部也可划入。

　　以上三区应把重点放在数量的扩展上。当然成本的减低也不可忽视。其次，为中级的红茶区，则以改制成功的平红和霍红，并恢复原有的湘红和闽红等比较适宜。

平红可划浙江绍兴、嵊县、诸暨、浦江等县为主要产区。霍红可划皖北霍山、六安、舒城和金寨等县为主要产区。这两区本来都以生产绿茶著名，即前者的外销平水珠茶，后者的内销六安瓜片。

湘红原产湖南安化、新化、桃源和长沙、浏阳、平江等县。后三县品质较次，衰败特甚，解放后已着手恢复，但需较长的时期才能复兴。

闽红如福鼎的白琳工夫；政和和松溪的政和工夫；福安、周宁、寿宁、霞浦、拓荣和宁德等县的坦洋工夫。还有崇安和江西铅山的正山小种，品质和制法都有独到之处，仍有各别维持的价值。

浙江改制杭红虽然也已成功；但因原产龙井绿茶，品质好而价格高。所以在龙井茶区推广红茶，事实上还有困难。只有以产量较多，而品质较差的富阳为主要产区。还有平阳、永嘉、泰顺和瑞安等县的温红。江西铅山、上饶、玉山和广丰等县的河红，品质都较差，今后须特别注意其品质的改进。

云南的茶树是大叶种，所以佛海、顺宁和墨江所产滇红的品质，可和印锡红茶媲美。但产区交通不便，运费太贵，阻碍了当前的发展。

其他如四川的筠连、高县、宜宾、万县和南川，也都可作为红茶的推行区。

外销绿茶。苏联和新民主主义国家的需要量有限，过去主要的顾客是北非，每年能维持十五万至二十万市担的销路，价格高，竞争者也少，故应维持若干绿茶的产区，稳步地开展。

江西婺源和皖南休宁、歙县等产区是制造屯绿珍眉茶的中心，又与浙江遂安，淳安和开化所产珍眉绿茶区毗连，应划为珍眉绿茶区，又这一绿茶区内，产烘青、大方等内销茶，并可为调节内外销的一个重要区域。

老青砖茶产区集中在鄂南蒲圻、通山、通城、崇阳、咸宁和湘北临湘、湘阴、岳阳等县。目前供不应求，除仍就原有产区尽量发展外，目前以求过于供，可在浙江低级绿茶区的新昌、建德、分水等县划区生产，并配合绿茶副产，以资补助。

福建崇安、水吉、建瓯、安溪和台湾新竹、台北等县所产乌龙茶，以及云南元江所产七子饼茶，都供侨胞消费。可就目前需要情况，仍在原区生产。除定额供应外，如改制其他茶叶，则不必加以限制。

内销茶中供少数兄弟民族消费的茶类。过去因为运输困难，产销常有脱节现象，今后应以毗近销区发展为原则。但黑砖和茯砖都有它们特殊的制法和品质，目前可仍在湖南省安化保持一定区域作适量的生产。

销路广阔而为人民大众普遍饮用的茶类如皖南的烘青和大方，皖北的大茶，浙江的龙井，以及湖南的青茶等，可在不混淆外销茶区的原则下，划定产区，发展生产。

对于零星的次要产区，应选择有经营条件和希望的地方，如广东、广西、陕西、湘南、赣南和豫南等原有茶区，提倡并扶植其发展，改进其制造方法，使逐渐转变为内销主要茶区。

四、 改进茶园经营问题

我国的农业经营本来都是小农制度；而茶叶生产，又是小农经营中的副业，分外的细微零落。过去在封建剥削之下，茶农对于茶树栽培，大多让它们自然生长，很少行中耕、除草、剪枝和施肥等方法。一般而论，茶龄超过三十年，产量和品质便逐渐下降。但我国茶树的年龄，在一百年以上的也很普通，产量和品质的低劣，自不待言。我国茶山，都是零星散植，如照现在茶丛并合为一亩计，其每亩产量不过干茶三四十斤，而印度、锡兰则平均都在一百斤以上。日本特优的茶园每亩可生产干茶五百斤以上。所以要增加产量，除了开辟新茶园和恢复旧茶园外，对于单位面积产量的提高，必须同时并重。旧茶园中年龄不大的茶树可移植归并，过老的则应加以台刈或翻种。无论是旧茶园的翻种也好，新茶园的开辟也好，有几个问题须特别注意。

第一是改用条播问题。我国的茶树栽培大多是随便点播散植，中耕不便，杂草容易生长，是茶园管理最感困难的事情。如用人工除草，每亩约需三个工到四个工。倘改为条播，则茶树枝条密接，每亩产量既可增加，树下杂草也不易生长。除了陡坡以外，可用牛拖犁在行间中耕

（同时带除草），每天能耕十亩以上，这样生产成本便能减低不少。

第二是梯田的建筑和排水问题。我国茶树大部分都种在斜坡上，但是茶农对于这两个问题过去都很少注意，因此常造成"山地垦荒，平地遭殃"的现象。除了坡度很小的地方而外，建筑梯田是山地茶园防止土壤流失最好的方法。所以无论在开辟新茶园或翻种老茶园时，都应该建筑梯田。但也不要筑得太高，否则受风吹日晒的面积太大，土壤中的水分便蒸发得很快。而在大雨后被雨水浸透的土壤又容易崩塌。梯田的平面可略向里边倾斜，以免土壤掉落。茶树应该种在梯田的中央或略靠近里边，但决不能靠外边，否则在干燥的季节茶树便不易得到水分。为了减少土壤冲刷和保护梯田，可以让杂草在梯田的边缘和斜壁上生长。

茶树不能生长在水田或常常被水淹没的土壤里。但长时期的干旱对于茶树也是有害的。各种植物对于各种土壤中所含的最适宜的水分都有一定的数量。据印度过去的调查研究：在沙土里，最适宜于茶树生长的含水量约为15%，在沙质壤土里须18%~20%，而在黏土里则要25%。排水的目的在使土壤中所含的水分尽可能保持最适宜的数量。所以在计划设置排水沟的时候必须注意也许在大雨后能很快的把多余的水分排去，但在小雨后却又不能让土壤干燥得太快。在国内有不少种植一般作物的经验可供参考。

第三是剪枝问题。茶树自然生长的高度在十五尺以上。枝条如长得太高便不能大量生产叶子而又增加采摘时的困难。所以剪枝的目的在使茶树多生叶子，增加产量；同时改变茶树的形态，使它变成矮的灌木，形成一个较大的采摘面，采摘方便，成本也就减低，因为摘工工资是毛茶生产成本中最主要的项目。茶树长大后常有许多枯死的枝条需要除去，而生长太紧密的地方有些不生叶子的枝条也须剪掉，以免妨碍阳光和空气的流通，因为这对于保持茶树的健康是很重要的。剪枝的时期和次数须视情形而定。我国尚无剪枝的习惯，日本、中国台湾除幼龄时作适当调整以外，一般均在春茶采摘以后，印度、锡兰须在11月至3月茶树体内储藏养料较多的时期施行。

第四是施肥问题。过去我国茶农对于茶树不施肥的原因可分两方面来说明。基本上当然是由于封建剥削，毛茶山价不够生产成本，谁还有兴趣去增加生产。还有一个原因是大家都认为施肥会减低茶叶的品质。据印度茶业协会科学部托格拉茶叶试验场，锡兰茶叶研究所，和印度阿萨姆几家茶园试验的结果：

1. 在普通的没有遮荫树的茶园里，假使不施用肥料，则每市亩的精茶产量约为八十市斤，但每年施用硫酸铔三十市斤后，每市亩的产量即增加到一百二十五市斤。两者的品质并没有差异。

2. 同样的茶园，在同时期内，每年每市亩施用硫酸铔六十市斤，则产量增加到一百六十五市斤而品质略有降低。

3. 有机肥料对于品质的影响和无机肥料相同。

由上可知，每市亩施用硫酸铔三十市斤，便可增加精茶四十五市斤，对于品质是没有影响的。倘施用油饼，则须九十市斤（硫酸铔的三倍），今年油饼的价格约为米价的一半，等于值一斤米的油饼可增产精茶一斤或毛茶一斤半，以一斤毛茶值三斤米计算，值一斤米的肥料可变成值四斤半米的毛茶。除了采摘工资以外，其他的成本都用不着增加，这又何乐而不为呢！

一年中施肥的时期，或次数（同样的数量一次或分几次施用）对于产量的影响很小，或没有影响。有人认为在二茶发芽以后，或至少分几次施肥，能保持二茶优良的品质。这在生产高香茶叶的茶园里值得注意。

五、 品种改良问题

我国各地的茶树，都是所谓中国种，一般都用种子繁殖。茶树是杂交作物，因此品种已变得复杂不堪，叶子生得非常细小，所以又被称为小叶种。印度、锡兰和印度尼西亚等产茶国家最初都曾从我国输入茶种，但屡次试验失败。后来在阿萨姆发现了大叶种新茶树，印度的茶业才首先获得成功。锡兰和印度尼西亚相继采用，把我国红茶挤出世界市场。主要的原因是红茶发酵的好坏，决定于含单宁量的多少。阿萨姆大叶种的单宁的含量比我国的小叶种为高。据分析五分钟冲泡液所抽出的单宁含量大叶种为 6%～20%，小叶种只有 5%～10%；因此用小叶种制成的红茶，在色味上便无法和大叶种竞争。

茶籽种下去后至少要经过三五年才能生产茶叶。所以改良品种，假使用单株选择，杂交等有性繁殖方法，便需要相当长的时间。日本在这方面曾花费了数十年的功夫，成绩也不能表现，特别因为采用的是中国种，单宁的含量较低，所以只适宜于制造绿茶而不适宜于制造红茶。

前面已经说过，新中国的茶叶应以大力发展红茶为首要任务，因此改良品种，也必须依照这个目标进行。但在方法上，则应该吸取各国的经验，尽量设法推广大叶种，并采用无性繁殖——米邱林的方法来继续研究试验。

我们的祖国是伟大的，推广所需要的大叶种不必要也不可能从印度、锡兰或印度尼西亚等国输入。因为帝国主义者为了垄断世界茶叶市场，它们订有国际茶叶协定，各国都禁止茶籽输出。但这种卑劣的手段是阻止不了新中国茶叶的发展的。在我国云南早已有大叶种发现，滇缅边境可能还是茶树的原产地。在佛海和顺宁试制的红茶，品质可和上等印度锡兰的红茶相比。所以我们从去年起已在云南选择优良的茶籽，分送到各茶区试种。如二三年内试种成功再选择比较适合于当地环境的茶树，成立采种园，即可供繁殖推广。这样在三五年以后，就可开始把原有的小叶种老茶树逐渐换成大叶种的新茶树。当然，这是比较粗放的第一步的方法。基本上还应该进而采用其他的繁殖试验，但上面所做的是最简捷的改良品种的开始，特先提出以引起各方的重视。

六、 采摘方法问题

我国茶农采摘茶叶的方法，不是太细便是太粗。精细的像杭州龙井和祁门红茶，新芽一生出来就被摘去而不让它们多生一些时候。粗放的像羊楼峒老青茶，竟用镰刀连枝带叶一齐砍光。这两种采摘方法，从植物生理上言，对于茶树的健康都是有妨害的。但是因为我国茶园经营的规模太小，又是副业，同时受中间商剥削，毛茶山价先高后低，迫使茶农在短时间内急忙采摘下来，匆促制成毛茶，赶着出售。

新中国成立以后，组织了中国茶业公司，收购毛茶，完全以品质为标准，只怕茶农没有好茶叶，而不怕出高价钱。基本上茶农已不必再担心茶价会下落而忙着"抢制"。不但为了保护茶树的健康，同时为了增加产量和减低成本，也需要把过去的"一次采光"方法改变为不断的采摘方法。

新式的采摘方法是在每年第一次采摘以前，让新芽充分地生长，等到有了四五片或五六片叶子以后，第一次摘去一芽二叶，这样便留下三四片叶子，每一片叶子旁边都有发生新芽的机会，到第二次采摘时就可能有三四个新芽。不像旧式的采摘方法那样在第一次新芽刚生出来时很早便被摘去，使第二次新芽没有机会发生。为了永远获得最大的产量和最高的品质，采摘面的养成也非常重要。"把手伸到茶树的中间"去采摘是一桩最坏不过的事情。在采摘面养成以后，便可采到鱼叶为止，同时在茶季中品质最高的时期尽可能的多采。

采摘方法改变以后，最初两个月头春茶的产量会减少得很多，但到年底的总产量则会增加得更多。据印度阿萨姆茶叶公司的实际经验，一个四千二百余市亩的茶园，在采摘方法没有改变以前，每市亩精茶产量平均也不过四十余市斤，但改用新式采摘方法以后便增加到一百市斤以上。

还有一点是采摘方法改变以后，同时可解决机器初制的困难并减低生产成本。解放后新中国茶叶的精制已从手工作坊发展到机器生产，但毛茶的初制仍停滞在手工业阶段。要在目前这样小规模的基础上推行机器初制，首先必须茶农采取合作或集体经营的方式。可是大量的生叶假使仍像过去那样集中在很短的不到一个月的时间里采摘下来，必须立刻制造，因此便得设备很多的初制机器，而这些机器在开动了一个月以后又须搁置一年，实在是太不经济了。我国的气候虽然没有印度、锡兰那么热，但根据各茶区的实际情形，采摘方法改变以后，我国茶叶的生产季节是很可能从四月中延长到九月中的，这样初制机器的开动时间便可从一个月增加到几个月，数量上便不需要那么多了。假使产量因为采摘方法改变而增加一倍，则初制机器也只须原来的三分之一便足够应用了。全部计算起来，生产成本自可减低不少。

七、 制造方法问题

红茶和绿茶制造方法的主要不同之点，是前者须经过充分的发酵而后者在生叶采下后便立刻加以"杀青"而使以后不能再发酵。"杀青"需要高温，我国绿茶的"杀青"方法都用锅炒，除了少数高级的内销绿茶如杭州龙井和六安瓜片外，一般的"杀青"都嫌温度太低，因此制成的绿茶容易变成黄色。不像日本绿茶用机器"蒸青"，温度较高，能使茶色永远保持鲜绿，这是值得我们仿效的。

我国红茶在初制上最大的缺点是发酵不充分，因为我国茶农只知道室外发酵（热发酵）的老法，而不知道采用室内发酵（冷发酵）的科学方法。这是我国红茶品质不及印度、锡兰和印度尼西亚红茶的原因之一。至发酵完成后怎样使它停止也是一个很重要的步骤。祁红区的茶农在发酵正在进行时就把"湿胚"毛茶卖给茶厂，由茶厂负责烘干。但在别的茶区则由茶农自行烘焙或放在阳光底下晒至半干后再卖给茶厂，叫作"干胚"毛茶。"干胚"毛茶因为没有经过充分的发酵和烘焙，品质就比较次劣。"湿胚"毛茶则由茶厂负责烘干，发酵不充分的在烘焙前还可设法补救。茶厂有较好的设备和技术人员，这是在制造上祁门红茶品质比较优良的主要原因。所以其他茶区倘能仿效祁红区那样把"干胚"毛茶改为湿胚，在过渡时期，对于我国红茶品质的提高是有很大的帮助的。但在基本上，还是应该由茶农组织合作社或生产小组从事集体制造。大规模的初制一时此较困难，但可以先在室内共同萎凋、发酵，并用手摇木机来揉捻。我国老法都用炭火直接烘焙，结果使茶叶容易烘焦或带烟味。应该采用新式的热风火炉来干燥，则效率既大而红茶的香气也可提高。

我国手工的红茶精制方法非常繁复，所以叫作"工夫茶"，品质没有一定的标准，在贸易上发生许多困难。现在改用机器精制，不可能也不必要再走过去的老路。为了减低成本，便于推销，并适合消费者的需要，应该统一规格，制造像印度、锡兰和印度尼西亚红茶那样的分级茶。现在中国茶业公司正在向这个目标迈进，是一桩非常必要的事情。

八、 研究试验工作

我国茶业虽然已有二千余年的历史，但研究试验工作，还是近四五十年来的事情，而且时办时歇，屡经变迁。因此和其他产茶国家比较起来是落后的。最早的如清季末叶在 1909 年设立的湖北羊楼峒茶业模范场，四川雅州茶业公司和江西宁州茶业改良公司等当然早已随满清的灭亡而消失了。1915 年祁门平里模范种茶场成立，但不久即收缩。至 1932 年改组为祁门茶业改良场，并在修水成立修水茶业改良场。1936 年湖北羊楼峒和浙江三界两茶业改良场成立。但到抗战开始，各省茶业研究机关又都无形停顿。多年来，各茶区的栽培改良工作，如播种、移植、扦插、压条、施肥和剪枝等试验，以及选择单株，培育优良种苗，采摘时期，采摘方法和病虫害防治等已分头进行。在制造方面，红茶的萎凋、发酵、手揉、机揉和干燥方法的研究；绿茶的杀青、蒸炒、不着色糊以及各种内销茶的改良等，虽都能在短短的数年中获得初步成绩；但终以设备和人才的关系，比较高级的试验，迄今尚无法进行。

解放后，因为人力的限制，茶业产销和研究试验都由中国茶业公司领导。今年农业部已决定在华东区的浙江、安徽、福建和中南区的湖南、湖北、江西等六省各设茶业试验场，专门进行一般性的研究试验工作。

其他产茶国家的研究试验工作，虽有若干成绩，但进步也不快。除了日本以外，他们栽培茶树的历史也不过一百年左右，研究试验工作最多的也只有四五十年。像苏联，虽早在 1893 年开辟茶业试验场于外高加索的恰克伐附近，但因经过长期革命，两次世界大战和气候寒冷等关系，发展受到限制。同时茶叶生产在苏联国内并不占重要地位，所以也不十分重视。日本虽然有农林省、静冈县、京都、奈良县、熊本县和鹿儿岛县六处茶业试验场，并于 1895 年掠夺我国台湾后，竭力提倡茶业，设立平镇茶业试验场。但由于环境关系，日本适宜于生产绿茶，台湾适宜于乌龙茶，对于红茶生产，研究成绩也不多。

印度茶业协会科学部于 1900 年成立托格拉茶业试验场，下设化学、昆虫、病理、细菌、植物、农业和咨询等组，规模较大，出版物有丛刊、季刊和年报等。

爪哇茂物茶业研究所成立于 1903 年，巴达维亚茶业评检局成立于 1905 年，对于爪哇茶业的研究改良，都有相当贡献。

锡兰茶业研究所成立最迟（1925 年），但研究成绩却并不落后，结果多发表于该所出版的茶叶季刊上。

以上所说的许多研究试验成绩，都还没有经过有系统的整理。所以我们在开始研究试验工作以前，必须在最短期内先把整理工作完成，吸取过去的经验，以免浪费时间精力。然后视实际需要，再作专门研究。高级的试验工作应由华东区和中南区的农业科学研究所负责，各省的茶业试验场则进行一般的地方试验，分工合作，使新中国的茶业在走向社会主义的道路上能起带头的作用。

（原载《自然科学》1951 年第 1 卷第 5 期）

为实现第一个五年计划而奋斗

第一个五年计划，在第一届全国人民代表大会第二次会议上通过了。这是实现国家过渡时期总任务的一个重大步骤，是我们六万万人的新中国走上富强、繁荣和幸福的社会主义社会的第一个指标！

第一个五年计划，除集中力量进行社会主义工业化，特别以建设重工业为基础，并对农业、手工业和资本主义工商业进行社会主义改造以外，还规定要努力发展农业，相应地发展交通运输业，扩大城乡和内外的物资交流。

在第一个五年计划的五年内，全国经济建设和文化教育建设的费用，总数为766.4亿元。这一计划实现以后，我国工业和农业的总产值要大大增加。如以1952年为基数100，1957年上升为151.1，如以1949年为基数100，1957年上升为268.14。再把工业和农业分开来看：工业总产值1957年比1952年增为198.3%；农业及副业的总产值增为123.3%。按实际的数字说：1952年的农副业总产值为483.9亿元，1957年将达596.6亿元。

我们在第一个五年计划中，必须积极地建设工业，特别是建设重工业，即建立起现代的冶金、机器、电力、燃料、化学等等工业。因为必须有制造现代化的各种工业设备，才能供给农业以拖拉机和现代化的农业机械，供给足够的化学肥料，使农业获得技术的改进；生产现代化的交通工具和现代化的武器，来发展交通和巩固我们的国防；提高劳动生产率和生产技术，并不断地增加农业和消费品的生产，保证人民的生活水平的不断提高。

对农业方面的投资比例不能算大，这主要由于农业在目前还不可能广泛地机械化，五年内我们还不能制造拖拉机，而石油的产量又很少；同时，由于技术条件的限制，大规模的水利建设和农林业建设还不可能全面展开。应该了解：在工业的投资中，如建设拖拉机、农具、肥料、农药等工厂，实际上完全用于发展农业生产的；不仅制造生产资料的重工业，一部分为发展农业生产，就是制造消费资料的轻工业，主要也是为我们农民服务的。再说，农林水利经费，实际投资指标为 61 亿元；国家投资于军垦、救灾以及大量的农业贷款还不包括在内；尤其重要的是农民自己用于扩大再生产的一笔生产资金，由于土地改革以后，减少了封建地主的剥削，这几年来生产又较以前大有增加，则五年内发展农业的资金总数，会接近于工业的投资数字的。

第一个五年计划对农业及副业已规定了一个生产指标，总产值的增加为 23.3%，每年平均递增为 4.3%。主要农业产品 1957 年的计划产量比较 1952 年增长数字如下：

粮食：达到 3 856 亿升，增 17.6%；

棉花：达到 3 270 万担，增 25.4%；

黄麻、洋麻：达到 730 万担，增 19.7%；

烤烟：达到 780 万担，增 76.6%；

甘蔗：达到 263 亿斤，增 85.1%；

甜菜：达到 42.7 亿斤，增 346.4%；

油料作物：达到 1.18 亿亩，增 37.8%。

上述指标，已经比原来拟订的有所降低，这是因为是以农产品丰收的 1952 年为基数。1953 年和 1954 年的农业生产都由于灾荒没有完成原来拟订的增产计划，这样，就更增加了五年计划中后三年的增产任务。

农业生产供应全国人民的食粮，同时，用农产品做原料的工业产品，在目前仅占全国工业总产值的 50% 以上，而且进口工业设备和建设器材所需要的外汇，大部分也是靠农产品出口换来的，因此，发展农业是保证工业发展和保证全部经济计划的基本条件。我们国家集中力量发展工业，还应该努力发展农业，农业如不伴随着工业的相应发展，我们国家的工业化事业是不可能实现的，防止和克服农业发展过分落后于工业发展的矛盾，是五年计划的一个重大任务，也是我们今后建设社会主义事业中迫切的任务！

这里按粮食生产问题来作说明：以前各节已经分析过，特别在我国互助合作运动发展以后，不但能顺利完成生产任务，只要大家努力，不遇到严重的水旱灾害，并且能超额完成任务的。抗战前 1936 年的粮食产量是 3 000 亿斤，1949 年下降到 2 160 亿斤，1952 年即五年计划作为基数的一年，达到了 3 278 亿斤，超过了 1936 年的最高水平，并且还增加了 9% 。如和 1949 年作比较增加达 51.9% ，即在 1950 年至 1952 年的三年中，平均每年增加了 17.3% ；现在的五年计划指标的增长数字为 17.6% 。还可以进一步说明的：1953 年和 1954 年都碰到了灾荒，特别是 1954 年长江和它的各个支流都遭遇了近百年来未曾有过的大水灾，损失了相当大的农产数字，但粮食总生产量还是增加的，即 1953 年生产量为 3 300 亿斤，1954 年为 3 390 亿斤。这样，五年计划中粮食生产增加的指标，在 1955 年至 1957 年的三年中，实际只增加 13.7% ，即增产粮食 466 亿斤而已。

农作物生产在恢复时期，是从低的水平予以提高是比较容易的，今后必须把分散的个体农民从集体和机械化方面积极努力，这固然是主要的方面；但是从生产的情况来看：增产的潜力也还是很大的。现在全国小麦的平均产量每亩仅 100 斤左右，一般较好的地区可收 300～400 斤，最高的每亩可生产 1 300 多斤，相差达三四倍乃至十二三倍左右；全国水稻平均产量每亩还只 300 多斤，一般的收 600～700 斤，最多的达 1 700 斤，相差也达一倍至五六倍。其他各种农作物的较高产量和最高产量，比较全国平均产量也都差一二倍，多的达十几倍不等。所以只要我们大家努力，提高单位面积增产是大有发展前途的。现在全国作物的播种面积（即包括复种的田亩）约为 21 亿多亩，其中粮食的种植面积在 19 亿亩左右。五年计划指标到 1957 年要增加 466 亿斤粮食，即平均每亩每年要多产 10 斤，三年增加 30 斤，就能大大地超额完成任务了。所成为问题的是有些地区，原是产量很低的，增产 30 斤会有困难，最主要的还是由于三年内农业生产合作社还不能普遍发展，不少的单干户仍远远落后于五年计划的要求，因此，农业生产合作便须加倍努力，同时，要发动互助组并带动单干户参加这一运动，就越加感到迫切和必要了。

另一问题：五年计划指标不仅是单纯地要求粮食的增产，更重要的是要全面地发展粮食、工业原料、油料作物和一切外销物资的增产；其他如畜牧、水产、果蔬等也要按比例地相应地增产。如茶叶、果树、桑树和部分油料作物，可提倡上山，甜菜可在东北和内蒙地区发展；麻类、烤烟，特别是棉花和甘蔗等作物，例如五年内要扩大棉田面积1 100多万亩，扩大甘蔗和烟叶的面积共200多万亩，虽然有国家的和民间的开垦荒地可以补充，但终不能不和粮食作物面积发生矛盾。所以要全面发展，就须很好地安排各种作物的播种面积，各个地区都须因地制宜、因时制宜地依据国家的整体的和统一的计划进行。主要还是要依靠互助合作，合理使用劳力，充分利用地利，改进耕作技术，加强抗灾能力以发挥集体生产的优越性；在装备方面：要增加改良农具，多备耕畜，多备水车和抽水机，并多兴小型水利和打井等；在技术改进方面：要增施肥料，多选优良品种，提倡合理密植，积极驱除病虫害等，就是要尽力提高单位面积产量，这是当前完成和超额完成农业增产的主要目标！

五年计划中关于牲畜和水产的指标如下：

牲畜方面以1952年为基数100，五年内猪增加54%；羊增加83%；牛增加30%；马增加36%。水产方面：比1952年增加68.5%，即1957年要达到280.7万吨。

畜牧业的发展，可以增加农业生产所需要的耕畜和肥料，增加轻工业所需要的皮毛等原料，增加市场所需要的肉类的供应，还可以增加农民和牧民的收入。特别应该重视的是我们牧畜地的草原面积很大，估计约达30亿亩，如能很好地利用，可以增加五六倍乃至十多倍的牛羊和其他的牲畜；其次，要增加农业生产，目前对牲畜肥料的利用也是重要的关键；再如工业发展以后，牛奶的需要量增加，我国原有的黄牛产奶量很少，应即用好的牛种进行杂交以提高黄牛的产奶量。在水产方面，我们还是用落后的帆船捕鱼，造船业发达以后可以用汽船捕鱼，估计单是近海就可捕获 400 万吨；还有内地的江河湖沼可以利用的以 1 亿亩计，每亩以养殖和捕获 50 斤计，每年也可生产 250 万吨。

所以畜牧和水产业，在我国是大有发展前途的。

第一个五年计划中，国家对于农业方面直接和间接的帮助，上面已说了不少；此外如五年内要供应双轮双铧犁和单铧犁 180 万部，新式步犁 50 万部，水车 68.1 万架，国家设立的抽水机站达 5.7 万匹马力。肥料方面：计硫铵和硝铵 486 万吨，饼肥 1 457 万吨，磷矿石粉 27.7 万吨，过磷酸钙 2.86 万吨，并新建国营机械化农场 91 个，新建机器拖拉机站 194 个。特别重要的是五年内扩大耕地面积 3 868 万亩，统计到 1957 年耕地面积达到 16.574 5 亿亩。这对于各种作物的增产，显然是有极大的推动力的。此外在水利方面，五年内扩大灌溉面积 7 200 万亩，建设大型水库 13 个，修竣河道的土石工程达 13 亿立方公尺。

还应当提出的是全国人民代表大会第二次会议，通过了根治黄河水害和开发黄河水利的综合规划的决议。这一工程现在还只是开头，但将来彻底征服了黄河以后，不但灾害完全避免，还可以扩大灌溉面积 1 亿余亩，发电量 1 100 亿度，并且 500 吨的拖船可以从海口航行到兰州，这是改变黄河流域经济面貌的重大决议，是我国社会主义建设的一个典型。

我国第一个五年计划，将开始改变我国百年来经济落后的历史面貌，各部分的任务是艰巨的，我国五万万的富于革命传统和富有创造性的农民，在我们优越的自然环境和富饶的农业资源里，在工农联盟的巩固基础上，全体农民应加紧工作，使农业的发展跟上工业的发展而努力！并要进一步提高政治觉悟，积极参加农业生产合作社，这是保证五年计划完成的决定因素之一。团结起来，动员起来，兢兢业业，克服困难，增加生产，厉行节约，在中国共产党和毛主席的领导下，为全部完成和超额完成五年计划而奋斗！！

（1954 年任农业部副部长时的讲话稿）

视察浙江省富阳县的报告（初稿）

一、日　　程

12月23日全国人民代表大会代表沈兹九、政协全国委员许宝骙、张明养和吴觉农，视察新登等县拟就视察报告后，本日吴觉农赴富阳。当天，听取了王县长的报告。

24日坐船赴大源区里山乡，约三小时到达。听了乡长的报告即回。

25日坐轮船再赴里山乡，由乡长陪同到五村第二社视察，听取了社长和社委们的报告。

26日在富阳城和城区渔业协会负责人座谈；晚约在城开会的茶叶、蚕丝等方面的劳模八人座谈。

27日赴青云区大青乡听了乡长的报告。晚再约在城的粮食、杂粮、林业、畜牧业的劳模代表座谈。

28日赴皇天畈视察皇天畈国营农场，晚上听了张副县长的补充报告并交换了意见。

29日离富阳回杭，顺路至青云区受降、寿民两乡，听取两乡乡长的报告。在寿民乡听了七村第一社、二村第二社负责人的报告；在寿民乡视察了富阳农林牧高级合作社的开垦工程，并视察了两乡的茶叶生长情况，傍晚回杭州。

30日在杭州视察了龙井茶场和梅家坞十月茶业合作社，并听取了负责人的报告。

二、粮食增产情况

富阳，今年受水灾甚重，但粮食仍较往年增产。按最近县、乡和各合作社的规划，明年增产的劲头很大。"五年计划四年完成，并要超额完成"已成为各乡干部和各合作社社员的奋斗指标了。这是依靠什么呢？同在新登等各县所看到的情况一样，是依靠互助合作运动的发展才兴起这一生产高潮的。在杭州省城了解：富阳县的合作社组织，老社仅占入社农户的25%，连同新社则达67%；一个多月来已增至占全县农户五万五千一百户的80%，接近了合作先进新登县的81%。此外，还有四千四百四十农户参加互助组的，再除掉暂不应参加的地主和富农，实际已占应组织的农户95%以上了。

富阳原是缺粮县，解放时，产粮仅五千余万斤，维持十八万多人口的七个月粮，1955年增产到一亿二千九百八十四万斤，增产160%。粮食三定后，从数字上说，还须由国家供应二百六十八万斤，经说服教育后，增产者多售了余粮，县府初步估计可获二百九十万斤，这样缺粮县已变了可以自给了。据县长谈：1956年可以争取为余粮县。并说：1955年每户平均占五百五十九斤，除饲料种子等每户口粮为五百二十七斤，此外尚有社会余粮3%，同时，定产时较常年实产约低10%左右，并举了两个例：

大青乡麻栗坞女社员罗洪满，定产四百二十三斤，实收五百一十斤多20%，同一个乡，铁坞口第八社，三十四户一百零三人，全社定产九万九千零五十八斤，实收十四万三千九百二十三斤，每人平均除三定外可多得四百三十五斤还多一点。

从乡到社的实际观察，自从合作运动发展以后，农民都沿着社会主义大道迈步前进，生产情绪的高涨和农业增产的实绩确有惊人的表现，以下举几个比较显著的实例：

（一）劳动生产率的继续高涨：这当然是合作化运动发展以后各县的普遍现象。过去冬季是农闲时期，现在则普遍喊着"今年生产为明年，明年生产靠今年"；过去是"三季靠一春"现在是"三季也要靠冬天"；有一个乡的农民提出冬季二十六个光：如塘泥要清光、空地要灭光、春花要削光、贷款要还光、余粮要卖光……等等。到处都看到男女老少忙着在做活，现在正碰到久旱，但三十余万亩的土地，已有86.41%种上了冬季作物。富阳1956年的规划还在进行中，现以新登许桂荣社为例，过去各人单干时候的劳力，全村全年仅一万八千个工，1955年社内共做了二万八千三百工，增加57%；1956年预定为三万九千九百四十九工，较1955年增加41%。许社还不是积极挖掘潜力的典型社，例如在其近邻的新庄社，1956年比1955年的劳力增加量就达53%。青何乡的卞竺生社挖掘潜力较大，据说增加劳动生产率达一倍之多。富阳的不少社也有同样情况。据新登全县初步统计现在有新挖掘出的劳动力二百八十万个，富阳人口较新登多一倍以上，挖掘出的劳力不会少于五百万个。不但劳动率在增长，质量也在提高。一般老社大部进行了保工、保产、保肥的制度，高一级的又有按件计工多劳多得的制度，大大提高了工作的责任心。由于劳动生产率的增长和质量的提高，还使各社的生产内容不断地丰富，过去有排挤妇女参加工作现象，现在反而感到人力足不要求妇女积极参加了。其他各社有要求新式犁耙、打稻机等的迫切要求。由小社转大社，由低级社转高级社，都是感到人力不足和重视劳动生产的表现。

（二）改变耕作制度提高了生产：改变耕作制度在建德专区所属以富阳、新登、桐庐三县最有成绩。单说富阳。（1）双季稻：间作的平均亩产六百零七斤。连作的六百三十八斤，单季中稻每亩仅四百二十二斤，单季晚稻为四百四十五斤。即间作或连作较单季的每亩要多产约二百斤左右。在亩数上：1954年仅种双季稻五千六百五十二亩，1955年增至一万四千七百六十三亩约增一倍半；1956年计划可增到七万五千亩，较1955年增加六倍以上。平均每亩增产二百斤，全县可增产一千五百万斤。（2）改变三熟制：水利条件较差的将中稻改为早稻，即一年种小麦—南稻—秋玉米的三熟制。1955年仅改变五千亩，1956年至少扩种一万亩，平均增产玉米二百四十斤，达二百四十万斤。（3）扩种冬季作物：全县水田旱地三十一万亩，1953年仅利用40%，1954年58%，1955年冬季已达86%，约增六万余亩，平均增加了一百斤计增六百万斤。以上三种合计共可增产二千三百四十万斤。1955年全县粮食总产量为一亿三千万斤，1956年较1955年增产18%，单是这一数字，已超过省所要求从1956—1957年两年增产幅度14.6%的要求了，这还是根据县的增产指标而说的，乡的增产目标更大。大青乡水稻田较多，1955年增产粮食31.7%，1956年要在1955年的基础上再增加六成。另一为里山乡，完全是山区，增产数字为1955年的133%，这确是惊人的事。曾将他们的挑战书作了一番研究，除改变耕作制度扩大冬种面积等以外，还扩大了耕地面积，主要为开垦荒地。

（三）改良土壤和扩大耕地面积。据建德专区报告：1955年全专区的中稻改晚稻、低产改高产的总数仅约十万余亩，改良土壤一项达十一万余亩，还有地改田的一万二千亩。富阳全县的数字尚未明确。就里山乡说：1955年前开荒地四百零八亩，1956年计划开荒三百亩，扩大种经济作物的约一千三百亩，扩大耕地面积两年达二千亩占全乡原有旱地二千零六十四亩的一倍左右。大青乡水稻地区，1955年开垦荒地四百五十一亩，改旱地为水田三十六亩；1956年地改田一百一十四亩，开荒扩大种植面积七百亩，开荒的数字也较该乡原有旱地的面积为大。所谓地改田，可分两类：有的利用原有河流边的地势较高的旱地改善灌溉方法而成，这是最经济的；但另一类为开辟河流边的淤涨地区，有不少是与水争地，似应加以考虑。荒山的开垦也分两类，有的不管坡地大小，有地就开，开后就种，对于水土保持方面未予注意；有的则费很大人力，筑有石勘或泥勘，例如杭州市梅家坞的十月茶业合作社，开一亩山需费六十个人工，虽然成本巨大，但是值得提倡的。各地合作社利用社内劳力改良土壤的数字都很大，一般是砂性土质增加塘泥、河泥和青草等类；黏质土或阴湿土壤搬运细土细沙或改良排水等以改善原有土质，这对提高产量有很大帮助。以上扩大和改善耕地面积也是随着合作运动的高潮在各地发展，对于增产是起巨大作用的，但必须因地制宜，特别要注意水利问题和水土保持问题。

（四）勇敢地对自然灾害作斗争。1955 年 6 月 17 日起，建德、金华等各专区受了暴雨袭击，发生了极大的洪水，据说是四百年来所未有的。建德专区受灾县八个，富阳沿江两岸受灾最为严重。县政府、大街上位置很高的楼房都已浸上了水，特别是富春江上的几个沙洲的乡，数千户人家是无处逃避的。当时幸而由省政府紧急动员，又由解放军出动了海、陆、空军，飞机、轮船、登陆艇大量出动，把数万人垂死的生命都救出了险境；7 月 23、24 两日，人民空军飞机飞到富阳侦察灾情，还对被洪水包围的人民空投大米、干粮、救生器材等。事后又大量发款救济，使全县 31.6% 的户获得了安居。沿江受灾田数万亩。水退后，全体农民热烈地参加了生产救灾运动，补种、改种、扶苗、洗苗，大家紧张地工作。结果除少数的田以外，都获得了丰收。群众反映，"共产党和人民政府比父母还好。"并说："物价稳定，没有一户出去逃荒的。"也因此群众对互助合作更引起了信仰，认为集体力量大，合作社比互助组好，大比小好，有的说："越大越好。"富阳县在病虫害方面也相当严重，今年虫害面积发生达八万四千二百五十六亩，单是稻苞虫、稻飞虱和浮尘子三项损失约在六百万斤以上，比国家原定供应全县的粮食约大两倍；螟虫为害情况已不大，但改变耕作制度以后，根据11 月份对二十三个典型的调查，双季稻和晚稻区域的虫口密度已显著加大，这一点，应由各级领导引起注意，教育群众，积极防治。

（五）积极地兴修水利增积肥料。互助合作社农民生产情绪高涨的另一表现为兴修水利和增积肥料。（1）水利：在建德专区，统计有一百多万人工兴修了一万多处水利，受益面积五十五万四千多亩，占全专区水田和旱地的四分之一以上。在县和乡，由于建筑堤坝、挖深池塘泥沼等，一般都对抗旱日期增长十至二十余天。有的在旱地改水田，小型社改大型社以后，对水的灌溉提高了利用和节约。以山区里山乡为例：今冬明春要发动群众兴修水利一百一十一处，需一万五千二百个工，每户平均出九个多工，受益田达全乡的70%。（2）积肥：一般为塘泥、厩肥、人粪尿、草木灰、塘泥、焦泥灰和嫩柴。由于三保制度中的积肥由小组承保，大都发动妇女专责照料，数量已大大增加；绿肥原有种植习惯，现在更在尽量推广，例如大青乡五千二百亩田，1954年种草籽豆类等绿肥二千五百亩，占48%，1955年冬季增至三千七百亩，达71%。又如里山乡是一个山乡，在茶地上也种上了绿肥，所以连绿肥也上山了。（3）养猪：在粮食三定以前，猪只普遍减少，现在已在大量发展，一般每户自养1～1.5只，多的达3～5只（全年算），合作社公养的也在普遍展开。这不但解决了今后城市肉类的供应问题，在农家的积肥方面根本获得了主要来源了。

（六）厉行节约大量投资：农民不但生产情绪高涨，还从日常生活中厉行节约，把大量资金和劳力不断地投资在生产建设上。据大青乡1956年的生产指标：全乡需投资五万七千九百六十元，该乡新老社共十五个，六百二十一户，平均每户投资数达九十三元；除15%计八千八百元拟向人民银行借款外，全部都依靠社员的投资和储蓄。另就不同的七个乡的劳模代表的社调查，1954年七个社投资总数为五千七百七十五元，社员每户投资二十二元七角，1955年这七个社投资增至二万七千一百八十五元（内户数增加八十五户），每户投资达七十元九角，即1955年比1954年每户投资数增加了三倍以上。每户投资七十元，在当前的农村经济来说，已是个大数字。就全国范围说，一万万一千万户左右的农户已有60%加入了合作社，六千六百万户平均每户七十元即达四十六亿二千万元。过去两年的农民投资不这样多，以后收入更大投资就会更多，仍以每年投资七十元即四十六亿二千万元做一个标准，五年就达二百三十一亿元，这已接近国家五年计划中投资在工业部门基本建设费二百四十八亿五千万元的数字。并且，农民的投资数字还没有把未加入合作社的农民40%包括在内。种子肥料等物质的投资也不在内，更重要的为社员的以劳力投资于基本建设，如开荒、造林、地改田、水利建设等等一般都作为义务劳力或作基本建设投资记账。例如杭州市梅家坞十月茶业合作社，今冬明春开茶山一百五十亩，每亩开七十个工，约达一万个工以上，如以该社分配工资每一劳动日一点七八元计算，总投资数为一万七八千元，以二三四户分担，每户投资也达七十余元。这里得附带说及的：农民的这项投资是从节约中出来的。现在农民一般的生活提高了，各社中收入在七百元以上就被称为万斤户的已不少，但一般收入根据这次十多个较好的老社调查，平均为二百元到四百八十元间（如杭州梅家坞十月社 1955 年平均每户为三百九十七元），现平均每户以收四千多斤谷折二百五十元人民币，如投资到基本建设的费用为七十元即占其收入的 28% 之多了。

（七）群众在技术上的创造。最后从农民在技术上的创造，也充分证明群众的智慧和他们奔向社会主义的无限热情。由于改变耕作制度提倡种双季稻——间作或者连作，富阳县的农民已在进行试验种三季水稻，且已获得成功。其方法是连作中再进行间作。第一次种早稻天花落，嵌中稻（有的主张嵌五〇九，有人提出异议），天花落割后再嵌晚青。这是符合实际的，早中两次至少可收五百斤，晚稻也是五百斤，千斤亩是保证可以成功的。以后在这一基础上继续提高，产量也自然提高了。旱地更有从三熟制发展到五六熟的可能，方法也是用嵌种：即大麦—早玉蜀黍—嵌乌脚豆—晚玉蜀黍—嵌乌脚豆—小麦。这是六次，年五熟。在小麦地中还可嵌草子肥田，并兼可充其他的饲料。两次玉蜀黍最少七百斤，麦子一百五十斤，豆两次一百四十斤，也可保证了千斤亩的生产，并且还可以提高。这些都是过去所谓高级栽培法，原是书本上的理论——如城市附近的菜农在极小的土地上有这样轮种嵌种的办法的。预料今后群众会有更突出的创造在各地发现的。

以上所举只说明群众在合作化运动发展以后对粮食增产的高潮，证明并预祝浙江省的粮食增产五年计划四年是会完成或者超额完成的。

在视察中从群众的反映也初步获得若干主要问题，但在省人代大会中已有各部门负责同志分别提出（螟害问题，由于连作制和晚熟稻的关系应充分注意，已在新登的报告中提出），尚有可注意的几点写在下面：

（一）改进技术和推广优良品种问题：省农业厅张敬堂厅长已提得很具体完备，农民群众也在自己作出不少创造如上面所说的"三季稻""多次嵌种"等方法。但技术人员下乡的还不多，理论和实际的结合不够，要使群众理论更提高，同时也使技术人员更接触到实际，技术人员下乡是目前迫切的问题之一。品种方面群众还大大不能满足当前的需要，省农业厅要"走遍全国找种子"，这是好的，但农民对于本地自己的选种育种等方法还未普遍推动，县或区的良种繁育方法也未建立有完整的制度，例如在1954年，富阳推广秋玉米，品种向外地调来，未经试种，不了解成熟时期，以致不能老熟，群众受了亏，对推广发生了影响。

（二）油菜和豆类栽培问题：在建德专区的建德、淳安、新登和富阳等地，1955年油菜产量平均都只三十斤左右，冻害是原因之一；但也有少数丰产到一百斤以上的，主要是萎缩病的蔓延，各处都有，过去也很多，似应及早总结经验解决。现在油菜的增产有困难，茶油的大量生产还有相当期间，而豆类的栽培各地又有普遍减少趋势。为了提倡间作，豆类、落花生等是嵌种最好的作物，这是解决油料问题，也解决部分的绿肥和供应群众的副食问题。

三、茶叶生产情况

（一）茶叶是山区重要的生产，开发山区中，农民的个人利益和国家长远利益的结合现在还有距离，一般都对森林竹林的注意力不够。但对茶叶、桑树、油茶颇有兴趣，果木也认为利润厚栽培了不少。调查了种茶、栽桑和植油茶的收支情况，都认为植茶第一，桑次之，油茶较差。

1. 茶树。开垦、栽培、基肥和管理费等成本约四十元，三年开采，施肥、培育适当，八年后即入旺期，收燥茶二百斤（行距四五尺，株距一尺的合理茶园），每担八十元，亩收一百六十元。

2. 桑树。开垦、种植、桑苗、基肥和管理费等和茶叶相仿。第三年开采，十年以后成园。盛时春秋两季收叶二千斤，养三张种收一担半茧，每担七十五元，收一百元左右。

3. 油茶。可种在瘠薄的山，开垦成本费仅茶树的半数，约二十元。第六、七年开摘，十年后渐入旺期，好的收三担左右，每担八元，亩收二十四元。

茶和桑的收入所以大，主要须经加工和饲养的不少人工。例如每担干茶要鲜叶四百五十斤左右，摘工二十五至三十个工，制造十五至十八个工，龙井茶采制费更大，售价也高。每养一张蚕种要十四个工，每担茧需二十至二十五个工，因之，社员特别是妇女社员很重视。富阳和新登各地所见：种茶树和油茶的数量相当大，油茶的数目更大，栽桑的不多。问其原因有四：其一，为桑树需要地势低和肥沃的土壤；第二，上山的习惯少；第三，桑树容易衰老，不如种茶和油茶的一劳永逸；第四，过去蚕病多，要较高的技术才有把握。群众对种茶既然引起重视，随着绿化运动的山区开发，今后生产自然会逐年提高了。

（二）茶叶减产的主要原因在间作：浙江省 1955 年一切都比 1954 年增产，独茶叶减产，1954 年产四一点五万担，1955 年产三八点七八万担，减少 2.62%，原计划数量为四十四万担，较计划产量减少 11.86%。富阳有茶地二万六千五百六十一亩，其中 1952 年以来新开的和恢复的荒废茶园占 10.77%，而实际也减产了 3.87%。冻害是减产原因之一，但据富阳里山乡的高山区和杭州梅家坞十月茶业社的调查，向北的和阳光照耀较少的有部分冻死；减产都不甚严重。在青云区受降、寿民两乡平地茶区调查，受冻害的甚少。所以因冻害而减产不是主要的，主要的原因是在茶园中间作的过多。如受降乡第一村毛思高，有五亩七分茶地，因间作过多采叶年年减少。1953 年采鲜叶一万两千斤，1954 年只采一千斤，1955 年又减少到只采七百五十斤。因间作而减产的实例与浙江特产局的若干同志座谈，曾举出余杭第五生产合作社因间作减产，和绍兴攒宫养鸡场因肥料增产的实际例子，苏联茶叶专家伊万诺娃到杭，也说明了间作的害处。在实地和茶叶劳模座谈，也都肯定间作是减产的主要原因。在粮食三定中群众的印象最好，认为是四定，就是"心也定了"。但对于茶地没有予以适当的照顾并且发生了一些茶粮争地的矛盾。原因是这样：群众在过去因茶价高低不同，原有轻茶重粮思想，在 1953 年冬，实行粮食统购统销后，茶粮争地现象更趋紧张。以前只种豆类甘薯，以后多种玉米小麦，且一年到头不断间作，使茶树下和种粮争地，上又见不到了阳光。粮食三定时，计算方法较紧，而对茶叶生产较多的地区，供应粮食多，布置得也更紧。一般对茶园中的定产，看茶蓬疏密定出 35%～65% 为杂粮生产地，定出多寡不等的产量。这样，使原来不种杂粮的也得种，原来种的更要多种了。茶树是多年生的产物，间作不但影响了生产的数量，且也影响到茶叶的质量。如及时予以改正，对增产还是有帮助的。

另一个群众的反映：为增产又增税的问题。现在茶园中一般还是负担了两重农业税，杂粮和茶叶同时征税，1955 年起，茶叶出售时随征 7.5% 的农业税，茶叶品质提高了税率也高了；生荒地开后五年熟荒地三年不征税，但生荒三年熟荒一年即可采茶，免税的年限就被缩短。这问题不大，但群众既有反映，一并叙述于此。

（三）茶叶生产发展上的几个准备问题：不久，茶叶的大发展就会到来，在座谈访问中也得出若干意见，择比较主要的说明如下：

1. 补植与开垦同样重视：浙江现有茶地约七十四万亩，平均每亩产量仅五十六斤（1954 年产量平均）。杭州市的龙井茶缺株较少，平均每亩产一百六十七斤，高出全省三倍，杭州市阿灿互助组有一亩八分多地高产到每亩三七一点七一斤，较全省多五六倍。苏联先进经验，亩产可达五百斤，富阳各地所见多的亩产达二百余斤，少的仅产二十余斤，相差九至十倍。产量差的主要是缺株过多，每亩有的百余丛，少的仅数十丛，由于产量少间作就多，相应地使茶丛更难发展，群众表示补植了缺株，好好培植，亩产二百斤不成问题。结合减少间作，补植现有茶园，增产数字必然可观。

2. 剪枝采摘和台刈方法的改进：杭州市阿灿互助组的多产方法除中耕除草充分施肥以外，主要是施行剪平主干，发展旁枝，并运用分批采摘的结果。这方法已由特产局总结，还可提高改进，予以推广，在富阳和杭州各地现在最感困难的为采茶女工的缺乏问题，各地都大批向外地雇入，今后会更趋严重。每天每人采茶量最多不到二十斤，如合理剪枝，采摘面匀整，可进行双手采（各地有的已在施行），苏联采茶英雄用双手采，每天可采一百数十斤；进而可用剪刀剪，机器轧，数量更多，但必须改用剪枝和分批采的方法，才能应用机械。分批采的采摘时间又可延长六七个月（阿灿互助组采五个月），对劳力分配有极大帮助。在台刈方法上，富阳和各地很流行，但台刈后不予茶树以一二年的休息期间，于是茶蓬愈采愈低，产量愈来愈少。应结合剪枝方法合理进行台刈。

3. 茶籽不足和品种改良：最近各地都要开山植茶或以茶园补缺，影响了茶籽缺乏，不够分配。富阳也发生这一问题。和茶农座谈后定出了几种办法：第一，采荒山茶园的老茶根，分根繁殖，这在各地已仿行，但是茶根并不多。第二，茶苗移植时留部分原根使之再生；春天移后，秋季重生，一株变两株。如秋季长出三叉，盖上泥，明年可再分根，一株又可变三株，这要两年，群众认为可行。第三，为插条，每年头、二茶后进行一次修剪，利用岔枝作插条，农民了解这和杉树的扦插一样，可行；但需要较好的土壤和就近注意灌水等工作。第四，剖种子分种法，这需要较高的技术，农民接受较难。另一问题为品种的改良。在各地区所见茶蓬，品种异常复杂，对今后提高质量关系很大，改良茶树品种，要有长期的方针，但现在也应及早进行。前数年曾由云南运来大叶种在温州试种，说制红茶极好。对国外供应多需红茶，仍可向云南接洽运若干茶籽在温州试种。温州无霜，大叶种可以在该地推广，以后再向较冷地区移植，这是较为简捷而容易推动的。

4. 制茶的机械化：随着茶叶的发展，人力的不足，要求品质的提高和成本的减低利用机械制茶，已成为群众迫切的要求。如绿茶的手摇杀青机温度高，制造较快，已受群众欢迎。但如揉捻机还停滞在完全木质的阶段。地方国营龙井茶场，每年实际的收支相差很大，大部分的支出为栽培、采摘和制造的人工费。栽培采摘应利用等高线和剪枝方法去解决，制造改用机械就可大大减少人工支出。青云区的受降、寿民、新民、新福四乡，产茶约达六十万斤，也感到人力不足，该区四个乡都在公路两旁，运鲜叶较便。群众要求由国家设厂制造。但设立机械厂仍须配合分批采摘方法，才能充分利用机械的工作效率，因之对台刈、剪枝和采摘方法，应教育群众及早推广。

中国人民政治协商会议全国委员会委员　吴觉农

1956 年 1 月 6 日

青藏高原见闻记

今年春季，我代表本会，随着以陈毅副总理为首的中央代表团，去西藏祝贺西藏自治区筹备委员会的成立，并慰问驻在当地的党政军工作人员。我们从北京到兰州，乘汽车穿过青藏公路到拉萨，又绕道康藏公路回北京。在高达 3 000～5 000 公尺的被称为"世界屋脊"的青海、西藏两地，行程万余里，为时百有余日，所见所闻，多属过去很少接触到的事，实属生平最可纪念的一次经历。《民讯》要我作点报道，文字久荒，只好就旅行中的日记，选择比较有意义的题材，重加增删，以飨读者。

青海湖

3月31日从兰州到西宁，一住三天，准备长征了。4月3日离西宁，沿着湟水前进，车行不到三十公里，渐入山区，路上树木稀疏，行人渐少。车辆缓缓前进，爬上了高达三千七百米的日月山。从兰州到西宁，实际已踏上了海拔两千多米的高原，所以上日月山时，大家并不感到身体上有太大影响。但尽管是新型的旅行车，也仅能缓缓地向山上行驶，特别是几辆新轿车，却要时停时歇，气喘吁吁，费力得很。问了司机同志，才知道因坡度大，主要的是高山上气压低，沸点也低，水箱中的水，约到90℃就沸了。

日月山是过去青海省农业和畜牧业的分界线，也是水流东向由黄河入海，西向流入内陆的青海湖的分水岭。公元641年，唐太宗把文成公主嫁给西藏的民族英雄松赞干布，这位公主是沟通汉藏两族文化最有功的一人。相传，她在到达日月山时，回首东望，留恋故土，不免有无限感伤。一山之隔，气候、景物、风土等等，确有极大改变。山之东，还是和内地相差不远的农业区域，而一望山的西面，却是茫茫无边的大草原。看不到树林，看不到河流，没有村庄也没有人烟，间或能看到三两牧民和成群的牛羊，这里已是和内地全不相同的牧区了。

中午到达"倒淌河"休息午膳，倒淌河顾名思义可以了解流水从此都由东向西而流了。离倒淌河不远，就可以看到青海湖。我们沿湖的南岸车行约四小时，景色非常美丽，好像在杭州的西湖白堤和苏堤上，当然较西湖更辽阔、更开朗，不禁令人心旷神怡！四时半就在湖边名叫大喇嘛河的地方歇宿。日落前气温还很暖和，但当夕阳的余晖刚刚散尽，就感到寒气袭人了。今晚我们第一次住在帐篷中。

青海湖是我国最大的内陆盐水湖，流入湖内的大小河流达一百三十余条。现在湖面：东西长约百余公里，南北宽为七十余公里，湖深约二十至四十米，蓄积的水量，估计约为黄河一年的流量。湖中有不少沙洲和岛屿，其中"海心山"最高，山上有寺院、广场和甘泉，住有寺僧。但终年不通舟楫，要到冰冻时才能出入。我们用望远镜可以隐约地看到那山峦。

我们在湖边闲游，看到群山环抱，碧水荡漾，但湖上不见舟楫，后来才了解这里的气候变化无常，特别在夏季多雨时节，一日之间变幻莫测。故湖水有时好像万里明镜，清净无比，忽然间狂风暴雨，雷电交加，会变成波涛汹涌；或者雾气迷漫，对面不见人影，所以没有人敢在这里行船了。

湖中盛产无鳞的各色鲜鱼，又肥大又鲜美，当地群众没有捕捉和吃鱼的习惯。据说：各支流和湖内还有很丰富的水生生物和藻类，为别的湖泊不易采集的各种新奇标本，如好好地进行调查研究，对今后的地质勘探和水生物植物方面将有很大的价值。

青海湖四周的无边的草原上，散布着很多河流，对农林、畜牧的生产事业的发展有极大前途，可惜过去人口稀少，不能很好经营！今后随着交通、工矿和农林、畜牧事业的发展，必然会使青海湖四周变成一个美丽富饶的地方。

盐　池

4月4日晨离开青海湖，向察汗乌苏前进，中午在茶卡中膳。这里设有卫生事务所，房屋建筑和室内陈设相当清洁。茶卡即藏语盐池之意，因离此不远有一盐池，生产结晶性的盐，色略青，因称青盐。盐池面积约达一百零四平方公里，在茶卡南四公里，住有轻工业部盐务总局的勘探队。据初步估计：盐池储藏量达五亿多吨，如每人每年吃盐十斤，这一地区即可以供全国六亿人口一百六十年之用。盐场工人比去年已增多五倍，此后必更见发展。开采方法很简便，用铁钻打开盐盖，约宽四尺，长约一丈左右的窟窿，就可把盐块提上，洗净污泥便成一等盐，成分纯净，含氯化钠约95%。这样的手工业劳动，每天每人即可生产二吨至四吨。采过的地方经过二三年，仍会结出很多的盐。又除盐块外，盐卤中，还含有钾盐成分约3.5%，可以制造氯化钾和氢氧化钾等化学原料。现在该地正进行基本建设，秋季将建成一条轻便铁路，可以直接送盐到贮盐场，生产就会更便利了。

在距茶卡约九十公里处，还有一个叫柯柯盐池，比这里还要大三分之一。而在青藏公路的重镇属于柴达木盆地的格尔木以北四十多公里地区，有一个叫察尔汗的盐池，范围更大得惊人：贮藏量达二百五十亿吨以上，可以供全国六亿人口八千年之用！从格尔木到敦煌的公路上，其中有四十公里完全在这盐池上筑了路基，并用盐块铺了路面。据青藏公路总局慕生忠局长告诉我们：盐池上的那段路，可以说是盐路，又直、又平、又宽、又硬，好像北京东西长安街的柏油马路一样。并说明：盐的品质很白净，曾给我们看了标本，正像水晶一样。

我们仅仅走了几天，所见所闻是如此丰富，怎不使人兴奋万状呢！

国营农场

车行一天，到察汗乌苏，这是青海省西部的政治文化中心，是青海西部蒙、藏、哈萨克族自治州人民委员会的所在地。有东西和南北两条大街,商贩集中在东西街,政府机关、部队、小学校和招待我们住宿的地方在南北街。这里的邮件和交通车隔日开往西宁一次,一天半可达西宁。我们在这里休息一天,并向当地解放军、党、政和各民族的领袖进行了慰问,晚上演出了歌舞和杂技,陈毅团长并和群众讲了话,勉励他们努力建设祖国的边疆,更好地支援柴达木盆地的开发工作。数千蒙、藏、哈萨克族参加晚会的群众和我们十几个民族的代表,一起热烈地融洽地欢度了夜晚。

当我们进到市区前,曾绕过一个土地极为肥沃并有不少耕地的大农场,已开辟了五千多亩地,后来知道这里不但有国营的农场,而且还有各族农民自己组织的农业生产合作社。这个国营农场刚在开办,去年已试种过若干农作物,如小麦,最高亩产量达一千斤,平均在三百斤以上;各种蔬菜和作物,农场都试种过,成绩很好。就是附近各族居民,也都有种菜习惯。在垦荒队陆续到来前,附近居民,经常支援远道来客以新鲜的蔬菜。

提起这里的居民,真使人感奋:有几位从河南来到这里的男女青年志愿垦荒队员告诉我们:当他们初来时,对这里的耕作情况不熟悉,当地居民就仔细地介绍了各种作物的栽培方法和生产经验;当队员们试用牲口和农具有困难时,他们就派了养畜和耕种有经验的人员前来帮助,好像自家的亲兄弟一样,所以内地去的男女青年们到了这里以后,和各族人民在一起,正如在家乡一样感到生活上的温暖和愉快!我们见到不少男女青年垦荒队员,个个长得很结实,他们有这样两句口号:"风大,吹不冷我们火热的心;地硬,硬不过我们万能的手";他们还夸耀地说:我们在边疆地区,为祖国的社会主义建设而奋斗,感到无限的光荣。过几年,你们再来看看,那时候这里的生活该会多么美好啊!

过去数日,一路上所见的只是草原,到了这里看到了农场,并了解到这里的生产成绩,我才确信青藏高原农牧业和森林事业的发展,有极大前途的。

柴达木盆地

4月6日原定清早出发，因昨晚忽然刮起大风，随即飘雪。晨起看到窗外遍地白雪，厚达数寸，同行者已穿上长统的白毡靴。团部考虑后仍决定继续前进。车辆在雪地上行走，四面已杳无人迹。有人念着："千里鸟飞绝"，"独钓寒江雪"之句。都感到我们的车辆，正像一叶扁舟，在雪海中漂泊。环顾四周山上，又都白雪皑皑，在阳光下晶莹闪光。

7日从诺木洪到格尔木，这是青藏公路总站所在地。格尔木是著名的帐篷城市，例如邮电局、新华书店、百货公司都已先后设立，但都开设在帐篷中。我们住的宿舍却已是很好的建筑物，并有电灯照明。这里的地势是最低的，海拔仅约二千七百米。我们过了香日德，就已进入柴达木盆地了。格尔木是柴达木盆地的重镇，是阿尔顿曲克自治区人民政府所在地，为目前开发柴达木盆地和物资集散的中心点。它西通新疆，南达西藏，北走敦煌，是青藏和青新两条公路的汇合点。

到现在为止，柴达木盆地总计已有三千三百多公里公路，基本上已形成了纵横交错的公路网。从敦煌到柴达木盆地的格尔木，就有两条公路可通。今年还准备修通铁路线，现正在积极勘察中。这条铁路线：可以从兰州西宁线按照我们走过的路线展筑，但这样的路线比较长；另一路线从兰新铁路的酒泉、玉门再由敦煌的两条公路线之一展筑过来。不久的将来就可肯定。如果铁路线通到了格尔木，则柴达木盆地就能和我们内地一脉相通，不但物资的交流更为通畅，今后人力的帮助会更便利更迅速了！

柴达木盆地过去是被人遗忘了的荒凉草地，现在已跟着祖国的解放和社会主义的建设而新生，并将继续繁荣成为我国的农林畜牧业和工矿业的重要基地。柴达木盆地的北面是山岳连绵的祁连山脉，山之北就是甘肃省的河西走廊。南面是积雪不化的高达六七千米的巴颜喀拉山和昆仑山，巴颜喀拉山是昆仑山的一系。山南就是玉树藏族自治区，东和拜生图岭、青海湖草原为界，西与阿尔金山和南疆相接。整个盆地的面积约有三十万平方公里，这里气候，由于南受西藏高原的阻隔，印度洋潮湿的东南风不能吹来，而干燥的西北风则在盆地上到处横行，因之整个盆地的干燥区占了最大部分，且中部和西北部主要为沙漠和砾石地带，东南部大部分为盐湖和沮洳地带。

虽然气候和大部分土地不很适合于农业的自然条件，但可开垦的土地还是很多的。主要应尽先利用现有的河流和湖沼，周围有巨量冰雪和流水，源源不断地供应着盆地，不少水源经过沙砾地带潜入地下，如果按照地形和岩层，像探矿似的按照它的来路去迹，追寻地下水源，偌大的盆地对农业的发展是有很大前途的。其次是造林，我们沿途看到了不少灌木丛，多数是不很容易生长的柏树类，都在和风沙作不断的斗争，树木伸长了一部分，上面即被风沙掩盖了，再生长再被掩盖着。因此，树木的年轮不易分清，成丝丝的纤维状。如果按照青藏地区若干地方的经验，用人工移栽容易生长、抵抗风沙强的树种如杨、槐之类，并选择较有水源的地点予以移植保护，一定能在预定的时期内形成浓荫蔽日、苍翠葱茏的森林。苏联是世界上森林最多的国家之一，其原因就是种植了许多人工的防风、防沙用的防护林带。凡是到过莫斯科旅行过基辅铁路线的，都能望到平地上一座座像丘陵般起伏的森林。柴达木盆地有计划地加以扩展，则所有盆地和山岳都会变成茂密的森林。这是当地的百年大计。这样，气候改变了，柴料和木料解决了，而农业和畜牧事业会更发达，特别是当地草原那样的丰富辽阔，畜牧业的发展最属容易。据一般估计，最少可以繁殖二三千万头牲畜。

柴达木盆地的矿业更为丰富。就油源而论：这里是和甘肃玉门等油矿属于同一个地质系统，据地质学家估计，这一带正像石油的海洋。我们车行所过，不少地方的溪流中，漂现着各种颜色，据说就是油质在涌出的表现。其他如煤、铁、铅、铜、石墨、硼砂、锰、硫磺、金、水晶等矿物，都有大量蕴藏。至于盐、碱等则到处皆是，将来柴达木盆地的矿藏逐渐被开发后，对于祖国社会主义建设，会有多么大的贡献啊！

哈萨克族

普通的地图上可以看到在阿尔金山和祁连山两大山脉以南，掩盖着比整个柴达木盆地还要大的一块地方，标着"海西蒙、藏、哈萨克自治州"的大字。这是非常广大辽阔的一个地区。这里住有蒙古族、藏族、哈萨克族等少数民族。8日晚，在格尔木广场上，中央代表团陈毅团长和各民族的团员举行了四千余人的群众大会，和各族人民以及建设柴达木盆地的工作人员见了面，并送给海西蒙藏哈萨克族自治州副州长哈木（哈萨克族），人民政协海西地方委员会副主席尼哈买地（哈萨克族）很多礼品，陈毅团长还和哈萨克族人民一起看了由中央代表团文艺工作队演出的节目。

哈萨克族人民在格尔木的有一百一十多户，现在已是柴达木盆地的建设者。几年前都是新、青、甘三省边区的无家无业，无以为生的流浪者。我们从藏族团员青海省副省长扎喜旺徐和哈萨克族团员加库林两同志处听到了一些关于他们过去惨痛的历史故事，使我们更深刻地体会到党对于团结少数民族的政策是如何的伟大而正确！

哈萨克族人民原都住在新疆，因为不堪忍受当时的盛世才的屠杀和压迫，1943年起陆续进到新、甘、青边区。在转移时并不那样简单，他们扶老携幼，颠沛流离，路上缺乏衣食，还受到盛世才军队的追捕兜剿，沿途死亡了很多人口和牲畜，到达新、甘、青边区，那里仍旧不是他们想象中的安乐土，如虎似狼的军阀是到处都一样的凶恶。青海的军阀马步青也和盛世才一样，对他们不知有过多少次的屠杀。总计哈萨克族人逃出新疆的不下四五万人，到1949年调查，除小部分回新疆外，剩下的只有二千四百余人。这批残余的人，怎么生活呢？被迫铤而走险，因此引起了与当地原来的蒙、藏两族人民关系的恶化。

解放后直到1952年，由于长期以来形成的民族间的隔阂和怀疑，更由于反革命分子的煽动挑拨，所以一直与人民政府对立。到1953年春天，甘肃和青海两省人民政府在党的民族政策的正确指导下，在兰州召开了一次甘、青、新三省边区的哈萨克族头人联谊会和各族的团结会议。邀请了蒙、藏各族代表人士参加，共同协商如何安置这批哈萨克族。经过了反复协商，并对个别哈萨克的头人交谈说服，终于确定了以甘肃敦煌的海子和青海的格尔木两地作为哈萨克族的放牧地带。一面给款帮助他们购买牲畜，并拨给帐幕等生活资料，从衣服到饮食，一切都由政府负责。一面建立自治区，让他们自己管理自己的事务。还办小学、办娱乐，以提高他们的文化水平和娱乐生活。另外，还组织他们到内地和首都参观访问；又由青海、甘肃地区组织了慰问团前往慰问。

仅仅经过了三年，勤劳朴素、强悍勇敢的哈萨克人，永远抛弃了他们长期的悲惨的流浪生活，建立起他们安定而幸福的生活了。现在居住在这一带的哈萨克族人口，已显著增加，牲口则增加达三倍以上。不但有牧业的互助组，还组织了农业生产合作社。有一位哈萨克老人说："我今年85岁了，经过了清朝、国民党等几个时期，在那时我简直不想再活下去了；现在我们才活得像个人样，预料我们的后一辈会一天比一天幸福，我也还想多活几年咧。"这些人的话，反映了哈萨克族人民的心情。

黄河长江溯源

4月9日离开格尔木到纳赤台，10日由纳赤台到楚马尔河。两日只走二百四十公里，但海拔又上升了一千八百米左右，因已进入青海高原了。沿途山水清秀，行人更少，牲畜也少见了，却碰到不少野鹿和狼群，蹲伏在路旁，警觉地、惊奇地注视着我们前进的车辆。筑路工人说：这一带野兽很多，有野羊、野鹿、狼群，还有内地少见的野牛、野马。有一次，一辆筑路部队的汽车，碰到一头重约千斤的野牛，它用头抵住汽车不让前进。这种野牛比青藏现有的牦牛还大，性格刚强，皮层极厚，射力较弱的子弹是不易穿过它的皮肉的。

这段路上山峦重叠，但起伏不大，当地有句谚语："远看是山，近看是平川"。惟雪山河一段，计划建筑的桥梁，要到年内才能运料兴建，车路就比较盘旋曲折。

从纳赤台到楚马尔河的中途，经过昆仑山和唐古拉山的分界线。这不仅是两大山脉的分界线，并且是我国两条大川长江与黄河的分水岭。我们从兰州和西宁出发，直到日月山为止，时即时离地沿着黄河边走着。现在，不但到了长江的始源，并且到了黄河真正的老家了，使我记忆起了唐王之涣《出塞》的两句诗："黄河远上白云间，一片孤城万仞山"，引用在这里，真是最最恰当了！

长江上游是金沙江和通天河，溯通天河而上，为穆尔乌苏河、乌兰木伦河。这些河流都在唐古拉山以北，巴颜喀拉山之南。巴颜喀拉山则为昆仑山的一系。而巴颜喀拉山之北，有札陵、鄂陵两处淡水湖，这两湖即为玛楚河的上源，也就是黄河的上源了。故黄河与长江的上源，仅是巴颜喀拉山一山之隔而已。

不仅如此，可以再追溯一下黄河与长江的渊源。青海有首民歌："黄河水从那里来？从约古宗列渠来。约古宗列渠的老家在那里？在雅合拉达合泽。"雅合拉达合泽就是巴颜喀拉山的主峰，向东的水流汇入约古列宗就是黄河的上源。水流向西南倾泻，就流入色吾渠，再转汇到通天河，即长江的上源。这样说来，黄河与长江的上源不是一脉相通了么。

今天在长江、黄河两大流域的上源经过，在楚马尔河上夜宿，同伴们大家打开地图细细观察山脉水系，谈着民歌互相推敲。在烛光下，念着指着，感到无比兴趣，看来像一群小学生在准备明天考试地理课似的。

谈谈高原气候

我们在4月11日到15日从楚马尔河经沱沱河、温泉、安多买马到西藏边境的黑河，所走的都是四千五百米以上的高原。高原上吸热快，散热也快。一天的温度相差达华氏六十余度之多。每天从早到晚，像过春、夏、秋、冬四季，惯于旅行的人感觉到温度这样剧变，很会注意增减衣服，略一疏忽，便易感冒。因此，我们才理解为什么同行的藏族同志，一到草原就换上了藏服，并使我们不胜其羡慕了。藏服的好处是，宽衣大袖，逢热，便把右袖褪下，右手裸露，从单衣中迎风纳凉；遇冷，又把右手纳入袖内，系上纽带，以御风寒。这是和环境相适应的。

在这里对于身体的适应问题，主要还是气压关系。因气压降低，氧气减少，一般上升一百零八米，气压就减低十厘米，测高度的气压表，是根据这一原理制成的，所以在海拔五千米的地方，空气比海平面就会稀薄一半。凡身体健康的人，在到达离海拔二千五百米至三千米的时候，就会开始感到不很舒适，或者生理活动不能维持正常。根据常识，大家知道人的身体是需要不断地呼吸空气，吸取氧气，吐出碳酸气，才能使身体各部分的细胞进行新陈代谢作用。高原空气稀薄，吸进肺里的"氧气分压"降低，于是呼吸深度就要加强，血液循环也要加快。

水的沸点与气压有关，平地的情况到了100℃，水就沸开；但到了气压低的地方，水的沸点也相应降低，一般是每升高一千五百米，沸点降低5℃，在四千五百米的高原上，水到85℃就会沸腾。因此，我们这几天的饭食不像以前那样煮得透，味觉也似有点不同，胃纳也都减弱了。

高原上还有个气温问题，一般每升高一百米，平均要降低0.56℃，一千米的高山就较平地的气温低5.6℃。但这情况是随季节与地点有所不同，到达一定高度时，就不像气压那样随高度的增加而继续递减的。

这几天，团里有不少人生理上有些反应，虽然我们从北京出发时，都经过严格的健康检查（凡心脏衰弱、高血压、贫血、肺病的同志都未能参加），也不免感到呼吸急促，四肢无力，胃纳欠佳等现象。团里带去的人造氧气起了很大的功效，年龄较高、体质较弱的同志，感到呼吸急促时，用氧气袋吸取几口，就可以恢复元气。

至于适应性的问题，我们曾向当地的养路工人和在当地工作的很多勘察队员们了解，他们都在那里从事艰巨的劳动，据说，初来时确有些不惯，经过二三个月，就都很自然地适应环境了。

我们在这段一千二百公里的青藏公路上，除格尔木和少数地段有适当的房屋以外，一般都宿在帐篷里。由于气候的变幻无常，晚间风大，温差更大，对旅行者的休息特别是睡眠有很大影响，一天的疲劳因此得不到足够的补偿，适应性较弱的人对高原气候的反应就显得强烈了。现在还是春天，一到冬季，温度更低，御寒的设备更有必需。据同行的公路局同志说：上级和地方政府已在这一段公路上兴建宿舍。这样，不久的将来，在青藏公路上工作或旅行，就不会感到有太大的困难，这就是人力改善环境的一例。

富饶的煤铁矿

我们从楚马尔河到沱沱河，和从温泉到安多买马的几日中，大家都感到相当疲惫的时候，见到了广大的煤田和铁矿，而且这些煤矿和铁矿的成分都很高，在内地是少见少闻的。大家仿佛在大海中航行多时，突然发现了新大陆一样，精神为之一振。

乌丽大煤田离沱沱河不远，我们车过这里时，因须赶到沱沱河过宿，没有在矿上停留。但看到矿场上已建筑起很好的房子，在乌黑的矿场上竖着欢迎我们的几十面红旗，随风飘扬，不少的筑路工人排成队伍向我们拍手迎送，大家内心都感到无限的喜悦！乌丽煤矿的范围之大是大得惊人的，但究有多大和多厚？现在还在勘察中。煤的露头很浅，离地面仅一二米，有的用脚一踢，就可以踢出煤块来。有的煤上压着砂土，但也很浅，极易挖掘，并且煤质很好，都是无烟煤。1954年国庆节前燃料工业部派人勘察设计，到年终就正式开始生产，现在已在供应附近地区，并设法要供应到拉萨地区。青藏高原上最感到缺乏的燃料问题，从此可以解决，这是开发青海和西藏两地的一件大事情！

在温泉和安多买马之间，我们看到山的颜色都映着赤色的，据说所含铁质很丰富；并且我们还走过一段"铁路"。所谓"铁路"，不是大家所想象的有轨道的铁路，乃是用铁矿砂铺成的公路。这地方也和乌丽的煤层一样，到处铁矿苗外露着，表面的泥沙一掀开，就可以看见铁砂了。据说：含铁的成分有高到80%以上的，这样就可以不经过高炉，直接在平炉中炼出钢来。这里的铁矿的蕴藏量有多少呢？也是个未知数，只是我们汽车走了两天，所见尽是这样的山岩。

根据这一带煤铁的蕴藏量丰富，并且这两者又是互相毗连，对工矿业的发展，真是个最理想的地方！

据同行的地质学家孙云铸同志说：这一带在几千万年前都是沼泽地带。从植物遗骸的堆积逐渐形成沼泽，从沼泽积成泥炭。由于菌解作用，使各种有机物质分解，渐渐使石炭质的百分率增加，然后从泥炭形成褐炭，再逐渐形成烟煤和无烟煤。铁的形成也由于菌化作用或植物遗体所生成。至于变煤或者变铁，则由于最初的有机物质的形成性的含量不同。例如煤的形成，最初所含的为碳酸和氢氧化合物；铁的形成则为硫化铁或碳酸铁等等。我们在旅行中不但接触了新鲜事物，并且从这些实践中获得了不少宝贵的地质知识。

我们仅仅横过青海一地就走了十天，中间休息三天，总共走了一千二百公里，15日到黑河，就是西藏地区了。在这十天中，我们获得了那么多的知识，认识了那么多的问题，百闻不如一见，实地的调查接触，真是一件非常重要的事。

[编者注：本文原分（一）、（二）、（三）、（四）四部分，分别载于中国民主建国会主编的《民讯》第62期（1956年11月）、第63期（1956年12月）、第64期（1957年1月）及第65期（1957年2月）上，现合并为一篇]

拟请划定外销红、绿茶基地，由外贸部与当地有关生产机构积极经营，以利国茶外销案

一、外销红茶、绿茶或乌龙茶，在国际市场上，无论品质方面和价格方面，都有强烈的竞争，其中尤以红茶的竞争更为剧烈。国际市场上红茶占95%，苏联和东欧兄弟国家乃至资本主义国家，均大量需要优级的红茶。我国制茶：出口的精制方面，已全部利用机械，但农村中的粗制生产，还停留在手工业生产的阶段。我国茶叶生产有它的优越的自然条件：即味厚香浓的大叶种（如云南的滇红等）和以香高著称的祁红、宜红、闽红等都能分别在我国各省生产（至于绿茶生产的地点更为普遍，远非印度、锡兰、日本等产茶国家所能比拟），但当前的缺点是茶叶生产还不能用机械制造。茶叶机械制造不但能减轻成本，最主要的是为改进品质，特别是红茶的制造方面。例如，前年我到祁门视察，那年正遇到阴雨连绵，茶青无法萎凋，干燥又未改善。于是，大部分红茶都成了乌条，且有馊、酸等不良现象。到上海评审时普遍减低一级，仅三万余担即损失八百余万元，且大部制茶不受国外欢迎。这次周总理在"国内形势和任务"中，明确指出我国机械事业的发展，不仅能自给兼能对外提供成套设备。又指出：今后各方面要加强对农业的支持，特别是重工业对农业的支援。因此，今后我国一定能把机制的红、绿茶在国际市场上有飞跃的发展必无疑义。

不过，在过去多年系零星的手工业生产，很少有成片的大茶园，对机械生产需要大量原料，即无法供应。按照苏联经验，每一茶厂的设备

以制造五千至一万担干茶比较合适，每亩茶园平均产一担计，需要有五千到一万亩茶园，且须在三两小时内鲜叶能够集中者为最好。再，我国红、绿茶生产，除旧有基地外，尚须利用无霜和少霜地区的云南、四川、广东、广西等地区。新茶园的培养须有四五年的准备期，即旧茶园的整理，亦须有相当的准备时间。故选定外销基地，特别是红茶的新基地的选定、经营、发展必须从速开始，这是第一个理由。

二、粮茶争地问题，去年国务院召集会议后，各地已在解决茶叶生产区域。茶叶生产区域大抵为交通比较困难的山区，都是缺粮户，一般粮食都感不足的，这些山区即使种植粮食，产量也不可能高的，但是种植茶树，发展茶叶，却有极大前途。有的且早已形成为很适当的茶叶生产区域了。因此正确认识各种作物的自然环境，因地制宜地予以发展，是和最近（三月十日）《人民日报》社论：经济作物应当给以足够的重视，要和粮食作物全面安排，一起落实的意见是很重要的。

我认为凡茶叶生产的主要地区，如能统盘筹划，妥为打算，粮茶生产的矛盾，可以获得解决。有的乡内和区内，可以自行解决。有的县内或者专区，可以给以供应；要省方供应的不多。但由于调济不当，就会造成严重损失。例如：浙江嵊县北山区是著名的平水绿茶产区，也是比较缺粮的地区。1952年产茶一万六七千担，1961年由于粮食供应失调，仅产茶叶三千余担。据了解：该地仅需供应粮食三两千担，就能解决一万几千担著名的绿茶生产，所以茶叶生产主要地区，由于它是多年生作物，不仅群众依靠它，并且一年荒废，多年才能恢复。所以是要把优良茶区尽先划为外销基地，为了使重要茶产地，很好地生产茶叶，不再受粮茶争地的影响，这是须及早拟定外销茶区的第二个理由。

三、国内茶叶生产数量，还未能恢复到解放前的最高数字，最近反有减退现象（原因很多，其中对茶叶产销方法上，究竟由谁负主要责任？又在内销、外销方面上究应以外销为主要？或者以内销为主要？久未解决也是个重大原因）。据最近了解：外销问题已认为是重要问题，并由外贸部负主要责任（我认为这是比较关键性的问题之一）。

茶叶生产、销售等职责，现归外贸部负责，首要问题就应由外贸部在各省产茶区域指定生产基地，并与当地行政机构、生产单位——国营茶场或人民公社等订立生产或购买合同。更主要的是要把上述适宜于发展的红、绿茶生产区，特别是红茶生产基地订生产合同，才能作出计划，按比例的发展。根据我几次调查了解：有的国营茶场由于粮食和人力不足，或者因材料不足——这在若干地区也发生严重问题，有毁、掘茶苗现象发生，有的人民公社由于茶丛的所有制问题以及等价交换问题发生疑虑，对制茶生产都抱有观望态度。生产基地搞定后，各该地区的行政和业务机构，亦可专心对茶叶指导和茶业计划早作决定。这是外销红、绿茶基地必须划定的第三个理由。

（1962 年政协全国委员会委员提案）

跟上农业现代化　大力发展红碎茶

为了迅速实现我国茶叶生产的发展，密切配合四个现代化的步伐，同时，也为了使我国茶叶生产能适应国际茶叶市场的产销趋势，特别是外销红碎茶的品质能适合国外消费者的要求，并促使我国茶叶生产能有个从量变到质变的跃进，特提出以下发展外销红碎茶的几点粗浅建议。

一、在云、贵、川、桂、粤等南方各省区的山区，重点发展红碎茶生产

云贵高原附近地区，已基本被认定是世界茶树的原始生产地，亚热带的气候、温湿度、雨量，最适宜于茶树生长，而霜期短（有的大部地区常年无霜），茶叶的采摘期长，产量高，更非我国别的地区所能企及，更重要的是，品种资源十分丰富，这些省区的不少地方，已都陆续发现了各种不同形态的大叶种茶。实践证明，生长在这些地区的大叶种茶，大都含茶单宁和其他浸出物较高，最适宜于产制汁液浓厚的红碎茶，如能采取积极措施，有步骤地、科学地在川南（包括川东南、川西南）、云南、贵州、广西、广东各省区的山区开辟茶园，必可在很短时期内，成为世界上最理想的红茶产区。

二、选择优良品种，向海拔较高山坡开辟茶园，以提高品质

这主要是为了提高茶叶的品质和扩大茶叶的耕地面积。先谈一下在

百余年前的 1870 年间，英国人在锡兰（今名斯里兰卡）的咖啡园被病害摧毁后，改辟为山坡种植茶园的一段历史。他们的茶园，大都开辟在海拔一千米左右的山坡，有的高至海拔二千三百米，经过多次试验，最后选择阿萨姆大叶种，栽在海拔一千二百米以下的山坡，而选育阿萨姆种和中国种的杂交种栽在海拔一千二百米以上的山坡，主要是杂交种的抗寒性强，能适应当地的高山气候。斯里兰卡的高山茶，是以香高、色浓、味厚，闻名于世的；它的中、低山茶，虽然香味不及高山茶，但品质比印度和东非的红茶还是要高些，而且又有产量高的特点。另外，"高山云雾孕好茶"，已早为科学论据和中外各国的具体实践所证实。印度的大吉岭红茶和我国的祁红，都是以有特殊高香出名，也都是以生产在高山的品质为最好。如能仿照斯里兰卡的办法，根据各该山区的具体环境条件，在海拔较高的山坡，选栽杂交良种，而在海拔中、低的山坡，选植大叶良种，今后在各个重点产区省，各开辟一至二百万亩山坡茶园，应该是很快可以实现的，那就一定可以产制出大量的香高、色浓、味厚的红碎茶，以媲美于印度的大吉岭红茶和斯里兰卡的高山茶的。

三、开辟农、林、牧、副以茶为主的各式梯田，扩大粮食耕地面积

我国现有耕地 15 亿亩，只占全国土地面积的 10% 多一点，敬爱的朱德委员长在 1958 年全国茶叶工作会议上曾讲过：

"南方山区有荒地约三十三亿多亩，农民又有种茶经验，如果利用 1% 的荒地来种茶，就有三千多万亩。"

除南方各省外，还有上面提到的各个产茶省区，山地面积都很广，荒山资源十分丰富，如能组织力量，对各该省区的荒山作一次缜密的调查研究，搞清楚面积、植被、土壤、交通、水力资源等具体情况，进而搞好合理布局，采取边调查、边规划、边行动，划定山区，开辟农、林、牧、副以茶为主的新式山坡梯级田园，腾出大片宜农土地，以扩大粮食和其他农作物的生产，那就不仅能使茶区粮油自给，并且还能向国家提

供商品粮。这些地区的广大农民，早已有在山坡修筑密密层层的多种梯形农田的长期实践经验，各省的科研单位，既已对发掘茶树品种资源、引种云南大叶种、培育杂交良种等，取得了很好成果，也对培植森林、繁殖果木、防治病虫害等，特别对有关粮食的生产，积累了丰富的经验。因此，是有充分的条件，可以开辟这样的茶园的。这样不仅解决了内、外销的红茶问题，还能对人口众多的中国解决重要的粮食问题了。

四、采取生物化学管理

因为茶叶中含有多种特殊成分，是决定茶叶色、香、味和生理、药理功能的物质基础，所以深入了解茶叶在各种生活环境中的主要化学组成，掌握茶叶从生长到制造的各个过程中，各种成分的转化规律，从中加以控制和调节，实行一整套的生物化学管理，是保证产品质量的关键性措施。国外如印度、斯里兰卡、苏联、肯尼亚等，早已采用了上述新的科学措施，而这些措施，主要须通过高效能的现代化机械设备控制调节。国外早在 1950 年代，已采用洛托凡（Rotorvane 转子）和 C. T. C. [Crushing（压破），Tearing（撕碎），Curling（卷结）] 联装的揉切机来制造红碎茶，这种红碎茶，可以快速冲泡出汁液，并使色浓味厚，因而已很普遍地受到消费者的欢迎。同时，这样的制造方法，还可以减少工艺流程和节约劳动力，并大大降低成本，提高质量。这种机械，我国各省也已在研究试制，情况基本良好，所以，在现有的基础上，随着我国四个现代化的发展，实现自动化的初、精制机械联装流水线，运用电气于萎凋、发酵、干燥等环节，以及进一步达到电子自控等，都可实现了。

五、科研工作必须先行

从调查勘察荒山，开辟茶园，选种、育种、栽培，到机械的设计和装置，生物化学管理等等各个方面，都需要进行一系列的科学研究工作。因此，茶叶科研单位要在现有的基础上，培训和充实各种学科的科技人员，建立自上而下的、又有全面规划也有重点分工的必要网点，使科研能因地制宜地迅速发展，以跟上目前迫切需要的形势。

如能在上述山区积极进行外销红碎茶的生产，在短时期内，逐步开辟五百万亩左右的海拔较高的山坡茶园，到二十世纪末，随着四个现代化的实现，就能年产二百五十万公担左右的高级红碎茶，这不仅可为国家每年争取五亿美元以上的外汇收益，还可以改变山区面貌，使农业和工商业获得更大的发展。展现在前面的将是一幅十分壮丽的图景：各该省区的山坡，从高山到峡谷，到处是层次分明的美丽整齐茶园，结合多种经营，园林茂密，葱葱郁郁，花果满园，牲畜遍山，电网分布，缆车穿梭，规模巨大的现代化工厂，矗立在群山之中，住宅区的楼群建筑，鳞次栉比，广大农民的生活，必将大大改观。

另外，还得提出一个问题是，在产制了质量确实能赶超世界先进水平的大量红碎茶后（预计绿茶生产，在若干年内，亦可基本满足国内外销售的需要），在对外销售上，也必须跟上形势，采取强有力的宣传措施。因为国际红茶市场与绿茶不同，由于历史的传统，一直处在英美垄断资本家的操纵之下，我们必须将自己各省区的具有色浓、味厚的各种红碎茶产品，按其特点，拼配成有明显特征的（指有特殊的高香和浓厚的色味）几种红碎茶，用特定醒目的商标牌号，以杯装袋泡茶销售，这种具有品质特征的袋泡茶一经推销后，就必须保持标准水平，并不断提高，同时还须作必要的宣传，使消费者能很快熟悉和乐于饮用（绿茶今后似也可试用碎茶袋泡方式，加以推广，以简化制造方法和便于饮用）。在这些红碎茶的品质特征为广大消费者所爱好后，具有同样特征的红绿"速溶茶"，也必可畅销无疑。我们的朋友遍天下，特别是随着第三世界各国工业化建设的进展，茶叶消费必将有更大增长，我们如能供应大量价廉物美的红绿碎茶，作为人类最佳饮料，也是对世界人民的极大贡献。所以我们的外销红绿等碎茶是有非常广阔的前途的。

由于我已长期没有直接参加茶叶的实际工作，以上所提各点，很可能有不切合实际的地方，有的甚或是有错误的，请批评指正。

附： 关于在海南岛建立出口茶叶生产基地的建议

海南岛位于我国南端，地处热带，四季常青，土地肥沃，雨量充沛，自然条件得天独厚，有"南海明珠"——祖国宝岛之称。这是我国重要的橡胶生产基地。只是近年来常遭台风袭击，又常有短暂的零度低温，这都给橡胶生产带来很大的危害。海南岛农垦局通过多年的实践，肯定了云南和广西胶茶间作的经验在海南的重要作用，不仅使橡胶在受灾后保住了农场的大量收入，还取得了胶茶间作的科研成果，由此得出了一条结论："种胶必种茶，种胶先种茶"。这些年，海南农垦局由于大力推行茶胶间作，使广大职工信心百倍地为加速海南茶叶的发展，开拓了新的广阔的前景。

一、正在试验建设一个现代化的大茶场

海南发展茶叶生产开始于1960年代初期，在"文化大革命"期间，由于林彪、"四人帮"的干扰破坏，发展陷于停顿。近年来总结了经验教训，开始了第二个阶段的发展，植茶的农场发展到二十余个，其中以南海农场的规模最大，正着手建成一个综合性的现代化茶场，经过最近几年的努力，现在已露端倪。

南海农场位于海南岛北部，离海口市八十多公里，交通便利。1974年底确定了"以茶为主，胶茶间作，多种经营，全面发展"的生产方针，开始种茶。几年来该场以较快的速度和较高的标准，迅速把茶叶生产发展起来了。1975年种茶三千亩，1976年达到七千多亩。今年采取喷灌抗旱等方法，一鼓作气，种茶四千多亩，并对缺株断垄的三千亩进行了补植，突破了万亩大关，茶叶面积达到一万一千多亩。

由于从一开始就严抓质量，机耕全垦，重施基肥，实行"六边作业"（边起苗、边运苗、边定植、边淋定根水、边遮荫、边覆盖），壮苗上山，固定专业队伍，加强管理，抓住肥、水和及时修剪、低位修剪等几项关键措施，所以茶树生长旺盛，快速成园。1975年秋定植的，

现在茶蓬幅度一般已达一米左右，今年已开始试采，达到了二三年投产的要求，今年产茶可上千担。

怎样建设现代化茶场，标准是什么？还缺乏经验。通过几年实践探索，初步的体会可概括为："五个化，一个目的"，即：茶园建设园林化，耕作机械化，水利喷灌化，茶树良种化，制茶自动连续化，达到速生高产稳产优质的目的。

今后发展规划和设想：茶叶到达二万亩（1980年到达一万五千亩）平均亩产干茶三四担，总产六万至八万担。橡胶三万亩，年产干胶二千吨；防风林二万亩；粮食等农作物一万亩。工农业总产值达到四千万元。

为承担起茶叶生产现代化的示范作用，该场正加强研究和实现茶园的耕作管理，特别是实现采茶机械化作业；争取早日完成万亩茶园喷灌，为制茶的连续化创造新经验，为国家多出高产优质的外销红碎茶。

二、胶茶间作，大有可为，是发展海南茶叶生产的一条新的重要途径

胶茶间作，海南岛的几个农场早年曾经作了一些试验，但未引起重视，近年向云南、广西等地学习，再次试种，取得成效。

橡胶和茶叶都有喜温爱湿的习性，对气候、土壤等自然条件要求基本一致。这是两者能够间种在一起的最基本条件。

其次，橡胶和茶叶的生物学特性有所不同，可以互相利用、互为补偿。橡胶是高大的乔木，向上伸展，需要大量光照，喜直射光，茶叶是耐阴的深根性植物，需要一定的荫蔽，两者间种一起，橡胶为茶叶创造了荫蔽条件，改变了光质，形成有利于茶树生产的漫射光；茶叶是常绿树，低矮宽阔的茶蓬覆盖在橡胶行间，为橡胶园提供了永久的良好覆盖层。同时，橡胶在冬季大量落叶，又为茶胶增加了有机肥料。

第三，橡胶幼龄期较长，一般七、八年开刈，在这期间橡胶的根系和树冠还不很大，对茶叶生产影响较小；而茶树一般三年便可以投产开采，在橡胶未开刈前即已进入旺产期，待橡胶开刈时，就能得到相当的收益。即使在橡胶投产后，对茶树的荫蔽加大（以荫蔽度超过50%

计），茶树生长仍较正常，只是芽头密度略有减小，对产量有些影响。但只要加强肥培管理，仍然可获高产。

胶茶间作是件新事物，目前经验还不多，但从海南的情况来看，意义深远，值得推广。

三、对茶叶产制的初步规划和设想

为了充分发挥海南的优越条件，在严格保证质量的前提下，加快速度，积极稳妥地建设速生高产稳产优质的现代化茶园，赶超世界先进水平，尽早为国家提供大量的优质出口产品，我们和农垦局、农场的负责同志多次座谈，拟订了一个可行的规划。其规模和速度是：1985年达到十五万亩争取达到二十万亩，投产十万亩，总产二十万担。全部投产后，总产逐步达四十万担，争取达到五十万担。将来总的规模可发展到三十万亩以上，总产七八十万担。1985年前安排三十个左右农场发展，以后可以逐步扩大到五十个左右。每个农场五千至一万亩，最少三千亩。

主要措施和有关的几个问题：

1. 严格保证质量，认真抓好几项主要的技术措施：一抓茶园开垦，全面修建等高水平梯田。海南暴雨多，水土冲刷严重，建设"三保田"是个根本措施。二抓合理密植和壮苗上山，使其快速成园。三抓及时、低位的定型修剪，一年可剪二三次。四抓喷灌，有水源条件的要大搞茶园喷灌，逐步实现喷灌化，无水源条件的也要准备储水，以防旱季受害。

2. 严格执行经济核算，努力降低成本：在机械化流水作业线上，实行五定和奖惩制度。这就是定员、定时、定额、定任务、定质量。坚决抛弃手工作业方式，力求产品的高质量、低成本，提高我们出口的竞争能力。

3. 制茶方面：一是要搞自动化连续化生产，采用最新设备和技术。今后建厂要在南海厂的基础上总结提高，建现代化的茶厂。二是努力提高制茶技术水平，进一步提高"海南红碎茶"的品质，创世界先进水平。

4. 品种问题：以生产红碎茶，提供出口为主，同时也适当生产一些花茶和其他品种，以供内销和边销、侨销等。

5. 茶叶机械制造问题：多年来深感茶机供应不能适应生产需要，影响发展。海南岛有条件自行设厂专门生产，并广泛吸收国内外的已有经验，边实践边提高。

6. 技术队伍和科研机构问题：海南垦区技术队伍远不能适应大生产形势的发展，必须自力更生，努力培训。从长远计，应在垦区的农业技术学校中增设茶叶班，长期培训。目前，师资缺乏，有待解决。科研机构，现有二个研究所，一是设于岭头茶场的岭头茶科所，再一个是近年成立的设在南海农场的海南农垦热作所，该所除研究橡胶外，主要是研究茶叶，规模较大，今后应成为该区茶叶研究中心。但两个所都要大大充实，呼吁中央给予支援。

最后，为了把这个基地建设好，希望解决一个实际问题，以生产扶助粮或奖售粮的办法供应发展茶叶生产所必需的粮食。这个问题如能解决好，发展速度还会加快。

（1978 年在中央农业部召开的中国农学会和各分科学会会议上的发言稿）

关于如何发展农副产品对外贸易的几点体会

这次我们参加全国政协组织的参观团赴四川参观学习，在集体活动的同时，曾抽出了一些时间，到外贸基层单位向第一线的同志们请教，深深体会到四川的外销农、副产品如桐油、茶叶、猪鬃、生丝、畜产品等等，都存在着极大的发展潜力。在粉碎了"四人帮"以后，生产恢复之快，出人意料，如猪鬃今年可生产三万箱，是常年产量一万五千箱的两倍；茶叶今年可生产五十多万担，超过了四川历史最高水平。这是非常令人鼓舞的。但是也了解到，四川的外贸工作，在前进当中，还存在很多问题。据该省从事外贸工作的同志们反映，有些问题如能获得解决，猪鬃明年可增产到五万箱，茶叶到 1985 年可生产达一百五十万担以上。现在把我们所收集的材料初步整理了一下，提出"关于如何发展农副产品对外贸易的几点体会"，向同志们汇报，请批评指正！

一、关于"奖励出口措施"的设想

现在世界上外贸搞得好的国家，如日本、西德、南朝鲜等，出超数字都很大。他们奖励出口的措施多种多样，如免税、低息贷款、变相津贴和优先运输等，对于增加生产，扩大出口，都是行之有效的。其中对外销农、副产品采取免税的措施，则是所有搞外贸的国家一例通行的。这些国家对出口农、副产品给予免税的奖励，在财政收入上虽然有所减少，但由于生产者的利益得到，产品的质量和数量都得到提高和增长，结果是外汇收入大增加。所以日本、印度、南朝鲜等对于茶叶、猪鬃、生丝等凡属出口产品都一律免税。我们如果采取这项办法，以猪鬃为例，可减轻成本 30% ，茶叶可减轻 48% 。这样，我们出口的猪鬃、茶叶就可以和其他国家的同样产品在同等条件下竞争于国际市场。另一方面，生产者的利益得到保证，生活得到改善，从而产品的质量和数量必将继续得到提高和增长，这也是当然的结果。

二、要灵敏地反映国际市场情况，及时掌握最合理的收购和销售价格

无论是对内的收购，或是对外的销售，在价格上都应该是按照国际市场的价格灵敏地进行掌握，才能收到促进生产，发展外销的作用。可是这项工作在实际做起来时却极为复杂，就茶叶和猪鬃收购价来说，建国以来定为每市斤六角，茶叶则按级论价，在当时是合理的，现在由于国内外物价情况的多次变更，这一定价就低于当前的市价，这就是猪鬃、茶叶等长期以来收不足额或品质降低的主要原因。

至于外销方面，过去长期以来实行按"牌价"售货，这样，外商在有利可图时便蜂拥而来，无利时当然掉头不顾，这便造成物资的长期积压。

这里再举一个桐油的例。我们到万县时，当地地委负责同志等上船，和我们畅谈了当地的情况，万县原是川、鄂、湘桐油产销集散的"油都"，但是近年来，桐油的产销情况已大不如前，主要原因是由于我们对外销市场的情况缺乏深入的了解所致。

因此，今后应该解放思想，经常研究探讨资本主义市场上的供求法则，并根据我们的实际，随时作出灵活的反映，及时地调整对内收购和对外销售价格，以免影响生产和外销。

三、经营管理要更好地为生产服务

经营管理的一切规定都是为生产服务的，都是为了支援生产，组织

生产，扩大生产而制定的。据生产部门反映，目前四川省农、副产品在经营管理中还存在着不少问题，现提出主要的两点如下：

第一，在收购原料工作中，存在着机构重复、品质下降的问题。出口农、副产品，对质量的要求都比较高。中央明确规定，要"优质优价""多劳多得"。因此在收购方面就要求有一定的技术，准确地懂得分等分级。至于产品的包装、转运和调拨，更要有必要的业务知识。过去都由产制厂直接安排技术力量，组织收购，迅速调运到生产部门。例如生丝、茶叶，过去都由丝厂或制茶工厂负责收购，猪鬃由食品公司直接调拨，这样做，验级定价，品质可靠。现在改由农产收购部门代购，非但增加了业务上不必要的层次，加重了农民的负担，更重要的是，由于收购人员要担负多种内外销物资的收购任务，不可能掌握多方面的专门技术知识，因而产生了品质级别无法保证的重大缺点，从而严重地降低了品质。

第二，调拨核算层次较多的问题。任何现代国家的出口贸易都力求简化机构，由外贸厂商直接出口，一次结算盈亏，这样就有利于成本的减轻。我们外贸方面调拨核算层次太多，以猪鬃为例，在四川的外贸核算单位上百个，从收购到出口，要经过十多道核算层次，每经过一道，就要多一次耗费，大大地增加了成本。例如猪鬃的收购价每箱是六十元，而乐山或江津的原料进货价每箱却已经是二百三十三元，再由乐山或江津调入到重庆，每箱的平均价格就加到了五百一十五元，及至调出到上海，又加到了五百五十七元，即比收购价增高将近十倍。层次越多，成本增加越重，这样，既不利于外销，还直接间接地使农民无利可图，应酌情及早予以解决。

在这里附带谈一下猪鬃在产制上的机械化问题。成都有个猪鬃加工厂，有四百多工人用手工整理，每年仅产一千多箱。这样的厂如装置一套整理机器，由少数人操作，每年可生产一万多箱，不但降低了成本，加速了资金周转，更可以保证质量。据四川省外贸局反映，全省只要有几套机器就可实现猪鬃生产的现代化。现在不妨搞一套机器开始试办，再行推广。这里举茶叶的精制，解放后即由中茶公司在茶叶产地设立精制厂收购毛茶由公司直接精制，每担精茶成本比手工制造减轻一半以上。这样做不但成本低并且品质高，既对农民生产的毛茶可以实行优质优价，并且保证农民大大有利可图。

四、在四川发展新的红碎茶问题

就四川来说，它是西南各省区中有大叶茶种的新兴茶区之一，为了适应全世界绝大多数消费者的需要，可尽量改制红碎茶。红碎茶一名碎白毫，也称作小纸袋包装茶，它的特点是：汤浓，色艳，易泡，最适合欧美各国饮茶者的习惯。国际茶叶产销的形势是：红茶远比绿茶的需要量大。据 1976 年统计，全世界出口茶叶计达一千五百多万担，其中红茶一千四百多万担，占出口总量的 93.3%，绿茶及其他茶仅一百余万担，占出口总量的 6.7%。红茶中红碎茶竟达一千三百八十多万担，占全部出口红的 98.8%，工夫红茶则减少到十六万余担，仅占 1.2%。可见红碎茶是当前世界各国茶叶消费的主流，至于我国生产的工夫红茶，其对外销路亦已日趋狭小。今后非迎头赶上，大量改制红碎茶，实不足以应外贸上发展的需要。四川恰好是实现这种理想的新茶区之一，当然要进行选择，温湿度较高和无霜或少霜的地区。

四川省目前种茶面积已达一百九十万亩，分布在一百五十多个县，今年产茶可达五十多万担。据该省规划，1985 年可生产一百五十万担以上。由于该省新茶园多，今后几年将陆续投入生产，还由于在这些新茶园中已经有了适合制造红碎茶的大叶种和杂交种茶十多万亩，因此，如能积极推动，则几年以后预计可生产适合外销的红碎茶一百万担以上，可为国家换回几亿元的外汇。目前该省除了生产红碎茶的一些国营茶场外，已有八十一个社办茶厂正在小规模地半手工半机械地生产红碎茶，今后这些社办茶厂应迅速地加以发展，因地制宜地建立年产三五千担的茶厂几百所，其原料所需茶叶，应由生产队加强茶园管理，保证供应。这样，今后四川的红碎茶生产必将大大改观，此外再加上云、贵、两广、两湖所生产的红碎茶以及原产红茶的东南茶区同时也进行一些红碎茶的生产，那末，今后我国外销红碎茶的数量必将大大增加，也必将为国家争取一二十亿美元的外汇收入，从而为我国四个现代化的实现做出一定的贡献。

下面谈一下红碎茶在产制上的机械问题。最近中央一机部在湖南举行了生产红碎茶揉切机的现场研究会。据参加该会的代表反映，各省所产的红碎茶揉切机，各有所长，大致已经能适合大、中、小厂的需要，在性能上，有的已经接近了国外同类设备的水平。另外，也了解到四川等地对于红碎茶在产制上的机械化，都正在积极进行研究，所出产品，已引起了国内外的重视。这都是一些可喜的消息。我们在上面所说的社办茶厂，应从现在起逐步地采用全套的机械设备，以结束过去的手工业生产，从而实现生产上的现代化，这将是为新时期总任务做出的一个具体贡献。这样的年产三五千担的厂，每一个厂的设备费约需一二十万元，可由银行给予贷款，分批建立。对于银行的这些贷款，只要出口的红碎茶能如上面所谈到的享受免税的照顾，那末，社办茶厂接受银行贷款，当能飞快地全部予以清偿。

以上所提的几点体会，是我们这次入川在参观学习中就所闻所见整理出来的，是我们用见闻较多的猪鬃、茶叶来举例说明的。实际上，省内的其他外销产品如桐油、生丝、畜产品等，也或多或少地存在着一些类似的问题。如能对上面所提的这些体会加以重视，相信我们在外贸工作上今后将会有一个很大发展。

报告中有些可能说得不完整，请指正！

（本文为 1978 年与古耕虞合作在全国政协的报告）

关于发展云南、广西、广东以及
海南岛等地区红细茶①生产的前景

我们于今年 10 月 21—30 日，参加中国茶叶学会在昆明召开的学术讨论会。开会期间，除参加会议外，曾和云南省科协、农业、外贸、茶科所等部门出席会议的代表举行了多次座谈，了解云南茶叶生产情况和发展规划，并和学会的若干同志研究后，提出了《关于加快云南茶叶生产发展的建议》，供当地省委领导参考，会议结束后，我们又先后到广西南宁、广东广州，还特别去了海南岛等地，参观了一些国营农场和茶厂。并向当地科协、农业、农垦、外贸、商业等部门的领导同志和农场、茶厂的干部、工人分别商谈关于发展茶叶生产问题。总的印象是：各省区对红细茶的生产都十分重视，茶叶的发展前景是乐观的，但不少具体问题亟待解决。现将各地概况和我们的建议，分别汇报如下：

一、各省区茶叶生产现状和初步发展规划

1978 年云南省的生产现状，计有茶园面积一百五十万亩，年产三十四万担；广西是五十万亩，年产十五万担；广东海南岛是四万亩，年产二万担。这三个省区的 1980 年规划是，云南省拟扩充茶园面积到二百万亩，年产五十万担；广西拟扩充到七十万亩，年产三十万担；广东海南岛拟扩充到八万至十万亩，年产二十万担（数字来源，大部分系根

---

① 红细茶习惯上都称红碎茶。——编者注

据各该省区代表在会上的报告，广东仅有海南岛数字）。

从上列数字中，突出的矛盾是茶园面积较多而产量甚少（日本亩产二百斤左右，印度一百八十斤，肯尼亚一百六十八斤），造成这种情况的原因很多，除了海南岛大部分系新辟茶园尚未投产外，云南、广西两省区也有一些新辟茶园尚未投产，但主要原因是由于老茶园缺株严重，肥培管理不善，以及收购价格偏低，农民的生产积极性不高，因而出现了这样广种薄收的情况，是极须予以改善和解决的。

云南、广西、广东（还应包括四川、贵州和湖南南部）等省区，地处热带与亚热带，土地肥沃，雨量充沛，气温高，自然气候条件得天独厚，茶叶采摘期长，是发展外销红细茶最理想的生产基地。同时，还有几个优越条件：

1. 茶树品种优秀：我国西南地区是世界茶树的原产地，云南则是这原产地的中心。云南大叶种茶是制造红细茶最优良的品种，它的多酚类含量高达 34%～38%。印度、斯里兰卡的红细茶所以能畅销国际市场，就是移植了我国云南等地的大叶种品种，以它的浓、强、鲜程度为主要依据，而多酚类含量的多寡，则是决定性的因素。我们沿途所见，广西和广东海南岛大部分以种植云南大叶种为主。实践证明：云南大叶种在上述各省区移地繁殖，表现出了品质提高和采摘年限更长等优势，这是夺取高产优质茶的可靠基础。

2. 是茶园的理想基地：我们在云南、广西、海南岛了解到，适宜于开辟茶园的山坡丘陵触目皆是，坡度适宜，海拔较高的山地也很多，今后红细茶的发展潜力确实很大，不仅不与粮食争地，并且是西南、中南大后方发展各种经济作物的重要基地。

3. 胶茶间作，互为发展：胶茶间作是根据植物群落生长的自然规律来安排的。在橡胶行间间种茶叶，既产胶，又产茶，相得益彰。据云南、广西、海南岛的实践表明：实行胶茶间作，一亩地可相当于一点五至一点八亩使用，同时人力、物力可以综合利用，既节省了投资，又降低了成本，为发展茶叶和橡胶等经济作物闯出了一条新的路子。

二、关于发展西南、中南各省区红细茶生产的展望

展望西南、中南各省区外销红细茶的生产，从下述几个事例中，深深感到它们发展前景确实无限美好。

1. 自从"四人帮"被粉碎以来，全国各条战线拨乱反正，四个现代化的伟大号召，大大地解放了人们的思想。如云南省有关方面负责同志表示："单是一个西双版纳，加上思茅地区，就可以抵上一个斯里兰卡"（按斯里兰卡年产红细茶四百万担，其中90%供应出口），这是可能的。这不仅表达了云南省各级领导对于发展外销红细茶生产的信心和决心，同时也是上述各省区同志们共同的愿望。

2. 海南岛的南海农场，现有茶园一万多亩，以防风林带组成方格林段，里面种植着笔直的茶行。坡度在4度以上的茶园，则筑成水平大梯田，等高等宽，极便于机械操作。海南岛四季如春，生产期长，每亩约三四百斤。他们正在大搞喷灌机械，人工造成云雾气候，茶叶长势极好，茶丛一片青翠，使人心旷神怡。这种可供楷模的新型茶园，是今后"科学种茶"的典范。

3. 在昆明会议期间，上海外贸公司代表带来了一个茶样，据告，这是由前驻中国的澳大利亚大使（现已退职经商）从国外带来的。我们曾把这个茶样带到了海南岛，和通什茶厂的产品进行了评比，结果是：通什茶样，"色如琥珀，香似芝兰，味同醇醪"，使这个国外茶样相形见绌。又据广东外贸公司技师介绍：云南凤庆茶厂红细茶的浓、强、鲜度，今年也有显著提高，已售与美国商人两吨多，每吨成交价高达三千美元，位列第一。美国商人表示：类似这样好茶，希望大量供应，多多益善。通什茶售价每吨也达二千七百四十五美元，位居第二。这些情况说明，我们在赶超国际先进水平上，已迈出了可喜的一大步。

综上所述，各省区对于发展红细茶生产，大干快上的劲头很大，如中央再在具体问题上给予支持解决，到1985—1990年，出口红细茶五百万至一千万担，有可能提前实现。

三、当前存在的问题和我们的建议

我们在这次参观学习中，归纳各方面的反映的意见，比较集中的是，经营管理体制不统一，茶叶单产太低和品质下降，茶农生产积极性不高，茶区粮食不能自给，科学技术研究远远落后于形势。现将我们的建议分述如下：

1. 关于调整现行的经营管理体制问题

目前各地茶叶方面的经营管理体制非常混乱，上下机构不对口，指挥不统一，互相牵制扯皮，环节多，浪费大，工作效率很低。云南省的有关同志形象地指出："目前的茶叶工作是计划有人下，商品有人要，利润有人拿，问题没人抓"，这种不按经济规律办事的现象，必须彻底改变。我们建议：首先应把外贸与供销合作总社两家的茶叶业务合并起来，成立茶业专业公司，统管内外销业务。在西南、中南地区，应划出云南、贵州、四川、两广以及湖南的南部，为生产出口红细茶的基地。重点产茶省区成立分公司，做到统一计划、统一指挥、统一行动。总分公司并应与各省（区）农业机构密切合作，不断改善经营管理，提高工作实效。同时对外出售茶叶不能由各省自行布样论价，免受国外茶商钻空垄断。外汇收入应按各省生产情况，由外贸统一安排分成。

2. 关于提高茶叶单产和产品质量问题

如上所述，西南各省区，茶园面积虽大，而单位面积产量太低。云南省平均亩产只有四十斤，广西只有三十斤，和现代化的新型茶园亩产至少二百斤相比，差距极大。为了提高茶叶的产量和质量，各主产茶区必须根据因地制宜的方针，实行科学种茶。一面改造旧茶园，一面建设合理的、集中连片的新茶园，解决茶园缺株，改善肥培管理，研制机械制茶。鉴于当前社队的家底太薄，无扩大再生产的能力，建议除将茶园建设纳入国家农田基本建设规划，由国家给予补助和奖励外，并由银行给予长期低息贷款，用以建设外销红细茶的科学化茶园和机制的新式茶厂。

3. 关于调动茶农生产积极性问题

现行茶叶收购价格偏低，农民收益太少，同时茶叶税额几乎高达50％，再加上经营环节多，层层有利润上缴，使调拨价格与收购价过于悬殊，大大地影响了茶农生产的积极性。例如1977年，祁红三级毛茶收购牌价是一百二十六元一担，制成三级工夫茶后，调上海口岸为四百六十八元；杭州绿茶三级毛茶收购牌价每担九十二元，调上海口岸是三百六十元。两相对比，调拨价都高于收购价接近四倍，如跟市场价格相比，悬殊更大。又如云南的西双版纳主产茶区的劳动工分值只有几分钱，农民生活十分艰苦。又据广西同志反映：种茶不如种柑橘和剑麻。为此建议：外销茶叶除应减免税收外，并应将收购价格适当调整。同时，可根据国务院务虚会的新精神，将外销红细茶的精制有步骤地下放社队经营，实行初精制合一，促进厂社相互支援，增加茶农收入。

4. 关于解决茶区粮食问题

各地一致反映：主产茶区为了粮食自给，所投放的劳动力一般占全部劳力的80％以上，这就不能不放松了对茶园的管理，茶叶产量因此下降。例如云南的勐海格朗和公社的南糯山大队，茶叶收入占农业总收入的70％左右，是一个以茶为主的大队。这个大队每年吃国家返销粮达二十万斤，但是它又有十八万斤的公粮上交任务，因而近几年茶叶年产量已由三千担下降到二千担，而农业生产也并没有上去。

为了解决茶区的粮食问题，建议除现行的奖售政策必须同等一致、十足兑现外，还要保证茶区农民的粮食分配不低于邻近产粮区农民的分配水平，以调动茶农生产的积极性，促进茶叶生产的发展。

5. 关于加强科学研究问题

茶叶在国际市场上竞争性很强，国外对茶叶生产的科学研究极为重视。我国农业科学院茶叶研究所设在杭州，主要研究绿茶和制茶机械，但距离生产红细茶的西南、中南地区过于遥远。云南、四川等地区，虽也设有茶叶研究机构，但力量极为薄弱，不能适应红细茶大发展的需要，更难赶超国际产品的质量标准。为此，建议选择云南、四川或两广生产红细茶（也应生产一些高级绿茶和边茶）的地区，设立由中央领导的茶叶研究中心，原设在杭州的茶叶研究所可改称分所。

6. 关于召开外销红细茶工作会议的建议

上述的一些设想，如属可行，建议明春召开一次外销红细茶工作会议。可由上述的西南、中南六个省区的农业、外贸、科协和合作总社等部门以及其他的有关单位，共同商讨大力发展红细茶生产的具体办法，并指定具体单位（各外贸专业总公司）负责会议的筹备工作。

以上建议，是否有当，请指示。

（原载全国科协《科技工作者建议》1978 年第 3 期）

关于加快云南茶叶生产发展的建议

云南地处我国西南边疆，幅员广阔，土地肥沃，气候温暖，雨量丰沛，海拔较高，是茶树生长的故乡，是最理想的茶叶生产基地。据省内有关方面负责同志向我们介绍："单是一个西双版纳，加上思茅地区，就可以抵上一个斯里兰卡。"（斯里兰卡年产红碎茶四百万担，其中90%供应出口）这就为我们描绘出一幅滇茶发展宏伟远景，一片山河壮丽，万里茶叶飘香，向望2000年，令人为之神往。

解放以来，云南省在茶叶生产上作了很大的努力，取得了不小的成绩。茶叶年产量已从解放前的五万担增长到三十二万担，茶叶质量稳定，外销红碎茶的浓、强、鲜度显著提高，尤以凤庆茶厂产品最为突出。现有茶园面积已达一百五十万亩，其中从1974年以来的四年中新建茶园达五十六万亩，平均每年增加十四万亩，成绩是巨大的。

但是在前进中也还存在着问题，具体表现是：开辟茶园多，投产的茶园少。全省茶园面积一百五十万亩，实际投产的仅八十万亩；投产茶园中单产偏低，每亩平均年产只有四十斤，以致近年来产量徘徊在三十万担左右，今年有所增进，预计收购量可达三十二万担，比去年约增二万担，但远远不能满足内外销的需要。造成生产不能迅速上升的原因错综复杂，其中主要一条是农民的生产积极性没有充分调动起来。例如勐海县的曼懂大队曼赛竜生产队，正常年产量为干茶一千担，现已下降至三百担。这个生产队因毛茶收益小，烧砖经济收益大，成立烧砖专业队生产砖瓦，而原有茶叶专业队不能保证出勤，大量鲜叶无法下树。说明客观经济规律起着主导作用。因为目前社、队只能向国家交售毛茶，无利可图。茶叶精制权由国营掌握，加工精制利润很大，全部划归财政收入。例如凤庆茶厂加工精制茶叶五万担，上缴利润达三百万元，平均每担六十元，实际上是取之于民，以致社、队对于茶叶生产兴趣极低，农民生产积极性发挥不出来。

为了加速茶叶生产的发展，适应国家对茶叶出口、内销、边销的迫切需要，作如下的六点建议：

一、管理体制方面。建议现有国营茶厂一律归省茶叶公司（或其专业机构）管理，使经营体制和财政体制取得一致。将外销红碎茶茶叶精制权有步骤地下放归社、队经营，与国营茶厂同样对待。实行初精制合一，社、队向国家交售精制红碎茶，以保障社、队、农民的经济收益，有效地发挥农民的生产积极性。具体做法似可采取：

1. 集中产区年产外销红碎茶一二千担以上的生产社、队，有一定的技术力量和精制机械设备的，可自行设厂，初精制合一，严格对照国家现行的外销红碎茶加工标准样进行加工，以成品茶向国家交售。

2. 条件较差的由几个大队、公社或跨公社联合设厂加工。专业单位予以支持，包括技术支持和贷款。

3. 利用现有国营茶厂，由社、队以生产的初制毛茶委托加工精制（如凤庆、勐海、临沧茶厂等）。

以上均应由省茶叶专管机构根据各社、队的生产实际情况，分别核定具体做法，统一管理。当前，应采取委托加工为主。即由国营茶厂与社、队签订委托加工合同，加工利润根据统筹兼顾国家、集体、个人三者利益的原则，由省规定出加工利润分成办法。同时由省茶叶专管机构择定地区，帮助社、队创办初精制联合加工厂，并给予必要的物质支持和技术指导，用合同制形式纳入国家茶叶生产和调拨计划，先行试点，取得经验，逐步推广。

4. 在社、队厂普遍设置后，将现有国营厂改为拼堆厂，以便拼堆出口。

二、茶园建设。建议纳入农田基本建设规划，与油茶和造林等同等待遇，由国家给予适当补助和奖励。对于费工较大，成本较高的新辟茶园，由银行给予贷款优待。今后无论垦复或新辟茶园，均应特别注意水土保持，修筑等高梯田，防止表土流失，遗留后患。茶园布局规划，应力求现代化，使之适应今后机械化、喷灌化大生产的需要。茶树栽培，应总结当地实际经验，结合外省深挖土、重施基肥、适当密植的办法，下种第一二年，即可每亩生产干茶一百斤，以后可达五百斤。茶园管理还应建立相应的岗位责任制，以免听任荒芜的现象再度发生。

三、贯彻"以粮为纲、全面发展"方针。在粮食生产上，变广种薄收为精耕细作，力争实现高产多收。鼓励多种杂粮，增加粮食来源。茶园应向山坡发展，避免与粮争地，达到以粮保茶，以茶促粮，相辅相成，粮茶一齐上的目的。集中茶区，粮地不足，建议除保证奖售政策十足兑现之外，分别按具体情况，实行公粮折征，余粮免征或部分减免，保证茶农粮食分配不低于邻近产粮区农民粮食分配水平，促进茶叶生产高速度发展，促进向专业化方向发展。

四、茶叶科研工作方面。目前省茶叶研究所设于西双版纳，偏于一隅。鉴于本省茶区辽阔，茶叶资源丰富，研究所似以迁设昆明或附近为宜，以便兼顾全省茶叶生产，推进科研工作。西双版纳则可改设分所，继续进行当地科研工作，不使中断。再则，云南处于茶树原产地的中心，优良品种很多，建议省茶叶研究所应以研究培育优良品种为中心工作，将培育出来的优良品种，采取多种办法，建立良种繁殖园，使高产优质的新品种的种子和树苗，除能满足本省推广外，并把供应兄弟产茶省推广良种的任务也担当起来，对国家发展茶叶生产的贡献和意义就会更大。

此外，今后茶业发展，需用人才数以千计，除旧有的应迅速做好归队工作外，更应注意培育新生力量。农学院已设茶叶系，正式招收学生及时培养，并恢复几所中等专科学校，培养技术人才，向新建厂输送力量。

五、为了加快实现四个现代化，社、队亟需种茶、采茶、制茶的机械设备，而当前省内茶叶机械厂有产品质量较低、成本较高的矛盾。为此，必须联合省内力量，吸取国内外先进经验，努力做到生产优质、低成本的茶叶机械，满足社、队发展茶叶生产的需要，并建议本省茶叶机械由农业机械部门统一经营，实行农机优待价。对于社、队购置茶叶机械，因目前家底还较薄弱，建议必要时由国家予以补助。

六、在这次茶叶学会讨论会上，与会代表对于世界茶树原产地在中国，不在印度，已取得一致意见。这与国外的所谓"学者"提出的原产地在印度，不在中国，以及其他学派别有用心地歪曲事实，颠倒黑白的异端邪说进行了一场针锋相对的斗争。在这场斗争中，我们将提供大量事实，以理服人，明确是非，拨乱反正。这将是关系到提高我国在国际上学术地位的一项重大政治任务。为此，茶叶学会打算在今后进一步集中各地代表的研究成果，充实科学论据，并拟组织力量前往西双版纳实地勘察野生大茶树植株及其群落，丰富论证内容，同时农业电影制片厂也拟摄制《茶叶的故乡》电影一部，已在昆明等候出发，一同去西双版纳拍摄实物现场镜头，希望省委领导给予大力支持。另外，勐海南糯山有大茶树一株，巴达大黑山有野生大茶树两株（原有三株，其中一株已被当地农民砍伐了），都是仅有难得的珍贵植物，不仅为国内所仅有，也为国外所罕见，建议将几株大茶树列入滇省重点文物，加以保护，划拨经费，作出一些设施，尽到保护责任，这对学术研究以及供国内外旅游者观赏，都很有好处。

以上建议，由于所见所闻局限性很大，兼以我们的政策、业务水平有限，错误在所难免，仅供领导研究参考。

（原载《云南茶叶》1980 年第 1 期）

略谈茶树原产地和外销红细茶的问题

　　为扩大茶叶出口，多创外汇，1978 年初我曾提出了"关于大力发展我国西南地区红细茶的建议"。由于我国云南、贵州、广东、广西、四川等省区和其他无霜少霜地区，有适宜制造红细茶的大叶种品种和变种，同年秋，我特地参加了在昆明举行的中国茶叶学会学术讨论会，在会上作了"我国西南地区是世界茶树原产地"的发言，并和国内专家讨论了原产云贵高原的大叶种品种问题。现在，我想根据近几年的接触、研究和自己的工作体会，仍就这两个问题，谈几点肤浅看法，抛砖引玉，请同志们指正。

　　回忆六十年前的二十年代，我曾以我国悠久的史料，写过《茶树原产地考》一文（载《中华农学会报》第 37 期），驳斥了国外制造的茶树原产地是印度而不是中国的谬论。前几年，我又借助于古生物学的理论，根据我国西南地区的地质、气候变迁，探索它们与茶树植物起源、演化的关系，并从板块学说说明印度不存在茶树起源的地理条件（详见《我国西南地区是世界茶树原产地》一文）。近两年来，在国内由于各方面的努力，发表了不少有关茶树原产地的文章。如：陈兴琰等八位同志，根据实地调查和研究，发现了许多野生茶树，认为其中的巴达大茶树是最古老的原始大茶树，是云南大叶种茶树的原始型，提出云南是茶树的原产地，云南西南部的原始森林地区，可能是茶树原产地的中心，发表了《我国的大茶树》的论文。此外，主要的还有钟渭基同志的《四川野生大茶树的调查研究》，刘其志同志的《贵州茶树品种资源种类与起源》，刘宝祥同志的《茶树的进化分类与良种选育》以及其他很多论著，等等，都是很可宝贵的。我对这些同志的研究成果，感到非常高兴。

研究茶树原产地问题，除了追溯农业上栽培茶树的历史外，还要探索茶树植物在地球上发生发展的历史。植物的发生发展，无不与自然环境的变动有密切关系。因此，要了解茶树植物形成、演化的历史，必须从事于古地理、古气候、古植物学的研究。

近年来，我国植物学工作者根据地质年代，指出了新生代第三纪以来，中国植被形成、演变与分布的地理条件（见《中国植被》），这就为探索茶树植物发生发展的历史，提供了依据。归纳他们的研究结果，初步考虑，主要有以下三点：

（一）山茶科植物（Theaceae）于第三纪前期已在亚热带常绿阔叶林区发现。茶属（Camellia）是常绿阔叶林的下木，分布在四川——云南——西藏地区。这一地区在第三纪前期，保持着温热、湿润的热带气候，并有含有机质多的酸性土壤，因此，就具备了茶树植物发生发展的充分条件。

（二）自第三纪后期到第四纪，由于喜马拉雅和青藏高原的大幅度抬高，使这一地区从热带气候转移到为亚热带气候的气候条件。同时，地区内部又发生了褶皱断裂变动，构成了错综复杂的小地貌、小气候的生态环境。这又为茶树植物的迁徙和演化，提供了基本条件。

（三）第四纪大陆冰川期间，云南等处受害较轻，保存了较多的第三纪孑遗植物种类。植物学者吴征镒同志指出："我国云南西北部、东南部、金沙江河谷，川东鄂西和南岭山地，不仅是第三纪古热带植物区系的避难所，也是这些区系成分在古代分化发展的关键地区。……这一地区是它们的发源地。"

另外，国外许多学者，如法国的金奈尔（D. Genine），美国的瓦尔希（M. Walsh）和威尔逊（A. Wilson），苏联的杰母哈捷（К. М. Джемухадзе）和勃列勤乃得（E. Bratschnorder），日本的志村乔和桥本实等，都提出了茶树原产地是在中国的论点。特别是日本的志村乔、桥本实，根据细胞遗传学、植物形态学对茶树方面的研究，提出了多次报告，最近他们还寄来了《茶树原产地形态学的研究，第六报，中国生长的茶树》一文，已发表在浙江茶叶学会《茶叶》1980 年 3 期。他们所阐明的茶树原产地是在中国的论点，是很有科学价值的。

关于茶树原产地的研究，当前主要的任务，是对我国野生茶树资源、特别是对那些原始森林中的野生茶树资源要进行调查。通过对野生茶树的调查研究，不仅可以了解不同类型茶树的地理分布、生态要求、形态特征和亲缘关系，为研究茶树起源和品种分类提供科学依据，而且可以发掘新的良种和种质资源，为育种研究、生态保护、农业区划现代化的工作创造条件。

今天我提出这个问题，希望引起同志们的重视，齐心协作，共同努力，要求在一二年内完成这项调查工作，并建议凡是生长着原始型野生茶树的地方，划为植物保护区。同时我还计划搜集国内外有关茶树原产地的研究专著，编写茶树原产地论集，通过大家共同努力，我们可以向全世界宣告：我国不但有丰富的茶树资源，而且还存在着原始型的野生茶树。在条件可能的情况下，建议组织邀请国外对茶树原产地有研究的学者，包括持不同论点的学者，前往实地参观，使他们清楚地认识到我国的野生茶树，是真正代表原产地的原始型茶树，从而揭示我国是茶树原产地的真面貌。关于这项研究工作的进行，我认为，是我们茶叶科学工作者责无旁贷的任务。

下面谈谈外销红细茶的问题。

目前世界茶叶总销售量为一千六百余万担，90% 以上是红茶，绿茶和其他茶达不到 10% 。而红茶中的 98% 以上就是浓、强、鲜、香度高的红细茶。红细茶在国际市场上是一个销路广阔的大宗茶类，销售遍及一百几十个国家和地区，潜力很大，全世界的年消费量正以 2% 的速度在增长。因此，大力发展红细茶，扩大出口，多创外汇，对支援四化建设，自有其重大的现实意义。

我国在六十年代中期才开始制造红细茶，十多年来，特别是近几年的生产有了较大的发展，产区已扩大到云南、广东、广西、四川、贵州、湖南、浙江、安徽等十一个省区，出口数量年有增加，质量较好者都可受到欢迎，在质量上也出现了赶超国际水平的优质产品。特别在今年起贵州、湖南、四川和浙江绍兴等地，对中小叶种采用了先进的制茶技术和机械设备，如揉切由时间长的闷揉闷切改为快速、强烈、短时；烘干采用两次烘干法，掌握温度先高后低，速度先快后慢。并引进和仿制了 CTC 机和锤击式的 LTP 机，这就为提高中小叶种红细茶品质创建了良好的开端，同时也显著地提高了销售价格（详细情况请由张石城同志介绍）。他们所取得的成绩是可喜的，说明我国红细茶生产的前景无限美好。

我国发展茶叶生产有优越的自然条件，有适宜制成优质茶叶的大叶品种，还有赶超世界先进水平的技术力量，何况我们又是社会主义制度，特别是国家业已决定提高茶叶收购价格，降低茶叶税收和初步改进了经营管理体制，并实行了工农商联合经营，大大增加了茶农收入，调动了茶农的生产积极性，这就为茶叶生产的大发展，奠定了可靠的物质基础。我曾大胆估计，1985—1990 年茶叶出口可达五百万至一千万担，收汇十亿至十五亿美元，从现在证明，我认为是有可能的。

目前，我国红细茶的出口量仅占世界市场的 3% 左右，比重极小，质量差距更大，除了少数大叶品种红细茶达到较高的质量水平外，大部分一直处于国际红细茶的中、下档水平。这种状况与我国当前需要积极扩大出口的要求很不适应。为了提高我国茶叶品质，增强在国际市场上的竞争能力，首先，必须加强茶叶基础理论、品种资源利用的研究，并开辟新的研究领域；加强多学科间的相互配合协作，发挥高等农业院校在科研和培养高中级人材工作中的重要作用；有计划地设立细胞遗传、生理生化、生物物理实验室，把基础理论研究开展起来。还要重视野生茶树的调查和研究，从茶属亲缘中引进新的种质，以提高红细茶的适制性。其次，必须有计划、有步骤地调整茶叶科研布局，并加速实现科研手段现代化。根据茶区的自然条件和生产条件以及茶类的特点和要求，有计划地开展研究工作，并建议为科研部门提供现代化的精确、快速、自动分析测定的仪器设备。最后，必须充分发挥中小叶种红细茶品质的潜力。在我国红细茶生产中，中小叶种品质不如大叶种，但在红细茶的出口结构中，中小叶种占 70%，比重很大。因此，必须根据外销市场对品质的要求并针对存在的问题，继续采用行之有效的采制技术和对新的机械设备继续改进，以努力提高中小叶种红细茶品质。

在大力发展外销红细茶的同时，绿茶、乌龙茶和其他茶类同样要大增产、大发展。目前，我国广大劳动人民平均每人每年的饮茶量很低，仅及日本人的十分之一二，随着四化建设的发展、人民生活的改善，茶叶消费必将有极大的增长。因此，发展绿茶和其他茶的生产，以满足国内外销售的需要，也是很重要的。

以上我所提的一些不成熟的意见，仅供参考，并请批评指教。

（原载 1980 年《全国茶叶学会讨论会论文资料选编》）

发展广西茶叶生产的初步意见

中国茶叶学会今年 11 月上旬在桂林召开茶叶现代化学术讨论会时，曾就广西发展红细茶等问题进行了讨论。我在会后参观了桂林、阳圩、百色和武鸣等几个茶场，还在桂林和南宁与有关同志举行了多次座谈、讨论，深感广西发展茶叶生产在全国具有最好的基础。特提出初步意见如下：

一、广西发展茶叶生产在全国茶区中具有最大的优势。一是地理条件好。广西富于适宜种植茶树的山坡丘陵地的酸性土壤，同时，全区可种茶的荒山坡地甚多，无须与粮争地，潜力很大。二是自然条件得天独厚。全区地处南亚热带，高温多湿，茶树生长季节长，采摘批次多，因而可获得高产。如桂南有多处出现了亩产干茶千斤的高产茶园，这除广东海南岛外，在全国是少见的。三是茶树品种资源丰富，大叶良种多，产量高，滋味浓强，适宜生产出口的红细茶。广西生产的红细茶，品质优良，浓、强、鲜、香四者具备，与云南凤庆所产的不相伯仲，在国际市场俱受好评。近几年在我国出口的七批高档红细茶中，有四批就是桂南的垌美、百色、阳圩三个茶场和玉林新桥公社生产的。因此，现已认为广西是我国最适宜发展大叶种红细茶的产区之一。四是产茶历史悠久，全区曾产茶达三十万担，现在产区已遍及七个地区七十一个县、市，同时，群众又积累了丰富的种茶、制茶经验，如广西特有的六堡茶，早在港澳和南洋一带侨胞中就深受欢迎。此外，解放后还培养了一支茶叶科技队伍，这是今后发展茶叶事业特别是发展外销红细茶的可靠力量和宝贵财富。

二、全区现有茶园四十五万亩，1979年产茶仅十三万余担。其中：红细茶四万一千担，青茶和六堡茶九万多担。预计今年产量较1979年可略有增长。由于价格政策长期未能落实，挫伤了茶农的生产积极性，致产量还达不到历史最高年产量的一半。因此，必须把发展茶叶生产提到全区的议事日程上来，并大力发展红细茶，多创外汇，以支援四化建设。目前世界茶叶的总销售量年约一千六百余万担，其中90%以上是红茶，而红茶中的99%就是红细茶，它是需要量大，销路广阔又最有发展前途的大宗出口商品。现在，茶叶在我国出口换汇物资方面，仅次于石油、蚕丝而居第三位。通过今年实行茶叶初精制一体化，增加了茶农收入，还规定茶叶增产不增税，预期明年外汇结算比率又将放宽，同时今年又引进了新的LTP机和新的红细茶制造技术，使红细茶的出口价格提高了四分之一到三分之一。由于这些因素，可以预料群众对种茶、制茶的积极性必将进一步有所提高。

三、在广西全区农业区划的统一部署下，要搞好茶类生产区划。全区今后应以发展红细茶为主，适当发展桂青、六堡茶、乌龙茶、花茶和地方名茶。生产区划可在北纬23度线和红水河以南，发展大叶种红细茶；以北发展中、小叶种青、绿茶和其他茶。

四、在发展茶叶生产的经营管理上，应采取国营和民营两条腿走路的方针，在区的统一领导下，以国营带动民营，共同前进。土地连片的以国营发展茶叶生产为主，比较分散的由社、队集体经营。国营茶场包括农垦、侨委和公安三个系统以及地方国营茶场，应负责技术指导和良种供应。国营场由国家给予适当投资，十年内的盈余部分，应用于扩大茶叶再生产。特别是中越边界地区大多为荒地，可以军垦方式实行茶林或茶胶间作，大力开辟新茶园。国家银行在生产和制造设备等方面，都应给予长期微息贷款的支持。在当前，可由该区农业和公社企业局对现有老茶园先进行改造，建成为高产茶园。据农业局估计，改造老茶园每亩需贷款五六十元，新辟茶园每亩需贷款二百元。该区有关局应先作调查，制定详细发展计划，并在地区、面积和时间等方面，一一落实，逐步开展。

五、新辟茶园首先必须做好茶园基本建设。茶园的开垦，要坚持高标准，做到保水、保土、保肥。同时，要选用良种，合理密植，改良土壤，间种绿肥，种遮荫树，以牧积肥，在重施有机肥的基础上增施化肥，提倡喷灌，满足茶树养分、水分的需要，正确运用剪采技术，培养树冠，并加强病虫害的防治，使茶树健壮生长，达到高产、稳产、优质的目的。对红细茶的制造，要继续采用先进的制茶技术和锤击式的 LTP 机，还必须解决烘干机械的温度，使之符合先高后低的要求，并不断改进和提高红细茶的质量，以保持领先的地位。

六、对社、队经营的茶园，必须实行茶叶初精制一体化。茶叶初精制合一加工，有利于提高茶叶品质，特别对增加社、队的收入，提高茶农的生产积极性和促进茶叶生产的稳步发展，有其重大作用，这是藏富于民、促使茶区农民富裕起来的唯一途径。全区红细茶由于实行了初精制合一加工，其发展速度就较快，五年之内，已从一万九千担增加到四万一千担。平南县大鹏公社甘鄂茶厂实行初精制合一加工后，全社增产茶叶 45%，农民增加收益 64.5%，即其一例。

七、成立茶叶专业公司。目前全区茶叶生产、加工、销售，分别由农业、农垦、侨委、公安、供销、外贸等单位经管。建议成立广西茶叶专业公司，统一经管茶叶生产、加工、内销和外贸工作。农、工、商综合经营的好处很多，主要是可减少中间环节，降低成本和损耗，从而大大增加农民收入。现农垦系统的国营场，已成立了工农商联合公司。重点产茶县的社、队，在实行初精制联合加工的基础上，必须走农、工、商联合经营的道路。关于公司组织形式，可成立董事会，董事会应有各基地县和重点产茶县、市代表参加，人数最好能占半数以上，其他董事由区有关单位产生，由董事会选举董事长和副董事长以及经理人选。建立茶叶专业公司和农、工、商综合经营，是建设我国茶叶现代化的方向。

八、加强茶叶科学研究，建立全区红细茶研究所。这个研究所，应集中全区的人力、物力和财力，由区农科院统一领导，进行工作，地址以桂南为好。现有的桂林茶科所，可仍继续培育品种，繁殖各种茶苗，使成为茶叶良种繁殖场。

全区茶叶事业改进费原由中央规定在收购费中提取 1%～2% 的改良推广费。该事业改进费应由区财政局统一交由自治区农委、科委、科协经管，分配使用。中央各部委有关茶叶科技研究等费用，属于广西的，也应一律交由区自治政府统一分配，专款专用，用于茶叶科研事业。

（原载 1980 年《全国茶叶学会讨论会论文资料选编》）

加快发展茶叶生产满足内销和外贸需要

我国产茶历史悠久，种茶面积大，茶叶品种多，种茶、制茶经验丰富。大力发展茶叶生产，对于满足人民生活需要，扩大劳动就业，改善茶农生活，繁荣农村经济，扩大外贸出口，增加外汇收入，有着重要意义。

现　　状

茶叶是我国传统出口的大宗商品。1886 年，我国茶叶出口曾达到一百三十四万公担的最高峰，占当时世界茶叶贸易量的 90% 左右。以后逐渐衰落，到解放前夕，产量下降到四十余万公担，出口仅九万五千公担。解放后，有了恢复和发展，1980 年产量达三百零三万七千五百公担，出口一百零七万六千公担，收汇二万五千四百美元。虽然取得较大成绩，但出口额还未达到历史最高水平，只占世界茶叶贸易量七百五十万公担的 14%，与同年印度出口二百零二万四千五百万公担、斯里兰卡出口一百八十四万五千公担相比，差距仍然很大。

国内茶叶供需矛盾也比较突出，除去出口和供应少数民族的边销茶以外，全国平均每人每年只有二三两茶叶；一些大城市的适销品种还要凭证、凭票供应，有的经常脱销；大部分农村还不能供应茶叶。这种状况与茶叶消费较多的国家相比，差距很大（英国每人每年饮茶三点三公斤，科威特二点四五公斤，日本一公斤多）。我国有十亿人口，随着经济发展和生活水平的提高，国内茶叶消费量必将迅速增长，如按每人每年消费半公斤茶叶计算，一年就需要五百万公担。如不加快发展茶叶生产，增加供应，供不应求的矛盾一定会更加严重，也会影响国家税收和物价稳定。

问　　题

目前在茶叶产销上存在着以下几个问题：

——茶园单产低。我国除少数新式茶园外，大部分茶园管理差，单产低。全国茶园总面积有一千五百万亩，占世界茶园总面积的 45%，而茶叶产量仅占世界茶叶产量一千七百五十万公担的 17%，平均单产只有二十公斤，只及日本、印度等国平均亩产的四分之一左右。由于广种薄收，单产过低，经济收入少，以致有的茶园丢荒，有的大量间作甚至改种其他作物。

——出口茶叶税收重，环节多，成本高。有些茶叶出口亏损过大，影响了经营积极性。

——茶叶管理体制不统一。茶叶是二类物资，又是出口的"拳头"商品，现在农业、农垦、林业、供销、外贸等部门都管茶叶，政出多门，机构重叠，相互制约，影响了出口茶叶货源的调拨供应，不仅完不成出口任务，国内供销也嫌品质次、价格高，消费者意见很大。

为了尽快改变这种状况，特提出几点建议。

建　　议

一、制订规划，大力发展茶叶生产

我国茶区气候、土壤等自然条件优越，西南和接近西南的无霜和少霜地区有大量山地，适宜种植制作外销红细茶的大叶种。秦岭、淮河以南的广大山区和丘陵地区，适宜栽种内外销绿茶和乌龙茶，也可恢复若干工夫红茶，如祁门、宁州和宜昌等地的著名红茶。

茶叶生产要因地制宜，适当集中。茶园要梯田化，实行条栽密植，防止土壤冲刷。逐步增加灌溉面积，要提高茶园质量，着重打好高产稳产基础，打好新式茶园基础，打好优良品种基础和初制机械化基础，要加强肥培管理和植物保护，改变广种薄收的状况，使单产水平不低于世界平均亩产干茶一百公斤以上（西南大叶种适种地区亩产可在二百五十公斤以上），才能更好地保证生产者的经济收入，调动生产者的积极性。

要搞好出口茶叶花色品种质量的规划。世界茶叶贸易量中，红茶（基本是红细茶）约占90%，绿茶、乌龙茶和其他茶占10%左右。我国1980年出口茶叶品种的构成是红茶占45.9%，绿茶占49.1%，特种茶（如乌龙茶等）占5%，其中绿茶和特种茶已占世界同类茶贸易量的60%左右，售价较高，每吨达三千至三千五百美元，今后要在传统产区继续发展，供应出口，以满足国外需求。但世界贸易量中主要是红细茶，而我国1980年出口的红茶，仅占世界红茶贸易量的5%~6%，比重极小，扩大出口的潜力很大。因此，今后要着重注意这一基本情况，强调发展红细茶。我国云南、广东、广西以及四川、贵州、湖南部分地区，是生产优良品种大叶种红细茶的适宜地区，品质可与印度、斯里兰卡最好的红细茶媲美，这些地区应作为我国重点发展红细茶生产的主要基地。

浙江、安徽、江西等省应主要生产品质优良的远洋绿茶，福建、广东应生产乌龙茶。各省可以生产一部分本地区的传统名茶，供应内销和出口。所有出口茶叶，都要进一步提高质量，要求按标准采摘，精工制作，改进包装装潢，及时调运，按质按量按时完成出口供货任务，以提高竞争能力。

二、改革茶叶经营管理体制

解放以来，茶叶管理的体制多变，内外贸多次分合，目前更是多部门管茶叶。实践证明，合并起来，政策统一，工作协调，环节减少，成本减低；内外贸分开，矛盾多，亏损大。我认为应恢复五十年代初期的办法，茶叶内外贸合并，或先成立中国茶叶出口公司，直属外贸部，统一经营茶叶外销业务，这样对茶叶生产、销售较为有利。也可仿照食品协会的办法，成立中国茶叶协会，直接隶属于国务院。

目前外贸体制逐步下放各省经营，这样，对出口商品中有盈利的商品大家抢着做，但对亏损商品（如红茶）则大多不愿经营，不仅影响外销，而且势必使中国红茶出口日益减少，少数出口绿茶亦必为其他产茶国所取代，甚至国内的生产和消费也将受到影响。

三、减免茶叶税收

现行茶叶税制，一直沿用五十年代初期的高税政策，实行按毛茶山价的 40% 的统一货物税。当时，为国家积累建设资金是必要的，但现在有些出口茶叶，国家算总账可以不亏损或稍有亏损，而经营部门却表现亏损（低级红茶）。今后茶叶收购价格还要逐步提高，税收如果不减免，经营部门亏损也就更大。多出口多亏损，势必影响扩大出口的积极性。这与国外产茶国采取低税、免税甚至补贴，鼓励出口的政策，大相径庭。我建议应分别不同情况处理：内销茶叶是否继续征税，由各省自定；出口茶叶应一律免税。红茶免税，去年国务院已批转了财政、外贸两部减免出口红茶税收的文件，自应予以落实。绿茶亦应一律免税，将其盈余弥补红茶损失。这样一来，三两年后可保证不会再有亏损。

四、加强茶叶科学研究和技术推广工作

发展茶叶生产，一靠政策，二靠科学。目前我国茶叶科技力量薄弱，人数少，水平低。为了改变这种状况，应开展下面几项工作：

——大力培养专业人材。除办好现有大专院校茶叶专业外，还应有计划地派遣留学生和访问团，到印度、日本、斯里兰卡、肯尼亚等国学习，借鉴国外发展茶叶生产的经验。

——加强技术指导工作。随着茶叶生产责任制的逐步完善，茶农学科学、用技术的积极性空前高涨，重点产茶县应设立茶叶技术推广站，举办茶叶训练班，建立科学种茶样板园，迅速把茶叶技术普及到群众中去。制茶机械化，绿茶已有些基础，做红细茶的尚须加强研究，要赶上

并超过印、斯等国。

——调整、充实、提高现有茶叶科学研究机构。现在全国有省级以上的茶叶科研机构十余所，但不少研究项目是重复的，分散了人力物力，应加以调整。杭州茶科所以研究绿茶为主；福建茶科所以研究乌龙茶为主；广西和云南茶科所以研究红细茶为主。每个茶科所，应按全国茶类分工，以一个为其主要研究项目。科研项目、课题，要密切结合生产实际，科研成果要用实际生产成果来检定，防止科研与生产应用脱节。

——茶叶改进费要真正用在改进茶叶上。改进费是随着茶叶生产者交售茶叶的价款，照旧例按1%提取，应直接用于提高茶叶产量和品质以及对外调查和宣传上，从而为茶叶生产者创造价值，使茶叶生产者和国家都能受益。建议恢复原来由农业部门管理和使用茶改费的办法，加强管理，防止浪费和使用不当，把有限的资金用到必需的项目上去。

（本文发表于1981年12月26日《中国财贸报》第三版。1982年2月26日，同一内容，《经济参考》又以"中国茶叶产销存在什么问题"为题再予发表。这是民建中央和全国工商联为开展经济咨询服务，请作者撰写的。本文发表后，引起有关部门的重视，如对减免茶叶税收方面，出口茶叶已采取退税办法，内销茶叶也已适当降低）

在临沧地区建立世界第一流大茶园

一项富国利民的重要措施

我国西南诸省是世界茶叶原产地，这是各国学者所公认的。海内外闻名的产于云南西双版纳勐海地区的普洱茶，被誉为"绿色的金子"。早在公元六七世纪，就有这个品种，解放以后，云南临沧地区的凤庆茶和双江勐库茶后来居上，产量、质量都胜过了普洱茶，凤庆特级工夫红茶和凤庆红细茶（简称滇红），浓、强、鲜、香俱备，在国际市场上有较大的竞争力，已畅销美、德诸国。

目前，世界茶叶产量逐年增长，销售情况是低级茶供过于求，高级茶供不应求。我国红、绿茶总出口量，至今还未超过历史最高水平，红茶出口量落后于印度、斯里兰卡和肯尼亚。在国内，红、绿茶都供不应求，在这种情况下，发挥临沧地区优势，大力发展以红细茶为主的高级茶生产，具有重要意义。

两年前，我提出了关于大力发展云南红碎茶生产的建议，得到了云南省和临沧地区茶叶协会的支持，并具体提出尽快在临沧地区建设世界第一流大茶区的设想，这是一个好主意。

有利条件

在临沧地区建立这样的大茶区具有很多有利条件。

一是有优越的地理气候条件。云南省和临沧地区气象局的有关同志搜集了国内外著名茶区的大量气象资料，与临沧地区的地理位置、海拔高度和光、热、水、雾、温差等情况作了科学的分析对比，说明这个地区属亚热带山地，海拔高，气候好，夏无酷暑，冬无严寒，四季如春，完全适合茶树喜温、喜湿、耐阴和直射光少、散射光多的特性。

二是有足够的土地资源。全地区除二百多万亩轮歇地外，还有适宜栽种茶树的土地（包括可开垦的处女地）约四百万亩。可以选择其中一二百万亩缓坡地种茶、种粮，并在陡坡地上种草、育林，结合多种经营，既发展了茶叶生产，又不影响粮食面积，还改善了生态平衡。

三是有丰富的劳力资源。实行生产责任制以后，社员生产积极性大大提高，劳力有了剩余。据统计，临沧地区六十万劳力中可以抽出三分之一从事种茶工作，按一个劳力每年种茶五亩计算，一年即可垦植单产二百斤以上的新型丰产茶园一百万亩。只要两三年时间全地区就可建成二百万亩茶粮兼产，并有大量森林的世界第一流大茶园。

四是有丰富的茶树优良品种。新垦一百万亩茶园，约需种子一千万斤。这是个庞大的数字，如果不能及时供应，就会旷日持久，十年也搞不起来。而临沧地区得天独厚，茶籽丰收年，可产五百到一千万斤、不仅可以满足需要，还可以从中选优，运用短穗插条新技术，培育新的优良品种。

五是有一定的技术力量。临沧地区拥有上百个有技术职称的种茶技术人员，加上工人、农民中懂技术的人员，可以组成上千人的种茶专业队伍，他们土生土长，熟悉当地地貌、土质、气候和茶叶品种、特性等等，有能力承担第一流大茶园的建设任务。随着茶叶生产的发展，可以相应地培训新的技术力量，基本上不需要外援。

待决问题

当然，在建设茶园过程中，要考虑解决几个问题：一个是粮食供应问题。要全面安排，宜粮坡地多种粮食，争取自给，还要注意解决其他食品的供应问题。一个是能源问题。境内有澜沧江、怒江水力资源，可供发电。再一个是需要多少机械、交通运输、商业服务行业、文教卫生事业等等也要跟上。重要的是资金问题，国家农垦系统垦植新茶园的投资标准为每亩三百八十元，分三年拨付（第一年两百元、第二年一百元、第三年八十元，系无偿投资）。我认为按照目前农村经营管理方式，把茶、粮、林三者结合起来，国家投资可较农垦系统少一半左右，而且可以是无息贷款或低利贷款。新茶园一般从三足龄起即可有一定收益，以后逐年增加，到第八年时，两百万亩茶园年产量可达三百万担以上（以低标准的单产一百五十斤计算，实际上很可能超过此数），年毛收入可达十亿多元。因此，国家在三四年中分期拨付的贷款，在十年之内，即可以收回贷款，又能产生巨大经济效益。现在中央已把茶叶定为出口"拳头"商品。这个大茶区一旦建成，不仅能以大量优质茶叶供应出口，多换外汇，而且能迅速改变临沧地区贫穷落后面貌，是富国利民的一项重要措施。希望引起农业、外贸、银行、商业等有关部门的重视，并通力协作，给予必要的支持，促其早日实现。

（原载《中国财贸报》1982年4月10日第三版）

茶叶与健康、文化学术研讨会是个创举

（1983 年 10 月在"茶叶与健康、
文化学术研讨会"上的讲话）

一、在研讨会开幕式上的讲话

昨天晚上我收到会议发的很多资料，上午粗略看了几篇，觉得很有启发。大会安排要我讲几句话，想了一下，讲几点不成熟的意见，供大家参考。

这次浙江省科协主持，省茶叶学会、中华医学会浙江省分会，中华全国中医学会浙江省分会联合召开"茶叶与健康、文化学术研讨会"，有那么多来自全国各地的茶叶同行，不少是我四五十年前共事的老战友，特别是有那么多的中、西医界知名人士参加这样的研讨会，这对我们茶叶同行们是一个很大的鼓励。这样的学术研讨会，过去从未见过，可算是一个很大的创举，值得称赞。茶叶界与医学界联合起来，共同研讨茶叶，现在是第一步，前景是极其广阔的。

我要感谢会议的组织者再三要我来参加此会，因而也就毅然应允，今天参加盛会，心情非常高兴。这次会议在杭州美丽的西子湖畔西子宾馆——汪庄召开，汪庄是解放前的茶叶资本家建造起来的，在这里开会也是有意义的。现在又是桂子飘香的季节，一出门就可闻到桂花的香气，"上有天堂，下有苏杭"么，在这个地点、这个时间来开这样的会议，更使人心情愉快。

浙江是茶叶最多的省，产量占全国第一，无论内销、外销占全国比重很大。内销茶中的"西湖龙井"更是世界闻名。浙江茶叶由于产量多，茶叶界的人才也集中在浙江，除农业大学茶叶系外，还有两个全国性茶叶研究所，人才济济。这次会议与医学界人士合作，一起进行茶叶与健康、文化学术研讨会，这是一个范围很大的题目，别具一格，非常新鲜，是个创新。

上午有不少领导同志发言，谈到茶叶的产销问题。关于这点，我想浙江的茶叶单是开个讨论会，还不能解决，我原想这次会议省里最好能有些决策的领导人参加，今天听到省党、政、科研、教育及有关业务部门的领导人都来了，这使我非常高兴。过去对茶叶事业讨论也不少，但往往讨论了之后就"束之高阁"，这次会议情况不同，我相信这次会议能对茶叶事业做出宝贵贡献，并预祝会议圆满成功！

茶与健康、茶与文化，在我国不少古典中论著是很多的。茶最早普及到人间来是从药用开始的，现在已成为世界三大饮料（茶、可可、咖啡）之一。目前世界上茶的数量虽不及可可、咖啡，但预料茶叶的前途将大于可可和咖啡。据欧洲科学界人士反映，咖啡与可可对人体有益处，但不是大有益处，在某些方面还有反作用。近年来日本减少咖啡与可可的进口，在国内大量推销茶叶，人们也欢喜饮茶。现在国际上最多的饮茶国，人均每年七八斤，日本人在二斤以上，台湾省也有一斤半至二斤。我国去年产茶近八百万担，除去出口二百多万担，还有边销一百万担，十亿人口，人均不到半斤。我个人一年要消耗十至二十斤。我们是有几千年文化历史的祖国，现在提倡精神文明，这么好的饮料，不吃太可惜了，要大大提倡吃茶。

刚才有人谈到茶叶在医药中的作用，他们引证明代医学家李时珍的《本草纲目》，应该指出，这是本好书，对茶的药理与人体健康有不少记载，由于历史条件的限制，它只是实践经验的总结，现在要从医学生化的观点研究茶叶的药用和营养价值。从 19 世纪以来，通过化学分析，我们现在知道茶叶中含有几百种化学物质，仅茶的芳香体就有近二百种，通过分析研究以后，对今后食用帮助很大。我们知道日本人通过分析发现绿茶中有很多维生素 C，就大力宣传，现在日本国内大量饮用绿茶。实事求是地说，我们过去的宣传，只笼统地讲吃茶有好处，随意论断，缺乏科学依据，今后要进一步用科学论证，加强宣传工作，特别是对国外的宣传要加强。

有人说，茶叶有害，有这样认识的人当然也是极少数，喝茶也不是对所有的人都是有益的，如患肺结核的人，喝茶以后易伤神；患神经衰弱的人，晚上就不宜喝茶，不能说饮茶都是好的。这次会议有茶叶方面的专家，有中、西医学界的专家参加研究，对今后国内、外推广饮茶都会有帮助的。最近有人讲到药品，它有好的一面，也有不好的一面，如针剂与丸药，进入人体以后，浓度很大，药效很高，但一下子吸收不了，容易残留。我们中国的吃茶方法是很文明的，一杯茶可冲泡半天，慢慢吃，全部利用，既文明又实际，不浪费。欧洲人吃茶，冲泡以后加糖加牛奶，一饮而尽。优点是节约时间，缺点是浪费很多。茶的内含物质未被全部利用。

昨天我搭飞机来杭，从离家到宾馆，有五六个小时，中间没有喝茶，到宾馆以后，就吃晚饭，饭很干，菜是炒蛋，一下子噎住了，这说明像我这样的身体，长时间不喝茶，身体就支持不了。在北京有人问我："你身体这么健康，有什么秘诀？"我也想不出什么所以然，就说这可能与多喝茶有关。我是搞茶叶的人，与各方面联系的人很多，他们都给我寄茶叶来，因此，我的家里，好的、差的、红的、绿的、乌龙茶都有，随时可以吃。因此，我的身体还算健康，至少手脚活动都比较灵活，做笔记也不戴眼镜。特别是我的老伴，原来身体很差，生第二个孩子以后，患严重结核症，当时医生对我说，你这位太太恐怕不行了，还是回到家里买点吃吃，休养休养吧！她现在八十二岁了，身体比我还好，还能做些家务劳动。她说："我来自农村，也没有吃过什么补药，与觉农结婚以后，我也跟着他天天喝茶。"她也承认喝茶有益于健康。

在国内，茶叶除了少数地区外，多数省、市可以种，既可当饮料，又可出口换取外汇支援国家建设。尤其是浙江，丝、茶很多，种茶对个人、国家都是有益的，我是浙江人，过去家在农村，到外边来读书活动，都是靠丝、茶的收入。现在国家百废待兴，发展丝、茶暂时放在后面，预料三五年以后，一定能大踏步恢复起来，一定能比现在发展得多。

现在特别要感谢中华医学会的同志，据我回忆解放前我筹办中华农学会，中华医学会是1917年成立的，农学会与医学会是兄弟学会，茶叶学会是解放后成立的，还是小弟弟，希望老大哥对小弟弟予以更多的帮助，与茶业界同仁密切协作，研究证明茶叶对人类的功能，并指导人们正确饮茶，这是一件非常重要的事。

附带说一下茶叶的历史，什么时候开始有茶，这是一个有争论的问题，现在国家在编《百科大辞典》，其中提到茶叶部分，由王泽农、张堂恒同志在编写，据我了解，这个问题就没有讲清楚。茶究竟什么时候开始有，没有可靠的历史记载，现在唯一引用的是《神农本草经》中谈到的"神农尝百草，日遇七十二毒，得茶而解之"。据我了解，现在还未找到这本《神农本草经》，根据历史科学论证，神农是一个想象中的人，历史上是否有此人，还是一个问题，这仅是一种传说，缺乏科学证据。

我们在研究茶树原产地时，经过考证，中国的茶树，先在西南（云南、四川等省）一带开始，这是大家同意了的。茶树原产地的争论，西方和日本也在研究，并有文章介绍，他们也承认茶的原产地在我国的西南，我希望茶叶界人士进一步研究。浙江茶叶什么时候有的，据推测，我们处在长江下游，春秋后期秦楚发生战争，秦顺水而下统一楚国，茶叶也就从长江上游顺水而下先发展到安徽，然后发展到浙江。西汉后期孙皓在湖州封侯，有御茶，他与友人饮酒，有人不会饮酒，以茶代酒，浙江此时才有茶，可见是从长江上游发展而来的，是否如此，还请大家加以考证。

最后谈到这次会议是于光远同志提议的，他是我的老朋友，他对茶叶事业如此热心，我要感谢他。他是解放前清华大学的学生，开始是研究理工的，后来研究经济学和辩证法，中央首长及一些著名的科学家很信任他。他倡议开这样的会议，并对这次会议发来了贺信，说明他对这样的会议是看重的。因此大家对这次会议反映很好，大家有什么建议，如有必要，我回京以后，可以代劳。

今天就讲到这里，预祝会议圆满成功！

二、在研讨会闭幕式上的讲话

我参加这次会议非常高兴，生活上由于大家照顾也过得很愉快，表示衷心感谢！

过去我们搞茶叶的同行不敢向中、西医工作的同志请教，也不敢联合起来共同探讨一些问题，我们茶叶工作是比较孤立的。这次浙江的同志把大家组织起来，开展学术讨论，开创了不但是中国而且是世界的先例，几天来受到的教益是匪浅的。把茶与医药联系起来，将来还要与食品联系起来，这是一件大好事。

前几天身体不很舒适，但我还是和大家在一起，参加讨论、座谈，到中国农科院茶业科学研究所看了测试茶叶分析的仪器，过去要三五年才可以得出的科学论断，现在三五天就行了。参观了电视录像，几分钟内就可以看到了解到过去要好几年才能了解的茶叶大事，这次又看到中国农科院茶叶科学研究所新领导编写的一本《茶化浅说》，这是非常好的。我还去浙江农业大学茶叶系，看到有一百多个学生在学习茶叶，使我吃了一惊。过去我学茶叶的时候，只有我一个人，现在有这么多人学茶叶，有这么多新生力量作后盾，真是了不起呵！这次我还参观了杭州茶叶试验场的茶园，都是亩产几百斤的高产茶园，这和我们过去亩产几十斤的茶园比较，天差地别。还看了浙江农业大学茶叶系的一套初制连续化的茶叶机器，过去都是单机，现在可以连续作业。所有这些都是茶叶产制近代化的表现，看了几天等于过去几十年。总之，浙江省的茶叶进步是很快的，情况之好，是很了不起的。

此外，在会议期间又听到浙江茶叶也有不少问题，我想，有矛盾不是坏事，摆出来大家就会设法予以解决，解决了就前进。浙江省茶叶生产发展快，主要是农民愿意种茶，感到有利可图，这是好事，问题是目前销售有些困难，只要各方面做好工作，国内人民每人吃一斤，就要一千万担；外销的潜力也是很大的。总之，茶叶前途是很大的。我们要共同努力，为振兴中华做出贡献。

（原载 1983 年《茶叶与健康、文化学术研讨会论文集》）

"茶人之家"内有许多解绳子的人

——在茶事咨询会开始时的讲话
（1983 年 10 月 11 日）

"茶人之家"的名称很好，我首先赞成。今天，有同志讲，"茶人之家"宗旨里有"联系华侨、港澳、台湾同胞，促进台湾回归祖国"这一条，我很赞同。所以今天的会是一次愉快的会，也是庆祝社会主义祖国胜利之会。

有些同志讲了，现在茶叶生产多了，生产形势很好，但结果今年是少收了，这个问题怎么办？问题也不是很难办。从数字来讲，日本人一年每人消费二斤，英国人一年每人消费七八斤，我们十亿人口，每人喝一斤，就要一千万担。我们生产只有八百万担，除了二百万担出口，剩下也只有五六百万担，为什么销不了？我们举个例子吧，我从前在这里读书时，一到火车站，前面就有一个大茶馆，到处设有茶叶店。我们逛马路，嗅到茶香就知道茶叶店到了，现在茶馆、茶叶店都少了，没有一家像样的茶叶店。有些同志说茶叶卖不出去，我说是茶叶买不到，卖买有很大的矛盾。

龙井茶，除了一部分外销外，一部分给北京特需用，我们有钱买不到茶叶，产销方面存在着许多问题，就像是几根绳子绞在一起，如果绳子一解开，问题也就解决了。我们"茶人之家"内有许多解绳子的人，许多问题都可以解决，内销可以解决，外销也可以解决。

我们浙江绿茶多，国外需要红茶，红茶不够销，而绿茶堆在浙江，如果茶类之间能够平衡好，那产销的矛盾就解决了。

只要我们把问题提出来，大家一起来研究，我们是社会主义国家，许多问题都不难得到解决，都容易解决。

我们"茶人之家"设得好，大家有话就谈，当面谈，当面解决，我们是一家人么。社会主义之家什么事都可以解决，什么事都可以商量，特别是毛主席给了我们一个好的方法，叫作"批评与自我批评"，讲错了不要紧，不对就改正，所以在这个会议上，大家可以无话不谈，有什么问题都提出来。

让生产者得利　消费者受益

——1983 年 10 月 13 日在茶事咨询会上的发言摘要

我这个人好事的，到八九十岁应该在家里休息，但总要东问西问，是茶叶的事总不大肯忘掉。这次听了许多发言，的确是感慨万千。我同意大家提出来要把茶叶质量搞好，要价廉物美，现在消费者的负担还太重。

我不大喜欢花茶，花将茶叶本身的香压下去了。花有好的一面，也有差的一面，它容易吸收污染，虫与细菌也喜欢花，拿花作食品还是不多的。哪些花可以用，需要科学家研究的。比如桂花是好的，茉莉花有好的地方。说"色、香、味"，茶本身就有香，大家喜爱乌龙茶，就因为它的香气好。花茶的香不是"自力更生"的。

另外有一件事，现在全国有陈茶几百万担，怎么办？农民和国家都吃亏了。我同意减少点收购量，推陈出新。税收问题，我建议把 25%也免了，提高点收购价，特别是头茶。现在好茶没有好价，质量越来越差。茶叶既可收取外汇，又同医药一样对人是良药，可以不要税，我要求浙江省试试看。好茶好价使农民真正有利可图，质量一定会提高，外销、内销都有办法了。还有个问题，环节太多，手续费太多，农民吃亏，消费者负担加重。

最近听到许多专家在想办法，茶叶一采下来用鲜叶制浓缩茶，能这样做，是一个飞跃，但有许多"关"还不能过。

还有一件事，说我是"红茶派"，绿茶价钱好，红茶价钱低，说我不聪明。我知道茶叶公司里红茶派少。看数字，国际上红茶占 90%，我们要向消费多的去发展还是向少的去发展？因为绿茶少，价钱高，不错。但要看前途，将来的前途属于红茶。做红茶要大叶种，驯化几年就变过来了。我们要有绿茶设备，又要有红茶设备，头茶做绿茶，二三茶做点红茶。日本过去吃绿茶，现在也提倡吃红茶。红茶好处多，加牛奶加糖味道好，又快又好吃。谈诗的时候可吃绿茶，工作的时候吃红茶，一吃就走。我早晨吃红茶，下午客来吃绿茶，晚上不吃茶。

推销人员要千方百计扩大推销，多设网点，尤其是西湖没有好的茶馆，可惜！应该有茶馆、茶室，里面有绿茶、红茶和各种名茶供应。包装也很重要，要革新，使大家买了茶叶感到很满意，这件事大有可为。

敬祝优质出口红碎茶研讨会召开
（电　文）

亲爱的同志：

　　由经贸、商业、农牧渔业部和中国茶叶学会联合举行的研讨会，今天在广西南宁市正式举行。我因年老体弱，未能参加盛会，深表遗憾，特草简单贺词，略表个人微忱。

　　回忆在1980年，我们曾在桂林集会，听到了许多宝贵意见；嗣我特赴南宁，面谒老友覃书记和其爱人韩炜局长等，许多新朋旧友，详细讨论过发展广西红碎茶的有关问题，并参观了不少茶区和茶厂，深深理解到发展广西红碎茶的重要性和迫切感。从调查所知，广西具有极其优越，并为其他各地所望尘莫及的优势和条件，回北京后，我就拟具了发展广西红碎茶如能妥善进行，必然能大大超过印度、锡兰等国的报告。我们不仅有优越的资源，且又有勤劳耐苦的人力，在社会主义新的政治方针推动下，我们深信在"七五"计划时期内，就可使茶农致富，并为国家大大创汇。

　　当前亟待解决的问题是如何把大部分农民组织起来和训练一大批推广人员的问题。首先要依靠群众自动的组织，并由政府贷款进行开垦。其次要训练技术人员，特别是试用和制造新式简单的红碎茶机器，按海南岛当地的经验，三年即可开始制造；至于推广人员，可由农业部负责进行招聘和训练。首先是各地农业院校的毕业生为数业已不少，其次就用各地原有茶场中的技术人员，此外还可招收茶区，特别是少数民族的穷困地区的适龄青年，边训边练，亦即中央最近所提倡的职业教育生。

在广西自治区各地种茶有成绩的（大部都是），或国营农场中已有生产和制造经验的青年，都可量材录用。

此外，也可采用多种经营方式，首先是招请前线退伍战士，仍在前线一带创办军垦茶场，或筹设集资，或招收外资以及其他各种形式。

以上所述管见，仅供参考。

顺祝同志们工作愉快，身体健康！

（1986 年 7 月致全国优质出口红碎茶学术研讨会）

红碎茶发展简史和展望

据史书记载我国在明代（1368—1644 年）已创制红茶，19 世纪上半叶我国红茶制造技术先后传至印度尼西亚、印度、斯里兰卡和苏联等早期种茶的国家。我国素以工夫红茶闻名于世，尤以祁门工夫红茶，驰誉英伦，唯均以手工揉制成条形叶茶。随着英国 19 世纪的工业革命，1873 年英人杰克逊（Jackson）设计成功第一台实用揉捻机，烘干机也同时产生，使红茶加工技术由手工制造发展到机械化。唯当时的揉捻机均模仿手工的动作和运动规律，制成的茶叶成条形，保持中国工夫红茶的风格。

随着筛分技术的出现，如早期的摩尔（Moore）式圆筛机和复层抖筛机，把条形茶中的碎茶分离出来，使红茶的加工拼配技术，从大小、条碎混合的工夫红茶，演变为条碎分别拼配的分级红茶，花色品种分碎茶（BOP）、叶茶（OP）。由于市场的需要和消费者对碎茶的爱好，在盘式揉捻机的盘上设弧形棱刀，在盘中心设锥体或圆柱体，以增加碎茶的比例。目前如斯里兰卡、印度尼西亚还保持这些机器和工艺，这种工艺被称为红茶的传统制法。

1925 年前后，印度采用自然萎凋的方法，每当雨季，由于萎凋叶含水量太高，普通盘式揉捻机无法揉捻，有人利用饲料切碎机或烟草切丝机，把鲜叶切成细条，再用揉捻机搓捻成粒形的碎茶，这是从分级红茶向碎红茶演变，但茶叶的品质不及原来的好。1931 年威廉·麦克邱（William Mckercher）制成 CTC 机器，1958 年印度托克莱茶叶试验站又制成翼形转子式捻切机即洛托凡（Rotervane），这就形成洛托凡＋

CTC 的现代 CTC 制法。目前，印度 CTC 制法已占总产量 65 万吨的 70% 以上，肯尼亚 95% 以上的茶厂全部采用 CTC 制法，其他东非及孟加拉国亦均采用 CTC 制法，这已成为世界红碎茶的发展趋势。

新中国成立后，50 年代我主持原外贸部中国茶叶进出口总公司工作时，为了使我国茶叶加工技术摆脱手工制造的落后状态，从苏联引进整套红茶加工机械，安装在安徽祁门茶厂。后来又以贷款的形式，在上海、浙江生产了一批红条茶的初、精制机械，建立了四十六个国营红茶初、精制茶厂。后来鉴于印度已使用 CTC 制造红碎茶，消费者的习惯也开始转变，为此曾从印度引进马歇尔公司生产的 CTC 机器，分别运至浙江绍兴、云南勐海、湖南瓮江、广东英德，可惜未能发挥应有的作用。60 年代，除祁门外我国开始试制红碎茶，开始采用盘式揉切机，70 年代又转向转子机，到 80 年代又引进 CTC。目前，广东海南岛、浙江、湖南、四川、云南及江苏等地均逐步采用 CTC，开始转向 CTC 制法。

以上就是国内、外从条形工夫红茶发展到红碎茶的简要历史，现在谈谈今后我国发展红碎茶的展望。

根据当前世界茶叶市场的实际情况（红碎茶占整个茶叶销售量的 90% 以上）和我国现代化建设的需要，笔者曾向中央提出发展优质出口红碎茶的建议。1986 年 7 月，中国茶叶学会和农牧渔业部、外经部、商业部在南宁召开了"发展优质出口红碎茶"的研讨会，传达了国务院批转的三部关于建立出口农副产品生产体系的报告。要求"七五"期末全国茶叶产量达到的目标，出口红，绿茶的数量及创汇指标，是应该努力完成的。根据我国现有的生产能力和技术水平，措施有效，是可以完成的。今对实现这个宏伟的规划，提出下列几点建议，供各省茶业界参考。

发展优质出口红碎茶，不仅是"七五"期间的指导思想，也是我国茶叶生产今后长期的发展方向。到 2000 年我国红碎茶不论在产量或质量方面均应在国际市场上具有较强的竞争能力，一定要十分重视红碎茶的质量。中央三部提出"发展优质出口红碎茶"是十分正确的，是针对我国红碎茶产区品种不纯、采摘粗放、加工不认真、机器设备不适应的现状提出的，为此建议：

1. 农牧渔业部和西南几省农业部门和科研单位，必须重视试制优质红碎茶的茶树品种的选育、繁殖及推广工作。建立完整的良种管理体制，发挥我国品种资源丰富的优势，建立良种繁殖基地，保证良种的供应。凡发展新茶园或老茶园换种改植，必须推广优良品种，从根本上解决我国忽视茶树品种工作而影响产品质量的问题。

2. 必须严格掌握一芽二叶的采摘标准，调整优质出口红碎茶的收购价格。国际红茶标准规定粗纤维最高限量为 16.5%，要使我国出口红碎茶符合这一标准，一定要改变目前红碎茶采摘粗放的局面，有了嫩度质量才能保证，售价就能提高。一定要有经济措施去鼓励生产者执行一芽二叶的采摘标准。

3. 历史在前进，工艺在改革，我国红碎茶的加工工艺应跟上世界的发展形势。从现在普遍采用的转子机传统制法，逐步发展为 CTC 制法。有了良种和高质量的鲜叶又采用新工艺、新设备，精心制作，就能生产出优质茶。全国已有几家机械厂，为了茶叶生产的需要，已开始生产 CTC。建议中央三部在适当的时候，像 1978 年涞江转子机评比会一样，召开一次 CTC 的评比会，对已试制的 CTC 加以客观的评议和科学的评定，从中选出优良机种，扩大定型生产，在全国推广使用，把 CTC 制法普及全国。

4. 发展优质红碎茶需要科学技术，科研必须面向生产，这是中央提出的科研体制改革的方针政策。农牧渔业部中国农科院茶叶研究所、商业部杭州茶叶加工研究所、各省大专院校及科研单位对红碎茶新品种选育、生物化学、新的制造工艺、新的制茶机械做了大量的科研工作，希望这些单位继续围绕提高红碎茶品质这一中心，结合生产开展科研工作。建议农、商、外经部门积极协助科研单位推广科研成果，积极帮助科研部门结合红碎茶基地建设开展科学技术研究及咨询服务工作，在生产上发挥科学技术的作用，为发展我国优质出口红碎茶生产共同努力。

（原载《中国茶叶》1987 年第 2 期）

《中国茶树优良品种集》序

我国是茶的故乡。早在三千多年前，我国人民就发现茶的利用价值，并开始茶的栽培。唐代是中国古代茶业的鼎盛时期，茶的采制技术和饮茶习俗传遍长江南北。17世纪以来，茶作为商品运销海外，发展成为当今世界的三大饮料之一。

我国有十八个省（区）产茶。茶区辽阔，品种资源丰富，茶类多样，这是任何国家都无与伦比的。作为茶的"祖国"，我们有条件也有义务向世界介绍我国丰富多彩的茶树品种，以增加国际合作与交流，推动茶叶科技事业的进步。

我国现代茶树育种工作起始于20世纪30年代，但系统的事业研究还在新中国成立以后。四十年来，在资源征集、良种保存、新品种选育等方面，都取得了较大的成绩。对逐步实现良种栽培区域化、品种结构合理化、产品质量优质化方面都起到了积极的作用。对此，我甚感欣慰。农业部农业司、中国农业科学院茶叶研究所将全国茶树良种审定委员会1984年和1987年认定通过的五十二个国家级茶树良种编印成《中国茶树优良品种集》，旨在向国内外进行介绍和交流，以繁荣茶树育种事业。

最近，我编写的陆羽《茶经述评》已由农业出版社重新出版，意在运用当今的茶叶科学和生产实践新成果，对《茶经》进行注释，丰富其新内容，其中对品种也作了简述，但篇幅不多。《中国茶树优良品种集》的出版，我为之欣喜。此书对国家认定的五十二个良种作了全面介绍，集资料与图片为一体，图文并茂，通俗易懂。读者从中可以了解到优良品种的产地分布、生育习性、经济价值及栽培要点，又可作为引种推广的指南，也是生产、科研、教学单位的参考用书。

随着更多资源的开发和育种新技术的采用，我国茶树品种工作还会登上新的台阶，今后将会有更多优质高产、风格各异的新品种问世。

在《中国茶树优良品种集》问世之际，谨向编者、读者致意。人到高年，书不尽言。愿茶界同仁继续努力，愿华茶永葆青春。

吴觉农

1988 年 10 月

（原载中国农业科学院茶叶研究所《中国茶树优良品种集》，上海科技出版社 1990 年 8 月版）

《茶叶加工与加工机械》序言

我国是茶树的原产地，也是最早发现利用和以药用为饮料的国家。至唐代已成为民间普遍饮料。

我国茶叶向以质优价廉蜚声中外。19世纪末，独占世界市场，与丝绸同为出口商品的主产，有不少年份茶叶超过丝绸，居出口商品的第一位。嗣后因英、荷等帝国主义在印度、斯里兰卡等殖民地扶植茶叶生产，采用科学植茶，科学制茶，先后发明创造各种制茶机械，不仅使茶叶品质大大提高，成本大大降低，逐步在国际市场取得了优势。不到半个世纪，在印、斯茶叶的剧烈竞争下，我国又长期处于半封建半殖民地情况，对外贸易没有自主权，任洋商垄断，当时的政府又十分腐败，对茶农生产的利益不加维护，更由于中间剥削严重，在栽培管理、采制运销等方面，墨守成规，不图改进，致整个茶叶事业，陷于奄奄一息状态。

我国茶叶产品种类繁多，出口的外销茶，就有红茶、绿茶、乌龙茶、砖茶等。红茶里面，有传统的工夫红茶和现在积极提倡的红碎茶；绿茶中有珍眉、珠茶、贡熙等，其他茶的花色品种更多。近年来，国内外茶叶消费者的饮茶爱好随着社会经济条件的变迁而改变，如绿茶消费向红茶方面转移，工夫红茶消费向红碎茶、袋泡茶、速溶茶等方面发展。大体上，发展中国家以饮绿茶为多，工业发达国家以饮红碎茶为多。近几年来，世界茶叶总出口量中，红茶占90%，绿茶及其他茶只占10%，在红茶中则又以能快速冲泡的，具有浓强鲜的红碎茶占95%。我国出口红茶，向以工夫红茶为主，近年来为适应国际市场形势需要，已在云南、广东、广西、贵州、四川等大叶种地区积极发展品质优良的红碎茶生产基地。1986 年 7 月，中国茶叶学会和农牧渔业部、外贸部、商业部在南宁召开了发展优质出口红碎茶的研讨会，传达了国务院批转的三部关于建立出口农副产品生产体系的报告，付诸实施。今后外销，当以红碎茶为主流了。

茶叶生产，涉及面广，包括农工商，是一门综合性强的学科。诸如茶树的栽培管理，选育良种，合理采制，初精制机具的改革，科学地运用生化工艺技术，对外贸易等等，处处都关系到产品的质量，生产成本和生产经营者的经济效益以及广大消费者的利益。

吕增耕同志从事茶叶生产工作已达半个世纪，尤其对各类茶叶的制造和机具，造诣较深。现以其在实践中潜心研究，编撰了《茶叶加工与加工机械》一书，内容详尽，可供中等以上茶叶专业学校学员教学参考之用，也可作为广大茶叶工作者从事实践科研的参考，因乐为作序。

中国茶叶学会名誉理事长　吴觉农
1987 年 5 月时年九十有一北京

（原载吕增耕《茶叶加工与加工机械》，科学普及出版社 1989 年 8月版）

中国饮茶的习惯

　　中国人饮茶，大抵有这样几种不同的目的：一种是把茶当作药物，饮茶用以防治疾病。由于饮茶确有健身和防治疾病的效果，很多人就把茶作为健身饮料，久而久之，养成了饮茶习惯。一种是把茶当作生活的必需品，不可一日或缺，甚至每餐必备，由于生理上的需要，一般是以肉食为主、缺乏蔬菜的地区的人，例如蒙古、康藏等牧业地区，茶叶成了该地区的必需品，从而代代相传下来。又一种是把茶视为珍贵、高尚的饮料，饮茶是一种精神上的享受，是一种艺术，或是一种修身养性的手段。这也有一定道理，生理作用与精神作用是密切相关的。《茶经》作者陆羽可说是一个讲求精神效果的代表人物，日本的茶道也属于这一类型。正是由于茶叶具有满足人们不同目的要求的特性，饮茶之风才有了它的物质的和社会的基础。

　　在《茶经》的写作年代，茶的种类，只有属于不"发酵"茶类的粗茶、散茶、末茶和饼茶，其中饼茶是主要的。在人民大众中，饮用前对不同的茶叶先作不同的处理（斫、熬、炀、舂），然后用沸水冲泡，这就是《茶经》所说的"痷茶"；有的再加葱、姜、枣等添加物，用以调味，"煮之百沸"，然后饮用。前一种冲泡法现在还非常流行；后一种煮饮法在我国西南、西北地区以及中亚、西亚和非洲的一些国家也流行很广，仅在具体做法和饮用器具上有所不同。但陆羽把用这两种方法调制的茶汤，看作沟渠中的弃水，表明了陆羽饮茶的目的有着与众不同之处。

　　我国最早的饮茶方法，据《广雅》说：

"欲煮茗饮，先炙令赤色，捣末置瓷器中，以汤浇覆之，用葱、姜、橘子芼之。"

又据明朝慎懋官《华夷花木鸟兽珍玩考》所记：

"唐李德裕入蜀，得蒙顶，以沃（浇的意思）于汤瓶之上……"

可见用沸水冲泡或加葱、姜之类的调味品早已为一般人所试用。

《茶经》所提倡的煮茶方法，在《五之煮》中已有详细的说明。陆羽对茶汤的"沫饽"和香味都非常珍视，而冲泡和"百沸"都不获得"沫饽"和香味鲜爽浓强的茶汤，这就是他反对民间习惯方法的原因所在。民间着重于茶的物质效果，而陆羽则重视精神效果，这是很明显的。

《茶经》作者是主张常年饮茶的，所以他说，"夏兴冬废，非饮也"，这表明他认为饮茶并不仅仅为了在夏天解渴、消热，即使在寒冷的冬天，还应照样饮茶。为什么要常年饮茶，《茶经》没有加以说明。从现在看来，由于茶内含有多种有益于人体健康的物质，所以经常饮茶，确是既能健身，又能防治疾病。有饮茶习惯的人，无论中外，也不是"夏兴冬废"的。但从全文来看，"夏兴冬废，非饮也"，是对不重视饮茶的精神作用，而偏重于饮茶的解渴作用亦即饮茶的生理作用的批评，因为从生理上说，夏天天热，需要饮茶，冬天天冷，可以少饮或不饮，但在精神生活上并无冬夏之分，常年饮茶是必要的。

《茶经》作者所提倡的饮茶方式，也与众不同。《红楼梦》"贾宝玉品茶栊翠庵"一回中所说的妙玉泡茶款待宝玉的故事，对《六之饮》中所说的饮茶方式也是一个很好的注解。妙玉讥笑宝玉说："岂不闻一杯为品，二杯即是解渴，三杯便是饮驴?"曹雪芹笔下的妙玉，认为饮茶一杯已足，亦即她饮茶的着重点于"品"，可说是领悟了《茶经》的饮茶艺术了。

《茶经》所说的"夫珍鲜馥烈者，其碗数三……"说的是煮一"则"茶末，只煮三碗，才能使茶汤"珍鲜馥烈"，如煮五碗，味就差了，所以，五个人喝茶，也只用三碗的量。在《四之器》中，煮水的熟盂，容积二升，越瓯（碗）的容积半升以下，两者大致是四与一之比，不能超过五碗是受熟盂容量限制的关系。直到现在，讲究喝乌龙茶的人，所用茶壶的大小，也随人数或盅数而定，他们先闻香，后品味，茶杯很小，饮茶的目的主要也在于精神上的享受。

《茶经》作者饮茶，特别重视茶汤的香和味"珍鲜馥烈"，并说"嚼味嗅香，非别也"，就是说，"干看"不能鉴别茶叶品质，必须"湿看"茶汤，看汤的"沫饽"，品汤的香味。

到了宋代，在上层社会里风行"斗茶"，也称"茗战"，当时为了把最好的茶叶进献给皇室，千方百计地搜罗名茶，经过斗茶，评出"斗品"，充作官茶。斗品的要求，在蔡襄《茶录》中有详细的记述，主要是"茶色贵白""茶有真香""茶味主于甘、滑""点茶……着盏无水痕为绝佳""茶盏……宜黑盏"。当时的斗品虽也是不"发酵"的蒸压茶，但对茶汤的要求，却没有具体提到《茶经》所说的"沫饽"。

宋徽宗赵佶在《大观茶论》的序言中，曾吹嘘斗茶的风气是"盛世之清尚"。其实，斗茶不过是一种茶叶品质评比的方式，与陆羽以精神享受为目的的品茶是完全不同的。由于品茶是以精神享受为目的的，所以我国古代诗人曾写下了大量的咏茶诗句，陆羽在《七之事》中，就引述了左思的《娇女》诗和张孟阳的《登成都楼》诗。饮茶与吟诗结下了不解之缘，说明了饮茶与精神上的享受的关系。

把饮茶或品茶作为精神上的享受，虽然是历代文人所提倡的，但在我国民间也颇流行。众所周知的闽南人和广州大小茶馆中的群众，就是用欣赏品味的态度来对待饮茶的。许多地方都有吃早茶或在清早上茶馆的习惯，这都不是为了止渴、提神，同时，除少数中上级的茶馆外，也不十分讲究茶的质量，只要一壶在握或一杯在手，就感到怡然自得了。

（原载科学随笔经典丛书《大自然的召唤》，科学普及出版社 1999 年版）

我在崇安茶叶研究所的一些回忆和感想

抗日战争中期和后期，国民党破坏抗日统一战线，"真反共，假抗日"的丑恶面目日益暴露，国难当头。在这样的境遇下，我们这些技术人员的微薄力量早被抛弃一边，然而不少朋友却勉励我更要向前看，特别记得故友复旦大学教务长孙寒冰先生和当时在复旦大学任教的陈望道教授，都鼓励我要积极培养专业人才，从事科学研究工作。在他们的提议、鼓励下，商得了吴南轩校长的同意，在该校农学院添设茶叶系科，并经在重庆友人毕相辉、陈方济和罗绳武、冯和法等同志帮助筹备，从各省茶产地和在重庆招了两班茶叶系科几十名学生，并在系内设立茶叶研究室和在附近缙云山预备筹设茶叶实习场，总算实现了在我国高等院校设立茶叶系科的愿望。这是我在重庆时个人感到愉快的事情之一。

"珍珠港事变"爆发后，我们所有的海上通道全给堵塞了，作为我国珍贵出口特产的茶叶，也就不再是那些无止境地贪婪地发国难财的官商们的争夺对象了。但茶叶购销停顿，茶农求售无门，茶园荒芜，这些情况对每一个以茶业作为自己第二生命的人来说，心情是不能平静的。当时贸易委员会的主持人之一邹秉文先生，正拟筹设外销物资增产委员会和茶叶、桐油、蚕丝三个研究所，为战后扩大外销物资打个基础。这时，我在重庆即使像复旦的工作也受到意想不到的阻挠和困难，不少朋友劝我离开复旦。因此我在邹秉文先生的鼓励下，把筹设第一个全国性的茶叶研究所的任务担当了下来。

筹组茶叶研究所首先碰到的是所址问题。当时抗战的后方云南、贵州和四川都生产少量茶叶，而云南的佛海（今勐海）、顺宁（今凤庆）

已设有茶厂，贵州的湄潭设有茶业改良场，四川的灌县也已设有茶厂，同时了解到大叶种可制优质红茶的宝贵经验，应该说在后方设所是比较方便的。但因当时出口的茶叶几乎全由东南各省所生产，而云南的佛海、顺宁都在边境，交通十分不便，更主要的是来自当时地方军人方面的阻力，他们各霸一方，设置中央性质的机构是不允许的。同时为了原生产外销茶地区推行茶树更新运动，所以决定设在东南地区。

1941年我再次到了东南，一方面接洽推行茶树更新工作，同时联系勘定茶叶研究所的所址。其时正值位于武夷山麓赤石街畔的福建示范茶厂改组，经商得省方同意，厂址及所属茶场归由茶叶研究所接管，茶叶研究所所址就设在武夷山麓，这里有前福建示范茶厂经营的巍峨厂房，山上还有十多个专制岩茶的名厂和企山的广阔茶场等良好的基础，当地的品种资源又十分丰富，在烽火遍地的当时，确实是一个十分理想和非常适宜的所址。但在战时的环境中，惨淡经营却也面临不少问题：一是购置和建设试验研究必要设备方面的困难；二是在交通险阻的情况下，不可能从各方面邀请各种学科的专家前来共同从事。设备还可因陋就简，而人是决定性的因素。所以首先就要组织起一支精粹的茶叶科研队伍。我深深怀念和感谢几位已故世多年的老战友，如蒋芸生同志，他是浙大的老教授，竟然不顾在福建永安的园艺改良场的职务，而愿担任茶研所的副所长；叶元鼎先生是农学界的老前辈、农业专家，过去领导过茶叶检验工作，他也欣然到崇安担任研究员；叶作舟同志也是一位名教授，编辑过《东方杂志》，对经济学、文学都很有研究，也应邀负责推广组工作；汤成同志和我共事茶业多年，也是名茶师，都应邀负责了研究所的总务工作。

我也要感谢现在正在为四个现代化建设而努力、不少过去共过事的老战友，他们放弃了原来的工作，不辞艰苦应邀来到崇安，他们中有王泽农、朱刚夫、陈为桢、向耿酉、钱梁、刘河洲、庄任、许裕圻、陈舜年、俞庸器、尹在继等不少同志，在战事扩大，局势紧张，赤石所址连遭轰炸，部分房屋被炸毁的情况下，各地茶业志士都纷纷到达，替疮痍满目的赤石和企山茶场增添了不少的活力和生气。

茶叶研究所成立后开展的第一件工作就是推行茶树更新运动。这项工作原定由我负责在东南联合各省组织成立茶树更新运动指导处进行。各项经费则由负责茶叶统购统销业务的贸易委员会所属中茶公司拨付。原计划第一年经费为一千万元，后因战事及经济关系，中茶公司决定不另设机构，改为委托茶叶研究所办理。

在茶树更新运动的实施过程中，和别的战时工作一样遭到两重不易解决的困难：一是战事的影响，其二是物价飞涨，加上经费一减再减。茶树更新对茶农的补助办法，逐渐失却效用，如每亩茶园的更新补助费只二十余元，仅值当时短工一小时的代价。三年来的工作地区达浙、闽、皖、赣四省的十一个茶区，二十多县的一百四十七个乡镇，更新茶树一千余万丛，培育茶苗二百万株，并完成四省外销茶区的土壤调查工作，而负责经费的中茶公司当局正以贪污腐败为各方所责难，对茶树更新工作，漠不关心，致使茶树更新工作无形夭折。

研究所的经常工作分为栽培、制造、化验、推广四组进行。三年多的时间是短暂的，但试验研究工作也做了不少，有的可能到现在还有现实意义，概括起来有如下各项：

一、栽培方面

目的是探索改良品质，增加产量，节减成本。从栽培的途径分别进行了育种、繁殖、生理、修整和病虫害等试验研究。如①育种试验：就鉴定、选育、创造三种途径七个方面进行研究。②繁殖试验：计分播种、压条、插木及接木四项，进行了十余种试验研究。③生理试验：因受设备条件限制，只进行了茶树日照试验。④修剪试验：只进行了定型修剪、剪枝时期、摘花摘果和茶树台刈的高度、时期、方法等试验。⑤病虫害试验：进行了茶区病虫害的调查，搜集标本及开辟茶树害虫的饲育场，观察害虫生态与习性等项试验研究。

二、制造方面

茶叶制造方法的亟待改进，是当时各方所一致要求的，也是提高质量，降低成本的主要一环。所以在当时的条件下，作了如下一些试验研究。即①从事各品种制造红、绿茶的比较试验，探索各品种的适应性。②就各种茶叶的制造方法作比较试验，为今后各地改进产制技术探索途径。③为战后出口茶叶的标准化、分级化作好准备，克服品质庞杂、价格混乱现象，从事红、绿茶分级及拼配试验。④研究包装贮藏方法，以保持茶叶品质及耐长途运输。⑤从事机械制茶及制茶机械的研究和设计，以提高品质，降低成本。

三、化验方面

根据当时的设备条件，进行下述各项研究工作：①进行茶区土壤的调查研究及肥料试验。以王泽农同志为主重点作了武夷茶岩土壤调查分析，基本搞清楚土壤环境、形态、特性以及管理建议，并会同福建省地质土壤调查所对闽北崇安、水吉、邵武茶区的土壤作了详细调查。②从化学分析研究，探求茶叶分级的成分标准。③分析茶叶制造过程中的各种内含物质的化学变化，以配合产制技术的改进。④以工业试验，利用变质陈茶及台刈的废枝叶，提取工业原料及医药用品等等的研究。

四、推广工作方面

计分辅导推广、调查统计及编印刊物三项：①辅导推广即以推行茶树更新运动为主，已如上述。②调查统计工作主要有崇安桐木关、武夷山、八角亭各茶区的概况调查；浙、皖、闽、赣四省内销茶产销调查；历年国茶对外贸易输出统计等。③编印刊物计有《万川通讯》《武夷通讯》及《茶叶研究》等定期刊物。不定期刊物计有丛刊六种，研究报告七种，调查报告十二种，宣传小册子六种，以及专门译著等。

抗战胜利的消息，沸腾的歌声和鞭炮声，响彻在武夷山麓企山茶场的上空，惨淡经营的茶叶研究所在凯旋声中却被一纸电令随着贸易委员会中茶公司等结束了。抗战八年我从事茶叶统购统销等行政工作，也筹备了复旦茶业系和在茶叶研究所等研究工作，不是先天不足，即是后天失调，都没有能达到我所向往的振兴祖国茶业的设想。这使我深深懂得在旧社会里办什么事都不会有好结果的。

历史的车轮滚滚向前，黎明前的黑暗毕竟是短暂的。上面片段的回忆，在历史的长河中，更是弹指一霎间的往事。

中华人民共和国成立，全民族解放了，祖国的茶业也获得了解放。今天展现在我们眼前的茶叶科研机构，从中央到主要茶区的省（区）已普遍建立起来了，有应有尽有的各项研究设备，有充裕的试验研究经费，又有宏大的研究人员和后续队伍。党和政府给予茶业科研战线以这样优越的条件，想想过去，比比现在，我在感奋之余，觉得现在茶业工作者是多么幸福啊！尽管林彪、"四人帮"给科研工作造成了极为深重的毒害，但在党的及时拨乱反正和积极领导下，现已迈步进入四个现代化的新的长征时期了。我们应该怎样地把自己的毕生精力投入到为祖国茶业生产、科技现代化的长征中尽些力量呢？在我们伟大、光荣、正确的中国共产党领导下所创建的中华人民共和国建国三十周年纪念之际，略抒个人所见，以就正于在积极实践中的茶业工作同志：

（1）科研单位和茶叶工作者首先应从思想上解决 95% 和 5% 的问题。茶叶这个传统商品，既出口又内销。在实现祖国四个现代化的建设中当然要发挥出口的作用，尽可能多地争取外汇收入。目前世界茶叶总销量的 95% 左右是红茶，绿茶不过占 5% 左右，红茶中的 98% 以上又是浓、强、鲜、香度高的红碎茶。我们要扩大出口，自应以发展这类红碎茶为重点，这是毋庸置疑的。绿茶和其他茶的出口当然也还要扩大，同时也要努力满足国内人民日益增长的需要，但科研安排上应有一个主攻方面，并要知难而进，不能遇难而退。

（2）明确了主攻方向，才有斗争目标。当前主要发展的为滇、黔、桂、粤、川等南部无霜地区的浓、强、鲜、香度较高的红碎茶。为此，对最适宜于制造红碎茶的大叶种品种的选育，繁殖推广以及采用新式的转子揉切机，CTC 机和 LTP 机等制茶工艺，逐步实现初精制一体化等科学研究，就显得十分迫切需要。其他工艺设施、生物化学等科学研究，也需要紧紧跟上。同时，也要就闽、皖、赣、湘、鄂等原生产传统工夫红茶的地区，从事大叶种的杂交和选育能抗寒的优质红茶品种，为创造高香红碎茶准备条件。

（3）指出重点，并不排除内外销绿茶、乌龙茶、紧压茶、速溶茶和其他茶类的科研工作。这里的重点还普遍存在一个提高质量的大问题。如外销绿茶必须研究提高质量并使之等级化、标准化，并试制和恢复各地名茶，以充分运用我国绿茶的品质特点，大力宣传争取更多的消费者，从而扩大销售地区，增加出口数量，其潜力也是相当可观的。又如传统的工夫红茶，也应研究保持品质特性，向高级名茶方向发展，以维系传统的爱好者。所以各省（区）的科研单位，都要因地、因茶、因销售情况，分别制定各种研究项目才好。

（4）各级茶叶科研机构应增设关于茶业经济的研究推广部门，使科研人员既要了解研究茶叶的栽培制造等有关生产上的问题，还要研究生产管理，流通分配等各个环节的全貌，对如何提高品质，增加产量，减少环节，节减各项费用，以及健全体制，改进经营管理等，都要进行有关经济科学的研究讨论，这也是当前的关键问题。

（原载《中国茶叶》1979 年第 3 期）

中华农学会

——我国第一个农业学术团体

自从鸦片战争以后，随着爱国运动和资产阶级民主革命思想的传播，废科举、办学堂、派留学生，中国出现了一个不同于旧式文人或封建士大夫的新式知识分子群。到了辛亥革命，国内学农的以及留学美国、欧洲和日本学农回国的学生一天比一天多了起来，这时，国内也已经创办了一些农业学校，如京师大学堂农科，甲、乙种农业学校，农业讲习所以及一些农业试验机构，其中一些人也参加了农业方面的工作。但是他们当中的大部分人，一方面身受帝国主义、封建主义和官僚资产阶级的压迫，又受到了"毕业即失业"的痛苦；另方面也了解和目睹了国外农业技术的发展。他们既有着朴素的爱国思想，又有了初步的科学知识，就都希望为我国这样一个以农立国的国家，施展所学，发挥所长，俾有利于国计民生。因此，在农学界建立一个统一的学术组织，相互学习，相互研究，改进和推广我国农业，就成为当时农学界的迫切要求和任务。

1916 年，是中华农学会酝酿筹备的一年，也正是辛亥革命后的第五年，距中国共产党的成立，也恰好是五年。这时，第一次世界大战还在欧洲剧烈地进行着，全世界正处在日益动荡不安的局面之中。在我国，当时所谓的赛先生（科学 Science）和德先生（民主 Democracy），正在各地当作学习和宣传的资料，所以，以国内和日本留学生为主的二三十个学农的同志，就在这年秋季集中在上海为建立一个中国农学团体进行筹备工作。他们的目的是：凡全国研究农业科学的人们都应联合起来，共同研究，分工合作，以改进我国农业的落后面貌并提高我国农民的生活水平。1917年1月，尽管当时时局很不安定，还是在上海南市假江苏省教育会召开了"中华农学会"的成立大会，这样，农学界瞩望已久的我国第一个农业学术团体——中华农学会终于成立。当时的会员，计有王舜成（日本东京农大农学士、苏州第二农校校长）、周清、陆水范（北京京师大学堂毕业）、陈嵘（日本北海道农科大学林学士，陈、周都担任过浙江农校校长）、吴桓如（日本农实科林业系、上海南菁中学农科主任）、过探先（美国康乃尔大学农学硕士、南京第一农校校长，是我国最先提出农业基因学说的一位专家）和唐昌治（江苏淮阴农校校长）、余天御、王沚川（南京第一农校教员）等五十余人，会所最初设在南京三牌楼南京第一农校。

在该会创立初期，曾为该会做出过较大贡献的，还有值得提出的几位同志是，丁颖（日本东京帝大农学士，是一位水稻专家，解放后，曾任中国农业科学院院长）、邹树文（美国康乃尔大学农学士、伊利诺大学科学硕士，是一位昆虫学专家）、蔡邦华（日本鹿儿岛高等农林学校毕业，曾在日本东京帝大农学部和德国柏林大学动物博物馆研究过昆虫学），以及当时正在浙江省立蚕桑学校（其前身为清代的杭州蚕学馆）工作的朱显邦、郑紫卿等。

中华农学会是在当时北洋军阀头子袁世凯窃据政权以后和各地军阀不断发生内战的情况下创立的，在这样黑暗的日子里，通过农业学术组织，把分居各地的成员结合在一起，自己筹款，自己出钱，自己出力，以迄后来发展成为国内外知名的农业学术团体，并一致公认是国内的最大学会之一。在它成长壮大的过程中，并不是一帆风顺的，它在三十年来群策群力的苦心经营下，最后发展会员达到4 356人（据1945年该会刊行的《会员录》），分布于全国各农业教育和研究机关，另在各重要省市设立分会和地方干事，并在美、日、法、德等国留学生中设有干事，以联系在各国学农的会员，此外，还有团体会员一百三十五个单位。应该说，它对旧中国农业人才的培养和农业技术的发展，是起过一定积极作用的。

一、会务活动

中华农学会的会务活动，是在困难中开展起来的，主要的会务有：

1. 举行年会

年会每年举行一次，开会时，除由学会领导人向会员报告会务外，并由会员发表学术论文。自 1918 年在上海举行第一届年会以来，直到 1936 年在镇江举行第十九届年会为止，按年举行，从未间断。年会开会的地点，在北方曾在北京、济南、青岛等地举行过；在南方，则有上海、南京、杭州、苏州、南通、安庆等地。每届年会，会员都踊跃参加，如 1928 年在南京举行第十一届年会时，会员到会的竟多达四百余人。与会会员，除交流学术和互相了解各地的农业情况外，有的还通过年会，寻朋访友，主要是借以了解各有关机关、学校的人事需求状况，从而解决各自的职业要求，一般地说，每届年会都或多或少地解决了不少会员的这一切身问题。

中华农学会年会史上具有历史意义的一次年会，是 1926 年的第九届年会，开会地点在广州。由于当时很多会员在北洋军阀的连年混战中深深懂得，要想发展我国的农业，不仅要依赖新的农业科学，而且还需要有一个能切实为人民办事的政府和全国统一的政治局面，因此，为了参加这届年会，他们都不顾北洋军阀和当地政府的监视和阻挠，无不怀着一颗欢庆国共合作的革命热烈心情，毅然从各地纷纷南下，不畏长途跋涉和政治压迫，赶来参加了这届年会。在这里应该指出的是，只有这届广州年会，与会会员往返上海、广州间所需船费，都由招商局轮船公司免费供应，在广州的食宿费用，也都由当地政府招待，其余历届年会，所有会员前往开会处所所需的旅费以及开会期间的食宿费用，都要由自己负担，这就不由得不使我联想起现在的中国农学会在开会时，所有与会人员的一切费用全部由国家承担的这一创举。

2. 刊行《会报》和《专刊》

该会自 1918 年刊行第一期《会报》开始，截至 1948 年止，共刊行了《会报》一百九十期。由于《会报》专业性较强，内容也较丰富，因此，不仅会外订阅者极为踊跃，国外订购和函请交换者也络绎不绝，已一致认为它是国内重要会报之一。但《会报》在刊行之初，也是备经曲折的，仅名称一项，就经过了几次变更，最初名为《中华农学会丛刊》，后因经费关系，和中华森林学会的刊物合刊，改名为《中华农林会报》，其后，由于两会宗旨各不相同，又分别刊行，改名为《中华农学会报》。会所迁往上海后，经与中华书局商订印行，复改名为《中华农学会丛刊》。到了 1928 年第十一届年会时，经年会议决：收回自印，仍复原称，从此，会报的刊行，才走上了正轨。

《会报》最初刊行时，还是一种不定期的刊物，自 1930 年起，才正式实行月出会报一期的规定，直到 1936 年为止。自 1937 年抗日战争爆发，以迄解放前的 1948 年，就又保持着不定期的状态。

1920 年 8 月第三届年会议决，每出《会报》五期，就在《会报》上刊行一次《专刊》。《专刊》的内容，计分蚕丝、稻作、农业教育、茶叶、除螟、蚕业合作、作物育种、植物病虫害、园艺、森林、农艺化学、畜牧兽医、农业经济等十三个专题，由于这样的《专刊》内容比较集中，并能各就学术问题抒发己见，因此，刊行以来，深受读者欢迎。此外，《专刊》上还刊行过费耕雨先生和许叔玑先生纪念刊，该会成立三十周年纪念号等。

这里介绍一下许叔玑和费耕雨两位先生。

许叔玑名璇，在该会创立初期，曾先后担任过总干事和委员长，对该会的成长壮大，曾发挥过很好的作用，为此，该会曾为他设置了纪念奖金。他是一个农业经济学家，他的优点之一，是知人善任。在他早年担任杭州农学院院长期间，曾把一个学有专长、深受学生爱戴的普通讲师蒋芸生，一举提拔而为教授，这在当时是很难得的。蒋芸生在解放后，也是由于他的专长，被任为浙江农业大学教授和副校长，并且是中国农业科学院茶叶研究所和中国茶叶学会的创办人之一。而这样一个专家，早在几十年前，就已为许叔玑所知了。

谈到费耕雨，他有一个很感人的事例，即他逝世后，遗嘱把他一生工资积余的银行存款一万余元全部捐赠该会。这种一心为公的忘我精神，深深地令人敬佩。费先生毕业于苏州二农，是只具有高中文化程度的人。他爱好昆虫学，肯钻研，刻苦自学日文和英文，不仅能阅读国外昆虫学科方面的科技书籍，还经常撰写有关昆虫学科的论著，向国外投稿时，即以所得稿费换回国外有关书刊。并曾担任浙江省昆虫局长，可惜，中年死于肺结核病。该会为了纪念他这种丝毫不计较个人得失的献身精神，也为他设置了纪念奖金。

此外，该会还发行了农业丛书二十三种。这种专业性较强的丛书，由于销量关系，各书店多不愿承印发行，因此，其中的大部分，是会员自己出钱印刷而由该会代为经售的。

3. 开办研究所和进行学术交流

该会于 1928 年曾与德国爱礼司肥料公司合作，在上海合办了农学研究所，并附设农事试验场，当时研究所所长由许璇兼任，研究员由梁希、陈方济兼任，试验场的技术员是周汝沆。合办的目的，是为了从事该公司出产的狮马牌化学肥料对稻、麦、棉等主要农作物的肥效试验。该公司除供给有关的图书和仪器设备外，每月还拨给关银一千两，充作试验研究的经费，后因该公司的资本家抱着唯利是图的态度，提出了无理要求，就由农学会自动地无条件地解除了合作协约。

该会还自 1926 年起曾与日本农学会商定，每年彼此互派农学专家五人出国，研究各该国的农业情况，以便相互交流学习。这种活动，直至 1930 年才停止。

二、组织和人事

该会的组织形式，是在不断发展壮大的过程中逐渐完备起来的。起初，会员人数不多，只设有总干事长一人，总干事和学艺专员若干人。后来，随着会员的日益增多，设置了理事会和各项专业委员会，各地还设有分会和地方干事。该会理事会的产生方法，是在每年举行年会时，每个会员民主选举理事，除原有理事为当然候选人外，另推选出候选人若干人，经过酝酿后，列出候选理事名单，然后采取在年会进行选举选出候选人，再把这些候选人用通信选举的办法，产生理事十九人，组成理事会，由理事会产生理事长、副理事长、总干事各一人和常务理事六人，每月或两月开理事会一次。理事会下设研究、编译、总务等各组，组设主任。此外，在理事会下，还设有九个专业委员会。

会员分个人会员和机关会员两种。在个人会员中，又分为名誉会员、赞助会员、永久会员和会员四种。

这里，我要介绍一下该会最早的会员之一的陈嵘先生。他是我国造林学及森林植物学专家，曾先后获得日本东京帝大林学士和美国哈佛大学科学硕士学位，回国后，曾担任过浙江农校校长和南京金陵大学农学院森林系教授兼主任。他治学严谨，又克勤克俭，不务虚名，终身从事研究工作，成就很大，他所著的《中国树木分类学》和其他专著在林学界是很有声望的。他还曾为江苏省筹建了江苏省教育林，既培养了树木，又积累了资金。在他担任该会理事兼总干事期间（当时的理事长是王舜成），曾为该会筹募资金，于1930年在南京双龙巷购置地皮，为该会新建了会所，这样，使该会在创立了十几年之后，才有了自己的固定会所。同时，他自己还为学会捐钱捐书和积累基金二十余万元，可以说，他是一位为农学会事业而努力献身的模范人物。

三、经费和会所

农学会是一个群众性的学术团体，并无固定的经费来源，所以创立时从筹集经费来看是十分困难的。在这方面，除了历届领导人的苦心擘画外，还在于群策群力，共同维持。因此，到了该会创立三十年的时候，也就是临近结束的1947年，它的经费的收支总额，竟达到了三亿一千三百余万元（约折合通货膨胀前的二十余万元）。它的经费来源，可分为下列五项：

1. 学校和研究机关的机动会费；

2. 永久会员和赞助会员的会费（一次缴会费一百元的为赞助会员；一次缴会费四十元的为永久会员）；

3. 会员入会费；

4. 会员常年会费；

5. 会员特别捐款。

在会员特别捐款中，曾有过前述的会员费耕雨把他一生工资积余的银行存款全部捐赠该会的感人事例。而与此形成鲜明对照的是，北洋军阀政府农商部在该会创立之初，曾批准拨款五万元补助该会作为经费，但屡经催询毫无结果，这一口惠而实不至的欺骗行为，只能给广大的会员留下了笑骂的资料，同时也激发了他们自力更生的精神。

此外，为了培植农业技术人才，该会还募集有奖学基金及各种纪念奖金。纪念奖金的部分内容有：

甲、费耕雨先生纪念奖金专奖有关昆虫研究的论著。

乙、许叔玑先生纪念奖金专奖有关农业经济方面的论著。

丙、黄聘珍先生纪念奖金专奖有关农业化学方面的论著。

丁、梁叔五先生六十寿辰纪念奖金专奖有关林业科学的论著。

戊、孙玉书先生五十寿辰纪念奖金，专奖有关棉作方面的论著，并用以资送对棉作有研究的学生出国留学。

该会为了奖励农业专科以上学校及农业研究所对农学进行研究，还自 1943 年起以奖学金基金二十余万元的利息 60%，作为各农学院研究生奖学金；以 40% 作为一般农业专科学生奖学金。前者定额十二名，后者定额一百名。

奖学基金二十余万元是怎样积累起来的呢？这是有一段艰苦历程的。在该会前期的领导人许叔玑逝世后，经陈嵘和梁希（即上述的梁叔五）等人的倡议，除会员所缴的常年会费，留作该会日常开支外，所有机关会费，永久会员和赞助会员的会费和会员入会费以及其他捐款等，一并存入银行生息，这样，从 1917 年创立至 1937 年的二十年间，就由原有的少许积余积累到二三十万元。在这期间，还由于陈嵘和干事陈方济对这笔基金的苦心维护，平时，尽量樽节一切不必要的开支，并把余款储存银行生息，以致得以愈积愈多，从而为该会的业务发展做出了有益的贡献，实在是令人心服的。

在会所方面，从该会会所的变迁来看，也可以深刻地了解到它在创立当时是怎样的艰苦。该会于 1917 年创立后，即借用南京三牌楼江苏省立第一农校校舍为会所，开始办公。1923 年，北洋军阀中江苏的齐燮元和浙江的卢永祥发生内战，战争烽火燃遍了江南，由于会务在南京已无法进行，就由该会干事陈方济带同文件表册和账簿等，先到苏州借用江苏省立第二农校为临时会所，到 1924 年又暂移上海。这时，理事长王舜成就把该会图章和名册等，交由当时在上海的几位青年同志汤惠荪、陈方济、朱凤美、吴觉农、蔡邦华等分别负责。后来，在许叔玑的主持下，经过苦心经营，会务才出现了蒸蒸日上的景象，使中华农学会的声名与当时在上海比较有名的中华职业教育社并驾齐驱。当时该会不仅接待宁、沪、苏、杭等地的农学界同志，还接待国内外农业专家进行讲学座谈，并和国外的农业专家进行互相访问，如与日本农学会互相访问以及筹办农学研究所，都是这一期间的会务活动。后来以国内局势已较为安定，于 1930 年 1 月又迁回南京，在陈嵘先生的努力下，会务活动日趋活跃，仅就该会所藏的书籍一项而论，由国内外捐赠的和自行购备的已具有相当规模。1937 年，抗日战争全面开始，该会也由南京迁到重庆，在中央大学农学院内借了一张桌子继续办公。直到 1942 年，在邹秉文担任代理理事长期间，才又募集了一批资金，在重庆枣子岚垭新建了一所二层楼房，作为会所。以上这些曲折的经过，清楚地表明了在北洋军阀和国民党反动派统治下的旧中国，仅仅一个会所的问题，也要尽自己最大的努力才能得到解决。同时，也深刻地显示了这个有着三十余年历史的中华农学会，其所以在业务活动方面能不受反动势力的驱使，关键就在于它始终保持着独立自主的精神，从而在这一方面也为学术团体树立了一个比较良好的楷模。

这里介绍一下邹秉文先生。他早年毕业于美国康奈尔大学，曾任东南大学农科主任长达十年，当时他不仅注意物色稻、麦、棉等学科的专家，还积极培养这一方面的人才，因此他是一个对发展我国农业起过相当作用的人。他在抗日战争以前担任上海商品检验局局长期间，虽然该局的业务重点是出口商品的检验，但他还是在出口农产品中的茶叶、蚕丝以及血清研究方面，做了不少有益的工作。后来，他在抗日战争期间担任贸易委员会常务理事时，曾拨出巨款，创建了和农业有关的茶叶、桐油和蚕桑三个研究所。1943 年，他借着赴美国出席联合国粮农会议的机会，首先和美国万国农具公司接洽，取得了农业方面奖学金额二十名，后来又分别和美国华盛顿州立大学等六所农学院联系，共计取得了农业方面奖学金额和其他奖学金额多名。所有农业方面奖学金的留学生，从招考、录取到选送，都是通过中华农学会来办理的。目前为我国农业现代化建设贡献力量的一些老的专家和教授，有的就是在获得上述奖学金后因而在国外获得深造的。

该会在抗日战争期间在国民党反动统治下的重庆，处境是极其艰苦的。当时的理事长是我国著名的森林植物和化学家梁希先生，他是日本东京帝大林学士，又曾在德国塔克林校研究过植物化学。他思想进步，曾参加过辛亥革命，是我国最早的森林学家。他是一位和地下党早有联系的进步学者。1937—1941 年他担任农学会理事长期间，为了在反动统治的重重压迫下把国内学农的同志紧密地联系起来，经常和我们一些年纪较轻的理事共同商量进行，从当时的工作环境来说，是极其困难的。他工作刻苦，事必躬亲，我曾不至一次地看见他脚穿草鞋，徒步奔走，碰见了我，用手指着西北方向告诉我说："我要吃小米饭去。"可是他在神色之间又流露出今后会务该怎么办的焦急心情。梁老的意图和苦闷，是早为我们一些较年轻的理事所了解的。因此，为了帮助他早日成行，就向他建议：邹秉文先生正要离开贸易委员会，可否就由他代理理事长的职务？梁老知悉之下，欣然同意。后来因为由重庆前往延安要经历不少艰险，同时组织上也劝他不必去延安，所以就未能如愿。

从梁、邹两位先生这些事迹来看，他们那种一心为着农学会的精神，在过去固深为人们所敬佩，就是在今天回忆过去几位老前辈的工作经验和工作作风，也还是难能可贵的啊！

以上这些点滴回忆，仅仅是就我个人所接触到的有关农学会的一些情况和一些人事写出来的，时隔多年，回忆难免有漏略或错误的地方，希望对该会情况有所了解的同志予以指正或补充。

（原载《中国科技史料》1980年第2期）

马寅初先生的硬骨头精神

今年①6 月 24 日，马寅初老先生年满百岁，我们怀着尊敬与喜悦的心情，庆贺马老的高龄，祝颂马老长寿再长寿！

我认识马老已经近六十年，接触不算很多，但马老不屈不挠，追寻真理，不谋私利，不畏强权，嫉恶如仇，勇于和反动势力作斗争的精神，在五四以来我们这一代老知识分子中，曾产生过相当巨大的影响，我们常常尊马老为我们的师长，以他作为行动的楷模。1946 年，当马老六十五岁寿辰的时候，我们在上海的与经济学界有关系的一些同志和朋友，曾聚会为马老祝寿，并赠送了一张贺幅，贺幅上五个大字："唯马首是瞻"（可能出于许涤新同志的手笔），这虽是一时的诙谐之词，也确实表达了我们敬爱马老、步趋马老的心情。

我初次认识马老，是 1923 年在湖南长沙开"中国经济学社"的年会上。马老是学社的主持人，当时已是名重中外的学者，但他平易近人，坦率真诚，用一口绍兴官话侃侃而谈，谈锋犀利，看法明确，处处流露出他希望民族振兴、富国强民的爱国主义思想。在这次会上，我谈到粮食流通问题，我说：中国有一句老话，"两湖熟，天下足"，现在各省之间粮食不能流通，江浙一带的城市特别在上海吃的是洋籼，米价昂贵，而湖南的粮食不准外运，造成谷贱伤农。马老听后，对我提出的问题备加赞许，并且发挥说："中国不但洋枪洋炮进口没有税，洋米进口也没有税，这正是殖民地独有的怪现象。要知道，粮食流通问题，不

①　编者注："今年"，指 1981 年。

是个单纯的经济问题……"马老这样说，表明他已看到帝国主义的侵略，军阀的割据对中国所造成的祸害，只有打倒列强，消灭军阀，从政治上作根本的改变，才能解决中国的经济问题。

1927年大革命之后，马老在浙江担任过省府委员，当时蔡元培先生也在浙江，在省府任职的，还有蒋梦麟、谭熙鸿、许叔玑、许宝驹、王昆仑等人，形成了所谓"北大派"。"北大派"成员的思想行动也不全一致，但其中有些人是想从办实业、办教育着手，使浙江的经济、文化逐渐有所进步和改善。那时，马老除了提出严禁鸦片等措施之外，他还和许叔玑等人主张筹办农民银行，向农民发放贷款。与此同时，为了发展合作事业，还成立了合作事业室等，合作事业室由我任主任。但是浙江是蒋介石及江浙财阀的命脉所在，他们是不会轻易放手让他人染指的，不久，蒋介石和二陈就加派了张静江等人来浙主持政务，"北大派"的人受到排挤，先后被迫离开，他们的一切措施，也都前功尽弃。此后，马老即以在野之身，致力于教书和写作，马老的"不仕"，也是对蒋政权倒行逆施的一种抗议表示。

抗日战争发生后，我因各地奔波，很少有机会碰到马老。由于蒋政权在武汉沦陷后日益走向反动，消极抗日，积极反共，致使民族存亡问题再一次摆在中国人民的面前，马老无法抑制自己的愤怒，他写文章，作报告，揭露和痛斥以"四大家族"为首的官僚买办资产阶级不顾民族危亡，不管人民死活，大发国难财，准备将来逃亡国外作白华的无耻行径。我们在香港《大公报》等报刊上，看到几篇马老所写的义正词严、痛快淋漓的文章，其矛头直指蒋、宋、孔、陈四大家族，并控诉他们"其误国之罪远在汉奸、奸商之上"。朋友们互相热烈议论着马老的言论，认为他道出了每个爱国的中国人的心里话、心头恨，同时也担心心狠手辣的蒋介石会不会对他下毒手。这时马老早已将个人的生死安危置之度外，正像他给友人所写的一幅对联中所表达的心情："粉身碎骨不必怕，只留清白在人间"。1940年，我在重庆亲聆了一次马老在中央大学所作的讲演，听讲的人十分踊跃，有学校师生、机关公务人员和其他各界人士，礼堂里座无虚席，马老又一次严词斥责了"神圣不可侵犯"的"委员长"。我记得，马老在讲得激动时，大义凛然地说："我知道特务就在周围，有勇气的可以把我抓起来！"他的话使反动派为之震慑，广大的抗日爱国群众则为之群情振奋，扬眉吐气。蒋介石、孔祥熙等对马老恨之入骨，决心扼制马老的言论，剥夺马老的人身自由。果然，不久马老就被国民党反动派逮捕关押。为了怕被外人知晓，先后押解马老转移了许多地方：贵州息烽、江西上饶和福建武夷山等。那段时间，我曾在福建崇安办茶叶研究所，与马老近在咫尺，但却没有得到过马老的任何消息，可见国民党特务对马老行踪封锁之严密。

抗日战争结束后马老实际上继续受到国民党某种程度的管制，不能有所作为。1948 年夏秋之交，解放战争的胜利已成定局，国民党已呈现土崩瓦解之势，当时马老仍住在杭州。我那时住在上海，并在杭州经营制茶厂，所以经常去杭州。我受到某些同志的委托去看望马老，向他转达一些情况，特别是要马老提高警惕，在国民党逃跑时不要被他们所挟持。一个雨天傍晚，我走进马老杭州法院路陈设简朴的家，见马老精神十分振奋，他谈到中国人民的理想，百年来为之流血牺牲的奋斗目标即将实现，并为建设一个繁荣富强的新中国展开了广阔的前景，同时也表达了他对毛主席和周恩来同志的深深敬仰和爱戴。当我问马老是否准备参加新政协的筹备工作时，马老说："我不能无功受禄啊。"这虽是句玩笑话，但却表明了马老是多么谦逊。马老在中国的民族民主革命中，已经作了他应有的努力，可是还认为对中国革命、中国人民所作的贡献太少。不久后，马老就从上海去香港，转赴解放区。

马老和鲁迅先生是同乡（浙江绍兴），又是同庚（今年也是鲁迅先生诞生百周年），他俩具有不同的性格特点和思想基础，经历了不同的发展道路，达到了不同的成就。但以国家的安危、民族的兴亡、人民的幸福为己任这一点，马老和鲁迅先生是一致的。而马老追求真理，不畏强暴，解放前，面对国民党反动派的严酷迫害；解放后，遭到反革命分子康生等的诬陷打击，马老所表现出的不屈膝、不弯腰、毫无惧色，同样具有鲁迅先生的硬骨头精神。

愿全国人民学习鲁迅先生和马老的这种精神和品格。

（原载全国政协《文史资料选辑》第 73 辑，1981 年）

我在上海商检局搞茶叶工作的回忆

我在上海商品检验局工作,是从1931年"九一八"事变以后,到1937年抗日战争以前的这一个时期。这篇回忆文章记述的就是我在那个期间搞茶叶工作获得实际知识的一些情况。在叙述这些情况之前,有必要回顾一下我是怎样和茶叶发生关系的。

我是怎样和茶叶发生关系的

我出生于浙江上虞县,当地山乡农民种植茶树的很多,喝茶也很普遍,但由于农民生活贫困,更由于他们对科学技术一无所知,所以种植茶树都只是各家各户的副业,经营规模很小,生产技术更是落后。后来,我入学读书,逐渐了解到丝绸和茶叶都是我国历史上很早的出口商品,而浙江则是生产这两项出口商品的主要省份。我生自茶乡,因此在中学读书的时候就对茶叶发生兴趣,很希望能为振兴我国茶业贡献自己的力量。

1916年我在浙江省中等农业技术学校毕业后,留校作了三年助教。1919年浙江省教育厅招考去日本的专科留学生,其中恰好有研究茶叶的名额,我在参加考试后被录取了。同年,我到日本,入日本农林水产省的茶业试验场学习。当时日本的茶业虽然还很不发达,但已运用了一些新的科学方法,如茶树的栽培和茶叶的制造,有的也已利用了机械。我在日本学习的三年间,除在茶业试验场参加种植和制造茶叶等工作外,曾先后到各地的一些制茶工厂参观,并和他们一道进行实验,并了解到各个厂的生产情况。同时还从他们所收集到的有关日本和其他国家的茶叶资料中，学到了各个国家的茶叶产、制、运、销方面的工作过程。

我在日本学习期间，曾对我国茶叶的历史作了一些研究。据记载，在公元前1066年周武王伐纣时，西南地区的少数民族，已把茶叶作为贡品。从西汉时代开始，茶叶已作为商品在市场上出售。到了唐代，茶叶产区已遍及长江南北十几个省。世界上第一部茶叶专著陆羽的《茶经》，也在这个期间问世。我国茶叶，在公元6—8世纪传到朝鲜、日本以后，17世纪前半个世纪开始，又传到了欧洲和南北美洲。因此，过去世界上一致认为，中国是茶的故乡，世界茶树的原产地在我国的西南地区。不意自19世纪40年代起，有的人对茶树的原产地提出了不同看法。为此，我曾在这个期间就我所掌握的史料写出了《茶树原产地考》一文（发表在中华农学会1923年2月刊行的《会报》第37期上）。我还在当时提出过一篇《中国茶业改革方准》的长文。

在上海商检局从事茶叶工作的实践

我在上海商品检验局工作期间，局长先是邹秉文，以后是蔡无忌。关于上海商品检验局如何进行包括茶叶在内的商品检验以及商品检验的必要性和重要性，已在邹秉文所写的《上海商品检验局的筹设经过与初期工作概述》和蔡无忌所写的《解放前的上海商品检验局工作概略》两文中有所阐述，我的回忆文章，除补充茶叶检验中有关品质的水分和着色两个问题外，将着重记述我在该局搞茶叶工作的一些主要活动。

先谈谈茶叶水分检验的问题。

茶叶在制成成品茶后，不仅在贮藏中容易发生变化，特别是外销的茶叶，都要经过长途的运输，再加上运输途中经遇日晒雨淋，如果含水量超过规定限度，就不但难以保持固有的色香味品质，而且易于发生霉变。所以在茶叶的检验上对水分检验必须特别予以重视，但这项工作应该在茶叶产地或由各省市派员到茶叶制造所在地作驻厂检验，才能完成。

其次是着色茶检验问题。

过去有些出口的绿茶，为了使茶叶表面色泽好，茶商在报请检验以前在茶叶上早已着上有色物质。这些物质，有的无毒，有的有毒，有毒的着色茶，自不应为人们所饮用。自 1932 年法国颁布禁止着色茶入口的法令后，已引起有关方面的重视。为此，上海商品检验局除了禁止着有毒色料的茶叶出口外，由技正周振钧研制成功无毒的色料，并由茶商集资设立改良茶用颜料制造厂，进行生产，供中外茶商购用。但从保持茶叶固有品质来说，茶叶着色是不足取的，所以仍劝他们少用或不用①。

我在上海商品检验局搞茶叶工作的主要活动有：

1. **进行调查工作**　我国是茶的故乡，在 19 世纪 80 年代，我国出口茶叶曾达到二百六十八万市担的历史最高水平，在当时生产茶国家的出口量中占第一位。至于 20 世纪 20 年代，我国茶叶出口量降至三十七万市担，在我国自己的出口地位上也由第一位降至了第七位。为了振兴我国茶业，自不能仅仅以用比较消极的方式对茶叶进行出口检验为满足。因此，我除了撰写《中国茶业复兴计划》和《中国茶业问题》等专著，以期引起人们普遍重视外，我先后商得邹、蔡两局长的同意，并联系其他机关予以合作，曾分赴安徽、浙江、福建、江西等产茶省和印度、锡兰、日本、英国、苏联等产茶和销茶国家进行了实地调查。同时，我还调查了当时还在日本统治下的台湾。台湾当时不仅制作各种绿茶，台南还以大叶种制成红茶。此外，台湾还能制作乌龙茶。当时在我国已不多制作的有名的绿叶红镶边，台湾有的已用机械在生产。在我这次调查期间，一般都参观了它们的茶场和制茶厂（在英国参观了茶叶拍卖场），这些茶场和制茶厂大都是以资本主义方式经营的，并利用机械代替人工。他们都重视科研工作，都设有相当规模的茶叶试验、研究机构。我对这次调查所得到的印象是极深刻的，当时，我非常向往能把他们的技术和经验引用到我国来，并结合我国的实际情况予以改造和提高，以便使我国的茶业出现一个崭新的复兴局面。我回国后，当即把调查中的见闻和我自己的想法向蔡无忌局长（这时邹秉文局长已离开上海商品检验局）和其他有关方面分别作了汇报。蔡局长对我的想法极表赞同，但在

---

①　中华人民共和国成立以后，已一律禁止茶叶着色。——编者注

旧中国那样的形势下，要想有所兴革，是困难重重、无法做到的。

2. **设立茶叶试验机构** 进行农产品中的茶叶出口检验，只是消极地禁止劣质茶外销。要想全面提高我们茶叶的质量，非采用科学的方法从种植、采摘、制造、贮藏等入手不可。过去，我国红、绿茶历来独占国际茶叶市场，深受国外消费者的欢迎。但自印度、斯里兰卡以大叶种制成红茶，特别是经过英国的茶叶科学工作者研究指导以后，其出口量继续上升，因而我国传统出口的红茶外销大见减少。为此，我们在当时曾拟订出茶叶种植和产制的试验计划，先后提经邹、蔡两局长同意，拨出了一些经费，并与有关省政府协商，先后在浙江、安徽、江西设立了以试验红、绿茶为主的浙江省茶叶改良场（场址设在嵊县三界），和以试验红茶为主的祁门和宁州茶叶改良场。

祁门茶叶改良场是我国最早从事红茶改进工作的一个改良场。1911年，张謇为农商部总长时，曾派前往印度、锡兰考察过茶业的陆溁前往祁门，设立了祁门茶叶试验场，并由印度买来了一部手摇式揉捻机。不久，张謇离职，这个试验场如昙花一现，无形停顿了。1932年，安徽省建设厅长程振钧为了恢复该场，极力主张要物色一位专业人员去主持。因此，他到了上海时即和邹秉文局长商量，一定要我最少帮助他把该场筹备好。我首先到了安庆，再由安庆渡江经过一座有名的高大洪岭到了祁门，开始进行筹备。但当时限于经费，致工作难以发展。1933年，"棉麦借款"成功，我曾拟具了祁红改进的建议书送经和"棉麦借款"有关的全国经济委员会农业处同意后，拨出较多经费，由该处和安徽省建设厅合办了祁门茶叶改良场，由我推荐胡浩川主持场务。该场成立以后，曾购置了德国制的克虏伯式新式揉捻机和干燥机，并由台湾购入了小型的揉捻机等。试验结果表明，运用科学方法所制成的祁门红茶，其品质足以与世界著名的印、锡高级红茶媲美。

3. **办理产地检验** 茶叶出口检验，是在装船外运之前才报请检验的。在进行检验时，往往因茶叶不合标准，不得不临时停运，以致出口商损失很大，外商也啧有烦言。针对这个问题，各方面都认识到在茶叶进行出口检验以前，非在茶叶产地进行产地检验不可，如茶叶在产地先作了检验，减轻了口岸检验时的负担，还有利于茶叶制造方法的改进和茶叶质量的提高。1936 年初，当时的实业部长吴鼎昌在召集上海商品检验局的负责人商量工作时，也提出了上述的这一设想。同时，为了对茶农在栽培、制造方面进行指导，需要茶农组织起来成立合作社。而为了使合作社的茶农免于遭受洋商买办的控制和茶栈茶商的剥削，我又提出了成立一个茶叶出口公司的设想。这两个设想，当时吴鼎昌都同意了。中国茶叶公司原定由我进行筹备，因我与茶栈茶商的关系不很好，所以决定由寿景伟任总经理，我任协理。至于产地检验，在同年四五月间首先在祁门、浮梁、屯溪三地开始进行，接着又于 1937 年 1 月在上海成立了茶叶产地检验监理处，由蔡无忌任处长，我任副处长。在茶季以前，先后在浙江的绍兴、平水、温州，安徽的屯溪、祁门、至德，江西的浮梁、婺源和福建的福鼎等处分别设立了办事处。可惜的是，在产地检验初见成效以后，由于抗战开始，这一工作终于被迫中止，未能继续进行。

4. **培养茶叶专业人才** 在上海商品检验局成立之前，我国的茶叶专业人才为数是极少的。为了适应茶叶检验的需要，自必需大量的这方面的专业人才。同时，邹秉文局长在农业教育上一贯主张教学要和研究、推广结合起来进行，为了研究和推广，也必需各个方面的专业人才。为此，在进行茶叶检验以前，我就提出了公开招考、择优录取的办法，立即得到邹秉文局长的同意，并决定录取以后，经过一段时间的学习，再正式担任工作，这种办法，由于蔡无忌局长同样予以支持，因此，在以后的各个时期内，也都曾采用。事实证明，公开招考、择优录取的办法，确是培养人才的一个很好的办法。

我之所以立志要革新中国茶业，主要是当时的（即在去商检局的前后）残酷现实所促成的。旧中国的半封建、半殖民地的社会性质，在农产品的销售中充分地表现了出来。以茶叶而言，山乡贫苦茶农的生命线完全掌握在国内外茶叶市场的中间商和垄断资本家的手中。当时茶叶销售的一般顺序是：茶农卖给当地的茶商，当地的茶商买给上海的茶栈（俗称申栈，是最大的中间介绍商），设在上海的英、法、美等国的洋行则通过华人买办向茶栈收茶后，出口运往欧美。上海茶栈交售给外商洋行出口的箱茶，事先一般是没有定价的，一切受支配于国外的商情，由国外茶叶市场订出标准，规定价格。但在上海却另有一套"巧妙"的做法：每当茶季开始之前，不论国际市场茶价高低，外商洋行所转付给茶农的茶价总是先高后低。当外商洋行付出较高的茶价，并把这一消息通过上海茶栈、茶区茶商传给茶农后，茶农的生产积极性提高了，及至茶农产量有所增加，而外商洋行已获得所需要的数量时，茶价就转而下跌，有时甚至跌到使茶农无以维生的地步。当然，外商洋行、上海茶栈和茶区茶商都是不会吃亏的，"羊毛出在羊身上"，这个跌价的损失最后还是转嫁到直接生产者的身上。我对这种极不合理的生产关系是深恶痛绝的。邹老在离开上海商品检验局到上海商业储蓄银行工作时，为了扶助茶农生产，使茶农免于遭受中间商的残酷剥削，曾由上海商品检验局和上海商业储蓄银行合作，试办过茶叶生产合作社，由该行向合作社进行贷款。在试办将近一年之后，1936年，在我们的文字和口头的建议下，接着又由安徽、江西两省成立了"皖赣红茶运销委员会"，由这个机构向茶农直接收购祁门红茶，这在当时对茶叶中间商（上海洋庄茶栈）的垄断剥削曾起了一定的打击作用。

我在上海商品检验局工作六年多来，既偿了我的一些夙愿，也做了一些成绩，更重要的是，这几年的工作实践为我以后从事茶叶工作奠定了基础，所以，我一贯认为，这段工作期间，是我前半生中最令人满意的岁月。但归根结底，我当时之所以能取得些微成就，是和邹秉文、蔡无忌两局长的领导和许多先进朋友的帮助支持分不开的。

（原载全国政协《文史资料选辑》第88辑，1983年）

一生追求真理的梁希先生

今年是梁希先生百年寿辰。他离开我们已经二十多年了，但他一生追求真理矢志不移的形象，仍生动地铭刻在我的记忆里。

梁老出身于浙江吴兴的书香门第，父母早丧，生活清寒，随兄刻苦攻读。少年时期，他认为只有"强兵富国"才能反抗列强的侵凌，因此弃文就武，考入浙江武备学堂，后又被保送日本士官学校海军科学习，因他律己很严，成绩优良，当选为学员班长，这在当时中国留日学员中是少有的。但不久他离开了士官学校，转入日本帝国大学学林业。除其他原因外，他对以侵略中国为主要目标的日本军国主义气氛感到极度窒息；同时认识到森林事业对国家建设的重要性，愿为此做些实际有益的工作。

1916 年梁老毕业回国，在北京农专任教。"五四"运动时他深受"五四"精神感召，积极参加。他敬佩蔡元培先生崇尚民主和科学的思想，以及学术上"兼容并包"的办学方针。"五四"运动后，梁老对军阀继续统治的混乱政局感到苦闷和彷徨。1923 年，他已年满四十岁，决定去德进修，以提高学术水平，同时也想看看十月革命后的欧洲情况。

从德国回国后，他主要担负中华农学会的工作，后又任浙江大学森林系教授。1932 年浙江教育界发生了一次事件，起因是国民党政府派了原金陵大学的李德宜来取代农学界很有威望的老前辈许璇任浙江农学院院长，引起了浙江大学农学院教职员工的强烈反对。梁老认为他同陈英士有同乡同学之谊，于是两次去南京见陈英士的侄儿陈果夫、陈立夫，希望国民党收回成命。孰知这是国民党讨好美国，排除异己，撤换浙江省受"五四"精神影响的"北大派"班子的一个组成部分，梁老徒劳往返，一无结果。浙大教职员工气愤之下，全体罢教辞职，引起了一场轩然大波，有人称之为又一次"浙江潮"。在这次事件之后，梁老对国民党有了更清醒的认识。蒋介石强调"攘外必先安内"，加紧对苏区的围剿，疯狂屠杀爱国志士。梁老曾痛心疾首地说："他们对外是奴颜婢膝，丧权辱国；对内是磨刀霍霍，穷凶极恶。"梁老工作作风一丝不苟，足以为人楷模，更突出的是他是非分明，界限清楚。当时英国的卜内门洋行和德国的爱礼司洋行都表示愿出一笔钱给农学会搞研究试验项目，但梁老以对方想利用我们为洋行作宣传而予以拒绝。另一次，同文书院的日本教授山崎，代某日本农业机构同农学会订立了每年派人互访和考察的协议，为了表示优惠，协议规定双方参观费用都由日方负担，但这位日本博士表现态度傲慢，梁老严肃地对我说："我们不吃嗟来之食，东洋人、西洋人面前我们要有骨头！"因此而作罢。这两件事对我们当时的几个年轻人教育很深。

抗战期间，他大部分时间在重庆中央大学农学院任教。这时梁老的思想经历了急剧的变化。他在周总理的指引和地下党同志的帮助下，认识到只有中国共产党才能救中国。他认真阅读马列主义和毛泽东的著作，在中共南方局主办的《群众》周刊上发表振兴中国农业的文章；积极参加"中国民主革命同盟"（小民革）的活动。1940年初，他已下定去延安的决心，为此，他同我商量要作某些必要的准备，其中一件事就是辞去中华农学会理事长的职务，改由邹秉文先生继任。那时梁老不管到哪里，总是穿着草鞋，别人称他"草鞋精神"，实际他是在作去延安长途跋涉和敌后打游击的准备。后来经地下党同志的劝告，决定仍留在重庆。梁老的这些表现不可避免地引起了国民党特务的注意，梁老曾告我，特务头子徐恩曾几次光顾，对他表示"关心"。对此，梁老泰然自若，付之一笑。抗战接近胜利时，国民党统治区民主运动风起云涌，梁老是积极参加者。1945年他在重庆文化教育界"向时局进言"的呼吁书上领衔签名，朱家骅以同乡和留德同学的身份连说情带威逼要他声明否认，梁老坚如磐石地回答说："亲笔签名，岂容更改！"

抗战胜利后，梁老大部分时间在南京，我在上海，见面的机会不多，但为"小民革"的工作和"中国科学工作者协会"的事务，彼此常有联系。梁老当时在南京斗争坚决，态度鲜明，蒋政权对他十分忌恨，我们常为他的安全担心。1948年秋冬之交，国民党加紧镇压进步人士，梁老到上海，为了安全起见，我请他到杭州茶厂我的住所里隐蔽，但没有几天，梁老就坚持要回南京，他说："此时此刻离开了斗争的同志们、同学们，我于心不安！"梁老当时写过一首代表他心情的诗："以身殉道一身轻，与子同仇倍有情。赴看星河含曙意，愿抛鲜血荐黎明。"真是何等的气概，我也为这首诗的激情所感染。

1949年7月，第一次自然科学会议筹备会在北平召开，我又和梁老重逢。梁老对新中国即将诞生十分振奋。同时并对我说："到这里后，感到很多东西都要从头学，比起党内同志差距很大。我们在旧社会生活了大半辈子，固然看到了它的弊端，但也受了它的熏染，自己得有自知之明。"现在回想，梁老的话意味深长，可惜的是我当时体会不深。

中央人民政府成立，梁老担任林业部长，他为祖国的森林事业，贡献了他的精湛学识和全部精力；他年过古稀，不辞劳苦，深入东北的深山老林区、西北的不毛之地进行调查研究；他注意培育人才，桃李遍天下，无论树树和树人，梁老建立的业绩都是不可磨灭的。

（原载《人民政协报》1983年12月14日第四版）

我和开明书店的关系

要说我和开明书店的关系，还得从开明是怎样成立谈起。

20世纪20年代初，我还在日本留学。当时正是"五四"运动以后，商务印书馆为了顺应新思潮，更换了所出版的各种杂志的主编人。《妇女杂志》改由章锡琛接编。他又介绍周建人到商务同他合作，改变了《妇女杂志》旧貌，开展了关于妇女问题的讨论，一时对社会的影响颇大，杂志的发行量也大大增加。我当时从一些日本刊物上翻译或改写些关于妇女问题的文章寄给《妇女杂志》发表，从而同他们两位有了通信来往。后来我回国到了上海，由于我同胡愈之的关系，和他们的交往就更多了。

1925年，《妇女杂志》刊出了关于离婚问题和新性道德等文章。其实，也不是什么新思想，基本上还脱不开资产阶级自由主义者或"爱情至上"主义者的论点，但却遭到商务印书馆内外一些封建卫道者的非议，后来引起一场公开辩论；商务当局怕得罪那些"名人"，于是把章、周两位调离了《妇女杂志》，使《妇女杂志》又回到了只讲"妇德、妇容"和如何做鸡蛋糕之类的老路上去了。

对此，我们一些朋友，包括在商务工作的一些同事，特别是胡愈之、郑振铎大为不满。愈之首先创议另外自己来办一个讨论妇女问题的期刊，仍请章锡琛、周建人主编。这个期刊就是1926年1月份创刊的《新女性》杂志。因愈之、振铎、锡琛等都在商务工作，所以决定由我出面，《新女性》创刊号发行人署名吴觉农，地点也是在我的家里（上海三德里A十九号，当时"创造社"也在三德里），以为这样可以避免商务的责难。

然而，《新女性》创刊号刚印出，商务当局还是把章锡琛辞退了。他既然已经失业，我们鼓励章锡琛公开主编《新女性》，他果然专心致志地办起杂志来。章锡琛的事业心很强，对出版业务相当有经验，他一个人从编辑、校对、付印到发行，什么都干。这样就为这个杂志撑起了场面。

办杂志在当时不是个赚钱的买卖，不能靠它来养家活口。于是，除了杂志，逐渐出版了《妇女问题十讲》《新性道德讨论集》等一些图书，用道林纸精印，销路很好。这样，有些朋友的不少作品，也要求章代为印刷出版。经过大家商量，索性办个书店，发起人有夏丏尊、刘叔琴、丰子恺、胡仲持（愈之的弟弟）、吴仲盐等。这年7月，就在章锡琛家里挂出招牌，开明书店正式宣告成立了。此后，原在商务任编辑的叶圣陶、王伯祥等先后脱离商务到开明工作。

我们这群人都是些穷书生，会写写文章，并出些主意，但是拿不出什么钱来。开始，章锡琛把他从商务退职的退俸金来做印刷费，不够了就向他弟弟章锡珊借款，后来索性把在奉天（沈阳）商务印书馆工作的章锡珊请回来搞发行，请夏丏尊来担任总编辑。1928年改为股份有限公司，靠朋友们的菲薄薪金节余，连同在开明的稿费、版税作为投资，一共才有资金五万元。以后虽然多次增资，到1937年也只有三十万元。从资金上看，比起几家大书店来仍是小巫见大巫。

开明的老一辈还有一个特点，就是大都有同乡、同窗或同事之谊的老关系，彼此意气相投，私交甚笃。开明同乡多绍兴人（包括上虞、余姚等县），多杭州一师和上虞春晖中学的教员（当时经亨颐老先生办的春晖中学集中了一批知名的教师，如丰子恺、朱自清、李叔同等），大家把开明当作集体的事业，关心它的成长和发展。我自己后来从事于茶叶工作，同出版事业关系不多，但在抗战前的十多年中，我同我的爱人陈宣昭每有积余，就把钱交给开明，作为加入开明的股份。

胡愈之虽然没有主持开明书店的工作，但他对开明的关系也是很深的。三十年代初，愈之去法国多次为开明书店了解西式书籍的装订技术，提高了开明书店出版书籍的装帧水平。

1937 年，日本帝国主义步步进迫，国难当头，中国人民更加关心时局的发展，胡愈之特为开明创办了一个综合性的大型月刊《月报》，从国内外报刊杂志中选编和翻译有关政治、经济、社会、科学、文教、卫生等文章，目的在于向读者介绍国际国内形势和学术动态，很受读者欢迎。可惜创立不久，因日本侵略战争爆发而停刊。解放后，愈老任国务院出版总署署长，在他的创议下，建国之初就发刊《新华月报》，愈老在开明计划办的综合文选月刊的构想终于得到了实现。

由于绍兴同乡和周建人的关系，周树人（鲁迅）先生同开明也颇有来往。上面提到章锡琛、周建人同卫道者的辩论文章最早登在鲁迅先生主编的《莽原》上。鲁迅同开明的几位主要负责人都很熟，大家对他都很尊敬。夏丏尊在我们之中比较年长，他在鲁迅先生面前却像小学生一样。夏丏尊因翻译意大利名著《爱的教育》，得到了一笔不小的版税，鲁迅先生说他成了"财神老爷"了，他只唯唯而已。这给我印象很深。瞿秋白牺牲后，鲁迅编的瞿秋白遗作《海上述林》，没有一家印刷厂敢于接手，最后还是找到开明的主要印刷厂美成公司（经理是章的妻舅）打的纸版。

开明书店能够在读者中赢得良好信誉，主要是靠主持工作的同志们一贯的认真不苟、稳健踏实、老老实实地为教育和出版事业工作的作风。当时负责编辑和出版工作的主要是章锡琛、夏丏尊、叶圣陶（夏去世后由叶圣陶继任主编），他们都对开明做出了不可磨灭的贡献；此外还有宋云彬、周予同、顾均正、王伯祥、徐调孚、贾祖璋、傅彬然等。他们既是作家又是教育家，学识丰富，文学造诣很深。他们审阅稿件，既对作者也对读者负责，选稿不是只看作者是否有名望，书名和主题是否入时，而是看内容是否真正有益于读者。文字要求严谨，有不妥之处必一一予以查考订正，务求保证质量，不容许粗制滥造。负责业务的章锡珊、范洗人、朱达君等几位，克勤克俭，艰苦经营，全店同事都勤奋从公，团结一致，形成了一种"开明风"。

当时，开明除编写了中小学教科书、英语教材之外，还出版了不少文学、科学和青年读物。开明出版的文学书籍有郭沫若、茅盾、巴金和其他进步作家的创作。开明出版的书籍发行遍于全国,在促进国民教育、普及文化科学知识方面起了不少作用。因此,开明从 20 年代末到 30 年代发展很快,虽然从规模上还不能同商务、中华相比,但声望很高,俨然同商务、中华鼎足而三,成为全国最大的出版机构之一。

1937 年,继"七七"事变之后,日本帝国主义于"八一三"进攻上海,开明印刷总厂被毁于炮火,损失全部资金十之七八。此后,开明同人大部撤离上海,辗转迁移,在当时的"文化城"桂林设立总办事处,并在重庆、贵阳等地设立分店,凭借作者、读者的支持,以及全店同人的努力,逐渐打开了局面,恢复了元气。

谈到政治态度,一般舆论认为开明书店要求国家富强,民族团结,爱国抗日立场没有问题,但反对蒋政权不那么明显。的确,开明不像以后成立的生活书店、新知书店那样有较鲜明的进步色彩。但从开明主要成员的思想来看,大都是有些清高气节、正义感很强的知识分子,大革命之后,国民党反动面目日益暴露,他们对此有一定的认识,从整体来看,开明书店不同国民党任何派别发生关系,不受国民党的支配,不为国民党作宣传,坚持中间偏左的路线。尤其是胡愈之同志对开明同人有不小的思想影响,"四·一二"事变时,愈老带头起草了致蔡元培等的公开信,在《商报》上发表,对国民党"四·一二"大屠杀表示了愤慨和抗议。签名者如郑振铎、章锡琛、周予同、冯次行和我,都是组成开明的基本成员。开明开办不久,我曾介绍夏衍同开明联系,他曾为开明翻译了倍倍尔的《妇人与社会》、高尔基的《母亲》等书(夏衍最初用的是他原名沈端先变化而成的笔名孙光瑞)。这些书当时很受读者的欢迎,而且也产生了一定的影响。

解放后,开明书店首先要求公私合营,得到周恩来总理的赞许。1953 年,开明书店与青年出版社正式合并,组成中国青年出版社。

从 1926 年到 1953 年,虽然只有短短的二十八年,开明书店在读者中留下了深刻的印象,在我国出版事业中做出了一定的贡献。我个人虽然在开明创业时参与了一份力量,开明书店股东会一直推选我担任监察人，但实际工作做得不多，可是我对开明书店始终怀有深厚的感情，在开明书店创建六十年的时候，回忆过去，我认为开明的这段历史是值得纪念的。

（原载 1985 年中国青年出版社《我与开明》）

求真求实 刚正不渝

——祝贺陈翰笙同志从事研究工作
六十周年庆祝大会上的发言

今天有机会在这里庆祝翰老从事学术活动六十周年，我感到由衷的高兴。

我同翰老同年，相交已半个多世纪，我一直把他当作我的良师益友。我敬重翰老，并非将他看成一个"完人"，但我认为翰老的品德有几方面值得钦佩，值得学习。

第一是心向革命，坚定不移 1931 年，由一位老党员的介绍，我认识了翰老，当时正是日本帝国主义侵占我国东三省，中华民族面临危亡的严重关头。翰老痛恨国民党的反共政策和对日不抵抗主义，但他并不悲观失望，他认为中华民族已经觉醒，中国的前途是有希望的。这给我留下了深刻的印象。不久，翰老邀我参加中国农村经济研究会的工作，在当时国民党的白色恐怖下，翰老为农经会的生存和进行活动费了不少心血，他的劳绩是很有价值的。在农经会的一些同志的影响下，我在思想上得到不少帮助。1931 年出国考察茶叶，顺道去苏联访问，目的是去看看社会主义的苏联究竟是什么样的，此行主要是由翰老促成的。抗战期间，我同翰老夫妇在香港、桂林等地多次相会，不论在什么政治和军事的恶劣环境下，翰老对民族前途、对革命的前途都充满了乐观和信心。抗战胜利后，他在美国，对国内的形势仍十分关心。解放前夕，农经会的老同志张锡昌被捕，他立即来电询问事态的发展，要我们努力设法营救。新中国成立后，翰老夫妇迫不及待地冲破重重障碍回到北京，他心情的振奋溢于言表，因为他认为他所期待的为社会主义和建设事业贡献力量的时刻终于到来了。

第二是刚正不阿，不图名利　我觉得翰老身上突出表现了中国知识分子讲气节重操守的优良传统。在敌人面前，翰老是"富贵不能淫、贫贱不能移、威武不能屈"，有一身不畏强暴的铮铮铁骨。翰老早年就是一位名扬中外的学者，但他在国民党统治时期，他绝不同国民党的达官贵人和一些御用学者为伍，他傲然冷对他们的威逼利诱，决不向他们低头。十年动乱期间，他又受尽折磨，但他从不向"四人帮"和"极左"势力屈服，"宁为玉碎，不为瓦全"，是他一贯的气质。在同志和朋友之间，他服膺真理，习惯于独立思考，不随便附和自己没有想通的问题，不管你是多大的权威，他决不趋炎附势，但一旦事实和说理使他信服，他又能立即从善如流。翰老从不计较自己的名位，不顾忌个人的功利得失，个人生活俭朴，始终保持一介书生本色。翰老待人真诚，同情受害者。"文革"期间，"四人帮"剥夺了他搞研究的权利，他就把精力放到培养青年人方面，在他所教的学生中有一些是所谓"黑帮子女"，有人劝他"少找麻烦"，他回答说："年轻人无罪，我们的未来需要他们。"今天的事实说明翰老的高瞻远瞩。

第三是治学严谨，一丝不苟　翰老一生勤奋，孜孜不倦，刻苦钻研。早在 20 年代初，他就在北京大学出版的《现代评论》等杂志上发表了大量国际问题和其他方面的文章，涉及的领域很广，文章处处闪耀着新思想的光芒，表现出翰老在"五四"运动后就是一位思想上的先驱者。翰老从不作华而不实的表面文章，每研究一问题，必定作大量的调查研究，广泛收集资料，认真进行分析。我仅举这样一个例子：翰老早在 1924 年就写过一篇关于鸦片战争前后中英茶叶贸易的文章，全文仅三千多字，使用的资料书刊达五十多种，因此文章立论有根有据，内容充实，掷地有声。当年，中国农村经济研究会的同志们做了不少扎实的农村调研，可以说是同翰老求真求实的精神分不开的。

　　以上我只是粗略谈几点感受，挂一漏万，当然不能概括翰老的全貌，谨此向翰老表示我的一点敬意和祝贺，希望翰老在珍重身体的前提下，为"四化"写出更多精辟文章和著作。

　　　　　　　　　（原载《世界经济导报》1985 年 10 月 14 日第五版）

纪念我国著名农学家邹秉文先生

我国著名农学家和农业教育家邹秉文先生逝世一年多了。他一生致力于我国农业的发展和现代化，在创建农业科研机构、培养农业人才、引进国外先进技术和优良品种、创立出口商检事业和化肥工业方面，都做出了重大的贡献。

秉文先生原名应菘，原籍江苏吴县，1893年12月3日在广州出生。他十五岁赴北京求学，1910年赴美留学，后以优异成绩补取为清华留美官费生。

秉文先生少年时期，正值列强入侵，国内政治腐败，农村经济凋敝；出国后，接触到西方的科学教育与农业经济，两相对比，深感欲振兴中华，首赖农业，乃决心考入以农科见长的康乃尔大学。1915年毕业，他又在该校研究院继续攻读植物病理学，并与同学任鸿隽、杨杏佛、茅以升等组织中国科学社，编印《科学》月刊，宣传先进科学和技术。

1916年学成回国，他应聘金陵大学农林科，任植物学与植物病理学教授。翌年，改任南京高等师范（后改为东南大学）教授兼农科主任。他认为，农业科学与教育，务须结合生产实际和实践，因此，他坚持自己采集标本，实地考察，编讲义；力求增加农场实习课程；主张学校必须兼做技术推广工作，把单纯课堂教学方法改革为教学、研究、推广三结合的新的教学方法，从而使他成为一位功勋卓著的农业教育家。

第二次世界大战后期，秉文先生以中国代表团团长的身份参加联合国粮食农业组织的工作。在此期间，他预感到战争结束后国内复兴农业对人才的迫切需要，便多方联系，选拔农科学生赴美学习。1943 年至1944 年间，经秉文先生不辞辛苦地奔走、联系，先后选派二百多名学生去美国专攻农业。这些学生后来大都已成为我国农业科研和教育方面的骨干力量。

1945 年第二次世界大战结束和抗日战争的胜利，给秉文先生带来了由衷的喜悦。这时他写了一本小册子，题为《中国农业建设方案》，准备再为我国农业发展贡献所长。但是，抗战胜利不久，国民党就发动了内战。1947 年末，他坚决辞掉了所有与国民党政府有关的职务，包括联合国粮农组织的首席代表。然后，参加了由华侨经营的以农产品国际贸易为主的和昌公司，担任董事长，并定居美国。

新中国成立以后，秉文先生在美国突然接到上海棉纺界顾毓琇、吴味经的电报，要求他所经营的和昌公司尽快选购几百吨岱字棉良种，供国内播种之用。他从长期从事植棉事业的经历中，深知这一任务的重要意义，便立即向美国南方各棉种公司洽购，不料答复都是岱字棉种已颗粒无存。事关新中国的经济建设，他立即抱病乘飞机前往密西西比州产棉区，动员当地华侨，一同驾车到各私人农场。不论多少，不分昼夜，尽量收购。三日内购得棉种四百九十六吨。随即打包装车，运到新奥伦港，转船赴青岛，赶在美国对中国实行禁运前运出，货轮绕道南美，于次年清明节前安抵青岛，未误农时。

1950 年新中国的棉花产量比上年增长 55.8%。1951 年又继续增长48.8%。这与秉文先生的努力是分不开的。

1950 年至 1951 年，他的家属九人，先后分三批自美国回国。1956 年 6 月，他和夫人以赴欧旅游为名，离美到英，又转巴黎。一天，他的老友冀朝鼎同志深夜来访，带来了周恩来总理的亲切关怀。在冀朝鼎同志的安排下，秉文先生夫妇得以绕道莫斯科，于 1956 年 8 月回到祖国，随即被任命为农业部和高教部顾问，次年又被选为全国政协委员。

秉文同志虽已年逾花甲，但精力充沛，情绪尤其乐观。他行囊甫卸，就在周总理委托的范长江同志的安排下，一面认真学习马列主义著作和毛泽东思想，一面前往各地观光视察。他勤于作实际调查，勤于思考，每日记日记，坚持不辍。每次视察归来，他必写出书面报告或建议。据不完全统计，他撰写的专著、文章，包括历次重要会议的发言以及对台广播稿等，共约一百余件，数十万言。可惜在十年动乱中，大部分散失，这是一个多么大的损失！

（原载《人民日报》1986 年 7 月 20 日）

相交八十年　童心永不泯

　　我和愈之是"总角之交"，他生于 1896 年，大我一岁。从童年起，我们就彼此熟悉，相交甚笃。

　　我们的老家在东海之滨的浙江上虞县城里（现改为丰惠镇），愈之的家庭是县里有名的"书香门第"，祖父是位翰林、做过御史的京官，父亲进秀才后，科举制已若演若停，未再去考举人，一直寓居本乡，在地方上办了几所学校，曾任县议长，思想较开明，是接近维新派的人物。愈之家离我家只一河之隔，我常去他家串门，至今印象清晰的是他父亲书房里的一幅大字："独坐防心，群居防口。"出身于这样一个家庭，愈之幼年不免受到传统礼教的管束，行动稳重，循规蹈矩，从不参加儿童游泳钓鱼、嬉戏打闹的行列，但他的思想却很活跃。甲午战争后，民族危机日益深重，中国面临着风云激变的时代，上虞不是很闭塞的地方，这种现实已经反映到愈之的头脑中来。

　　辛亥革命前，上海已经有《申报》《新闻报》等几家报纸，但在上虞，一般人还没有读报的习惯。那时愈之不过十二三岁，他有一次问我：我们来办一张报纸好不好？我并不懂什么叫"办报"，只觉得这事很新鲜，欣然赞成。愈之果然带了弟弟仲持和他的堂弟伯恳摘录上海报纸上的一些消息，冠以标题，用工整的小楷抄在练字的大张毛边纸上，一次几份，多至十几份，我就成了这张"报纸"的"发行人"，或更确切地说是报童，兴冲冲地奔走散发，分送比较关心时局的同学和亲友传看。这样，几天一期，坚持出了相当时间。在不易看到上海报纸的上虞城里，这张"报纸"受到一些年轻人的欢迎。

县小毕业，愈之升入绍兴二中，插班入了二年级。当时绍兴二中的教务长是周树人，愈之后来在上海同鲁迅先生关系很好，也许同他们这段师生之谊不无关系。以后，愈之又转入杭州英文专科学校。1914年，愈之考入当时全国出版中心商务印书馆的编译室。这段时间，我进了杭州农校，以后又去日本学农科。在日本期间，我从日本刊物上翻译或改写了些关于妇女问题的文章寄给"商务"的《妇女杂志》发表，有时也通过愈之通信联系，我感到愈之几年来，经过刻苦自学和在《东方杂志》作为主要编辑的工作实践，学识和见解都有长足的进步，在五四运动的时代潮流里，他奋勇战斗，写了不少评论文章，已成为新文化运动中的一员战将。他同商务的同事沈雁冰、郑振铎志同道合，共同组织了"文学研究会"。1922年我从日本回上海，又高兴地能经常和愈之见面了，通过他的介绍，我认识了许多年轻的文化人。

这段时间，愈之很关心家乡的事情，他利用"商务"印刷便利的条件，主编了上虞第一张铅印的报纸《上虞声》，内容除反映上虞情况的通讯外，还有评论。愈之亲自撰写的评论，文笔犀利，切中时弊。他对上虞县的土豪劣绅、省参议王守玄的揭露和抨击，使这个显赫人物名声扫地、狼狈不堪。《上虞声》延续出版了几年，在愈之的督促下，我也有时给《上虞声》写文章。

在开办开明书店的过程中，愈之表现了创业者的勇气和预见。1925年，由章锡琛、周建人主编商务印书馆出版的《妇女杂志》，受到一些封建卫道之士的攻击，"商务"领导人不敢得罪这些名人，把章、周两人调离了主编职务，"商务"内外正直的和思想较新的朋友们都愤愤不平，愈之创议由我们自己来办一个讨论妇女问题的刊物，定名为《新女性》，仍由章、周主编，于1926年1月创刊。因愈之、振铎、锡琛等都在"商务"工作，决定由我出面作为刊物的发行人，联络处就在我家里。然而杂志刚印出，章锡琛就被"商务"辞退了。这时，大家鼓励章公开编《新女性》，并商量在这基础上办起一个书店，约请夏丏尊、丰子恺、胡仲持等为发起人，于1927年7月挂出"开明书店"的牌子。愈之在"开明"创立后不久去了法国，从未在"开明"担任过什么职务和名义，但他是"开明"真正的创始人之一，并始终关心着"开明"的发展与成长。"开明"在白色恐怖的年代应运而生，以它特殊的方式顺应了时代的需要。一家最初由一群贫穷的文化人以自己的稿费、版税、薪水作为投资的书店，经过十年的苦心经营，到抗战前夕，俨然成为同历史悠久资金雄厚的"商务""中华"鼎足而三的大书店，聚集了一批有学问有骨气的知识分子，树立了严肃认真出好书的"开明风"，在广大的青年和知识界产生影响和作用，为中国进步文化出版事业做出了贡献，愈之之功是不可没的。在成功的事情上从不谈论自己，是愈之性格的特点。30 年代初，愈之又和邹韬奋一起筚路蓝缕办起生活书店，愈之参与"生活"的事也是鲜为人知的。

1927 年"四·一二"那天，反革命势力向群众下毒手，闸北虹口一带枪声不断，无数革命者和群众倒在血泊中。那天傍晚，我同愈之从章锡琛家出来，心情极度沉重，在走到闸北鸿兴路口，微雨之后，血水向水沟里流淌，我们的鞋底踏上了血迹，我小声惊呼："血！血！"愈之脸色阴沉，一言不发，匆匆走到我家，愈之愤然说："没想到他们比北洋军阀还要凶狠。"他索取纸笔，我当时是中华农学会的总干事，就给了他农学会的信封信笺，愈之即奋笔疾书写了一封抗议书（这封信的原件现存中国共产党第一次代表大会会址纪念馆），他描述了"四·一二"事件的惨状，表示"目睹此率兽食人之惨剧，万难苟安缄默"，要求"最高军事当局立即交出对于此次暴行直接参与之官长士兵，组织人民审判委员会加以裁判"。第二天，他征集了郑振铎、章锡琛、周予同、冯次行、李石岑和我共七人签名，寄给国民党文化界名人蔡元培、李石曾、吴稚晖。这封信还通过在《商报》当编辑的仲持发表在《商报》上。虽然，现在看来这信有些书生气，但在这血雨腥风、万籁俱寂的日子里，愈之起草的抗议书，义正词严地表达了所有爱国的、正直的知识分子的满腔怒火，代表了广大人民的正义呼声和强烈谴责。

由于那封公开信受到反动派的注意，郑振铎不久即出走英国。半年之后，愈之也去了法国，进入巴黎大学国际法学院。1931 年愈之以世界语学者的身份去苏联访问，回国后写出了脍炙人口的《莫斯科印象记》。这时，愈之已成为有名的政论家、记者和社会活动家，在上海左翼文化界和抗日救亡运动中十分活跃。他把精力放在工作上，始终没有一个安定的家。在"一·二八"事变前的上海和抗日战争初期的香港，愈之有时住在我家，我们虽然职业不同，每有机会，仍像年轻时代那样促膝长谈。他对国内国际问题的透彻分析，对中国前途、世界潮流的远见卓识，使我信服，帮助我认清形势，这对我抗战前访苏之行及抗战时期、解放战争时期参加到党所领导的一些政治斗争中来都有很大关系。

1949 年，在政协筹备期间，我们在北京重逢。解放后的三十多年，我无论欢乐或苦恼，都习惯于找愈之。他对党的信念，一切从爱国爱人民出发、不计个人得失的思想境界，磊落坦荡的胸怀，以及真诚恳切的友情，使我感动、给我启迪，他的话时常是一剂"良药"，而又不那么"苦口"。

1982 年，一些同志在一起议论，认为宁波、绍兴是人文荟萃之地，应有一所综合性大学，如果愈老任名誉校长定会有很大号召力。愈之诙谐地说："我中学都没有毕业，怎么能当大学校长呢？"愈之说话的音容笑貌，使我忆起他的童年，还是那样谦逊，那么亲切，那样平易踏实，多少年过去了，他仍然保持着那清澈透明的童心。

愈之、愈之，已先我而去！往事历历，我不免为之唏嘘。人生有涯，愈之为人民事业贡献了毕生精力，他无愧于这个伟大的时代，人们将永远怀念他。我的一生有愈之这样一位亲密无间、相交八十余年的同乡、同学、同志作为诤友和良师，我感到幸运，感到骄傲，感到安慰。

（原载 1989 年中国友谊出版公司《胡愈之印象记》）

悼叶天底烈士

回首少年，虞城县校，与君昆仲同学习。钦英才早露，率先奋起，随处播马列。痛国家内忧外患，期覆地翻天行真理。恨腥风血雨，强梁肆暴，吾渐先驱慷慨就义！

十年一瞬，天上人间，尔我先后入期颐。行看祖国强盛，港澳台回归统一，尔我志酬矣！

叶天底烈士，明年九十阴寿，上虞建其纪念馆成，爰草短歌，永申崇敬。

吴觉农　于北京

1987 年 4 月 15 日

时年九十足岁

怀念老友章锡琛

　　章锡琛是我的老朋友。他最早在商务印书馆工作，后来是开明书店的创办人之一，毕生从事出版工作。他为人正直、思想进步、学识丰富、工作稳健踏实，勤勤恳恳奋斗了一生，为我国近代出版事业做出了很大贡献。

　　我和章锡琛是 20 年代相识的。当时，他是商务印书馆《妇女杂志》的主编，在这本刊物上开展妇女问题的讨论，有一定的进步倾向。我当时在日本留学，常翻译和改写日本刊物上有关妇女问题的文章寄给《妇女杂志》，开始和章锡琛有通信往来，我回到上海，由于我同胡愈之有同乡、同学之谊，彼此间关系密切，他同章锡琛、周建人等都在商务工作，我和章锡琛的交往就更多了。章锡琛是一位有强烈正义感和事业心的人，至今印象十分深刻的是他常同我谈起非常佩服鲁迅先生的文章和为人。

　　1925 年，《妇女杂志》发表了关于离婚问题和新性道德等方面的文章。其实也不是什么新思想，基本上还是属于资产阶级"爱情至上"的观点，但遭到了当时商务印书馆内外一些封建卫道士的非议，随之引起一场公开的辩论。导致商务印书馆的当局，主要是王云五的责难，把章锡琛、周建人调离了《妇女杂志》，章锡琛被调到国文部当一般编辑。《妇女杂志》由别人接办后，内容发生变化，主调是讲"妇德""妇容"及如何喂小孩、做鸡蛋之类上去。章锡琛对此是很不满的，他的一些在商务的老朋友，特别是胡愈之、郑振铎等也为之不平。愈之首先创议另办一个讨论妇女解放问题的期刊，传播新思想，批判旧礼教，让章锡琛主编。这就是 1926 年 1 月创刊的《新女性》，形成了同商务印书馆的《妇女杂志》唱对台戏的局面。因为愈之、振铎、锡琛等都还在商务挂职。经过商量，决定由我出面。《新女性》创刊号发行人署名吴觉农，地点也是我家住址（上海三德里 A 十九号）。当然，这也瞒不过别人的耳目，《新女性》创刊号刚印出，商务印书馆当局就把章锡琛辞退了。他既然已经离开商务，我们鼓励章锡琛全力以赴主编《新女性》，他也就专心致志地办起这份刊物。实际上是他一个人从组稿、编辑、校对、付印到发行，什么都干，独力支撑了这个刊物。仅靠这个刊物，要维持出版和解决养家活口等问题是很困难的。加上章锡琛和他的朋友都是具有事业心的人，于是除了出版杂志，他们还陆续出版《妇女问题十讲》《新性道德讨论集》等图书。因为具有比较好的印刷质量和装潢，特别是认真校对，销路很不错。这样，有不少朋友都把作品拿来要求章锡琛出版，既团结了一批作者，也开拓了业务。尤其是原商务的著名作者如茅盾、巴金等人的长短篇著作，更促进了业务的发展。朋友们就产生了索性办一个书店的想法。愈之是主要的策划者，郑振铎、钱经宇、孙伏园和其他几位朋友，帮助章锡琛一起规划。当时，我已经从事农业方面和茶叶方面的工作，与经济、文化界也有些联系，愈之、锡琛也邀我参加这项工作，帮助联系，但实际工作做得并不多。因其他事情较多，后来也没有做具体工作。开明书店从 1926 年 7 月开始筹备，8 月就在章锡琛家里挂出招牌，开明书店正式诞生。关于用"开明"二字作为书店的名称，一说是孙伏园起的名，据我记忆，章锡琛曾同我说，是鲁迅先生给取的名，有待再考证。

办书店需要资金，我们都是穷书生，拿不出多少钱来。开始主要是章锡琛把他从商务印书馆工作过十四年的退职金用来作本钱。后来书愈出愈多，销路也好，几千元资本已感到不足，章锡琛就向他的胞弟章锡珊借款。章锡珊在奉天（沈阳）商务印书馆工作，后来辞去那里的工作和章锡琛一起合办开明书店。开明书店没有印刷厂，所有出版物均由美成印刷厂来排印。美成虽是一个股份公司，但其主要股东兼经理是章锡琛的妻弟吴仲盐。没有章锡琛倾其所有开办开明书店，没有章锡珊和吴仲盐的出力，没有他们的合作和经营才干，开明书店不可能在短期内发展业务而跻身于中国六大书店之中。

由于受"五四"运动的影响，章锡琛反对封建旧道德，具有进步的思想倾向。他是一个有正义感和爱国心的事业家，作为开明书店的创始人之一，他使开明书店与商务、中华、世界等书店都有所不同。"开明"，顾名思义，是追求进步的，事实上也的确如此，在当时的历史条件下，开明书店所作所为，不是听命于当时的反动统治，不为他们所驱使，出了不少别人不敢出的好书。参与开办开明书店的人，大多有进步色彩。愈之在当时已与中国共产党有密切联系，搞开明书店，他不会不同有关方面有所联系。愈之邀我参与，不仅因为我们是同乡、同学的关系，而且他也了解我的政治态度。开明书店在编辑出版中学教科书的同时，还出版了《中学生》《新少年》等刊物，指导文化学习，也谈国家大事，引导青少年有正确方向。许多知名的文化、科学界人士，都谈到在他们的青少年时代受这些进步刊物的影响和启示。开明书店还出版了当时已被公认为进步作家的郭沫若、茅盾、巴金等人的文学作品，如《子夜》等。茅公曾经同我谈过，他当时致力文学创作，比较超脱，也是奉党之命。开明书店印行这些刊物和图书，当然招来国民党当局审查的麻烦。作为经理人员"老板"的章锡琛在处理这类事情上，态度始终是明朗的，也多方奔走，坚持开明书店的出版方针。夏衍（沈端先）通过我和开明书店及章锡琛有了联系，他翻译的两本书——倍倍尔的《妇女与社会主义》和高尔基的《母亲》，谁都知道是红色的。有人说，夏衍是共产党，给他出这种书会招来麻烦，不愿承担。我和章锡琛谈过此事，他毫不犹豫地接受了这两本书的出版任务。这说明章锡琛的政治态度和敢担风险的精神。书出来后，受到国民党当局的禁售。开明把译者"沈端先"改为"孙光瑞"，《母亲》改为《母》，继续印行，章锡琛也会参与决定。瞿秋白的《海上述林》这部巨著，在他遇难以后由鲁迅先生筹划印行，当时在印刷上遇到不少困难。通过章锡琛的关系，由吴仲盐的美成印刷厂给打的纸版。这是难能可贵的。胡绳同志在回忆文章中，曾经谈到1946年内战爆发，周恩来同志安排上海的工作，指示要设法让《中学生》和开明书店尽力维持。这就说明开明书店在我国现代出版史上的作用和地位，新中国成立以后，在胡愈之同志担任出版总署署长期间，开明书店同青年出版社合并，成为中国青年出版社，这和开明书店从创办到发展的历史作用有关。开明书店已不复存在，许多朋友觉得可惜。但开明书店确实完成了她的历史使命，这也是公认的。我想在这里提一提邵力老（邵力子）与开明的关系，他曾经担任过开明书店的董事长。邵老是国民党的元老，与文化界的进步人士也有不少关系。他对开明书店在经济上有过一定支持，在政治上也有所借力于他。章锡琛与邵老是同乡，遇到一些麻烦，锡琛和开明的其他负责人多次找邵老以解决一些麻烦。锡琛同我谈起过这方面的事，表示"有恃无恐"。

章锡琛一生主要是经营开明书店，他既是编辑，又是"老板"，苦心经营，贡献是很大的。我敢说：没有章锡琛就决不会有开明书店。开明书店既出版了大量的有益书刊，又造就了我国出版界大批有用之才，有的也从开明书店的发展中得到经济上的好处。林语堂所得版税为数不少，成为文化界的"富翁"，而章锡琛将一生精力和积蓄奉献给了开明书店。解放前后，他的生活并不富裕，后来处于相当困难的境地。虽名曰"老板"，确为事业贡献了一切。开明书店提倡进步，反对倒退，反对愚昧；开明书店在出版工作上以严谨的态度，务求保证质量，不容许粗制滥造；开明书店既为读者、又为作者着想，重视扶植人才并不是只顾经济收益，只顾书店赚钱；开明书店同仁工作上克勤克俭、艰苦经营、勤奋从公、团结一致，这是"开明精神"，也是开明作风，许多朋友为开明书店的发展，树立"开明精神"做出了贡献，章锡琛是其中的主要一员，确是开明事业的创办者！

章锡琛的一生，既为出版事业鞠躬尽瘁，对于中国的革命事业也是满腔热情。1927 年"四·一二"反革命事变后，章锡琛和我等许多朋友都是非常愤慨。四月十四日，由愈之执笔，有胡愈之、郑振铎、冯次行、章锡琛、周予同、李石岑和我七人联名，向国民党中央委员蔡元培、李石曾、吴稚晖写信，提出抗议，在《商报》公开发表，最初公开揭露国民党反动派屠杀革命志士的罪行。在当时，这确实是需要有勇气的，锡琛对此一直是觉得自负的。在几十年的经历中，章锡琛的政治立场和态度始终如一。作为旧社会过来的知识分子，章锡琛也难免有他的弱点，也因此受到这样那样的误解甚至指责。有的朋友说，如果章锡琛在抗日初期有点眼光和见识，早有点准备，开明的资产也许不会遭到百分之九十以上的损失；如果他在抗日战争中不从武汉又返回上海，也就会少些议论。这些是他颇感委曲的。其中有客观因素，当然也包含锡琛待人处事中的某些不足之处。

新中国成立以后，锡琛虽然没有较高的职务安排，有的朋友也表示不甚理解，但锡琛并无怨言，他还是像过去一样，热情地投入了新中国的出版事业。遗憾的是 1957 年他被错划为"右派"，受到了不公正的待遇，也带来了种种的磨折，身心都受到影响。

在他去世以前，我曾经去看望过他。他的住处不宽裕，室内也很暗，生活很艰苦，身体已不大好，老伴也病在床上，我心中也很不安。但在交谈中，他怀念众多的老朋友，希望国家兴旺发达，没有什么怨言。他悄然离开人世，没有能够等到新的时期的到来，也没有能够知道对他不公正待遇的改正。这是我一直觉得遗憾的事。

在锡琛先生生辰一百周年的时候，写下这一些，以志纪念。

1987 年 8 月北京医院

（原载《出版史料》1988 年第 1 期）

《上虞县志》序

　　上虞为吾故乡，虽青年时代即离家奔走四方，漂泊无定，然无论身处国内海外、顺境逆时，对故乡的山川草木、风土人情，总是梦魂萦绕，不能忘怀。祷祝其繁荣，欢欣其进步，希望其光耀于神州大地的拳拳之心，未尝稍有减缓。解放后，愿故乡昌盛的美好愿望逐步成为现实。建国四十年来，我曾多次踏上故乡的土地，每次回乡，观其变化，大有"抽足再濯，已非前水"之感。耳闻目睹家乡巨变，凡我虞籍人士无不为之鼓舞，引以自豪。

　　上虞既有山海之利，又列鱼米之乡。可是，在漫长的旧社会，得天独厚的自然条件并未变为优势发挥出来，百业凋零，民生艰难，满目疮痍。我青年时在家乡接触农业，特别较多关心茶叶生产，有志于为振兴祖国农业而奋斗，因此更名"觉农"。30 年代，我与几位同仁在上虞与嵊县交界处创办茶场和茶叶实验学校，计划汲取国外先进技术，搞机械制茶，改变我国茶叶落后状况。此地是海拔二三十米的丘陵地带，土壤、气候均适宜栽培茶叶。但是，在政治腐败、社会黑暗的旧中国，要办成一件利国利民之事谈何容易！最后，茶场终因得不到有关方面支持，资金不足，加之缺乏经验而失败。

　　解放后，县党政领导和全县人民努力奋斗，不断改变着山河面貌。1958 年，在我当年创办茶场的地方办起了上虞县茶场，各产茶乡、镇的茶叶生产亦得到较快发展，1981 年，全县茶叶产量突破五万担，跨入全国茶叶基地县行列。每念及此，总是感到很大慰藉。党的十一届三中全会以后，在党中央的正确方针指引下，县委、县府领导全县人民，更新观念，发挥优势，励精图治，使工农各业得到更快发展。1985 年，全县工农业总产值"完成第一翻，进入第二翻，突破十亿关"，由民国年间省内三等穷县，跻身于先进县行列。

上虞文风历来很盛，秦汉迄今，真可谓蓝田生玉，代有名人。我家丰惠城中，过去考取秀才事属平常，举人也不是显赫人物，历代进士台门比比皆是。文化发达，地方文献丰富，向为乡人的骄傲。作为乡土文化重要内容的修志传统，同样历史悠久且延续不断。南北朝时谢灵运就在东山写下了《山居赋》名篇，历数上虞南乡山川草木、风土人情，至今载于县志。官修县志可追溯至宋代，以后历代修成刊行的志书共有十四五种之多。近年来，县委、县府在抓好经济发展的同时，重视文化建设。1983 年，《上虞县地名志》编成，为解放后上虞第一部地方专著，深得县内外虞籍人士嘉许。"七五"计划第一年起，县委、县府又组织力量历时三载余，修成上虞县第一部社会主义新县志，实为远见卓识之举，承前启后之功。今故乡志书修成，展卷披览，备感亲切。综览全志，横列百业，纵述千年；前有所稽，后有所鉴；观点正确，体例精当；资料翔实，文约事丰。记载了全县各项事业的兴衰起伏，体现了新时代的鲜明特色，是历代旧志无法比拟的。此志既是地方领导了解县情，以便因地制宜，正确决策的县情总览，也是对人民群众进行爱国爱乡教育的生动教材。其有益当代，惠及后世的巨大功用是不言而喻的。早在修志之初，县志办公室同志即赴京遍访虞籍人士，我当时亦深致慰勉。今大功告成，览志思功，修志人员筚路蓝缕、擘肌分理之勤苦，探颐索隐、善善从长之精神，充溢于字里行间，他们的辛勤劳动为上虞地方文献奉一圭臬，为社会主义新县志添一珍藏。在庆贺新县志问世之际，恭祝故乡经济更加繁荣，文化更加昌盛，社会主义物质文明建设和精神文明建设比翼齐飞，早立全国先进之林。

1989 年 9 月于北京

（原载《上虞县志》，浙江人民出版社 1990 年版）

致刘澜涛秘书长并转呈邓小平主席的信

刘澜涛秘书长并转呈邓小平主席：

  为扩大农产品出口，多创外汇，1978 年初，我曾提出了"关于大力发展我国西南地区红细茶的建议"，同年秋，在我调查了云南、广东、广西和四川茶叶生产情况之后，又写了"关于发展我国红细茶生产的前景的报告"。这两个报告，曾分别送呈国务院和本会领导。先后承国务院李先念、王任重两位副总理阅批后，交有关部、委研究处理。据悉有关部、委已专门作了研究。由于问题涉及面较广，其中关于提高茶叶收购价格、减免茶叶税收及改进茶叶经营体制等问题，迄今尚未解决。春茶生产转眼即到，抓紧稍纵即逝的大好时机，解决目前突出的问题，似属刻不容缓。今年元旦，在全国政协新年茶会上，亲聆邓小平主席有关加快四化建设和改善农民生活的讲话，使我更受鼓舞。现根据最近调查了解的一些情况，提出我对茶叶产销上亟待解决的几点意见，向本会和您一一汇报。

  建国以来，我国茶叶事业有了较大发展，全国现有茶园面积达一千四百余万亩，茶叶年产量仅有五百几十万担。我们的茶区每亩单产仅数十斤，只及世界有些国家亩产的三四分之一，这就明白显示了农民对种茶的积极性很低。国家每年收购达四百几十万担，估计 1979 年出口可达二百万担，虽已创造了解放后的新水平，但这个数字不过占全世界茶叶出口总销量的 10% 左右，同时，在世界茶叶出口总销量中，90% 是红细茶，但深受国外欢迎的我国云南、两广和四川所产大叶种红细茶的出口量，仅占世界总销量的 1%，比重极小。由于我们国内生产有优越

的条件，而且有适宜发展大叶种优质茶叶的地区，还有大量可垦土地
（其他外销经济作物也可在这些地区繁殖），由此可见，从潜力来看，
是大有可为的。根据有关单位估计，1985 年茶叶出口达到四百万担，
收汇四五亿美元，是完全可能的。再十年内外，出口增达一千二百万担
至一千五百万担（红细茶占八百万担至一千万担，其余为绿茶和其他
茶），收汇十五亿至二十亿美元，并非难事。但是要实现上述设想，当
前迫切地必须解决的有以下几个问题：

一、提高茶叶收购价格

1979 年由于落实了若干政策，若干种农副产品收购价格均大幅度
提高，但因茶叶收购价格未能相应跟上，致使茶叶收购价格更加偏低。
以重点产茶区湖北长阳县为例，1979 年玉米、桐油、生漆、棕片、生
猪等收购牌价以 1957 年为基数，二十年来已提高了 116% 至 178%；而
红毛茶的收购牌价，同期只提高了 65%。广东英德、广西灵山、云南
凤庆等大叶种红细茶产地的大量材料证明：同样土地，种木薯、柑橘、
花生、甘蔗等经济作物，每亩每年净收入一般为一百四十元至三百元，
而搞茶叶的每亩每年净收入不及百元，相比之下，茶叶收入大大偏低。
由于国家茶叶收购价格偏低，不仅挫伤了茶农的生产积极性，而且影响
茶叶的扩大出口。据 1979 年 11 月间国家收购统计，生产大叶种红细茶
的两广、云南、四川、贵州等省区，比 1978 年同期减少了 16.43%，去
年红细茶减产已成定局，其主要原因之一，就在于收购价格偏低。这一
情况如不迅速扭转，任令大好红细茶茶区货弃于地，殊堪惋惜！

另就绿茶来说，不论外销内销，目前货源也较短缺，特别是一般所
欢迎的内销高级绿茶如西湖龙井和洞庭碧螺春的供应量更感不足。据估
计，有 20%~30% 的高级绿茶，大都由生产地区直接售给了消费者，这
仍然是由于收购价格偏低和内销零售价格偏高所致，以致我国广大劳动
人民平均每人每年的饮茶量，仅及日本人的四分之一。因此，发展绿茶
生产，满足国内外销售的需要，也是很重要的。

为此建议：1980 年应在调查研究的基础上，适当提高茶叶收购价格，这样，既保证了农民种茶有合理收入，把他们的积极性调动起来，又为国家增加了外汇货源，对国计民生都是有益的。

二、改革目前茶叶经营体制，避免中间大量浪费

目前茶叶经营分工，在中央，生产归农业部；收购、加工、分配归供销合作总社；出口归外贸部。在地方，十四个产茶省中，有的归外贸统一经营；有的出口业务归外贸，内销归供销社经营；还有的是一个机构，两块牌子，分口核算。在基层，更是五花八门。由于政出多门，机构又不对口，而且由于经营体制不统一，机构重叠，环节多，开支多，浪费多，使销区和口岸进货成本大大增加。大体上，从生产单位收购一百元的毛茶，加上税金，经过加工、调运，再加上各种环节的手续费、经营管理费，销售价竟达三百余元之多，购销差价为二点五倍。这样：对生产者来说，种茶不合算，茶叶生产就上不去；对销售经营者来说，出口茶进货成本高，出口亏损率也高，目前出口茶一般亏损 30% ～40%，有的甚至达 70%～80%，以致出口愈多，亏损愈大，不仅增加国家负担，也使所收茶叶税额并无实际意义，还大大削弱了出口竞争能力；再谈内销茶，购销差价更大，这也是中间额外费用征收过多造成的。当然，其中合理的利润和开支是必要的，但有的却把利润和开支提高到不合理的程度，以致茶叶成本愈增愈高。现以 1978 年出口的江西浮红三级毛茶为例，从生产单位收购一担，原料茶价格为二百三十五元，但口岸进货则增至四百五十三元，进货价较原料价高达一倍。至于国内零售价，则每一担毛茶，竟由原料价的二百三十五元剧增至八百零三元，在所增的五百六十八元中，非生产性的开支竟多达四百二十四元，实在惊人。这对内外销都不利，更为经营管理发生流弊和浪费现象开了方便之门。因此，有人建议成立全国性的茶叶专业公司，统一经营全国茶叶的生产、加工、分配、出口和内销业务。根据以销定产、产销对路的原则，安排生产和销售。但在这个公司未成立之前，亦可先由各

省区试先成立省区的茶叶专业公司，由省区统一经营茶叶产销业务。特别是生产大叶种红细茶的省区，可分别先行试办。各省区在试办期间，所有出口业务，仍应归口岸公司经办，不宜轻易地改变。

另外，已有大叶种红细茶生产的云南凤庆、广东英德以及海南岛等地区，其所产红细茶的品质，已可超过印度、斯里兰卡等国。我国自解放以来，已培养了不少茶叶专业人才，并已积累了多年的实践经验，只要善于使用这些人才，不必借用外力，便可赶超世界先进水平。

为了进一步扩大红细茶出口的需要，拟确定生产大叶种品种的云南、广东、广西、四川、贵州和湖南南部为生产出口红细茶的重要基地；原生产中、小叶种品种的安徽祁红、福建闽红、江西宁红和湖北宜红等产区，则确定为生产出口红细茶的次要基地。这些基地，都应积极推行科学种茶，提高茶叶产量和质量，还应由国家给产茶社队以长期低息贷款，用以建立新式茶园和新式机制茶厂。其他一般红茶产区，也应积极改良品种，提高质量。

三、减免茶叶工商统一税

现行茶叶税收，除农业税由社队缴纳8%～10%外，又有工商统一税40%，还有加工税5%，单这几项税合计起来已达50%以上。目前世界茶叶各出口国家，为了鼓励茶叶输出，都采用出口减免税收，甚至予以补贴等办法。我国现行的高额税制，不利于扩大茶叶出口，特别是在提高茶叶收购价格的情况下，出口亏损率势必愈来愈大，实际财政补贴还比茶税收入更大，这对增加外汇收入是不利的。其他出口农产品都有类似情况，因此，建议从1980年起，对出口茶叶一律免征工商统一税；国内销售的茶叶，工商统一税暂由40%改为20%。即以所减免的款项，用以提高内外销红绿茶的产量和质量。这样，对茶农增加收入，壮大社队集体经济和国家多创外汇三者都有利。我认为，解决了茶叶产销中存在的问题，可带动与茶叶有类似情况的其他经济作物的发展，从而使经济作物与粮食作物的发展也起到相得益彰的作用。

由于我所调查了解的资料不够完整，因此，现据以提出的几点建议，可能有的不太切合实际，可否请就茶叶收购价格和税收两个迫切问题，先行予以解决，敬希察核。

吴觉农

1980 年元月 15 日

就“四·一二”惨案对国民党的抗议书①

子民、稚晖、石曾先生：

自北伐军攻克江浙，上海市民方自庆幸得从奉鲁土匪军队下解放，不图昨日闸北，竟演空前之屠杀惨剧。受三民主义洗礼之军队，竟向徒手群众开枪轰击，伤毙至百余人。“三·一八”案之段祺瑞卫队无此横暴，“五卅”案之英国刽子手，无此凶残，而我神圣之革命军人，乃竟忍心出之！此次事变，报纸记载，因有所顾忌，语焉不详。弟等寓居闸北，目击其事，敢为先生等述之。

四月十三日午后一时半闸北青云路市民大会散会后，群众排队游行，经由宝山路。当时群众秩序极佳，且杂有妇女童工。工会纠察队于先一日解除武装，足证是日并未携有武器。群众行至鸿兴路口，正欲前进至虬江路，即被鸿兴路口二十六军第二师司令部门前卫兵拦住去路。正在此时，司令部守兵即开放步枪，嗣又用机关枪向密集宝山路之群众，瞄准扫射，历时约十五六分钟，枪弹当有五六百发。群众因大队拥挤，不及退避，伤毙甚众。宝山路一带百余丈之马路，立时变为血海。群众所持青天白日旗，遍染鲜血，弃置满地。据兵士自述，游行群众倒毙路上者五六十人，而兵士则无一伤亡。事后兵士又闯入对面义品里居户，捕得青布短衣之工人，即在路旁枪毙。

以上为昨日午后弟等在宝山路所目睹之实况，弟等愿以人格保证无一字之虚妄。弟等尤愿证明，群众在当时并无袭击司令部之意，军队开

---

① 标题是全国政协文史资料研究委员会编者加的。

枪绝非必要。国民革命军为人民之军队，为民族解放自由而奋斗，在吾国革命史上，已有光荣之地位，今乃演此灭绝人道之暴行，实为吾人始料之所不及。革命可以不讲，主义可以不问，若并正义人道而不顾，如此次闸北之屠杀惨剧，则凡一切三民主义、共产主义、无政府主义甚或帝国主义之信徒，皆当为之痛心。先生等以主持正义人道，负一时物望，且又为上海政治分会委员，负上海治安之最高责任，对于日来闸北军队所演成之恐怖状态，当不能恝然置之。弟等以为对于此次"四·一二"惨案，目前应有下列之措置：

（1）国民革命军最高军事当局应立即交出对于此次暴行直接负责之官长兵士，组织人民审判委员会加以裁判。

（2）当局应保证以后不向徒手群众开枪，并不干涉集会游行。

（3）在中国国民党统辖下之武装革命同志，应立即宣告不与屠杀民众之军队合作。

党国大计，纷纭万端，非弟等所愿过问，惟目睹此率兽食人之惨剧，则万难苟安缄默。弟等诚不忍见闸北数十万居民于遭李宝章、毕庶澄残杀之余，复在青天白日旗下，遭革命军队之屠戮，望先生等鉴而谅之。涕泣陈词，顺祝革命成功！

郑振铎　冯次行　章锡琛　胡愈之

周予同　吴觉农　李石岑　　同启

四月十四日

（原载上海《商报》1927 年 4 月 15 日，原件现收藏在中国共产党第一次全国代表大会会址纪念馆）

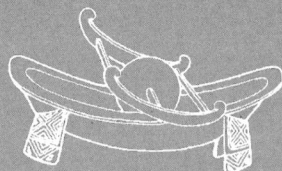

书 信 集

书信集目录

致张拔萃

拔萃先生，

兹就来信，简单地答复如下：

（一）无论什么学问，我深信只要能努力自修，决没有不成功的。至于"深造"的程度如何，那须看个人的环境、天资及学习的科目而定了。农学是自然科学，你自己在耕种，这正如学习理化的人天天在试验室内一样，供给你的实际上的知识一定很多。只要你随时随地注意考察，一面多看几本书，互相参证，将来一定可以成功一位学识经验俱臻丰富的农业专家。

（二）学习研究的方法，一时倒不容易作具体的说明。这因为农学的范围比较的广一点。但大体的说：你如果研究的是农用植物方面，例如稻、麦、果树、蔬菜等，则首先应该把普通的植物学、植物生理学弄清楚；其次与这栽培方面有关系的土壤肥料学的基本科学如矿物、地质、化学等，也须有相当的了解。倘此外还须饲养农用动物，如马、牛、鸡、鸭、蜜蜂等类，就须看动物学、动物解剖学及动物生理等书。又农业一方面是自然科学，同时在社会科学方面也占极重要的地位，如农业经济、农业政策等，那范围就更广漠了。

就自己学习的农业科目而定，当然不应该那么广泛，只须就耕种上所必需的几种，专门研究，否则范围太广，就一事无成。总括的说：你如对于农用植物有兴趣，先看植物学、植物生理学及品种改良论——此书或者以后再读亦可——其次读各种作物的栽培法。读栽培方法时，一面就书本上的说述，一面搜罗中国古书的记录及当地农民现有的各种方法，加以对照，同时再有自己实地的予以精密的观察和试验。这样对于某一种农用植物的历史、生活状况，必定很清楚了。其次是关于如何应用科学方法去改良的问题了。这应该注意的，在近代第一为改良品种，其次为改良施肥。改良品种的方式，自非专门家不为功；但这是指某一植物由你个人再来创制新的优良的品种而言，在一般的方法，只须向各地农业研究机关要他们认为已经改良的品种，在当地再行试种一二回，使它纯化了就行。以上仍旧讲的是应用，不是研究；但要自己研究，最要紧的应该明了别的地方是否已经在工作或成功。否则你费了几年的工夫，所得的或许在别人几年以前已经告成的事，那不是徒劳无功吗。肥料方面的研究较难，因为这须有相当的设备；但应用较易，就只要明了了肥料的性质，在当地自行配合试验就可以了。

农业是实地的工作，自己能耕种能观察，一面再从书本上去理会，这学习是最合理的事。我的意见，到你把各种基本科目研究试验有了初步的成功时，最好能够到外面来考察一下，这样你的研究方针和研究方法便可有了确实的路线。如有相当时间，或经济略充裕的话，则跟随了在国内研究有年的某一农学家实习一二个时期，再回去自己研究，这样我认为最为简捷。

（三）这一项在上面的答复中已说到，不再另述。

（四）你要看的基本科学，在开明、商务选几本都可以，至于农业书籍，种类很多，植物的与动物的方面各各不同，最好请你把你的环境告诉我，并说明你所要的是那一方面。

临了，还得说声抱歉话，或许还是答非所问。但你如果能提出问题，我必举所知道的告诉你。

　　顺颂

安好！

吴觉农

（原载《上海市私立开明函授学校学员俱乐部》1935 年第 8 期）

致钱樑(1)

梦得:

昨天整天一直到晚在开会,没有约你谈,谅你已早到上海了吧。

这几个月比较空一点。但时间似乎还是支配不过来,自然我要求学的东西过多了,这是较大的原因。今年如果有时间,我还是想学习几件想学习的东西,特别是要把政治经济学好好学习一遍、《资本论》仔细地再看一遍,还要好好摘录,这一根底不搞好,对任何工作是摸不着边际的。读俄文只是趁空,但也想把握一下文法和俄文的初阶。

各方面茶业工作都做得很好,当然还存在不少问题,需要多方面的努力。我想陆续找些材料,在两年内写好一篇《近百年的中国茶业史》,当然主要方面是贸易,从鸦片战争前后起,现在对这一方面的材料已有很多人在研究,茶业和其他材料也陆续在发展,我正想托你和舜年等大家都帮助尽量搜集过去的史料,希望在 1956 年暑假前后搜集完整,然后着手来写。因为文字不必太长,一两万字已够。重要的为史实。

过去的两本茶书已完成了它的历史任务,必须重写,新的贸易方法还在发展中,仅能吸取经验,希望你们多多努力。如果能把历史写成,其他部分自然容易凑合,但平时需要请你们注意收集材料,特别是各种技术上的方法、方式等。

上海各贸易行,特别像午昌过去和锦隆有关,这是中国茶叶贸易史较早的一家,记得还是 Old king 的父亲既已开始搞茶叶了,可能还在一百年前呢!是否像这一类的史料托午昌等熟人来设法呢?别的人我想还有不少古董东西的。就是像汪裕泰也有一百年左右的历史了。请留心搜集!一本账簿、一封信、一个故事、一张照片等都可以。如需要钱,都由我来担负。唐季珊的父亲也是老茶业，他家里还有人么？

你也较忙，这事可请舜年等多负责任，但不必很急，要细致地、耐心地搞，并请收集材料，情况随时告诉我为感！

我原想今年到各茶区去跑一下，现在想再缓一下。

祝好，并问诸同志好！

觉　农

1955 年 4 月 13 日

致钱樑（2）

梦得同志：

  正值春节，接到你寄来的译稿的整理过的稿件和一本《制茶工业学》。昨晚和今晨仔细地审阅过，并把制茶工业学的目录由谷茗等译出看过。这真是 1956 年新年最好的礼物。感谢你和其他各位同志的努力，同时我佩服他们译得那么好，几乎 100% 的完整。当然我也得祝贺你！我从来也没有看到过像你这次文字整理得那么完整、精细，并且在很忙的工作中，能抽出这样多的时间从容地复写出——如果不是复写，那是用中国的新的一种铅笔写出的。真的，不但对你要刮目相看，也应该肯定，你是有很大的前途，来从事茶的更高深的研究工作的！同时也应该为你祝贺！！

  我所知道的那本调查工作以外喀尔巴阡山为主，我想有寄来这四篇已可作一介绍，我准备即刻动手，介绍这书的内容，刻不容缓，苏联对新茶区调查的经过和成绩。国内正在草拟新茶区的规划，介绍这一事件，我想是极有意义的。但我了解苏联的情况不多，材料又不很多，只能写了再看了，可能由你介绍会更恰当。我预备先写出，再请你和其他同志们指正。（如果你认为在已译出的材料中，尚有其他资料可以加入，请在日内寄京！）

  我的住所为"东华门东河沿"。如只写东河沿，北京有好几处，来件 7 号寄出，13 号才到，转了两三个弯，请注意！

  《制茶工业学》内容非常好，三两天内我准备和出版社谈一下，如尚未有人承担翻译，我们可再动手翻译这一名作，这对国内的帮助是很大的。机械制造是三五年内必然会发展的工作，而且对技术工作人员是非常需要的。

我在京也买到了两本，不知你那里还有原本否？我仍拟寄还给你们一本，以备参考。

《制茶工业学》较长的部分为第六章，新的机械装置可能会译错，谷茗和她的爱人（杨禄荣，他们本周结婚）同意帮助，他们有苏联的最高专家对最精细的机械原理在讲述，我预料是会精密地译出的。这样三两个月内可以完成这一译作，谅为你们所赞同，但这要等我三两日内接洽妥当后再来分工。

我买了另一本新书，为《茶叶工厂的设备》，国内虽有需要，但这只能由"中茶"主持部分译好作参考，我们是不很急需的。

今年我们在这里过新年很热闹，谷茗新婚，甲选也预备新婚，重远又添了女儿。北京天气好，政协也正好开完了会。

但我3月初须出差，正在筹备中，希望能把译书的工作和将译的工作布置好。

敬礼　并问候你合家安好！

觉　农
1956 年 2 月 16 日

附寄还《制茶工业学》一册

致钱樑（3）

梦得同志：

昨日寄出信和书，《制茶工业学》计达。

今日已和财经出版社王寅生同志谈过，该社正拟请人编《制茶工业》，名称可再斟酌，我已承担。但他要求不要全译，最好由我们编著，理由也很对。因苏专家也时常提到应该结合中国的实际，不要单纯作翻译。事实上也是如此，这一译本主要的为红茶的制造，我们虽应向他们学习，但我们的绿茶、半发酵茶等不列入是不妥当的，过去和现在，我们的精制一套制造方法，也值得予以介绍并总结的。

他们要求的时间为今年7月能交稿，不知你和其他同志的时间，能安排否？

这书我拟和你共同出面，你如同意，我提议这样的编写：

第一章：为茶叶的特性，写茶的用途，世界茶叶的生产情况和消费情况。

第二章，以原文，主要的化学成分为基础。

第三章，说明原料，鲜叶采摘和处理，原文中，新的采摘方法和今后设立工厂，和原料的供应关系，分期采摘方法和提倡等都写入。必要时可将茶叶的组织和解剖学加上。

第四章，为茶叶的分类，及其他。以上各章，均由我负责安排，并请你们先提出意见！

第五章，既按原文的第六章（红茶生产），由你处全译后，摘留半数左右，作为苏联红茶的生产，列入印度、锡兰各国红茶制造法之后。（有一个主要顺序即机制也从手制的继续演变，并使一般制造者和学习的人容易了解）。总的茶叶制造章（可列数章），我先预订如下，绿茶：

内销茶：龙井、（大方）毛峰、瓜片、梅片、碧螺春。

花茶：附半发酵茶。

边茶：沱茶（普洱）、包种、乌龙等。

外销茶：炒青、烘青、珠茶（灰白）、眉茶、花青茶、砖茶等。附国外绿茶的制造法。

红茶：国内红茶的制造。以祁红、宁红等为主。

印度、锡兰红茶的制造（可摘录《茶叶全书》及其他）。

苏联红茶的制造。

外销红绿茶的精制。

上述材料相当多，应以红茶的制造为主体，也就是说，以苏联原文的红茶为重点，其他只简述概要。并以日本为主，可分成若干章，在上半年内，随时收集，或委托写出以重要部分不遗漏为主，且了解以外销作重点。

此外就原书内容可再另列一、二章，如品茶和茶叶品质问题等。特别如茶叶的分级茶，中外不同的情况，可另列一章。要以原书的编排及内容为主，加入国内主要的制造和分类方法。

又《茶叶全书》中（前译本），制茶机器之发展（原二十二章）稿，如能加入最近十余年的新资料，亦可另成一章。印、锡的新材料，请你搜集，日本机器部分，你那里有否？

从制造起大约七八万字，拟请你负责主搞，因出版社限在十万字左右，故不要过长，同时对译文系摘录性质，对文字上安排，也比较自由。（王寅生同志认为如全译，反而要核对原文的忠实性，比较麻烦。）

此事你处意见如何？首要问题为时间如何？请速考虑作复。

国外绿茶的制造部分，主要为日本绿茶，可由我草拟，但只是参考性质，内容不会多的。国内各种茶叶制造方法，如：龙井、大方、瓜片、梅片等，最好托由熟于此道的、在该处工作的同志去写，请你就近托人代写，要写得简明扼要，最好提出总结性的意见，既说明优缺点、温度和水分减少量等。化学部分只好暂缺，但应注意为了以后机械化，如何进行，作参考是必要的。又例如炒青机等也值得介绍，同时要有好的照片摄入和图片等以资参考。

接信后，请将内容目录，另拟一纸寄来，以便和出版社订约。

匆此致以

敬礼！

觉 农

1956 年 2 月 18 日

致钱樑(4)

梦得同志：

2月17日加封的信收到。

北京的东河沿至少有两个，一在前门，一在这里，信件退回了，包裹却收到了；但也延迟了好几天。我新年先后寄出了两信，谅已收到。

苏联新茶区的材料，我日内已整理，先作初步介绍，俟刊出后再告诉你们。原稿的译费怎样办？请即考虑后告诉我，必须按照我最初的办法进行，一则为鼓励别人，其次这是劳动所得，大家千万别客气！在其他各篇的总结部分，有便请译出，原本仍寄还，我只有那一本。如无可以参考之处，暂不译出无妨。

《制茶工业》稿，首先要完成目录，即前信我拟了一个初步的目录。特别是你们写的关于制造的部分。一则需补充绿茶的制法和中国茶的各种制法（这在浙江农学院，应有初步教本，可借来作为蓝本），其次也请你们考虑应该增加的部分。我们虽可将原文全译，但只是用其和我们有关系的部分，补充我们应该补充的的部分。请早日复我！

这部分可自当负责补充，由你们写出初稿。

写译的稿纸（上海有带横写的）每张（即每页）仍以五百字为主，如没有，印刷也不贵，请你在申代办，我这里也请寄五百至一千张，以便大家取得一律。又最好横写，便于排印和修改。

敬礼！

觉 农

1956年2月19日

致钱樑(5)

梦得同志：

　　2 月 27 日来信收到，附件的结论两篇亦已收到。新茶区的译述我们就作初步结束，我曾作了约三千余字的介绍，《人民》《光明》两报都嫌太专业，拟向科学通报或其他杂志作介绍。

　　财经出版社已来催我送目录，原拟等你提出意见后再送去，现仅叙述总的章数不提细目，使我们今后有自由变动的余地。

　　你们那边可先从第五章全部译出着手。一面再搞各方面已有的材料和充分向实际去征集材料。关于贸易部分，出版社也希望我们搞一册专书，这可在《制茶工业》脱稿后再进行。（"栽培"的一本已由庄晚芳成稿了），实际材料应占重要部分，你可计划好设法收集！

　　你那里主要的为两大部分，第一是根据原本，成为苏联制造红茶的专章（我内容未作了解），如和印、锡的有冲突，则印、锡的可不再介绍。第二部分为精制，可由你自己以学习方式在上海、杭州进行了解研究作成。（陶秉珍的精制部分或手制方法也可提到，主要应以现在的机械精制为重点，并提印、锡的分级制造等），其他手工制造另托专人从事，比较不很难，但必须精选，因苏专家也要我们的材料。

　　如嫌材料多，限制字数不能畅所欲言，则我们还可用，一面由财经出版社编的，而另出一全译本，双方就可兼顾，虽然有部分重复，但对读者也多了一份参考，这可在以后再来进行（陶秉珍在中华书局出版的一册《栽茶与制茶》后半部分可供参考）。

　　时间上是一个问题，因书坊有年度计划，希望 7 月交稿，我想延长一二月不妨，到了 7 月再说了；但总希望大家分工。我认为苏联的那一章可全请舜年同志负责，黄君可帮舜年译稿，你较忙，仅参加意见，并作最后校对。精制和其他部分,由你分别去进行,这样比较快。每人分量轻,工作就易成功。最后的审核都由我负责。

杭州农学院你可就近联系,不要由我再去请托了。(堂恒有问题,但不很大,可以联系一下)。

我大抵 3 月中旬要出发,赴西藏视察,须两个月后才能回来,我的时间比较局促,也只好到那时再看了。但可以看到未看过的东西,并可收集部分材料回来。

日本的制造方法不必详述,闻葛敬应那里有几本从日本来的杂志,请借阅一下,并将新出的制茶目录和图片要来即够。

即请你们动手,并祝你们工作愉快!

附新订目录一份已送出版社,如有变动再函告。

觉　农

1956 年 2 月 29 日

致钱樑(6)

梦得同志：

前信计达。

我定 3 月 16 日，离京先赴兰州，再由青藏路到拉萨，4 月间该地成立自治区，庆祝会后再由川藏路到成都，大致在 6 月初或中旬再早一点可回京。希望你们的译稿能在 5 月底前完成，别的材料也盼能陆续收集。

兹附一信，希能到科技出版社面洽，如他们接受，我想可以一样两用。因我们编著的不可能尽量采用原文，并为行文便利少用原文也好。同时，对读者有两本书互相参照，也有很大好处。当然这是指科技社能接受的话，否则可以由我们从编著为主。但能事前接洽也有好处，免得别人和我们重复。

前日增耕到此，我曾托其到你处一谈。

财经出版社希望我个人出面，这样译文即完全由你主持并出面，也是彼此分工之道。如科技社不能接受时，再行商量。

祝好！

觉农启

1956 年 3 月 12 日

（编者注：增耕，吕增耕。）

致钱樑(7)

梦得同志:

昨寄申信谅达。今日和鸿年同志相晤,他最近可以有时间动笔,即你们那里如未译《制茶工业》的化学部分,即我上次所指定鸿年译的部分,他仍可着手。希即来信告我,以便决定谁译。又谷茗夫妇最近放假,如你们已译竣若干,希早日将已译部分寄京,以便着手校订,迟恐时间上联不上,务希及早斟酌为要!

我的编辑部分,尚在审慎考虑中。浙、皖两处的讲议材料已收到,内容虽较贫乏,但有基础可资参考。惟尚未全部阅读,过去我所提补充部分仍需做,惟只进行修改,不必全部另起草了。

祖同的稿子已送来,可惜我未遇到。

觉 农

1956 年 7 月 15 日

（编者注：谷茗，吴谷茗，吴觉农长女。祖同，乔祖同。）

致钱樑(8)

梦得同志:

信和先后两次稿件都已收到。

今天得空看了一、二和第五章,译得很好。我边看边学,任校对工作似乎不难。但你们在这样的热天中工作是过于劳累的,应该休息为是。同时请和出版社商量延迟时间。和费鸿年同志谈过,他愿意帮助,如果你们三、四两章尚未译出,即由他负责译出,同时由他再校对一、二两章(大致已无问题),同时他再可全书细校一次,这要看他的时间而定,他如不做,我仍可负责做好校对工作。主要是你们译得很好,我是不必多费气力的。

如果舜年同志不译三、四两章,我建议你和黄君译出的几章,请舜年做一次校对和文字上的修正,这样使文气能前后一致,舜年的文字是较黄君更容易看得顺利的。

我因政协工作较忙较紧,同时另有新的任务——预备写对外宣传用的约三五万字的《茶在中国》的稿件,故《制茶工业学》不准备积极的写。另一原因我看了余寿康和陈椽的制茶学,他们都花了不少工夫,虽不很好,但已有了很多的具体材料。将来应该合作,不宜另起炉灶,使彼此重复。但我们仍应继续努力,随时准备资料,边学边搞,对己对人都有好处的。

科技出版社最近又来信,嘱我校对你们的译作,我已答允。又该社已成立一茶书的编委会。上海方面我推你和汤成参加。

敬礼!

觉 农

1956 年 7 月 31 日

致钱樑(9)

梦得同志：

你们的译稿，我和谷茗夫妇已在阅读并校订。第三、第四章，也已和鸿年谈妥，他大概在月底可以译竣。

经我们再三地校看，你们虽属初译，译的是很忠实和流畅的。

但为了我们的译作要对广大群众负责，同时要避免受读者的严格批评，我们必须更谨慎从事。

经初步校阅结果，提出如下意见，请考虑。

1. 译述时一般的名称，我们须与出版的各书统一，例如金义暄译的《茶作学》流行已久，他的许多译名比较上是经过考虑的，所以我们一般都应按照它的名称，（其他名词亦然）以避免读者的混淆和记忆。例如阿萨姆种（你们用的为亚萨姆种）、禅部种（你们仅译禅种）、咖啡碱（你们译咖啡精）等等。又若干译名你们所用的词典，也需和我们统一，请将你们现用的词典，抄名单寄下。

2. 若干名称在第一次看到时，应将原名附上或译成中文，以使读者可以查考，如第一章开头第一句茶树属 Theaceae 应将 Theaceae "山茶科"三字写上；A2 页阿萨姆变种 Thea assamica，把原文加括号，其下的老挝变种、马尼坡变种、锡兰种等均应附上原文。有若干原文都应该有中文意译或音译。

3. 书中的注解希望都能译出，有的你们译了，有的未译。又年份和资料来源，也需译出，以明来源。原书中有很多参考书籍，编有号码，在译文中也希望一一注上，以便阅者查考。

4. 据杨君查出如 crumaul 一字，一二两章中译为估计、预计，应改为"认为"，务请注意。

新寄的五章我前称要注意文字，但据杨君说，就俄文译文说，较一、二两章进步和更确切了。预料以后所译的一定较以前的会更好。

我们的时间和校对情况，大致要 10 月前才能搞好，有些问题还须请人再商量一下，例如化学等专门名词。所以要你就近和科技出版社作一联系，交稿期应予延长，要 11 月底。

因我不拟再写中国式的制茶学稿，如科技有困难，我可和财经出版社商量，或由财经社出版也可，但终以先和科技社商量为好，同时延长时间，是为了搞好内容，多替读者负责。

匆此即问

安好！

吴觉农

1956 年 8 月 18 日

致钱樑(10)

梦得同志：

8月15日寄去信和"要览""译丛"两个目录谅已到，并已交科技社联系以后的情况如何？

兹再把"茶厂设备"的目录寄去。此书你说过科技社已接受翻译中，请去证实一下！

我的意见这样：如已有人翻译，其大部分可以放入"译丛"制造部分，因红、绿茶的制造部分材料不多，同时，此书单独出版也比较专门一些。故可以放入"译丛"，三两年后再单独出版——当然原著作人要改订，特别像萎凋机部分必须改正的。

现在要先决定是否已有人从事翻译？如已在翻译，并由科技出版社组稿的最好和翻译人商讨，获得其同意。如尚未联系，现即由我方列入上次所寄目录，并拟先着手翻译——因杨君（谷茗爱人）对机械方面比较专门，最近正有时间可以帮助。

希即联系见复！ 问好！

觉 农

1956 年 8 月 24 日

致钱樑（11）

梦得同志：

8月27日来信和第六章（F）稿已收到。

首先应祝贺你们在科联竞赛中获得了第一名荣誉奖，这是先进工作者称号的前奏，我特向你们致敬！

我可以向你们保证，我除职务内的工作以外，现在已把整理茶叶工作的资料作为业余的重要的一面。晚间可以抽部分时间，白天每周也可以抽出一个半天。当然在可能的情况之内。

《制茶工业学》不准备写的主要原因，我再说明一下：我们旧有的材料太少，新的资料也无积存，如需搜集非三两年不可；其次我们目前对理论的掌握不够，并且自己和别人也都不从事于制造的实践；第三，看了陈椽和余寿康新编的讲义，当然不能非常满意他们的材料，但我们也未必能超出他们所已有的材料，毕竟他们已搞了很久，而我们则一无所有。如果要采用他们的材料，必须和他们合作。第四，时间匆促，决非短时期内所能完成。第五，我们既有译本，也已大概可以供应读者的需要。当然，你们如能积极搜集材料，我们自然可以在一二年后再订计划的。同时，我一年内拟先写其他的历史和发展茶叶稿等，约须写二三十篇，事实上已缺时间了。

译稿暂时在10月为交稿期，如届期尚难完成，再和他们说明未迟。鸿年同志说月内可交三、四两章，如果可能的话，9月前已大部可以完成。如舜年同志能再负责校订文字，我想这更尽善了。鸿年尚有时间可以订正其他稿件，想重点在一至四几章。

秉文先生到京后晨夕过此。他精神仍很饱满、积极。现在要和他多谈工作方法。他过了国庆节回南方，到上海时，你们可以聚会一下做做东道主。动身前我再告诉你们。

最近黄国光和其他各地同志想组织一个"中国茶业学会"，资格要专科以上毕业和从事专业有一定研究能力的。上海方面能否有这样的二十位以上的同志。请调查一下过去的研究人员，如复旦专科以上的同学和其他专业有关的，以便在上海也可成立分会。此事正由松侯等同志在联系中。你们的译稿出版后，也是和学会的发展有关的。

祝好！

觉 农

1956 年 8 月 31 日

再上次苏联的一本调查茶产地的原本，请寄还，我想略作整理后刊一短文。

（编者注：松侯，陆松侯。）

致钱樑(13)

梦得同志：

最近接获科技社的信，并寄来苏联专家处借来的六十余张底片，已寄还苏专家了。

该社告诉我《删条工业》九月底可以出版，据说印书不多，分配北京的恐不多，我已向此间的中国图书馆科技部预定了一部，但据说不能保证。希望你在上海给我存留若干部，以便在北京购有去路时由你处获得供应，因必须给原著者以几部作纪念。

我的计划科技社也提到几句，说正在考虑，并有意见提出。便希作复！

问好！

见水凡
1956 年 9 月 11 日

致钱樑(14)

梦得同志：

舜年昨到寓，知其有非洲之行。因他次日继续出发，故不能多谈为歉！译作事他走后，你们的力量更薄弱了，我们现做了这样的决定，请即考虑为要！

第一至第四章已全部译好，（三、四两章鸿年已译好，并看过一、二两章），现由谷茗负责校正译名，和其他文字的校正。

第五、第七两章业已译出，作同样译名和其他文字的校正。字数少容易搞。以后各章的译名和文字等等，都由我们负责，并有可能在十月底前搞好。

尚未译成部分，"发酵"尚缺18页，量你们已搞好，第六章中的干燥部分，如尚未动手可由杨禄荣君负责代译，杨君负全部校对俄文之责，他很努力看了几本茶书后，已成相当的内行，你们再译九、十两章，这两章有关审评和绿砖茶等，你们是比较内行的。分量亦不多，谅可在工作余暇中赶出。仍由我们负责较对。

如果这样做，预料10月底前我们可以全部校竣。你可作最后一次阅看，这样可对书坊如期交稿。我们这样预定，请你们考虑是否可以，希即函复！

因我们尚有其他工作要搞，此事不好再拖延下去，且与书坊的计划有关，务请考虑后决定函复！

最后的参考资料这里已译出，仍拟全部登入。故你们未译的部分，请把参考来源的字码也一并录入，以免事后补充的困难。

当然，校正后恐尚有若干问题待商，但比较次要了。据现在了解，译校工作已经过四五次了。

　　以上特点的初步决定，请考虑后见复。如你们能全部做好最好，否则再把部分工作让我们做也可以考虑。因谷茗、杨禄荣和鸿年等，尚可挤出时间之故。

觉　农

1956 年 10 月 2 日晚

致钱樑（15）

再：

信待发时，"茶香的形成"一节，已寄到。我们了解了一下，在你们手上要译的还有不少。如你们觉得问题很多，希望你们按上所说的进行。

如果你们感到困难，绿茶和砖茶的一章以及最后审评的一章可由谷茗夫妇译出。因他们比较有时间，现在他们对茶的了解也比较多了。译出后由我改正，再送你们那里校正。这样你们可在短时期内专搞第六章的未完部分和第二章舜年未完成部分。但仍请你们决定后通知我们。

我们每逢星期日交谈一下，每星期利用余暇进行工作，合作得相当有节奏，并已提高了兴趣。校正的各章，先后已看过五六遍，现在作最后一次校对。鸿年译的两章，经我们校订后，他感到相当满意。预料我们把稿件寄回上海时，你们也会满意的。同时，相信出版社也不会有较大的问题提出了。

你们10月以后可作适当休息，以后对排印工作再作一番努力。相信这些稿件，不至于对读者不负责任的了。

觉农　又启
1956 年 10 月 2 日

致钱樑(16)

梦得同志：

你10月2日的来信已收到。我也曾在3号寄出一信，和你的来信有若干地方出入，前信所述不很对头了，现根据你的来信重说一次。

（1）我们这里可以在最近时期内先把第一至第四章完全校对好，包括译名统一，文字内容等等，但希望将舜年的第二章的最后部分，尽先送来！月底前或者20号左右寄回上海。这样你们即可把初稿看了即行送交科技社（但第二章的最后部分希望及时送到）。

（2）第六章的发酵部分和干燥部分随到随校，月内也一定可以赶出。只要你们那里20号前可以将原文寄到。

（3）八、九两章问题不大，随到后校正即可寄还。

根据上述，第一到第五章，月内可交出版局，同时我们这里拟把应该校订的东西都搞好，只有若干小问题，要征得你们的同意；同时，希望你们也能从头再看一遍后交出，所以延期交稿问题，尽量不向出版局提出。

我不拟作序。我们这里也已预定和原著者通信。但按理说，信须经过科联同意后，始能寄出，已在和科联接洽中。

我在十月后，须另行安排工作；且延期对印刷出版都有问题。所以希望你那里在这时候必须突击一下，"百尺竿头更进一步"是我们最后努力的一个时期了！

我近来尚不能算忙，并且也和你们一样，有了这一个工作，使我有机会能够利用一点空闲，重温茶业，对精神上也是非常愉快的事。

敬礼

觉　农

1956 年 10 月 7 日

再，我们校对译名时，另列一纸，可提供你们参考。你们以后主要工作，可放在排印时的校对和图样等安排工作上。

致钱樑（17）

梦得同志：

发酵部分，我们也已按原文校对过。大致已很满意。

但为慎重和进一步对读者负责起见，我想请王泽农同志再去校对一次。因修改的原文尚须整理和校对译名等等，不便寄去。你那里是否有复写的底本？如有，最好再寄来一份，由我这里改正寄去。

否则我想也不大有问题，将来在排印后，校对时再寄去，请其看一遍也无不可。

生物化学方面我们根底太差，看不出有什么问题。

著作者那里已由我具名去信，可能有回信来。我要求她作一篇短序，并寄原图，同时保持以后的联络。

盼望你们这一时期顺利地做突击工作！！

觉　农

1956 年 10 月 11 日

致钱樑（18）

梦得：

10月14日来信已收到。知已和科技出版社联系，甚慰。

近日虽忙，校阅工作仍在进行，惟速度较慢。第一至第五章原拟15号左右寄出，但重校到第二章时，又发现了若干缺点即鞣质、蛋白质、咖啡碱等部分，大家了解较少，译述和我们的校对都比较差，特别谷茗夫妇因一两月来对茶的知识水平提高了，也认为对一、二两章不能马虎，所以还须重行校对。预料你们10月下旬，仍在赶抄各章未竣之稿，暂时无法作我们校对后的重审工作，所以一至五章到下周即月底前再行寄邮。

我们是初次动手，彼此人手又多对业务又不是完全内行，故缺点是不少的，文字的体系也是参差不齐的。

你抄正后，应再交原译者黄君重阅一次，过去没有这样做，我们的稿件寄到后，你和黄君尚须细细加工，核对原文一次，不但要校正我们的错误，还须提高和改正你们原有的缺点。同时还须请科技社好好提意见。

发酵和茶香两章，明日先寄王泽农同志，第一、二章以后最好也请你们修正后，径寄合肥农学院王泽农重看一次为盼。

匆匆即问

近好！

黄清云同志均等问好！

觉 农

1956年10月21日晚

致钱樑（19）

梦得同志：

　　10 月 28 日来信，收到。今晨又接到《制茶工艺学》两册。排印、装订和图片等都很好。可惜印数太少，定价过高。当然就成本说，可能还会亏本的。但对茶业工作上是有相当大的帮助的。

　　内容我也没工夫看，再版时仍可另出普通装，即不必精装，预料对读者的负担会减轻些。

　　这里我已定了几册，为了还著者及其他人员，请在上海代购三五册寄来！其中并以一册代送冯金炜同志。

　　翻译费我付了鸿年二百元，你给我的为一百元？还是二百元，我已遗忘。我想问一声，出版社对这次的翻译费是怎样计算的？我需要和鸿年作一次结账。

　　敬礼

　　清云同志不另

觉　农

1956 年 11 月 10 日

致钱樑（20）

梦得同志：

在上海畅谈，不胜快慰！

我于次日赴杭州，再由杭回申，翌日早即乘飞机赴汉口，前晚安返北京。原须送客人到内蒙并出国境，后得他人换班，不再远送国境了。

谷茗夫妇稿已看完，只等我作最后的校订。今日把第二章的后段已校竣，明日可先付邮，以便能在 11 月前交出版社复校稿件的第一部分。

我对你们用全付精力重看译稿，非常钦佩！但一则限于时间，恐不能过细进行，其次因译者笔调不同，恐不能全部使其统一。我建议你们要把大部精力先放在比较修改较多，意见出入较大的部分，其次，统一译名——主要以你和黄君译的为主，而把第一至第四章重校改正。文字的修正，如出版社能帮助，即委托他们代为负责校订。

其余部分，我当在月内看完寄出，迟到 5 号前必可寄出。

科技出版社曾来一信，要我参加为丛书负部分责任，个人极为乐意，但需要我好好安排时间，拟在校稿完成后再行答复。

科技出版社过去收稿和计划情况如何？最好能先告诉我，以便参考。匆此即致

敬礼

觉　农

1956 年 11 月 26 日晚

致钱樑（21）

梦得同志：

上月底寄去第二章的最后一段稿件和信，谅已收到。本日收第六章的后数节全部和第八、第九两章，一并挂号付邮，我们这里的校对工作，暂时可以告一段落。

附泽农同志的信，我们同意他的意见，你们应把精神和时间校正一词两认，以及人名等统一方面。另一个意见为俄文原名问题，不必要的地方，可以省略（我上次曾建议有的地方多附原文的意见应取消），使排印比较容易。其参考资料复印问题已详原译文上也请一并考虑！

整个文字的修正，希望出版社为我们负责。第一你和黄君的时间，已不允许有较多的时间从容应付；其次文字经过许多人手，仍再由你们动手，会犯想统一而更难以一致的错误。所以你们的工夫，主要应放在统一译名和今后校对排印的稿件上，争取出版社能替我们修改文字，同时争取早日出版。

译稿如有两份，我想要一份留底，为我进行中的茶稿参考。又及。

吴觉农

1956 年 12 月 2 日晚

致钱樑（22）

梦得同志：

12月5日信收到。3日由京寄出的第六章的最后部分和最后的几章以及信件等谅已到达。

鸿年同志所译的三、四两章，由你们再予以详细校对很好，他俄文程度还不够好，同时又很大胆，所以会有很多不满意之处。根据谷茗夫妇校对和我审核后对他们的中文还比较满意，因他一般的水平高，又编过很多教科书，经验也比较多，我不主张多改动了。例如像"高峰"一词，我当初也主张用"旺季"，后来想到苏联的采叶季节和我们仅分头、二、三茶的不同。叶子的到来，正应该像这山一样是高低不同的一个画图。"高峰"两字虽对我国的习惯用词不很适合，为了有创造性和介绍新的语言起见，是有留存的必要的。但你们仍可予以考虑。

正常的一叶、二叶……译作一芽一叶、一芽二叶等……或把无顶芽的作"对夹叶"译，这应看地方而定，不能强予一律！例如对夹叶，在中国很多见，在国外则较少。因据我了解，夹叶是肥料缺乏，水分或温度不足等原因，使叶芽停止生长时才发生，如一律使之中国化就会成问题。主要应视原文的意义为主，结合中国实际情况予以改正，不能使之强同。

武夷山的半发酵茶叶，我是根据当初"武夷绿茶"的译述而改正的，如原文为"白毫"，则不应以我的译法，这是译文本身的错误，可考虑改正！

我对你们校对时应注意之点已见前文，不多述。

年内如来京，盼多抽出时间能再细谈。

以前俄人有一本英译本的《论中国茶书》和我和范和钧具名的商

务出版的《中国茶业问题》如能设法借到，我想审阅一下。

祝好！

觉　农

1956 年 12 月 9 日　于北京

致钱樑（23）

梦得同志：

收到你 12 月 23 日来信，《制茶学》已交出，这算是我们 1956 年的一件主要工作，术语索引可请黄君负责搞，但也可请另外一二人搞，这事须细心，但也并不是件难事，对读者很有用处，如黄君能有时间，等于再细校几遍，可以统一不少译名，改正许多错误，这对我们的工作有很大的帮助。术语也并不很多。

科技社来信，我匆匆地复了，你看后请代送去，你作为业余替他们联系和计划，以后如再要进行译作和写述，对自己的业务有帮助的，过去我们特别是我，都把时间花在事物和替别人服务方面，现在自己吃了不少亏，我正在补救。但终觉已晚了些，你是可以勇往直追的，《茶业制造学》的译作，不知是否是一件经验？今后你和科技社比较近，替我和各地联系，或者能做出一点工作，当然太过繁重了些。

财经出版社范围比较广，原托我写的，《制茶学》《茶经今释》，我都没有订约。前者材料不够，我已告诉过你，后来为了要写外文出版社的茶书没有时间了，只好暂缓进行。你想写的贸易部分，我想是有机会的，但比较属于内部资料，也没有人从事这方面的了解和研究。是否待有机会时再说。

你们要译的零星材料，是否可以列入我给科技社的第二个计划中，闻王泽农、庄晚芳等也在做，将来最好有系统地进行。

《制茶学》的出版方面，费鸿年、杨禄荣都不预备出面，舜年如何？由你们考虑，我要否做编审人也是值得考虑的，虽然花了些时间，帮助并不大。如有一个译后语请你写好后，让我看看后再交出版社。

敬礼，黄君均此。并贺年喜！

　　再，鸿年兄需款，我已代垫一百元，审稿费如书坊无先例可不必先寄，泽农兄的部分，请你估计一下工作情况，可以由我转寄似较好。

吴觉农

1956 年 12 月 26 日

致钱樑(24)

梦得同志：

你到京面谈两次，甚快！

今日接到《制茶工业学》著者的来信，寄来了书中全部的照相片。并附来了一篇序言（两页不很长）译出后，下星期寄申备用。并希转知出版社。这对印刷方面非常有帮助。

著者还愿意和我经常取得联系，拟即去函征求有关制造和农业化学方面的各类著作，作为选集，这对今后的学术研究和教学方面有很大帮助。你顺便请向出版社做一了解；过去已在编译中的题材数量、内容能有一底稿更好。

据泽农告诉我，他们都在做各方面专题的翻译。

匆促即问年安并代问黄君等好。

觉 农

1957 年 1 月 13 日

致沙文汉省长

沙文汉省长:

　　这次我到皖、浙两省视察茶叶生产工作,安徽逗留较长,故迟迟才到浙江。

　　1955年底我对富阳县和其他各地的茶园间作,严重影响茶叶生产问题提供了意见,已蒙采纳并付之实施,深以为幸。这次再到富阳原地视察,发现茶园间作问题比过去更加严重,并且发现县级领导同志有不能实事求是和不顾到人民利益的工作作风。兹先就这一问题提供情况以备参考。

　　(一)我在富阳县青云区受降乡访问了常录社和新春社茶叶收入,前者约占总收入的63%,后者约占总收入的30%,茶叶比重都很大,但这两个社的茶叶产量却逐年下降:

	常录社	比上年减%	新春社	比上年减%
1953 年	55 000 斤	—	—	—
1954 年	49 000 斤	11.0	15 240 斤	—
1955 年	39 600 斤	19.2	13 642 斤	10.5
1956 年	35 600 斤	10.2	12 513 斤	8.3

　　新春社今年的生产计划是一万一千三百三十一斤,又将比1956年降低,常录社的计划虽高,他们表示也比去年一定减低。群众一致反映减产的唯一原因,就是间作杂粮。这是间作对茶叶减少的实际情况。

　　(二)茶叶减产还不仅是这两个社,因为全乡全区都有同样情况存在:受降乡1953年产茶三千四百一十担,1956年只产三千零三十五担,减产11%;青云区1954年产茶一万三千一百五十担,1955年产一万二千二百一十担，1956 年产一万一千三百三十三担，也在逐年下降。

造成这种情况的根由，我认为首先是县级领导上对发展生产没有掌握实事求是的精神。受降乡三定时规定生产粮食为四百一十七万六千余斤，全乡需要口粮为三百六十万五千余斤，除扣除公粮统购、统销和供应统销粮外，仅缺少四万七千余斤。全乡缺粮仅占三定时 1% 多一点。但该县各级领导决定该乡 1957 年的粮食生产指标是九百四十万斤（其中水稻为六百余万斤，杂粮为三百三十八万六千余斤），超过三定的 230% 以上，超过全乡需要口粮的 270%。领导同志重视粮食增产是对的，但在产茶地区，这样大量地去追求数字，是值得考虑和有检查的必要的。

（三）另一个是不能因地制宜的情况。常录社的水田地势高，水源不足，人口又比较多，每年尚须由国家供应粮食一万七千斤，但新春社每年却可售给国家增产粮二万斤。这两社距离很近，原可并成一个社，粮食就可以自给的。乡政府没有分别这两社的不同情况，不但缺粮的常录社要把所有的茶地一律间作各种不应间作的作物，而且收获的粮食实际上也并不很多，更不幸的是有余粮供应国家的新春社，也要把所有茶地不能幸免都要进行间作。这种不因地制宜的领导方法，也更值得予以注意的。

（四）最后从常录和新春两社的生活情况和他们的反映来说，拟 1956 年的收入情况，新春社平均每人每年为七十二元；常录社每人每年为七十六元，社长毛思家人口较多，而劳动力很少，每人每年平均收入仅为三十七元。据了解受降乡这样收入的人并不少。我在归途，曾到杭州市十月茶叶社了解，茶园面积并不多，只是茶蓬好，茶叶收入多，并且做的是龙井，价格比旗枪好，全社平均每人每年收入达二百零五元以上。在同一条公路上，相距仅三十公里，而生活费收入相差却近两倍左右。

据两社负责人反映：他们对乡公所布置间作，曾一再表示不愿；乡长说：他曾向县里反映，但没有被采纳；后来上过呈文，县里没批，乡里也就没批，只好这样的布置了。群众虽然一再反映，省级和舆论也一再提出要求，不应再在茶地上间作，但县级负责同志既不作调查研究，又不和群众商量，这样违反群众利益的事，不能不引起各方面的重视。

我因匆促前去，来不及到区，也没有来得及和县级同志当面研究，很可能有不够全面和不切实际的所在。但现在春茶刚完，群众正准备间种夏作，如果省方和县级领导同志认为我的意见可以采用，还来得及通知农业社，停种玉蜀黍和甘薯等的间作，供茶园恢复元气，徐图发展。

还有其他有关茶业方面的意见，拟另作报告。

敬礼

吴觉农

1957 年 5 月 18 日杭州

致黄岩省长

黄岩省长：

我的视察报告已呈上，兹再奉上建议书的节略一份，请参考。你关照我再写一点目前在安徽怎样做准备工作来为今后发展安徽茶业打下良好基础，我首先建议应该动员现在省内有关茶业行政工作人员和技术班干部的力量，加强领导，便能使安徽茶业蒸蒸日上。这里顺便谈一下过去茶业工作中行政工作和技术工作没有很好配合的情况，供你参考。

（1）1951年霍山绿茶改制红茶的事，因有你亲自主持抓，才得改制成功。1951—1952年霍红曾销售给苏联，以后因为技术没有跟上去，农业行政部门又放松了领导，并认为霍山红茶有再改做绿茶和大茶的意图。我和查夷平代表视察后都认为霍红是有很大前途的，而且群众也反映不应再改绿茶了。查霍山县志，可以证明此地是我国茶叶原始生产地之一（《唐书·李绅传》载有霍山多虎群众不敢上山采茶的故事）。六安专区的瓜片、梅片原和杭州的龙井茶齐名的，近年来，连对瓜片、梅片的绿茶生产也没有很好的注意，诸佛庵是霍山著名的茶区，据两个农业社报告：全部茶叶生产中荒山茶即还没有垦复的茶山，新民二社占18.7%，新民一社占3%，其他各地可推想而知了。

（2）在皖北和在皖南的负责同志以为祁门红茶的制造技术现在已经由农民掌握了，这固然是进步的象征，但由于这几年茶叶的收购重外形而不重内质，各合作社对于制造红茶的揉捻、萎凋、发酵、干燥等技术都不能很好地掌握，因之发酵不足、老火、霉变甚至酸、馊等现象很多，经我们检查，最少约达半数以上。祁红茶以前的干燥工作最初由商人，以后归公司负责，这是个关键性的工作，负责干燥的技工和职员须特别重视，遇有霉变、酸馊的茶叶，必须加以剔除，以免整批茶叶发生质变。但现在执行干燥工作的工资，不管技术程度如何，规定每担为1.1至1.5个工，而且不管有无霉变酸馊，都混合出售，收购站也只看外形不管内质，一律按价收购。同时，这几年收购站为了追求数量，一般都须在谷雨期开始开称，今年不幸在谷雨后连旬阴雨，祁门茶几乎普遍要减低一级以上。就是过去数年，在上海出口公司的祁红茶，几乎没有一级茶交给苏联的，人民的收入减少，国家的收入也减少了，这是值得大家充分重视的问题。

（3）去年中央为了使各省茶叶的增产，拨给化肥三十五万担。安徽数量特别多，计达十四万担。按一般硫酸铵为例，每施肥一斤，可增产二三斤收获量，今年增施了三十五万担化肥，但未必能增产几十万担茶叶。我们在皖北视察，所有茶园都间作了杂粮，这对茶叶增产已有极大问题。后到皖南、祁门，更有这样的情况：历口乡的光辉农业社是被认为祁门茶叶合作社旗帜，据我们了解，这社的茶叶售价还不及一个组织不良制造粗荒的邻接的星星社，不但是平均价，甚至是每批茶叶的出售价。原来光辉社按照领导规定，施用了大量化肥的，但肥料增加了，摘采的时间没有相应的提早，人工的配备也没有相当地增加，使茶芽在枝上老大，茶价反较他社为低下。这是技术指导没有跟上最显著的例子。

（4）这里再举一个行政领导和技术指导必须密切配合以发展茶园的事。现在不论是皖北和皖南任何一个茶区都有共同的缺点是"树老山荒"。茶树虽是多年生作物，一过三十年，都会品质下降，产量逐年低减的。在抗战前后的二三十年间是中国茶叶最衰落的时期，新中国成立后，对收购价格和培壅技术虽对茶业有很大帮助，但元气已衰，必须大力地进行老茶园的更新整理和新茶园的开辟等基本工作。现在各地不但新茶园的开辟工作不多，即连老茶园的更新整理工作也还没有着手，甚至技术机构和技术人员对这一基本工作也没有予以必要的重视和研究。我们到合肥时，大家都提出连年采茶过多，茶籽的生产发生了问题，经我提出可以用插条和压条等无性繁殖方法来进行，经省方采纳后，闻已立即组织大队人员到福建去考察研究，这是使我感动的。但这一问题不仅在于使群众了解和帮同实行，更重要的还须有技术人员因地制宜的和农业社共同进行研究实验。同时还要和品种改良工作密切地配合才行。例如祁门种可以自己成立一个系统，但还须配合祁门的优良茶种和纯种的育成工作；皖北地区寒害严重，还应该调查该地的抗寒品种；如未能更进一步对适于宜霍红的品种进行结合农业社共同调查研究，尤为今后改进红茶工作的基础。这就是说：技术工作必须积极和群众配合才能获得成果。

因此，我建议安徽省在目前的行政领导上应考虑如何加强技术指导，是件亟待进行的事。

最近浙江省为了提倡蚕丝事业，已把特产局蚕丝科另立了一个蚕丝局。安徽在芜湖专署也成立有茶业局，可否在安徽省的直接领导下，也成立一个茶业局，为减少行政支出，可由农业厅厅长或副厅长兼任局长；六安专署和芜湖等署各成立茶业分局由专署的专员和副专员兼任。皖南的分局最好设在祁门或屯溪，因芜湖离祁门和屯溪较远，不便作实际的联系和指挥。

祁门和六安都应该有一个规模较大、技术人员较多的试验站，祁门的站应该尽量地扩大新设的祁门县城的粗制茶厂，应商量合管局交由祁门站领导。把现有的茶业技术人员都组织在茶业局和试验研究机关之内。安徽农学院和茶业系的许多教授、副教授、讲师等也都要分别组织在行政和试验机构中，这不但加强了试验研究的力量，也可使搞理论工作的人员，有机会联系工作的实践。

上述行政工作领导起技术工作，并和中央以及出口地区的机构互相配合。每年可择适当时机召集一次或两次省级的茶业会议，请有关的机构指定专人参加交流经验，拟订茶业改进计划，切实执行。

至于当前的工作应以恢复和整理旧茶园，改进肥料管理，并积极改进红绿茶的生产制造工作为主；调查荒地、设计新茶园、改进品种、改良制造工具等也都是急不容缓的工作，我在这里不多赘述了。

吴觉农

1957 年 7 月 8 日

致吴谷茗（家信 1）

祝贺我国第一颗人造卫星发射成功！

谷茗：

　　要小杨他们多写信倒是件好事，他们就怕多写信，这种练习很必要，以后规定他们每周至少一次。

　　应杰曾复过一次信，最近他又来信问起你，有无收到信？我已代复了。你在那应该多和他们通通信，交换劳动和向贫下中农学习的经验教训。果果也回原处工作。

　　许默已响应号召，报名赴延安工作——临时插队，为了领导以前插队的青年的学习，同时自己也向贫下中农学习，时间为三四年，户口仍予以保留，我们鼓励她前去，"5·1"节后即下放。老大可能回京，准否还不知道。你要的《红旗》以后按期寄。我们如常，并向禄荣问好！

你的爸爸

1970 年 4 月 26 日

（编者注：谷茗，吴觉农长女；小杨，外孙；应杰、果果，孙子；许默，大儿媳；老大，长子吴重远；禄荣，长婿杨禄荣。）

致吴谷茗（家信2）

禄荣、谷茗：

　　老杨写寄的信已收到。过去一个时候家里什么都正常。但两日前从小杨、小岩起轮着患感冒，轮到了小胖（稍病即好）到宣昭。上星期她由于劳动过劳，从小感冒到前天的温度不退，昨晚温度又转到了 38.5℃，今日去协和，认为肺部也可能有疑似的肺炎，打了青霉素，今日两次，明日后日要继续去。到现在即打了两次针以后，温度还是 38.4℃，但精神比较好得多了。能喝点稀饭，能睡，但觉得全身痛可能是劳动运砖分量较重，有点吃力的缘故吧。

　　今天起协和由肖茗陪去，明日是星期天仍由肖茗前去。上午去时，又带了小勤同去的。好在下月甲选夫妇可以回京，应该作出处理。

　　小杨、小岩都已复元，希勿念。宣昭大概明日和后日打针后一定能退热，明日我再函告。许默来了信，寄去的东西已先后收到。据说明年四月间有可能给探亲假回京，她原先有浮肿，现在大概已无事了。她念念不忘于果果，明年是否能回来还不知道，据说要三年。

　　应杰已来过两信，年假大致可以回来，他对童国瑛还是很怕。和你们对杨力相比，正好是"严宽各有不同"。

　　我们学习情况已和各党派共同管理，所以时间、内容已一致，因此我比较的松了一点。上次邹秉文伯伯病，"脑血栓"，未成"中风"，儿子邹斯颐由于和庐绪章的牵连，迄今还未恢复组织生活，家中也未通过信。明日再函告。

父字

1970 年 11 月 28 日

（编者注：小岩，外孙；小胖，孙女；宣昭，陈宣昭，吴觉农夫人；小勤，孙子；甲选，二儿子；童国瑛，二儿媳。）

致刘祖香(1)

祖香同学：

接到你 7 月 19 日的来信，至为欢慰！一别十余年，藉悉你从事茶场和茶校的实际工作，且又获得成绩，不仅大量提高了生产，并创全省的优异的品质纪录，更属可贺！

我过去所收集的资料，堆存多年，尚未能予以清理。《茶讯》《茶声》等不知搁置何处，稍迟当设法奉寄。手头上有重复本两种《茶叶全书》上下册，解放前印《All about tea》的全译本；又一为《制茶工艺学》苏霍卓拉瓦著，上海科技出版社出版，你如需要，可即邮寄。

县茶场十多年来经管结果，今年定能获得很大盈余，你可否简单扼要地写些收支的实际情况给我。1) 总的投资额，2) 列年盈亏情况，3) 每年管理费支出，4) 摘采费和制造费，5) 重要设备主要为拖拉机或机器设备等，6) 人工和机器设备的最近情况。其他能写寄更好。不必详细，目的在能把这些经验能够在别处和正拟扩大经营茶场者作一个示范。实际应作个宣传。

吕允福同志最近通讯中提到四川省也拟大量发展茶园，该地区条件不亚浙江，亦可把你场情况写给吕君作参考。吕在四川省成都农业局，你们谅已在联系中。吕增耕仍在绍兴，经常和我通讯。

我暑期后拟开始写作，详情当再告。

希望你经常来信！

场校中同事中有认识的请代致意！

吴觉农

1973 年 7 月 24 日

致刘祖香（2）

连接来信，并示上虞茶场"收支实况"，不胜感谢！

兹先寄出《制茶工艺学》（霍卓拉瓦著）及旧译《茶叶全书》（［美］乌克斯编著）各一册，因仅余少数，现不易获得，作为送存上虞茶场留念。……

读"收支实况"后，对上虞茶场十余年艰苦经营，如今获得辉煌成绩，实堪庆贺！这是徐场长和全体工友、干部流大汗冒大苦的奋斗结果；也属上级领导一再支持的功绩；此外，由于外汇调整——美钞大量跌价——收价提高亦属原因之一。尚有若干问题仍请设法查询见复。

一、投资方面：上虞茶场历年投资共达七十一万元之巨，开垦茶园仅为 1 244 亩，则每亩成本达五百五十元左右。这是否为历年由于收支不能相抵，作为国家的投资？抑或另有其他支出（如办学校）或他种开垦费用及机器设备等费用？请详示！

二、请抄示历年茶叶收购价格（平均数即可），必须作出历年盈亏实况。

三、采摘费和柴炭加工费，来信仅列约三十元。其中薪炭费是否由场中工友设法在农闲时解决？管理费中，工人较多，平时和忙碌时如何分配？采摘工，手采还是机采？一般每人每日可获若干？是否能在本地解决？

四、今后若干问题：1. 人工操作怎样改用机械？主要对耕耘和采摘方面。2. 1965 年开始，病虫害问题如何解决？主要为机械化问题。应趁目前收入较多时期，及时解决。3. 对施肥问题也应及早重视，以防茶园收入减退，影响收入。再，虫害方面请详示主要茶虫的发生、发展和为害情况，历次防患、除治经过，以便代为探询。

（编者注：此信当写于 1973 年 8 月或之后）

致王家斌（1）

家斌同志：

　　接到你 2 月 27 日来信，甚慰！我这里有诸冈存著《茶与文化》一书，但记得在解放前业已译出。前曾去函问过刘河洲同志，嗣悉张堂恒同志存有旧稿，但内容所述不多。另有诸冈存著《茶》一书，专述《科学与药效》内容较为丰富，也把中国古书药用的写入不少，又有十年前美国人所写的多篇也可采用。你如有时间，希望能在解放后，若干医药卫生书籍中，特别是杂志中一定有很多资料可以参考抄录。国外部分可请王泽农同志帮助，他十余年前所著《茶叶生物化学》中（1961年 8 月版）写述甚富，以后定有更多资料收集，希就近联系为盼。

　　泽农同志这次又参加四届人大来京，我们曾晤谈甚久，惜这次为时不久即匆匆回南。今后必有更多机会在京相晤。

　　今年春节原想赴东南一行，但近因京津一带有地震预报。级别不高，大致预测为 4－5 级，而谣言很盛。领导上嘱大家要镇定对待，因之不便请假离京。并希放心为祷！

　　匆复。顺致
敬礼！

　　河洲同志去沪疗病，谅不久可回杭。

吴觉农谨复

1975 年 3 月 11 日　北京

致王家斌（2）

家斌同志：

上月前接到刘河洲同志寄来你所写的《浙江茶叶生产基本情况》，本月初又看到你写的 12 月 4 日信和《漫谈中日两国人民的茶叶史话》，尽管我也在病中——因感冒、支气管炎等转成肺气肿。打针服药后，低烧达十多日，现已告痊，但感到无气力和手足无力。医嘱静养。肺气肿属老年病，只能休养没有直接治疗方法。

因之对我的写作要求不能不减低要求了。你寄来的两文，对我都有很大帮助，特别是基本情况。明春必须力疾写好《浙江茶史话》，写好后再寄浙，请你们帮助指正！

"茶效"方面资料，国内外极为丰富，你现在病中应以养好身体为主，但随时可以收集这一方面资料。我这里以日本文为多，将来可由你翻译后再编校。你如在复旦有同学，可查询有关英、美和苏联的《科学百科大辞典》之类的新著。我也准备托人到国际作些搜罗，最好能抄来参考。王泽农同志处应有资料，今年上期他曾说到编著化学方面有关"药效"的资料，不知业已完工发表否？和泽农同志已有半年不通信，最近抓紧联系。

《中日两国人民茶叶史话》材料也很丰富。1957 年，来我国的中曾根，还是我在静冈茶场时的老友。他到北京时还特地看过我，现在似应还在静冈，但已多年未通讯了。关于"中日茶史"，日本矢野仁曾写过《茶之历史》以写中茶为主，长达八九十页，国内曾有译本，我有他的原文。最近我拟先写《四川茶史》，可早"浙史"先写成，因材料已在身边，写好后也先当寄浙。盼你好好休养，少年高血压病很多，但休息后都会自然好转。

顺问

时安！

河洲同志处，请致候！

吴觉农

1975 年 12 月 16 日

（此信在 1975 年 12 月 16 日后接到的，在 1976 年粉碎"四人帮"前夕，我当时胃病较重，吴老得知，还对我身体十分关心，要我好好保养、治疗。——王家斌注）

致吴谷茗（家信3）

谷茗：

接到来信，读了小杨新作，怀念总理的诗。大家都说好！我仔细看过并提了初步的意见。希望小杨能再誊抄一遍，要老大老二再看看，还可送学昭等参加些意见。我并且希望在最后送请《诗刊》或《中学生》之类的杂志去。最后可请宣昭转送给邓大姐作纪念。

我感冒已好——我的小病是吃早餐受凉积食，两天少吃些东西好了。另一信给小杨的，请他参加写"形而上学"一百条的材料作助手，详细另页。童国瑛说新华社传达"年内无震情"。注意用杨力稿写的信。

觉

1976 年 1 月 26 日

（编者注：邓大姐，指邓颖超。）

致杨力（家信4）

小杨：

　　你写的《怀念总理》基本上"及格"。文艺工作和"运动"一样，必须多多练习，你初试及格，就是基本功已过了硬，以后看个人休养和"阅历"如何了。你对《诗刊》和报上已刊登的诗歌等等要注意，"学别人之长补个人之短"，日积月累，就可小成了。文艺方面为"四人帮"扼杀的许多文艺如：电影剧、话剧《万水千山》等批评文，又望你在人民、北京、文汇等报以外去找。

　　但基础正是"哲学""形而上学"，组织上要我多搞一些，我想学学，自己已搜了不少；另约肖茗夫妇搞科技，果果、好好搞卫生体育；你是否来搞文艺和外报两类，当然要谷茗给你做帮助。方法同上次所面谈过的那样，摘出一条，加以批驳，长短不论，而以简短扼要为主。条数也不拘。

　　　　　　　　　　　　　　　　　　你的爷爷
　　　　　　　　　　　　　　　　　　1976 年 1 月

　　　　（编者注：肖茗，吴觉农次女；好好，孙女。）

致陈君鹏（1）

君鹏同志：

接你 1 月 11 日来信，欣悉一切。

我们近来身体倒比以往为好，可能是"四人帮"揪出后，人心大快，我们虽然束缚不多，但也大大感到心情舒畅，精神更愉快了！

进入社会主义社会，就是人人都能丰衣足食，道德高尚，心情更感到愉快的新社会。我们只要生活过得去就感到幸福，要想到八亿的群众!!

前日接舜年来信，说你能担任印缮工作，这就填补了我们想做的工作中的一个大问题。知识分子能写点东西，却不能自己打印，这就是个大缺点。我建议搞缮写劳动的仍应按社会上规定给以酬报，这也是"各尽所能，按劳取酬"的制度。去年梦得的亲戚来京（他爱人的妹妹），说到梦得精神如常，但每当领工资时总感到不快……我曾说：我在每月领工资时也感到一点难受，两人的心情略同，但所感不一样。我月薪在三百元以上，继续了二十多年，对国家贡献极少，惟一能报答国家的，只有勤勤恳恳学习改造，听毛主席的话，跟共产党走，走社会主义的道路上多下些功夫。

我对梦得过去受冤屈的事，曾和党内同志反映商量过，没有勇气负责进行，现在想来还是很抱歉的。我的意见：如果生活上确有困难，可以申述一下，否则熬过了这样长的时期了，仍以熬过去为是！只要想到多少为国牺牲的烈士，长年累月经过千辛万难的新老干部，特别最近大家在怀念周总理、朱委员长、陈毅、贺龙等元帅，他们长期受冤屈，并在死后还被"四人帮"凌辱……就是我们所熟知的很多朋友，在长期拘禁后现在身体都极羸弱……我们一群中少数人受些冤屈，正如在狂风暴雨中受些寒冷或得些寒热都是极其自然的事。他如能暂留组织，仍以留在组织为宜，必要时可以和组织上敞开谈一下，但千万不要诉苦或想追查"水落石出"。因党所考验的是看你的思想上有否进步？有什么收获？今后还预备对党对国家做些什么贡献……但如感到谈也没有什么作用，则不如不谈。主要能"正确相信群众，相信党"，正确对待自己，后者是主要的。

　　写得过多了。希你先了解梦得的思想情绪，再和他谈谈我的一点初步意见。我们也不能着急。

　　匆复。顺祝

　　你、贺瑛同志全家都好！

党农、宣昭同启

1977 年 1 月 15 日

致刘祖香(3)

祖香同学：

接到你3月30日从上虞来信，并悉你和场中领导同志能来京的消息，不胜欢迎！

茶场产品年增一年，市价也正巧由于外汇关系，正在剧增，这对外销物产确是很大刺激！今后希望你场更从品质上加以提高，使外销出路发展，实所祈盼。

再，如能在百官和朱永昌同志打一招呼，他有若干零星物品需要托带，盼能联系为祷！

我寓在东华门东安门北街，电话：554062，请先来一电话，以便欢迎。

顺致

敬礼！

吴觉农谨复

1977年4月2日

致马森科（1）

森科同志：

接来信及《密植速成茶园》两册，不胜感谢！

读后感到对今后国内茶业必然是个很大贡献，如有缺点，仍愿实践中予以改正。现因外汇关系，茶价激涨，对农副业的发展方面是极大的助力，祝贺你们的巨大成功！

试验中对茶叶品种方面尚未列出专条。例如浙江茶种中，龙井茶，遂淳区的和福建大白茶以及祁门种等，最好能进行多次试验，其次用机耕很有必要。能耕得深、耕得宽、耕得快，如现在正在提到机械化时，特别在试验中更有必要。今后机耕一定能扩大。你们的密植速成茶园，如有生产减少现象，可以依靠机械力量，隔若干年再行"重植"。我的初步意见，大量地采叶、施肥是很有必要的，再以后必须使用机采，是否留出适当间距，对施肥问题也可解决。再同时是否用"间作法"即在机械的帮助下，茶叶和其他作物可采用"轮作法"，这也是使地力不致衰退的"换种和轮作"的一法。以上只是我初看一遍后，想到的一点意见，作为参考。

暑期前我写好《四川茶史话》即拟写《浙江茶史话》，你在局中情况了解很多，希望你帮助提供有关史料。我已和张堂恒同志（在农院）、刘河洲同志谈起过并写过通讯，有便请为联系。大家都要为华主席的"抓纲建国"出些力，我还能写点史料，同时加入你们年轻队伍中，作个"摇旗呐喊"的老小兵，一定会使你和老朋友们高兴的吧。（允福同志提到过你去四川的事）。

祖香同志说不久拟来京，希望他能来。

祝好!

吴觉农

1977 年 6 月 1 日

（编者注：允福，吕允福。）

致马森科（2）

森科同志：

接到 7 日来信，领悉。

我上次建议只是在你创作"密植茶园"的一点补充意见。想到今后生产的扩大和发展，已有很多方法，现在应该重视的为"质"的提高问题。记得上虞县茶场有重新改播优良品种的计划，同时也看到农业学大寨运动中重视机械化的重要意义。希望你的文章中要联系到这些问题，仅供参考。

在新的问题提出时，必然会有不同的反对意见，这也希望你虚心听取。首先你已有了事实作答复，但从辩证方法看问题，必须从全面考虑。事事要一分为二，把反对的意见也作充分的的考虑，便会使你的实践从更全面的推进，因此你要把这些反面的意见在继续试验和写作的意见中尽量予以采纳。谅你会赞同。

我写好了四川省的茶史话后，就想写浙江的茶史，旧材料已搜集得很多，新材料就太少。同时，也想征集些当前的问题，如品质的退化原因何在？粗制的机械化还有些什么重要问题等等。很久没有到实地去接触了，只是和友人通信不少，但所知的都是些间接又间接的感性知识而已。

匆复，顺致
敬礼！

吴觉农

1977 年 6 月 13 日晨

致钱樑等（25）

梦得、舜年二同志：

你们 23 日和 24 日来信都先后收到，使我们都感到非常快慰。主要是已获得梦得同志的赞同，能如期来京畅叙一切了。

（1）目前主要问题是梦得长期在工厂中大锻炼，现已获得"光荣退休"可来京与我们欢叙，谈谈十多年来的感受，这应该算是我们一生中无上的快乐罢！原可约梦得爱人一道来，但下次有的是机会。

（2）第二个目的是很可能人大和政协在明春举行第五届大会，可能我仍然是政协委员。明年两会联合举行约有五千人左右的全国人大代表和政协委员的最大的一次聚会，为了鼓舞每人的积极性，必须有发言或提案。我过去在政协经常有关于茶业方面的提案，这次可能有人希望我，我自己也想有提案提出。（能够提出超国际先进水平的意见，照理是应该有可能的。这作为一个研究主题吧。）对今后茶业提若干意见——我算是一位老茶人，又想写些《茶话》之类的书，就不能在明年默默而息。为此希望梦得代我在江、浙、皖一带搜集些资料，主要就向张堂恒、王泽农等同志要些今后对茶业问题的意见，说我要搞些提案。

（3）梦得来京前，希望能先到杭州去和张堂恒、刘河洲等见面谈谈浙江茶叶和"茶叶研究所""农大茶叶系"近十多年来研究成果——先作些了解，从个人的了解中，认识一些情况。茶研所有过去的同学如搞茶叶机械的陈尊诗，我都有通讯，还有梦得后来的老友都可找他们谈谈。庄晚芳闻亦在杭。——当然最好先用个人名义，不必谈我们要写什么——和张（堂恒）、刘（河洲）等当然可以谈，因为我现在和他们通讯较勤。王泽农同志处也可先去，和安徽董少怀等也应该有交谈取经，或者来京时去合肥一转。王（泽农）曾任四届人大代表（全都没有发表正式名单）按理他仍有可能任第五届代表，最少应列入省市代表或者改为政协委员。因他所写《茶叶化学》确是国内少有的著作，（补记：我已看过了他去年的油印本新著，铅印本已出否，内容可能又有改进。）上次也是从安徽省各校推选而出的。当然你是为了作些调查研究，为个人兴趣和提高积极性起见，有必要和王谈谈。当然也可以告诉他我们的情况。

（4）来前，我个人意见最好和中茶公司组织取得一些联系——"打个招呼"：个人荒废多年要作些调查研究；看看老朋友……使他们知道你个人的意图。先去杭州或去南京一次也好，同时转游宜兴等地，宜兴有茶研所张志澄在林科所茶场工作。到南京既是探亲，也主要是看看新的茶业生产情况，这是否有必要？请你们研究一下。主要是防有人以为梦得有什么企图上京？！

（5）来京同样重要，正是舜年同志所谈的，帮助我搞好各省《史话》，我的一位助手，能够查抄古书中的材料，能写业已搜集好的比较容易的短篇。拟挂号寄出是需要重新改正的一篇寄舜年处，如同时寄出的《四川茶业史话》稿中的第（四）部分《四川生产的汉茶和唐茶》，因没有什么理论性。我终因精力不足，最近学习又比较紧张；可能以后又需有应酬，所以急需梦得前来帮助，及早作好第一部分，当然更重要的是商量一下，第二篇和第三篇的写法。

各省史话的材料已够。湖南、四川、浙江三省比较主要，其他较为容易，三两月可以搞好初稿。

（6）第二篇记得你谈过，拟以陆羽《茶经》为主，把陆羽的九个大章中，分别把陆（羽）后别人的材料做为说明的方法，当然加上我们的若干分析，先托我的助手去编写一次，我们再行增订。详细也请征求张堂恒同志的意见，他以前写过一次比较简略的述评，但也不能太详。这材料好处不会和别人重复。详细的等梦得到京商谈。

（7）第三部分是近代茶史部分。根据过去舜年的意见和我个人的想法：以就我们所能收集的材料为主，比较偏重于技术和我们所已经发表和未发表过的部分材料，当然也尽量收集有趣味性，特别是明清时代的有关到殖民地式的买办式的剥削农民和摧残中国茶叶的资料（这部分我们有经验）。我预料主管的研究单位也以历史唯物论的观点为主，我们也必须倾向在这个部分。这样我们能先走一步，也为今后写史料者作一个参考。应按毛主席的指示，要从鸦片战争以后写起，把整个经济情况与半殖民地的历史情况结合起来的指示相符合。上次提到要读点近代史，不是要我们写近代史，而是必须按照历史唯物论观点来写。我们茶的史料，四川部门所写的对历史唯物论的观点和其他资料的安排还很不够，需要更正之处甚多。边写边学习历史唯物论和辩证唯物论，这是我们一面编写，一面学习的重要路径。

（8）梦得来京时期，11月上旬或中旬都可以，时间短则过了阳历年，迟则应到春节前后。这样大致有二到三个月的时间，我们两三人合力地写作，边议边写，料初稿可以完成。第二、三篇的内容也大致可以商妥。第二篇预计费脑力不多，第三篇则需要时间和精力。

（9）这次工作由我和舜年、梦得三人合写，作为共同工作，共同负责。梦得所有旅费和在京费用由我负责，所费不多是我力所能及的。冬衣不必置新的，带件旧棉大衣就行，这里什么都有，保证你精神、饮食全都满意。

四川省的茶稿寄舜年处了。

祝你们全家老小都好！

觉　农

1977 年 10 月 28 日

致钱樑（26）

梦得：

舜年复信已收到，并即复了舜年。旅费百元也已由舜年转交。

今日得冯金炜来信，他在宜兴等地开会，并去浙江参观。据来信提到过张堂恒和陈尊诗等同志。堂恒已去湖南编写制茶教材，所以你去杭已难碰到。安徽既然旅途不便，也可不去。就进行你的探亲访友的第一个历程。

这样你是否早期来京，今年时间已不多，你到后也不妨先在京，作多日的休息和准备，然后共同工作填定我们的工作总量中较重要的部分。因你到后经过商量研讨，大部分工作有个眉目，以后也容易推展了。

冯金炜和祖同同学、同乡，他原拟去沪探亲属的，结果没有碰上，成了一个憾事！冯现在扬州茶厂工作，最近为了江苏的茶叶计划去浙江调查后，回江苏尚须作训练成员和抄拟计划等等工作。据冯提到：于黎光同志现主持江苏商业局局长工作。于曾一度在北京总公司任中茶经理，他由于一度以前在上海担任经理的一位。

浙江茶史话，已写了一半，大抵在一星期内希望能搞好初稿，等你来商量改正。同时想搞一篇计划或意见书，主要写红绿茶的质量怎样提高的问题。当然重点写的是外销红茶方面。你来前，务希和舜年等在上海的同志多谈一下。其他可再通讯联系。祁红近来产销情况是个主要参考。世界三大红茶：大吉岭、乌牌（在锡兰的）和祁红。但上两者数量不多，我们祁红数量也有限，近年闻品质也在下降，实情如何？

信中总是谈不完的。希望你早作准备。北京正式生火在 11 月 15 日，你除路上要注意些冷热外，其他不必多加顾虑。我们这里"食、住"都提不出"缺少什么",所以你以"轻便"为主,什么东西都不必考虑多带。家中应略作安排！住京约二三个月。

顺祝　你合家都好！

附金炜信请带回！

觉　农

1977 年 11 月 1 日

致钱樑（27）

梦得同志：

接到你的来信了！大家都很宽慰（编者注：即钱樑得到平反），希望能在很短时期内听到更好消息！

我自从五届人大、政协会毕以后，最近又有参观和会议，几乎天天出去。恽老的女婿病已大好，但为了住房问题又忙了一阵，所以写稿的工作又搁了多天了。好在我们的重点不能不暂时移到"红碎茶"的宣传和推广方面，也就是从理论到实践，然后再从实践—理论—实践上去。所以是个大好事！

广西农业局陈爱新同志已于上月底，写了一篇四十页（信纸）的长信，报道了广西许多新品种和详细的广西茶产的统计资料。

广西是根据过去"全国应有年产五万担茶地县"的指示搞的，预计到 1980 年前可以生产十多万担的茶叶计划，但"红碎茶"也大大发展，至 1985 年达二十五万担，1977 年已有红碎茶厂二十五个，1978 年增加二十四个厂，1979 年又拟增二十八个红碎茶厂。国营的和公社办的在互相发展中。这还是我们的建议未到达前的事，可能会有更大的发展。

1980 年规划建红碎茶加工厂十二个……详细拟由恽老整理后，再分送各单位修改。

今晨得知习仲勋任广东省第二书记，（王首道）同志拟留京工作，但仍兼广东省书记，习、王都系熟人。云、贵两地也都有人联系，以后必可对各该地的工作，取得某些联系。

我们对红碎茶的建议，业已初步获得各方面的重视。希望在申的同志们也请多多予以重视，无任祈祷之至！

陈君鹏同志在川的女婿、女儿能调回长春的消息，我们听了也极快慰，长春医院外科主任为叶舜宾同志，上次曾说过欢迎他们回长春，工作毫无问题。

梦得的子女，也依靠这次把沉冤能获得解决，自可分别处理了。只要有耐心有长心，问题自然能获得解决，根据最近中央颁布第十号文件，对上海"四人帮"问题的处理已获得几个大原则，如有传达，亦可提供参考。

我们一切都好。重远可再去信到其同学处，一切希望顺利地推动进行。祝好并祝你全家都好！

觉　农

1978 年 3 月 18 日

致钱樑（28）

梦得同志：

13 日寄交宣昭的信收到。

前附寄苏、皖两省材料请检收备用。你们提出江浙合写一处之议，似可在两省完成以后再并。这由于材料关系先分后合较容易，先合后分较难。且各省都有个独立的传统观念，我们会影响成为别人的垫底货，即他们会加些材料另起炉灶的。我和冯金炜商量过，你们写好后再由他补充，所以你们还是暂行分写为好。

又最近政协要出版文史资料，（上信已提到）想把贸易委员会的资料先写出。其主要内容写富华、复兴和中茶。现在尚在京、沪的人不少。北京部分除邹老、余绍光外尚有张联华在。张、余对内幕情况较熟（以张为主），已托恽老负责。上海部分你可就近搞起来。历史和内幕材料可问袁仲逵和富华的一位会计，我忘了他的姓名。据张联华说在上海了解情况的人还有不少。可请张联华收集邹老和陈光甫的资料，就近探听，最好请他们负责写出（将来也可以送些笔酬）。对袁应客气点请他多写一点，但必须有好坏两方面的材料和碰到的阻力。特别是关于孔祥熙和孔令侃等插手贸委会等等的资料，如袁还有各种原始材料最好。我们当然要重写把三个公司都和盘托出来，你可写中茶部分。先拟一个纲要，我处还存有部分资料。

寿景文同志原是学经济方面的。今晚托甲选拟好再附寄。

昨天《人民日报》发表董老在八大提出党团员和爱国人士必须守法的文章很动人，可供你参考。

我尚无确期出行，大概不久了吧。

祝好!

觉 农

1978 年 5 月 16 日

（编者注：邹老，邹秉文；董老，董必武。）

致陈舜年等（1）

舜年、梦得、君鹏等诸同志：

等了二十多天才决定今天出发了。为期三周，约 6 月中下旬可以回京。（另一组去福建）此去主要是听取四川被"四人帮"毒害后转变的良好情况，当然也要看看沿途各省的情况。如果有可能再采访些四川茶叶情况。关于"红碎茶"，中央、地方都已一致同意，要大力进行。（茶叶总公司和姚依林同志也主张搞"红碎茶"）。唯对红碎茶的 20% 的津贴费（实际是减少 20% 的税收）尚有人提出异议，如广东听说执行了又停了？可能是税收的关系，现在还在商议中。我们只管建议不管业务，所以对此也不作什么考虑了。

看看报上对冤案雷厉风行的消息，似乎上海也必然能赶快办完各个人的要求，但一想到这么多的人和长的时间，要一时处理完毕确是困难的事。仍应抱着耐性和信心，必然会有洗雪之日的。

最近政协为了推动史料工作，人手也感到不够，定出了一条介绍退休人员重新工作补贴工资的办法，所以"钱案"也以争取"恢复原有工资"是件大事，请参考。生活问题获得解决，其他问题也就解决了。

你们代我搞的论文摘录，如已搞竣仍请寄来。拟先"送审"。我大致不再去太原，拟托人代读一下"论文"，以为应付。

"贸委会"和"三一公司"的史料，北京拟托恽老负责联系与张联华、余绍光等人联系，上海拟由梦得搜集资料，不必要袁等担任写稿，可向他们问些内幕资料（一般都说些好的一面，我们要批判地吸收），因一般的资料，邹老已经托人写了。以后可由恽老和梦得联系搞好。政协的史料工作相当忙，特别是老干部所担任的军事和革命史料干得很起劲，我们也不得不努力赶上去。今后所有时间都放在这一方面倒也是颇有意义的事——即对于我们想作的茶史也有很大帮助。在四川当有机会和你们再通讯。

祝好!

觉　农

1978 年 5 月 27 日

（编者注：恽老，恽霞表。）

致钱樑（29）

梦得：

接到你从吕允福同志处转来的航函已收到。

下星期一并拟去北碚时再和允福同志等面谈，进一步理解些川省茶业发展情况。

当前的中心问题在提高收购价格和投资，贷给公社设备机械等问题，大致需要一段时间。

我们在下星期三（6月21日）乘船历"川江三峡"到汉口回京，故回京时已约在月底前了。

听到你的冤案已在开始调查和联系。这样，必有能清白清洗之日，不胜欣慰！务盼静待，谅已为日不多了。

我精神甚好。昨日看市容和看夜景。如大溪口、两路口、银行街、临江门、曾家岩等都属四十年前旧居之地，不胜今昔之感；而重庆山城也已大大变化了。余续详。

祝好并问沪友和你阖家安好！

吴觉农

1978 年 6 月 15 日　重庆

致钱樑（30）

梦得贤侄如晤：

来信收悉，经常盼望有好消息来到。现在暑期已过渐入秋凉，应该过较好的日子了！

甲选预定 25 日离京，这里有直达飞机去阿国，在晚上起飞，次日晨即到该国，难在两年后，才回国一次。昨日全家举行一次游园和晚餐，并有其他友好参加，联系到你未在为憾！

我们希望的出口物资免税尚在酝酿中。现进口的、再出口的物资已试行免税三年的办法。外贸欠债累累，过去的那种"抽税"办法，对国家和人民了无益处，容改日细谈。

附徐列文来信，可参考，便作联系。

问好你全家。

觉农启

1978 年 8 月 21 日

（编者注：阿国，埃塞俄比亚前名为阿比西尼亚。）

致钱樑(31)

梦得：

接到你上月底来信，了解到你和庸器的案情都已作出明确的宣告，并听取了你的意见。特别有关"渎职"问题，似都提到要点和核心，对解剖事物已获得关键问题上了。昨日老大重远到此，也引以为喜。甲选去埃不到十天已数次来信谈及该处情况，因现有直接飞机，寓在使馆又有许多援建、商业界和体育界人士以及其他人员的往来都可带信，每月还至少有一次信使带信带物，所以极其便利。

秋凉后，我身体已比较康健。十月间"茶叶学会"将在昆明举行讨论会，我已答应参加。想从贵州入滇，这样可以察看一下两湖、两广和云贵高原的实际，仍拟乘火车往返，必要时再坐飞机。你以案件关系，不可能同去了。上回你们为我改拟《四川茶叶历史研究》，农学会只录了（一、二、四）三节和注释，打字本共十页。因你们未寄原文，我又出门，甲选就把你们的来文径寄杨显东同志了。可能仅取三部分，希望将你们原稿再寄下作个补充。同时你能把最新查到的资料：如：李四光老的冰川期论述等一一补入，此外我已托人把过去英人论"茶叶原产地"的许多不确实之词已在作文驳斥。并拟去云南时再求教于该地植物学家。因在太原宣读后已引起了多方面的重视和讨论，进一步搞好这一问题与今后"红碎茶"的发展问题有关。

在昆明会议时，如有必要我还拟提出一个红碎茶的发展方案。农林部指示会议中要讨论，"茶叶生产基地建设"方案，主要是指红碎茶的基地。我们所拟的《四川茶》一文中未完成的结论（实际就是建议书的重点）作根据。你们的稿件希望本月20日前能寄到。再寄上某君拟的红碎茶一文，也寄你参考。希望你和舜年、君鹏等同志联系。最好还能和外贸方面的同志联系或访问一下对外销的意见。我和古耕虞老调查四川的情况，已于 8 月 29 日在政协在京委员中公开报告。据说中央正在讨论取消出口税和恢复由外贸直接办理收购和外销等事（两文件附上希参考）。

中国茶叶学会是单纯的一个农业团体，也有极少数如：于宝森、沈其铸、汤成等参加。实际应该和运销人员特别如茶师之类同志参加。将来或者要另行成立"茶叶外贸学会"之类的团体了，但实际也不过是组织的形式而已。我不想多提意见了，一切以"老头子""顾问"形式参加而已。

中国农业出版社正式派人和我联系，我除去年已提交一个计划外，该社无具体意见。但对茶叶希望我再提一个实际意见。我初步的意见为：1. 讨论"各省茶叶史话"或如你们所提的"历史的研究"都可以。后由于茶叶学会的关系，材料可能会更丰富一点。2. "陆羽茶经"的详细注释并把重要的茶书择要编入也可以说是对《茶经》的注释。但页数不能太多，分上下两册，这可多印五万至十万册。3. 参考资料，整理所有从唐朝到清朝的茶书来作参考用，可编订一二百万字，供今后的研究参考。但印刷量不必多，几千部已足。这是初步意见，请你们商量决定。年底交计划稿，使农业出版社可列入计划。

如你们另有计划，请你们考虑，我可代为介绍。最近南非 Eden，根据南非的资料有本新书（第三版《Tea》1978 年 7 月到京），有人想全部译出。我建议我们也可写一部用外文出版的《论中国茶》。过去商务曾出版过俄人译在 1925 年出版的。我们为了对外宣传也可集体写一二本，译成外文，如英、德、法、俄等文。你们也可计划一下，这比写中文更重要，实际也可写好中文一道出版，以为如何？材料可趁各茶叶教科书出版后的资料，以后陆续有茶叶方面出版的文，搜集也较容易了。

祝你全家和舜年、君鹏等友人好！

附：1. 在政协对四川外贸情况的发言

　　2. 论碎白毫

觉　农

1978 年 9 月 4 日

　　（编者注：庸器，俞庸器；杨显东，时为农业部副部长；沈其铸，为农林部特产处科长；汤成，原在上海茶叶检验局。）

致钱樑(32)

梦得：

9月14日来信已收到多日。

君鹏来信说月底或下月初可来京。昨日已汇出款一百元作为他的旅费，并希望能在国庆前到京，一则今年国庆似较热闹。（明年为三十周年国庆当更热闹，留给你夫妇俩并请舜年同志参加，他爱人已来过，当然希望郁玉珍同志再来。）在复君鹏信中，提及如去昆明，主要目的在共同前去学习，为今后共同写资料作准备。你们上海三友都长于文字，君鹏在到"产地检验处"时，他就被选为编辑月刊的第一人。所以说起资格来，他还在舜年之前。他并且在朋友最困难的时候给予帮助支持。甲选兄弟常提到他，宣昭也认为都是当作家人看待的。还能在晚年聚谈，应是件人生快乐的事。

君鹏来之前，对农业出版社的编辑计划，希望能有个初步决定。这次是该社主动约稿，要我在年内提出计划。我初步是根据他们的意见茶叶旧著以陆羽作中心，把其他所有旧茶书围绕《茶经》摘出作为唐以后的茶人对他的解释（因旧茶书好的不多，整部可介绍的仅有刘元长和陆廷灿两部茶书）。如能以解放前为界线，也可以把我们的写作甚至乌克斯的《茶叶全书》也可择要作为"参考资料"，可作即"洋为中用"的重要参考书，我计划原已决定除解释《茶经》外，把其他有关的茶书摘二三百万字内的参考书。《茶经评释》三五十万字，而把其他可以参考的资料编辑成书，仅供各图书馆、茶叶机构或产茶县图书馆、茶厂、公社等印几千份即足。这是个人想法。我们还可以共同编辑《茶叶科学》的科普的简易书篇小丛书和英文版对外宣传的茶书，特别是可编写古代的茶经一类的《新茶经》，既有古资料又有新资料。我们写的

"四川茶研究"和茶原产地在中国和类似已出版过的英文茶书。今后对国外宣传确比在国内还重要，因茶叶外销将是出口物的重点之一，（丝、大豆已成过去，桐油外销尚待恢复），你们三人英文都有根底，需要重穿征袍，跟着作"新的长征"，请先拟个大概的编辑计划由君鹏带来。

《茶叶的原产地在中国》初稿已成。主要由张承春写出（原稿三十页），现在复写中，25日左右寄出，预备带往昆明宣读（已答应此文由张等和我合写）集体创作的精神，以便吸收各方面同志意见，把此文好好写出"为国争荣誉"。实际也是"恢复名誉"的事。希望你们三友研究一下，并由梦得补入有关造山运动及冰川方面（李四光同志著作中的重点）的资料。张和臧军昌俩新人加入的"板块"运动，还在造山运动以前，主要证明印度在古代是寒带而非温热带，并与中国隔着一个海洋，茶树既不能在印度生长，也根本无法在古代传播给它。更重要的是证明滇、川高原，根本是温热带最能繁殖植物的地区，最近在《图书集成》又查出我国的"茶花记"等等文章，也查出云贵一带的少数民族，有我们所参加武王伐纣时，九类民族中的不少民族等……

你提到的张同志前寄来的文中提及"碎白毫"问题，因他提出后认为也是个建议，经解释后就更清楚了。关于拼堆问题很重要，也应该是一种常识，将来还应作多次的宣传才能肯定应用。

最近昆明会议，科协派陈君前去已带了不少资料回来。上海分公司有个报告中就可看出他们的"自以为是"的做法和想法，他们认为现在外销成绩很好，根本不提红碎茶问题。主持者于宝森作的结论，也有偏护其说。但陈君已听出并看出了许多问题，今后计划我就让他草拟。王泽农同志来信也劝我要顾到全面，大致也是受你所说的绿茶价格稳定，红茶不好推销等谬说。关于这类情况务望君鹏作些调查见告。

顺问你们安好！匆匆……

并问你合家，特别祝你妈妈健康长寿！

党 农

1978 年 9 月 19 日

致钱樑（33）

梦得同志：

　　前接舜年和你的来信，又昨日你的阿姨来申，了解你的冤案尚未完全落实。大致为期当已不远。因现在对方已成被动之局，你正可休养一时，静待对方的解决了。

　　舜年就检验工作室，我劝其不必固辞。兼职或去外贸学院，固然较好，也可不妨试一试。因今后必须大讲民主，大讲信誉，执行检查政策，实为当务之急！

　　你来时搞了一个建议，这次和君鹏同志去"环游"西南各地，对红细茶（现拟改的新名）的前途大可发展，已拟成初稿，缺点尚多。君鹏有初稿带沪，（五日车赴申）烦你们多提些意见，以便作为第二个建议的建议之用。

　　问你们全家好！

吴觉农

1978 年 12 月 4 日发

致钱樑（34）

梦得同志：

你已准备来京的日期否？

买车票可能要费些手续，如有困难，可先去南京再转北京如何？

顷给舜年一信，请速拟妥《茶史》"第三卷纲要"，从鸦片战争后的中日茶史稿，因农业出版社要我送纲要去，等你带了你们的初稿来京，再拟送该社。

昨日此间即生火，到后不会冷，但你来时该带棉大衣，可能过了黄河就会冷的。由于各方都已希望有茶史稿，你到京最好能多留些时间，能把第一卷即各省史先搞好。然后你回去搞第三卷和舜年在上海拟稿。详细面谈了。

祝好并问你全家好！

觉 农

1978 年 12 月 14 日

致钱樑(35)

梦得同志:

来信收悉。你在法院已平反,照理在行政上不能不理的。但在干部调换整顿中必然在新旧交替之间,有个考虑和彼此推诿的时间,仍希耐着等待,总会水落石出的。

我这次去昆明早有思想准备,去广州和海南岛是个临时的突击。由于兴奋太甚,布置的路程过多,最后的一个冲击走了两百多公里的山路,这未免过了些头,乏力呕吐,受了一些"过累",但现已恢复了。但还有几十封的"信债",亟待日内赶出,更可心神愉快了。

现在天气较冷,俟冬初春来,如你的问题业已解决,对史料工作感到兴趣的话,希望你来京完成我们想做的初步工作如何?

老向的茶检史已写好否?请寄蔡老、李乃昌老能否写些上海茶史资料,并希见时有问;尹在继同志谅可回检室?

祝好!并问你全家好!

觉农启

1978 年 12 月 15 日

(编者注:老向,向耿酉;蔡老,蔡无忌。)

致钱樑(36)

梦得同志：

　　来信收到了，你给恽老的信也看到了。恽老前日因上车，不慎跌跤，至患骨折，约需两月才能复原。我的工作进行不会受大碍。

　　我们新添了一台五彩电视机，春节前后，又从美国播送节目，所以美不胜收，你处如能买到五彩电视机，却能使全家每日获得有娱乐的机会。实际黑白的也好，这是乐而忘忧的事，上海有解决，能买到什么？我推荐你优先买电视机，特别对你老母亲，是一个极好的享受，我已做了"电视迷"，每晚都在看，以后频率更多，至少要买到"多频率"的，可选择地看。现电视内容也有很多改善，比前大大不同了。

　　前函我劝你和泽农联系，是专指你要联系到一个岗位，对研究和行动有关。上海如能去外贸学院之类也好，但希望是一种"短期的集中教一个时期"为宜。这样你有机会到北京，和别处搞点调查和研究工作。否则，每周上课，就使行动不自由了，实际课程也不多。

　　我除恽老外，原拟请你和张承春两人，你搞我们预定的茶经和外贸等工作，张搞茶树原产地和产、制方面工作。张和庄晚芳同在中大农学院毕业。我们约好搞好茶树原产地和"红细茶"的产销制。将来他也想共同编一部《中国茶业全书》或大全罢。张也二十年不做事，人家都说他是由我和他协作后设法任"四川茶学会副理事长"。你参加后我们工作比较可以开展，这在以后，再行商量。你也需要有一个落脚点。上海、合肥、湖南都可以，一个就好，两处、三处都不妨。如果后方"红细茶"发展，我建议后方办一个研究所。我如获得发言权，你们都可以在一起工作了。

　　你对外贸特别对审检工作最有经验，现各茶叶院校对此都很重视，你先获得"上海外贸学院"，和中茶公司的审查取得联系，中茶公司你要善意联系，要有几个人在内，这是个重要的地方，否则缺少实际联系。（他们尽管仍有派性，你要忘乎所以地照常和他们合作）。我劝舜年不放弃检验工作，他能去兼外贸学院和你一起就更好了。广州有不少复旦的学生，君鹏都认识，以后上海、广州两地也须密切联系，对外贸发展有关。

我们希望春季能去杭、沪和福州等地一游（宣昭可同行），你能在3月前布置好家中各项部署，我们就好由你伴同我们出游。先杭州、次安徽也可考虑赴福州，到乃时再说。

我们精力还不错，但出门必须有个借口，杭州3月间有个"茶叶会议"，但我们都准备自费旅行，视察或联系茶叶工作也可"师出有名"的。如能实现还可和诸友重逢，实在是件难得机会。

祝好！并问你合家好！

觉　农

1979 年 2 月 3 日

附几张在广东、广西摄的照片

致钱樑(37)

梦得同志：

　　接舜年先后函，获悉你已洽妥经费和职务事。后者应重行考虑。大致落脚点是要的，记得"皮之不存毛将焉附"的教导。但工作不能拖住了个人的调查研究，也不能不有些个人的自由。

　　详细已写在舜年的信里，"集体研究"很重要，一切要多多考虑，不致有误。恽老病腿，甲选外调，青年们都出门读书或工作，只剩下老夫妇一对，着实忙。但心神都很愉快！

　　祝你和全家好！

觉　农

1979 年 2 月 15 日

致钱樑（38）

梦得同志：

3月6日来信读悉。我上月底因过劳和其他原因，气管炎复发，并有温度。因未及早就医数日后转为急性住院十余日，上周回家，仍乏气力。"老人的病与众不同了"。

天气转暖，屈指计算你离此已达一年了。总算冤案得伸，晚年经济也已获得照顾，也应感谢党和领导的关怀。

工作和教书都非用力不可，如公司安排未妥，似仍可以退休者资格出外，自己做些调查研究工作，实际上仍为公家服务。我的建议：大力发展红细茶，预料必须推行，外贸和中茶公司都举手赞成。将来更需有局外人进行帮助。我们大家生活无忧，正好从旁帮助，实亦各得其所。你离职多年，也更需多作点调查研究工作。你也不妨和当局说明多作点学习研究，将来再做适当的力所能及的工作。这次君鹏去两粤和昆明的报销是以退休人员正式向政协报销的。所以你今后你调查研究的旅费在和我外出参加会议时，也可报销。一般的也可由我负责。

希望你在春茶制造时期去皖、浙一行，主要可回来补写两省史话，秋季我们再共同作次调查旅行再写其他文章。

农业部、农业电影制片厂拟摄《茶的故乡》电影剧本已改妥，要茶叶学会做顾问。本月20日后去合肥、黄山和祁门等地，你如能及时前去，陪同帮助最好。其次，你去祁门了解一下，如能参加研究更好：1. 祁红的香气问题的研究。2. 制红细茶主要能做到浓强香，有祁红的特点。制红细茶用制乌龙茶的碰青法，最近四川《茶叶科技》杂志载有一文，做青工序是花香形成的关键，寄上请参考。现川、闽都在搞试验，祁门场可能也在搞。皖农院茶叶系也应当有人前去，请与泽农同志商量作个专题研究。我也预备去信和祁门茶研所联系，以便去祁门了解情况作重点。秋季我想去杭州一行，祁门未必能去。实地调查一下安徽茶史就更有意义了。必要时也应写东南茶区的改进意见。

4月初、中旬恽老病可恢复。陆羽《茶经》稿也等你来完成任务，（快则本年写好）。恽老已写了部分，有了个头，身脚就容易按上了。

身体尚未全复，暂止于此。

舜年、君鹏等诸同志代问好！

肖茗今日可回京。你如需等公司结束无事后，再来京亦无不可，或者形式上的问题，不参加倒好。

觉农启
1979 年 3 月 14 日

致钱樑（39）

梦得同志：

来信收悉。

知泽农夫妇和小宝宝途经上海市并相会，当必有很多消息。他此次去杭州参加茶叶学会常务理事会议，我们都因其他会务不少，未能前去。

你和陈君鹏来时，能否代办一套审查杯盘等。因各地来样不少，苦于工具缺少为憾！

会晤非遥，静候你们来京，我身体已恢复如常；但北京仍有春寒，仍须带些御寒工具为妙。

祝好！并问诸友好！

觉 农

1979 年 4 月 15 日

致陈爱新（1）

爱新同志：

别后逾数月，尚未问候为歉！

我和科协及"中国农学会"几位工作同志，从南宁到广州又去海南岛进行调查，拟就有关西南和中南各省发展"红细茶"问题，提出了看法并作为建议，送请中央和国务院并分送各省省委，我并将原件送您区区委梁华新秘书长，转呈覃应机书记，谅你和农业局，必已获得联系。

兹送上原稿一份，仍请你详加指正，无任祈祷，文中提到你省比较少，这与我们调查观察不够（有关），不久我将请张承春同志由重庆去桂林、并到南宁和你面晤，除调查大叶种和在你省的若干变种可以充实我们的"茶树原产地"报告外，同时还将对"红细茶"的生产，特别对机制方面进行调查研究。本年10月茶叶学会在预定对"红细茶"茶树原产地品种改良等问题，拟在四川或南宁等地，有数十人到会的一个小型讨论会，尚未正式决定；如能在广西开会，我将再次到你省学习参观。

海南岛已拟具体计划和中茶公司联系，接受美国茶叶商人威士尔（美国茶叶学会副主席、茶叶公司进出口公司经理）的建议，将以美制全套机器（已在肯尼亚出售并实验有好成绩）约价二百万美元，几年后，以"红细茶"若干万担，偿还贷款和利息。这一办法经我们研究是借入外资"以货易货"，最好的一个办法，因投资者的目的希望能保值、利润等并能进出都能赚到钱；而我们也是既不花费外汇又可改良"红细茶"的产品并能发展我们的原有的经济作物，利国利民，又能大量吸取外汇的一个绝妙办法。我意广西也可以这样办，可由区委转托区茶叶公司或外贸局与中茶总公司联系。中茶公司已去过美国联系，稍迟拟再去肯尼亚实地作调查，即可作决定。

另一消息：云南省委于上月底派有关的茶叶局所二十人组织调查队，前赴海南岛，并闻省委根据我们的建议（及我们在云南省的建议原文，详附寄的附件一），将陆续推动云。

兹附寄我们的建议并附件请查收，因印数不多，如需传阅可请你处复制，专此顺询

公绥

吴觉农

1979 年 3 月 30 日

在南宁和桂林等友人请代问好！

（编者注：陈爱新是广西自治区农业局的负责同志。）

致蔡邦华等

邦、绵两老：你们好！

阿息考试过了么？消息如何？

7月18日，《参考资料》上，报道了台湾一百八十名教授中"核准退休"的名单中，台湾大学三十七人，有王益滔、周桢、汪厥明、卢守耕等人……都是农业方面，别的不熟悉。可惜不了解在政治和科学技术方面的一些老友，当然不知道汤惠荪、黄通等人。

8月起我们有一个月休假，如果气候不坏，拟再赴颐和园等地。八大处未去过，不熟悉。该地情况如何？

闻青年入学考试，将进入最后的阶段，希望阿息有精神上的准备！

顺致

敬礼！

弟　觉农启

1979 年 7 月 24 日

[编者注：蔡邦华先生是我国著名的昆虫学家和农业教育家、中国科学院生命科学部委员（院士），曾任浙江大学农学院院长等职。他是吴觉农先生的挚友，从青年时代起即过从甚密。陈绵祥是中国近代文史学家陈去病的长女，南社社员。]

致马森科（3）

森科同志：

你好！

承你托方钟清同志带来径山名茶一包，因方君初来北京，又被我的住地所误，从郊区到寓往返多次，实深内疚！

听说你脚部受伤，已痊愈否？务希妥为保养治疗为祷！

方君在北方搞茶叶制造，实系麻叶而非茶叶，为药用而非饮用，今日虽已将鄙意告知其负责同志。据说你也已早知情矣。

匆复。并致

谢忱！

吴觉农复谢

1980 年 7 月 7 日

再，允福同志 4 月来京参加科协，5 月初正拟由津到京回重庆，不料无人陪伴，走到我寓时已感到极度疲劳，当晚即感到左腿活动不灵并"失禁"，幸而送医院疗治并由科协负责联系，得在一个月后把"血栓"病治愈，亦算幸事！

现闻身体在好转中，请勿为念。

觉又启

致陈爱新（2）

爱新同志：

本次我们的桂林、南宁之行，始终承你和徐磊同志热情接待，并为感谢！

23 日在南宁车站分别后，我们于 25 日上午准时抵京，并烦转知有关领导同志代致谢意！

留交给韩局长的拙稿，如有什么反应和进展，盼能随时见告。京中如有任何消息，也当如实奉告。

匆此顺致

敬礼！

各位负责同志请代致意！

吴觉农　谨致

1980 年 11 月 29 日

致韩炜

韩炜局长：

这次我在桂林、南宁等地，承您和各方面的新老同志多方照顾并赐教，使我获益良多，不胜感谢。

广西地处亚热带，地理和气候条件得天独厚，对包括外销红细茶在内的各种经济作物的发展，优势甚多，潜力甚大，在自治区政府覃主席的关怀和领导下，加以各有关同志都具有丰富的实践经验，广西自治区必将为我国四化建设，特别是在农业建设上做出巨大的优异的贡献，可为预贺。

回京后，已将我和您区有关同志所拟有关"发展广西茶叶生产的初步意见"，内容基本上和在广西送给您的相同。已送请全国政协邓主席核转国务院负责同志核办，谅不久尚可有所表示。

希望覃主席及早核定所陈意见，同时将各社队已有茶园进行彻底整理，农贷方面，据农垦部了解，农业银行方面拟愿负责推动，可请有关各局草拟计划及早联系。

覃主席和有关领导同志未另。

顺致

敬礼！

吴觉农

1980 年 12 月

致陈爱新（3）

爱新同志：

你好！

我上月去桂林和南宁，故地重游，极感兴奋。在南宁时，承覃主席亲到宾馆予以接见，并和韩炜局长等共同研讨了"发展广西自治区红细茶的计划"。这个计划的重要内容是由你区所拟订的。由于广西在发展红细茶上具有国内最大的优势，例如：品质优异，平均亩产相当于东南各省份两亩以上的产量，以及不少国营茶场和社队茶厂，已积累了十年至二十年的栽茶和制茶的丰富经验，特别是从 1980 年起，由外贸部引进了 R.T.P 机的制茶新技术，使在试制过程中成品茶的价格提高了四分之一以上。因此，我认为上述计划是切实可行的。

这一计划，除已面交韩局长转呈覃主席外，回京后，又已送呈政协刘澜涛同志转邓小平主席核转国务院参考。据传告所陈意见，认为切合当地实际，同时还为广西的农业现代化建设，作了初步安排，如自治区有何要求，当可予以赞助。

据此间获悉，从 1981 年起，人民币和美元之间的换算比率从过去的 1.55 元改为 2.80 元，这将使茶叶价格无形中提高了 80 %，又 1978 年以后增产的茶叶，其增产部分决定概不征税，再品质较次，售价较低的外销茶叶，如有亏损，仍由国家负责补贴，以保证茶农的合理收入。以上情况，对茶叶的生产外销都甚有利，务请转告有关负责单位，随时与外贸机构取得联系，共策进行。

又据我所了解，你区有关各局的负责同志和国营茶场的干部同志，对发展外销红细茶生产都具有高度信心，因此，希望你转商覃主席对这项计划早为决定，俾使广西能在我国大量发展外销红细茶，以支持四化建设方面树一楷模。不胜祈幸!

　　此致
敬礼! 并贺新年!

　　　　　　　　　　　　　　　　　　　　　　吴觉农
　　　　　　　　　　　　　　　　　　　　　　1981 年元旦

致陈爱新（4）

爱新同志：

别后已逾月余，谅一切都好。我自离南宁后，对尊处红细茶的发展，曾继续在京作各项和各方面的活动，在中茶总公司的武汉红茶会议中，大家都感到红细茶的发展既有无限前途，但又看到了各方面的阻力。主要是工商税和外汇制订迄今无消息，故有全体到会者以共同呼吁的签名运动（广东各方面也到了多人）。我又利用他们的建议再次向国务院和财政部联系，结果正好：国务院和财政部业已发布了"关于进出口商品征免工商税的通知"（1980 年 315 号——时间为 1980 年 12 月 30 日），另有财政部文件（仅记要点），你区谅必业已接到，兹将抄件附上。

你区进展情况如何？盼见告！

并代问各局长和友人好。

给梁华新秘书去信亦未见复，请代查寻。

吴觉农

1981 年 1 月 15 日

致陈爱新（5）

爱新同志：新年好！

去年在桂林摄了几张照，直到数日前，才由摄影记者转到。我、你和金炜同志三人所摄的排列得不很好，特寄奉作纪念。

最近中茶总公司已招集各省茶叶公司代表在京举行会议，并悉所有省茶公司业务亦已明文规定由外贸总公司指导，至内外销是否统一由外贸搞可能要在这次会议来决定。

您省对红茶发展消息进展情况如何？有若干阻碍否？便请示知。

祝各友和合家好！

吴觉农谨致

1981 年 2 月 14 日

（编者注：金炜，冯金炜。）

致陈爱新（6）

爱新同志：

久未联系，谅一切如常，为盼！

茶叶分会所编去年年会稿件的汇编业已收到，着实补充了总会的不足。承赠谢谢！

现查茶叶改良税亦已移交地方经办，则地方对改进费收入数目不小，农业农垦各局，是否对此作个较好安排？

我和许多友人新作《茶经新谱》暑期后可付梓，对广西生产情况材料不足。特别尚未收到一张野生茶树的照片，农业部农影社未摄到，你处是否可以补充若干？因今明年拟举行多次的对"茶树原产地"的国际会议，特别日本若干对原产地研究者，也很想了解些广西的实际情况，过去我曾托张承春同志搞了一下，现张已无形脱离了这一研究项目。今年预定八九月在长沙举行有关品种改良的集会，同时也想加入原产地问题。

初步想法拟先在今年编辑一册"集影"搜集国内外有关论"茶树原产地"和有关的文章，明年日本拟请中国派若干同志参加，我们拟在后年召集一次国际性的会议。我已向金炜在广西之便，会同你共同搜集些资料——并请转各个（广西地区的）县志和其他学人所作的游记见闻等以及和少数民族及各种名茶中再搜集些资料。

又您区蚕桑方面的情况，如有资料亦希代为搜集，见赐。

其他希望有关各种经济作物，如甘蔗、果品、茶等经济作物成本调查谅已着手，资料的一鳞半爪都请见赐为荷。

请代候诸友和夫人！

吴觉农

1981 年 5 月 15 日

致张堂恒

堂恒同志：

上月我外出调查，学习又参加会议，致未问候甚歉！前寄上陈文怀同志几篇目录，务请你过目一次，我并也通知陈观沧须和你商讨，尽量搜集你院和其他各单位的多方面的资料。现在拟扩大到赞同和反对以及中间派的多方面的文章，并希望有关对大叶种品种改进和今后制造红细茶的若干前途和论断。

我尚拟阅日本学术等方面也有赞同、反对等资料，请你约陈文怀同志商量见复！

上次托买的"龙井茶"若干请示价格，因系内人受友人之托买的。

《茶经新谱》现联请陈舜年等同志增补，今秋当可交卷。

顺致

敬礼！

吴觉农

1981 年 7 月 5 日

致文怀

文怀同志：

　　来信和原产地目录稿业已收到。

　　按照你的目录预定不知占多少篇幅和字数？你离京前有否和农业出版社同志作第二次联系否？你第一次联系的是谁？望告知。

　　我个人想法，希望在浙大和你所中也能搜集到若干文章（你的三篇至今未全看过，以此例其他作者谅可广为征求），千万不能有遗珠之憾事。

　　再我个人意见尚拟要求日本作者广为搜集，也包括原产地在日本或否定在中国等等文章。我已去信给张堂恒同志，他无论如何忙，务请你约他讨论一下为要！

　　匆匆忙忙。顺致

敬礼！

吴觉农

1981 年 7 月 15 日夏

我的只能采用一二篇不宜过多。

致陈爱新（7）

爱新同志：

前寄阅请代转冯金炜同志的谅已收到。

现因赵大新同志赴南宁之便，托其带一信，仍请你代为转交。预计已可到，正和你处负责同志会晤，面洽一切。

如冯金炜已到或又去别处时，即请你代为照顾赵君为感。

祝好！

吴觉农

1982 年 5 月 15 日北京

致钱樑(40)

梦得同志：

接到来信和"外贸调研"大作"发展苏联和东欧茶叶贸易"文，极好。这是篇从经验中获得的重要心得，确是高见而非浅说。但实际的发展似在提高技术的问题。据说海南岛已引入 LTP 的全部资料，去年江苏宜兴，芙蓉厂出口甚好——较湖南产品价高三分之一。

好在外销茶可免税（但收购归会税而仍须缴 25% 的工商税，障碍尚未全除）。

外销茶贸易原已划归供销社交内贸经管如真实行，真将十年不能恢复元气。现可请舜年多写些外贸独立经营的重要性等文章。这次要求国务院暂缓执行，提了十多个理由从缓，但中茶仍无得力人员主持（新派了个副理，也是外行，好在"老于"已挤出，去了一枝蛮藤索。看今后发展如何了。我已无力作文，希望各方放胆发言为要。

令堂活到比我还多几年的八十七、八十八的高寿，这是件喜事，何怨之有？但你能够出以悲伤，也可见你的孝心之厚！

甲选夫妇已归京，女儿小胖，大儿应杰都已回家团聚，倒是我家的一件快事！

匆复，顺问诸友和你全家好！

吴觉农启

1982 年 5 月 28 日

致王家斌等（3）

家斌、森科两同志：

别后尚未接到你俩的消息。

前寄奉新华社的《参考》三份，请你们阅后转告在浙、杭的几个负责同志。

民建工商联已和他们几位负责同志汤元炳和陈志新等同志谈过，有决心发动并和其他党派协商推动。

蚕丝公司已正式任命人员，统筹积极进行。浙茶可就明年情况积极推动，并随时函告为盼。我预备继续发表对外销公司的意见，茶叶公司势必举办，但必须使旧人有所觉悟，略须推迟。我除在《参考》和《财贸报》等处，发表意见外，预定新年在政协举行一次座谈，邀各方成员参加讨论。先谈机构，如你们发动也可再谈1983年怎么办？

匆匆　并贺

年喜！

吴觉农启

1982 年年底　北京

致《食品科技》

《食品科技》编辑部负责同志：

顷接海南黎族苗族自治州退休工人刘志侣同志来信，介绍他服用糖、酒、茶混合剂所取得的医疗效果。由于我从事茶叶工作有年，对茶叶这一健身饮料将能更好地为人类造福深为关注，因此，我对贵刊过去一再发表有关红茶菌的文章极感兴趣。现将来信复写件寄上，请加以研究。如认为来信所述还有推广价值，并请予介绍为荷。

此致
敬礼！

吴觉农谨启
1983 年元月 27 日

致钱樑等（41）

梦得、舜年、君鹏等同志：

暑去秋来，生活较为轻松了罢。我已利用暑假，把你们所写为基础的述评，依靠甲选等人的帮助，已勉强读过通过了。

主要"从粗从简"，避免说外行话。决定把陆羽的注释都作为别人的，实际确以别人的为多。这样把无法解释的占大部分或全部的东西都放弃了，勉可应付不致多受批评。希望在国庆前后交出作了一个结束。

舜年同志写的"前言"找不到了。你有否底稿？如有请寄京，否则也请舜年同志回忆一下，寄个大纲来，可请甲选和恽老写出重新加入。

甲选较忙，恽老精神也差，当然较我为好。

中茶公司于宝森已走出公司，其他六十岁以上的人都退出到二、三线，现在当家的为陈甦文，需要进一步改进。茶协尚难成立。

祝你们都好！

觉 农
1983 年 9 月 4 日

致阮浩耕（1）

浩耕同志：

你来信和最近托邵云同志来京，带来的尊著"茶神"——《陆羽的故事和传说》都已收到。我离浙后回京，因旅途和继续参加会议，未免过劳，月初来院医治，刚近一月，幸已告愈。

《陆羽的故事和传说》我已约略读过，共计"二十四节"很完备，说明也条理井然。为配以"连环画"，更能引人入胜，受读者欢迎。我个人了解，有若干事迹稍有出入，特别在十四、十五、十六节赴京一段，恐不可靠——当然可作传说论，例如智积在宫内供奉，并赴，回浙时请求智积奏请等事，纯属虚构。据我初步意见以略去为好，最好把十四至十六三节并列为一节智积在宫中似较简化。后各节亦属传说之词，但陆羽现被誉为"茶神"，（去之也倒有"弃之可惜"之虑）。请斟酌决定如何？

关于你提出的编辑茶的诗词，按汉时以后直到近代先选二百首左右，我很同意。我过去曾备有白居易、陆游和苏东坡、皎然等诗集，可惜苏和皎然两集在"四人帮"时遗失了。我收藏的尚有《图书集成》清初版本，喻政收藏的《茶集》计分文、赋、诗计数百首，又南京和长沙图书馆有《茶叶全集》附诗集一册所收较广，一时未能抄奉。拟先读你所编目录寄来后，再当陆续抄奉备用。我约本星期出院。回寓后再详告。

顺询近好！

吴觉农

1983 年 12 月 5 日北京医院

致阮浩耕(2)

浩耕同志：（寄往杭信封上的一段文字）

　　1983 年 12 月 20 日信悉。我和友人也正在考虑，如何编好诗集事，容新年详告。冬季北方严寒来京不宜，容再商量。

觉农谨复

1983 年 12 月 23 日

致阮浩耕（3）

　　"根据我们掌握的材料，两汉三国时期均无茶诗（当时更无茶词），所以上限起自汉代是有问题的。如：赋体可以选进去，则汉扬雄的《蜀都赋》可以当作汉代的作品。"

　　友人所提意见供参考。

觉农又启

1983 年 12 月 24 日

致王家斌等（4）

家斌、森科二同志：

年底寄上的新华社《经济参考》谅达。政协常委等人也感到茶叶问题，特托我先和财政部负责同志交换意见。

昨日曾约内外贸、农业和财政方面的主管部门交换了意见，适你省也有文件呈胡耀邦书记，胡书记亦已批交财政部和内贸注意调整收购和税收等问题。

昨特提出杭州改制龙井、大方等内销茶的扩大制造和免税自销等问题。现双方业已沟通，似可请你们积极草拟方案，联系多方推动，使浙茶有复苏之望。

顺贺新年好！各友代候。

吴觉农

1984 年新年

致阮浩耕（4）

浩耕同志：

日前寄去一首，谅荷。

关于《茶诗选》的出版问题，经与农业出版社联系，该社以茶叶文学方面的稿件，目前也划出该社的业务范围之外，由于业务划分执行得比较严格，所以无法承印出版。为此，我设想，拟在"茶人之家"刊物上予以连载，抑或即由"茶人之家"编辑组另发刊一个小册子，借以公诸同好。我除已此意径函"茶人之家"执事会陈观沧、唐力新同志等请予考虑外，请前往接洽为荷。

此致

敬礼！

吴觉农启

1984 年 2 月 25 日

致阮浩耕（5）

浩耕同志：

接到您 3 月 15 日来信并《富春江画报》一册，读了您所作的《茶神》文，可称得"文图并茂"，其他我只看了"茅盾"与"送礼"把两位大文学家也写得栩栩如生……

《茶神》文还可以"单独成册"如访问过去所出的工人同志、小朋友所最喜欢的《画报》一样，使画报普及各地（价廉物美），画报社谅已想到。你的《茶神》一文，写来也很自然，对茶神煮茶辨水又很突出；但两次对加官进宫，现无事实根据，又属向往封建，对清高为怀的人，似不相宜。他的"太子文学"的官衔，可能是颜真卿对陆羽器重，在天门、江西、饶州刺史进京时所推荐的，亦未可知。陆羽与李季兰问题（第二十节），补得很好，很自然，但仅在陆羽遇难渡江时，途遇李季兰并有诗（李季兰作赋陆羽?）你说得挺自然，但"两人同回吴兴"，不知有根据否? 十一节中见到皎然、李季兰等名人相聚。

我自己写过一篇浙江的茶业（继湖南、四川两文后所写）中搜集到陆羽曾到杭州游览灵隐、天竺并有诗，但也不见了。我这里有皎然和颜真卿全集各一部，拟再抄些有关诗料给您参考。颜氏全集的诗句中，多有"联句诗"，我看到过并不记忆住。上述两集在恽老宅，不日取来当为查对再函告。

祝好! 匆匆。

吴觉农

1984 年 3 月 21 日

我家老大重远、老二甲选，4 月初或有上虞、杭州之行，并及。

致马森科(4)

森科同志:

今晨王达同志来寓,谈甚久。了解到浙江和其他各处茶叶情况,极慰。特别承你托王达同志带来"龙井茶"一包,据说还是你的"佳作",饮了更觉香淳扑鼻,有亲切疗神之感。现在天气已暖,病魔似已远避,又可对茶叶作些笑谈工作了。

小兵的父亲来过北京,小兵和他的奶奶承你关注,特代致谢!

附家斌同志信,乞转交为盼。

祝好!

吴觉农

1984 年 5 月 6 日

致江素生（1）

素生同志：

接到你 8 月 25 日来信了。

我在对日抗战时，曾住崇安有年，不仅认识你的父亲江润梅同志，并且委托做过著名桐木关的"小种红茶"——以含有烟味而得名。主要的特征是你处山高林密，"做工"又极精致，所以为中外嗜茶者所欢迎。国外特别行销德国，现在如能进行宣传，也还可以适销的，但数量未必多。因第二次世界大战以后，大都行销"红碎茶"。因茶叶的包装已改为袋泡茶（附寄一个样包给你）制造方法都用机器了。简单称为 CTC 机制茶。这种新式机器，我国已都能制造，将来定会推广。

今年你们桐木关生产了多少红茶？业已出售否？请告诉我桐木关还能制其他茶叶么？你们大队和桐木关一个区内现有茶山多少亩？你们公社或大队希望发展茶叶么？现在别的生产怎样？

解放后 1955 年，我曾去过崇安，并了解到你们山间已有汽车可通，近来交通应当更为顺利了。我虽退休多年，精神尚好，对茶叶还很有兴趣，我们可经常通讯。

祝好！并代问你大队同志好！

祝你全家好！

吴觉农

1984 年 6 月 30 日

致马森科（5）

森科同志：

上次由甲选复信，我正从医院回家，特地参加了工商联咨询部的茶叶会议，后去郊区古庙休养了一个时期。昨又接到你的信了。谢谢你的帮助。

茶事正如你所说的"可能到了绝处方能逢生"。中央预备在9、10月间再开一次会，决定今后方针。我个人看：以后应以各省自管为妥；外销如何？也还难说。我家老姐姐事，承你关心实深感谢！

吴觉农谨复

1984 年 8 月 14 日　北京

致马森科等（6）

森科、家斌两同志：（希望力新、家斌等同志与陈观沧等多谈一下）

去、前两年你们为了龙井茶事，奔走多方，年来越做越不行，甚至我吃的龙井茶，是由森科同志不知躲在什么地方，自己做了些送我的；浙江茶叶公司送了一盒样茶"梅特"也是蹩脚得很！据说杭州市买不到，北京也一直无货应市！！然而龙井茶农却在吃苦，咋办？现在正式的消息有了。今天《人民日报》（9.15）陈慕华（外经贸部长）的报告，不仅外贸进出口由各省自办，（外贸负责管理，盈亏都由地方或企业负责……）内销当然由省市的企业或个人自办了。（16日外贸郑拓彬同志也讲了话），详细你们可参考，还有中央和地方的指示等等……主要是你们出主意的时候了！

今天同时寄给浙茶公司陈观沧信，讲对内外销红绿茶的办法，提了我个人的意见，同时想把龙井茶，让你俩想些办法！

我的初步意见为：杭州市应首先大办龙井茶（有特殊优势的特产品）的生产和运销，由谁办？怎样办？你俩一定想的比我多比我好，我先提怎样生产？

首先可以大办特办，龙井茶归杭州市办。过去说"好事多磨"，社会主义社会应该是"坏事变成好事"，特别就龙井茶而言，去年我们谈得很多，而今年应该办得很好?! 可惜又拖了一年了！1985年应该是好事开始的时候了。

从乐观的看法，今年去年，大家都买不到龙井茶，明年的销路一定会大好特好，农民能大赚特赚，先祝：今后港澳的销路一定会很好，甚至可以由港澳转销到台湾和美国。去台湾是供住台湾的骨肉同胞买到杭州龙井茶，很可以引起"故国故乡的好茶到手了！"（又：包装问题值得考虑，新包装和充氮问题。）到了什么程度，他们都会买，香港从今年国庆节后对故国的怀念更亲切了。香港不久回归故国，龙井茶的销路自然会更高。（香港推销可以先找若干热心商人）。

龙井茶的制法的确是独占鳌头的，别的地方不容易仿造，特别是用电锅制造以后，色香更高一层了！如果明年能提价收购，合理推销，更能使今后有更大的发展的，设备地区有不同。我们的制茶机陈观沧已做过一种可制三级茶用，陈尊诗很早已制造过做二、三级茶，以减少成本。

明年规定一、二、三级该以什么价格收购应该有一个科学的方法来规定，产制包装费——特别要注意生产采摘等（应加上地价、培育费和管理费等费用），加上采制等生产费再加合理利润。例如说过去应该有个比较适当提价。今后以税代利——这个税利应该联在一起，最好明年起，免税若干年，以资提倡。（也可以从新的"以税代利"中央正在研究，今16日《人民日报》在讨论，这意见浙江省政协已正式提出过意见。）实际上别的毛茶不能收工商等旧税，龙井茶做出后也等于是毛茶不应收税，利得税可由出售的企业或农工商联合的售茶企业——或者联合社等类的企业去负责，最好是<u>免税为上策</u>——如何办？中央在讨论中，可待以后再说。税收了农民不受干扰，可以多得些好处。

当前的问题，除规定了合理的生产价格以后，如何销售的问题不很重要（省对统的力量也不够，也不好做）。

中央既向下放，地方也应向人民下放为好。杭州市能否有魄力来统购统销？大致"统"容易发生官僚主义，省方和原公司也还无这个魄力办。其次一个办法采取中央的方针，第一定产：1）先征求各方面需要的数量：例如中央要多少特级和一级的。2）杭州本地可销的数字，杭州市自己管理，提倡茶叶店先登记数量。3）各省市需要的数字，最后留用归省公司经销。国际和港澳的数字直接由杭市管或其他营业机关管……登记之初，可以先收定金以省方名义执行为好，收 10%～20% 的定金，以其一部分向茶农定货（茶样先交各地掌握），主办机关或自设公司不必多筹资金，即使要还可向农业银行贷款，不必自备大量资金

（指流动资金）。

我的初步意见：省方今后工作多，不能一时多设许多公司，但龙井茶，这一特产倒可以由市设立专业公司或"投标方式"请市工商联或其他集体来搞。

这一步也很重要否则散漫得很，当然按新颁宪法和六月初，田副总理有篇谈话，责成"合作供销"去筹设合作社，产销等有关龙井茶专业社，从乡到镇由镇到县市结合为"合作社联社"亦无不可（这是日本的组合办法）。我个人初步意见以市政府掌握。1）管理，2）搞组织，3）策划产销等业务，其中最重要的方法：即如何管理和扩充制造面？去年我已提过，商品的流通要广，制造的面积也要广，因为龙井茶的内外销大有扩充前途，将来会成为浙江的茶产的首位。现在以市为主，也应该把"视野"放大即各市县都应包括进去，不仅杭州、富阳、杭县、临安以及临县市属和县属等——当然不要一时就放大，看登记和估计的数字做标准，按年扩大为妥。数量大了，分散管理以县镇乡或划分几个区？

当前重要问题要预先培养一批"龙井师傅"，是否先做：1）技术人员登记或仍称制茶师或技工的级别。2）如嫌人员不足，登记后培训一批，这样明年扩充有望。3）分级很重要，当然西湖区可予优待，地点特区也很重要，应视地势高低和土质等条件……关于技术问题你们比我高，不多谈了。

这是初步意见提供参考，盼能及早研究。

觉　农

1984 年 9 月 15 日

（编者注：田副总理，田纪云。）

致江素生（2）

素生年轻朋友：

你的第二次来信，我又收到了。

你们的茶还未卖出，我也代你们着急！最近已收去了未？寄来的样茶，确实做得不好。去年我收到烟熏样茶一包，可能也是你们寄来的，比今年的好得多。（我这里还存有烟熏红茶）。

上次信已提到过法、德两国人曾出高价买过，上海汪裕泰（业已关闭）内销茶庄，曾买进（1946 年你父亲代我做了若干担样茶，价由你父亲代订代收）我带到上海的托你父亲做的几担工夫红茶（略有烟熏），品质好，也卖了较高的价格。后来我因从事"反蒋运动"，无暇顾及茶事；新中国建立后来北京，虽也兼顾茶业，却把你处的最好的"工夫茶"给忘了，现在想来感到很抱歉的！！现在愿意多和你通通信，多提些意见，以补前愆。

我没有到过桐木关，但有这么多人口和相当大的土地面积；地势既高，风景一定很好！所以将来可能成为一个旅游之地，但需要有人前来投资提倡。我介绍一位香港的学生。香港朋友不多，我先介绍华闽有限公司副董事长兼总经理陈彬藩同志，他是浙大农学院茶叶科毕业，编纂过一本茶书，在福建省外贸公司担任过经理等职。现在通讯处为："香港皇后大道西 115 - 9 号，电挂 7044"。我去年把你们"卖茶"难的事，告诉了他，由他特到福建省政府去为你们联系的。你们对茶叶的事，可请他多给你们帮助。如直接销售出国，也可请他为你们设法代理。最好欢迎他去你们那里参观，将来崇安可做一个华侨旅游区。崇安风景好，还是个生物保护区，陈君等可能会来，我是年老力不从心了！今年已八十八岁了。

现在中央已决定农民个体，最好有个产销合作社的组织。现在希望由乡、村或大队名义出面，说明由我介绍即可。

再你们的茶叶是否可改做"乌龙茶"（统称）方式，因崇安向来做的是半发酵的乌龙茶，现在售价比较高，稍稍利用原有机器（红茶的揉捻和发酵方法），特别为了做出"茶香"——乌龙茶的茶香——须加上"碰青"，这是崇安，特别是江西的老师傅最"内行"。你们那里应该有老师傅在，或者向崇安、铅山、福州等处茶场或其他"内行"请教，现在就学，或者将来请他们前去指教。做乌龙茶有几利：①售价高，②采制较老——即产量可多，③如做红、绿茶必须采摘嫩芽，成本高，产量少对你们的收入不利。如改制乌龙茶当然还须选择品种，制造单枞（即每棵树每棵树地分做，品质就会更好，售价也可分别提高多了）。福州、上海、香港、北京等处将来都会有销售店，可为你们代售。

以后绿茶到处有人做，价格较低，如因设备关系，仍可制工夫红茶，不要再"烟熏"，既费木料，又少销路，请考虑决定。

我因杂务还是不少，希望你们能就地请教为是。

望望你母亲！

吴觉农

1984 年 9 月 18 日

致欧阳勋（1）

欧阳勋同志：

　　顷由全国政协转来惠寄的《陆羽研究集刊》创刊号，业已收悉。

　　陆羽是世界上第一部茶书《茶经》的作者，对我国茶业的发展，曾起过一定的作用，但自唐代以后，我国对陆羽的系统研究甚少，现在《陆羽研究集刊》既已问世，可见这一工作必将逐步引向深入，为之喜慰！

　　我应农业出版社的邀请，已将所编的《茶经述评》送交该社，约于明年即可出版。这书的写法是既述且评，当然对陆羽个人也予以评介，惜未能早日和你们联系，致创刊号中的很多宝贵资料，未能收入，深感遗憾！容俟再版时另作补充。

　　《陆羽研究集刊》自将陆续出版，我当尽力之所能及，在这一专题的撰写方面予以协助，又我曾根据诸冈存的《茶经评释》，并搜集其他茶叶史料，编写了《陆羽年谱》一稿。嗣以所收材料尚不完备（我正应农业出版社的要求，编辑《中国地方志茶叶历史资料选辑》，其中有关陆羽的材料甚多，尚未及完全收入），因迄未发表，现正在重行整理中。

　　专此致谢，并致
敬礼！

吴觉农谨复

1984 年 10 月 31 日　北京

致赵天相

天相同志：

接到你 2 月 16 来信，欣悉一切。

龙井茶是西湖特产之一，国内外闻名。惜被过去捐税过重和统购而未能统销，使生产者有茶"难卖"，消费者有钱"难买"之苦，实属憾事！

今你公司能把龙井村生产之茶，自行包装贩卖实属重要之举。

但我恐你公司能把龙井村生产的全部归你公司经售；而龙井茶推销国外（港澳和华侨所在地之外），又不合欧美人嗜好——因欧美都嗜饮红茶，不喜欢中国绿茶。非冲氮即无法长久保存翠绿的颜色。（冲氮为日本新创造的方法），以上不过为个人所了解的见告，即供参考，至嘱本人题"西湖龙井"一事，因实际无补于您公司推销，未能应命，务乞见谅！

至于技术上与业务上如有需要帮助之处，请向杭州市特产科马森科同志（我的学生）就近询问，定能见告。

匆复顺颂，筹备前进！！

吴觉农谨复

1985 年 2 月 15　北京

致钱樑（42）

梦得同志：

　　吴鹏陪日人去成都、西安等地，预定本月 10 日前到申，前托郑国钧同志代办红茶样品，拟送日本人作宣传，托你转交给吴鹏的，请代办。

　　《述评》稿在赶做，图片等事，恽老问你若干事，盼代答。

　　我们身体尚好。并问你阖家和各方友人好。

觉　农

1985 年 3 月 1 日

想买些地图集，新出的，以备"八之出"补充些资料。

（最近上海地图出版公司有各种地图册）择价较廉的代买若干，交吴鹏带下，又及。

致谢金溪（1）

金溪同志：

7月18日来信并大作陆放翁的诗、酒、茶，业已收到。

我并在昨全部翻过，获益甚多。因陆放翁为宋代以来最最重要的爱国诗人，他特别爱茶，有茶诗数百首。我曾购备他的全集和全部诗章。惜我因过去工作庞杂，又时遇重大运动，未能对他的诗集、特别对茶叶诗作个通读和详加注释。也曾约人拟把国内所有名家如苏轼兄弟、白居易和李、杜等等有关茶叶的诗全部分类或分人出一全集，当时因我托北京农业出版社负责出版，嗣因出版社进行分工，"茶叶诗"是否能获得文艺出版社的同意，尚难预料，由于其他事故，就停止进行了。

现在有的茶叶刊物，需要像您所已拟就的稿件——放翁的诗、酒、茶之类。我最近也比较有时间和兴趣，倘有人帮助（杭州我曾约了友人搜集重要茶诗，预备进行）。如果您有兴趣除放翁的以外，再能从事其他专章，例如白居易和苏轼等人的诗稿（白居易在江西庐山曾亲自种过茶，并有诗多篇），苏氏兄弟又有对茶税、饮茶等等有很好的诗篇，很可继续搜集。但这是后话，待以后再行商量了。

单就您的来稿而论，据我个人的想法是否可作以下的商讨，请你考虑（请你考虑并作复）。

首先是，来谈谈我个人对放翁的诗和茶，以便在专门的茶叶杂志中介绍，如浙江茶科所（中国农科院属）新出《茶讯》中，我可以介绍刊登。"酒"不必和茶并列，因酒虽是重要的饮料之一，但对身体有害无益，且消耗国家粮食，多为国家所劝阻和以较高的税收所禁用。特别如郭沫若同志所著的专集中曾介绍李白、杜甫等死因，在饮酒所致的胃溃疡病，甚至使两位诗翁，早离人间，而茶却不然，不但醒酒，还可医治很多病疾，且可使人长寿不老，这已成为定评。

第二、当然在你的著作中为了发表时今年正是"1945年对日抗战胜利四十年纪念"，为了纪念爱国诗人陆放翁，把他对抗金恨张（浚）（谢注：似应为张俊之误）等和赴川、回浙以后的重要诗篇并借酒浇愁的慷慨激昂的诗句作引言（当然不必很长）作为纪念，似更能引起读者的向望之忱！！

第三、专介绍他的几百篇中把重要的①写茶和情的，②在叙述茶的效用（或药用）中把茶酒关系列入第二段，③再写茶和情。

第四、写入放翁想重读《茶经》。

第五、写自己采制、自己烹煮的乐趣。

第六、对茶的欣赏和饮用。

第七、最后谈水和水质等以及王安石和苏东坡的三峡中虾蟆碚里的水等等故事。

这是临时想到的分类，不必分也可更多地予以分类。

当然还有不少的诗可以另立若干栏，甚至把它全部抄入亦无不可。以上仅就我随便想到的作我个人的见解，写出供你参考。并请你作出最后决定。

再总结一下：我个人的见解是：为了介绍爱国诗人，先作对他的崇敬和按当前的特殊需要作放翁的"诗和茶"；第二、第三次序可由你重予安排，亦可安排一栏——茶与酒——和茶与水以及茶和其他等等。这样醒目又有分类。

我主要之点，在把酒不应和茶并列起来，这是我们的主体思想，你以为如何？请提意见！不要客气。

原文怕寄上失误，暂留我处；你前寄茶叶公司之件不拟查究，因公司人多事杂，我脱离多年不应继续使别人代劳。周老的条幅（谢注：指我所1980年请周谷城老人为湖南省茶叶研究所题写的陆游：《北岩采新茶》诗条幅）照片甚好，现原件退还，恐遗失，特寄上。仍请你保存。

原件文字如你已无底稿当再挂号寄还，请察及，并来书。

吴觉农谨复

7/22 日

（编者注：谢金溪时为湖南省茶叶研究所离休老同志。）

致刘祖香（4）

祖香同学：

9 月 13 日来信，照收。

读了您的有关上虞茶叶实业公司的具体计划和实际效益，不胜佩慰。外销并用国营形式，税务负担少，利益自较一般为高。公司可推广到公私合营制，（或以合作制亦可）使利益归民。你们把红绿茶分区办法经营极好。红茶的改进在：1）品种机制；2）CTC 式；3）和较高地区，覆卮山贵在虞嵊最高点（绿茶同）；4）并选择土壤，就可以立于不败之地。选品种可就绍属地区选拔或移植红茶种，因在温州或闽北地区的大中叶种中选拔，这需要时间和技术。

昨日《人民日报》刊载"上虞县乡镇企业稳步发展"的专稿，（1985 年 9 月 18 日，《人民日报》第二版），正值党的十二届全国代表会议讨论决定"七五计划"之际，特提出"依靠科学技术发展乡镇企业"的大计，实堪祝贺！今后，我虞自应特别尊重科技自不待言，吾弟对梓乡茶叶，业已做出重大贡献，希望百尺竿头，更上几步所厚望焉！！

我因公私事务多，又难远行，你提出要我兼一名义，实难从命，以后请多联系，我将多提一些建议，供你参考。

我最近已征得胡愈老的同意，请其将现存书籍和过去藏本捐献给上虞城内（旧城），建立一图书馆，稍迟再扩大到其他同乡。但这尚在个人初步的想法，希勿外传！

匆此顺祝

秋祺！

吴觉农

1985 年 9 月 20 日，北京

致钱樑(43)

梦得同志：

　　昨天金绍文、刘启贵同志来院，谈了不少话，感到大好形势下，独茶叶未能跟"四化"共同上去，我们茶人怎样对得起国家和人民？希望你们在"学会中能够交换些意见，实事求是地做些改良工作"。

　　石城同志想的还是个逐步的改良工作，但他和实际事例一比较，怕是精神受到苦痛？不幸先我们而走了！

　　我今年已跨入八十九岁，九十在 1987 年，今年暂缓且待明年何如？谢谢你们的好意！！

　　并代问友好！

吴觉农

1986 年 1 月 12 日

　　　　　　（编者注：石城，张石城。）

致陈爱新（8）

爱新同志：

您好！

上月曾邮寄现款二百元，因北京许多友人询问红碎茶的前途，并有问及品质问题者。我拟在政协或农学会选择机会代作宣传——我这里只买到海南岛的一种。过去我曾在大明山购买，品质似较海南岛的更胜一筹，此亦地势上的关系罢。但预料这时外销甚忙，或者为争取外汇之故不愿多销售，则少数样品亦可。（我原在大明山每年托购若干，今年未联系。）

再如数量较多时，寄递和包装是否能作小包装（海南岛的称 CTC 包装）或分批寄来亦可。为了样品茶事原来未敢劳神。但我曾想到杭州、上海等各学会都试办过小包装茶，你处会务似较紧张，但为筹备本身经费和为提倡内、外的推广和宣传起见，似可仿照申、杭等地方法继续执行。国务院曾在 1985 年通令内销茶可由群众或集体或个人经营，学会也有提倡的必要，以为如何？农业部也以各地未执行为问。

祝好并问诸友好！

吴觉农谨致

1986 年 1 月 12 日晚

致陈君鹏（2）

君鹏同志：

久未通信，但各友人来京都经常道及近况，至慰！

最近由于不少友人都要为我作九十寿，并为及早筹备选集材料，除略需补充和修改外，三两月可以竣事，印刷至少半年，这样明年暑期前定可出版，并商量拟请你来京主持。因选集材料拟以 1980 年后为主，大多系出自你的手笔，又据庄熙杰同志谈及你精神如旧，如再来京，定可驾轻就熟，且熙杰亦已退休，愿帮同您工作，这是五十年旧事重提，亦快举也！

甲选三月须去牙买加一个小国任大使，夫妇同行。家中更较清闲，如嫂夫人在家较闲，盼能同行更为祈祷。叶舜宾夫妇已商准由长春医院转任浙江省（医）院，仍为外科主任大夫，舜宾夫人参加运动会伤足，现已复原。

我去印度、日本的考察报告，拟修印后编入选集，因现在提倡制红细茶尤须作参考，原存我处大概不会散失。如上海友人尚有旧存，最好请一查为盼。

匆此并问阖第新春愉快！

吴觉农谨启

1986 年 1 月 28 日

另已致函梦得同志并及

（编者注：庄熙杰，上海茶业监理处招工作人员时考第一名，陈君鹏考第二名。原是上海上海商品检验局工作人员，1939 年赴延安，改名为陈汉民。解放后，任电子工业部电子所所长。）

致钱樑（44）

梦得同志：

前接来信，已匆匆作复。

昨杭"茶所"（杭州茶叶研究所）正、副所长程、俞两同志来寓，代表泽农、宇成、堂恒和你等要为我九十岁，作个"纪念选集"，我仍坚持到明年再议。但编辑和印刷需要时间最少一年，我就应允了。同时推荐君鹏同志来京任劳，适庄熙杰亦复来寓，他近已退休，虽身体略差，亦愿帮同处理，这正如五十年前往事，由他们俩担任编务，确属快事。

好在材料都在手边，但有的需要删削，有的或须托人整理。

内容以近年对改进茶务方面的为主，80 年来的多次建议；也想把1935 年的印、斯、日本等地考察记，进行近代化的修正藉以参考。惟这三本材料，我这里未查到，你们或舜年同志处有此材料否？如能查到，锡兰部分并拟请舜年同志修订——他曾作《锡兰的茶业》，如你们无此书，请代询问其他朋友为荷！

闻你须赴赣并过新春，祝一路平安。近来宣昭身体亦较弱，并告。

并问合家年吉。

《茶经述评》说已排好，但出版何日尚未可知。

觉农启

1986 年 1 月 28 日

（编者注：程，程启坤；俞，俞永明。）

致陈君鹏（3）

君鹏同志：

接你 2 月 7 日来信，允与你爱人同来，极为欢慰！

《选集》的编辑较为容易。因我写作不多，有的只须文字上略加修改或删削有几篇或要补写，则仍须由我自己拟订纲要补写或录音或由我执笔写出略予修订，或者需要大量删削，如原拟商务出版的改进计划书等。有的如去日、荷、印、斯等地的考察报告，需要把各国产销数字请人修订。例如对斯里兰卡最好能商请舜年同志负责修订，因他曾写过一本《锡兰的茶业》。印度的拟请张堂恒同志修订等等。大致有三至五个月包括今年的暑期可以竣事，印刷可能在上海进行。

《陆羽茶经述评》据最近了解，书稿已交达一年有半，迄未付排。主要由于该社特别是印刷厂，专印易销书，如武侠小说之类……我准备抽印重要的几篇并加以修订，因我未和他们订过约，也未接受过他们的一文钱，我当然有我自己选择之权，这样材料比较丰富了。杭州各学会商量出版工作时，也希望能有三十多万字。

我 1935 年出国考察的资料已过了五十多年，但和我的若干建议书有关，所以原稿请与商检局商量，能打印出二份为盼。

我这里原已准备把我原在"东裱褙胡同"有平房近三十间，原被农业部借用，现已决定筹设"农业文史馆"，科协且已拨款和修理费数万元。不料因农业部老职员占为住宅，已通知公安机关从今年起不能再迁入新户。该房我仍有使用权，拟先进行修理，然后再行布置，并由农业部出面前去交涉。

贺英同志能同来，极为欢迎。梦得等同志处代为问好！

匆此，顺贺年喜！

宣昭、甲选向你们问好!

吴觉农谨复

1986 年 2 月 10 日

附舜年同志的信,请代转交。

致庄晚芳（1）

晚芳教授我兄：

　　接到您上月下旬从厦门来信叙述有关应重视闽省安溪产乌龙茶的荣誉和地位，提高生产品质，扩大出口产值，为提高茶区生产和人民生活，并进一步为国家和地方争取大量外汇。语重心长，不胜钦佩！！

　　接来信后即约外贸中茶公司少数负责人商谈，对尊见也极为赞许。该公司历述："过去对安溪茶产销供极重视，为调拨粮食，补偿巨额运费，派赴人员去日本等地进行联系宣传等，而不遗余力；即今后凡属您省茶叶生产上的研究改良，推广宣传等工作，凡属需要帮助和应行解决的问题，该总公司都将责无旁贷地秉中央地方互相支持合作精神，努力进行。"但当前有一事必须与您省奉商的为外销安溪茶的分工合作的问题。（1984 年国务院发布"12 号文件"规定出口茶叶统归外贸部中国茶叶总公司经营……）近又悉 1986 年对外贸"留成"办法，业已颁布，大致规定凡属出口计划内的外汇分配，中央占 70%，地方占 30%；如超计划出口，其分配改为中央占 30%，地方为 70%，这一分配方法极为公允，既照顾中央，又照顾地方，已为各方所同意。

　　但查去年在日本我国出售的乌龙茶，却有两个出售的窗口。即除中央的外贸茶叶总公司外，您省也在日本出口乌龙茶。这种销售方法，既使"肥水"落入他人之手，亦有伤于对外的统一安排。希望转告您省负责同志从今年起即福建省对外贸易总公司，不再直接出口乌龙茶在日本市场销售。拟烦兄就近转达，谅荷赞许，曷胜欣幸！！

　　匆复顺请 旅祺！

　　去福州请代问候彬藩同志。

吴觉农谨复

1986 年 2 月 19 日　于北京

致马森科（7）

森科同志：

3月18日信，今日收到了。外贸总公司开过会，内情不甚悉，新人当朝，忌泄漏秘密，我也不便向他们多作询问。但我已介绍应杰随时可同他们作联系。

大致总的归外贸中茶公司，但也授权各省作内外销，由双方分取外汇——同时如应杰等去，也为总公司所欢迎，也让去各省各地作联系，甚至如"加拿大"已有人员设分公司，并已寄来不少样品，有的是总公司的，也有的是分公司自己布的样品，当然这还是个试验时期，还须待以后进行调整。按现在的材料中了解欧、美、加各地竞争剧烈，数量当然以红茶为多，但加拿大来样红、绿、乌龙和工夫红茶等都有，但价格——广西、云南、"六堡茶"欧美低于日本，加拿大批发茶每磅平均不超"一加元"（较美元略低）。即小包装价亦不能超过上述批数（指一般性茶叶）。

这次对照和从日本人的口气，我们招了一个日本顾问，和我经常通讯的松下智，现在他也联系了广西的"六堡茶"在日本销售。售价即较销欧、美者为高（因乌龙茶销日本一般价格都较高之故）。最近应杰又较忙了，大致美、加等国的进口货在动，因之对茶叶推销事却冷了些了。

昨天他忽又有上海之行，我就很以为异，我正在催促他四月间，同你去广州、海南岛调查茶叶事，他就有些犹豫。现在已清楚销售茶叶去欧美的利润不大，数量又不多，主要为总公司尚无电来催做茶叶的事。我在这里做义务老师，也感到他们对茶叶的兴趣淡了，应杰今日去上海也不约你同去商谈。因之这事，至少今年暂时不谈了。

　　我身体较好了些。"史料馆"仍拟支撑下去，需人帮助。我每日平均有二、三封信件，七届常委我仍兼着。《茶经述评》改拟出版事已大致决定，我约外贸用一笔存在"由香港乌龙茶商捐赠港币百万元存香港银行，并以年息约一分的收入规定捐助外贸公司推广茶叶改进、调查推广等用"。过去已在用，这次由原公司人员建议我可"开口"要他们拨出两万元，以改排《述评》，公司已在数周前决定发函去"侨委"，并由我私人对侨委熟人获得同意。迄已数周尚未得复——大致应无问题。最近参加七届全国政协会比较忙，到 4 月 10 日方闭幕。

　　你是否在杭仍有工作？北京仍需要你来京帮助，特别在重印《述评》时。

觉　农
1986 年 3 月 28 日

致陈君鹏（4）

君鹏同志：

接到你上海 4 月 9 日来信，并已查出的我的写作，除商报以外，几乎已查出近五十篇的旧作。使我也会怀疑到"在那个时候会有那么多的写作？"非常高兴，这些事都出于你勤勉而又迅速的优良工作作风所致。使全家都感到愉快，特对您再作一次道谢！

《商报》材料，恐也很多，他们正在由图书馆"摄制影印本"，现在虽暂时对外停止借阅——或者可能在杭州设法，但据我回忆，在该报的投稿，大都属于我的课外工作，成篇的不多。所以稍迟进行，亦属无妨。

我和甲选商量有关《妇女杂志》中所载，都属那时有稿费的稿件且比较用了点功夫的写作稿。除印的几篇（来信说已印三篇）希望能代我全部复印一份，虽破费不少，但可以作为我和子女们的纪念品务请照办。请代垫一切费用。

我这里新找到一篇《发展广西茶叶生产的意见》是由广西归来后上书，致当时的政协主席邓小平同志的建议。（时间为 1980 年 12 月 23 日）由小平同志亲自阅批并已转交国务院。而且在以后拟订过办法（大约在 1982 年或 1983 年），要国务院和蚕丝那样独立的成立茶业公司，却被两位总副协理批作"暂存备用"，以致不能单独进行。现闻蚕丝已年出口达八亿美元？茶叶在两亿元盘旋。今年内虽有红碎茶会议，看来亦就开个会罢了。

我希望能把《选集》如期出版。这事希望梦得、耀曾、克昌等同志帮助催促，并烦你随时奔跑。联系主要的事是我和你业已谈过的有第二套班子负责，主要责任能在暑期内 5 月—8 月完成初稿，当然越前越好。我完全同意你和舜年同志的意见，作好两步手续：第一先选定主要题材；第二多作些诠释（对文字仅作些订正，不再大增大改）免误时期。您如不能长期来京，就在上海代我查阅——当然还需要有二人帮助。杭州方面希你和梦得前去联系，如堂恒同志能分点精力，不必由他动笔，如茶研所能派一二人负专责审核选定，堂恒可代约河洲和农大（代请二人帮助），此外请堂恒夫人和其女儿负责校勘订正，我想一定能如期完成的了。

希望这个月中旬即前往杭州商量决定。

经费方面最好能先"敲定"，好在于宝森同志业已答应参加。大家可以减少负担。这样印刷方面也应及早订约。我也还有些积余可以帮助，前已谈及。"众擎易举"么！

甲选等预定五月底前出国，您和爱人务请在这里避个暑，梦得的爱人尚未来过北京，耀曾夫人也未晤过面，如能同来都欢迎。

我的身体只要少管闲事，少掉闲气，仍能勉强维持。希望大家在国家兴隆、国际和平之时，多活几年确是愉快之事。

你们往来的旅费，都应由我负担，请勿在别人方面分派为要。

匆匆顺问各友好！家人问好！

觉农谨启

1986 年 4 月 7 日　晚

致马森科（8）

森科同志：

多时未通信，谅你们一切如意，健康为慰。

我受气候影响太大，特别是气管病，多在气候转变中发生，现已较好，并烦转告诸友好！

多时未买到龙井茶，由于几位老友，多询问"好龙井"何处买，今年和去年一样，"五一节"未到京，快"六一"了，国内外都可买到，独首都龙井，走几家都未买到。如能买到毛峰一类，土制茶价在二十元左右，也可代买若干斤。

特请陈家代送现款一百二十元，据说茶科所可以买到，约每斤三十元，大致可以免税，少花点冤枉钱。托您代办后，有便人带下或邮寄均可，劳神了，特先致谢！

吴觉农

1986 年 5 月 28 日　北京

致钱樑等（45）

梦得、君鹏、克昌等同志：

这次要多多劳神了，对选编作了具体的讨论，对沪杭各方友人感到无比的感佩！

预定内容为三个部分，并作了分配，我完全同意。但就个人的体会而论，我对茶叶方面虽做了些贡献，但在文字上所下的功夫太少了，因之文字方面感到薄弱无力。过去我曾约和法同志，同写过一篇抗战时期的办理"统购统销"，从现在的经济改革方面作了对比，虽然有些变动，但这仍可为今后改革体制的重要参考，实际大部分国营的仍采用这种形式。我希望在原来的文体中请梦得，特别要君鹏同志多作些考虑，把该文改为个人的体会——同时，也还可采纳些我《纪念母亲》的一本"小集子"摘些材料作补充。

第二，我办过"之江茶厂"仅仅 1948 年一个年头，利用机制茶出口，就赚了（也应该说是剥削）不少钱。新中国成立时，我就把"机制"作为对国家的献礼——实际是从以抗战时期日本人在上海设立不少机制厂，和过去我在日本，以后又在台湾比较之后确认为机制的茶不仅品质精，特别是减轻成本（中茶公司的于宝森也明确地说："手工制和机制的工缴费是 1：11。"）王克昌同志也经手过一个较大的机制厂和你们在中茶公司的较长时期中，公司和农民群众所获得利润较厚。除掉若干时期的运动和"四人帮"的瞎搞以外，在生产费的减少方面——以后则又剥削重重者除外，以及外销方针的缺少办法，一块牌子两方面用，现在却又把机制工厂送给地方，出现各种可笑的把戏！虽然不能在这时都予以揭露，是否可以作个对比，把我经营工厂作些揭露。我联系于宝森已托公司出了一个简单的介绍，说明了我在筹备之初的计划和主要的办法，虽然文字不长，但也有一二千字，还搁在我的抽屉里未给发布。你们是否约了克昌、舜年等同志直接地或间接地提出来？请考虑。（目的不是为我个人，实际有揭露的必要）。

要中茶公司多写材料当然很困难，进而也补写一篇"之江茶厂的回忆"，请舜年同志考虑是否能描写出机器是近代化的典型——减轻成本，增进品质，富国利民的要事与现在中茶总公司有机械的不能用的反作用作个对照罢。

我这里已把《青藏高原见闻记》计四篇原载"民建"的《民讯》，有四篇共约五六千字。这是我在 1956 年随陈毅元帅访问西藏一个极大的考验，是继慰问朝鲜以后，又一次考验，历时几月确有所得。可惜 1956 年回京，随即掀起了"反右"运动，把所作的四篇回忆还未写到入藏（即到青海和康藏边境）时，便被两会的当权者腰斩了。为了纪念入藏和 1957—1958 年时的"反右"运动的纪念，似亦可以补入这个部分（由于后来又遇到"四人帮"的胡闹把不少日记和存稿散失了，迄未能加以补述亦一憾事）。原文四篇已抄出，拟寄申先作参考。

比较重要的我去广西回京后，曾拟有一个《广西红茶发展的建议》已从政协抄来一个底本，有小平同志的亲笔批语并附有广西红茶品质特殊，并有地势优异，粮食充裕为国内制造红细茶最佳的区域，因小平同志在该地领兵作多次战役经历……以后又由政协提出建议书，经国务院批交外贸部照办的文件正式通知外贸，却被三两个总协理搁置了。这一文件也在考虑拟予以公布（今天补充 5 月 30 日消息"蚕桑一条龙"请参考）。

1986 年 5 月 30 日星期五第二版——右下段——"横溪形成桑蚕生产一条龙"——浙江慈溪市横溪镇服务公司采取有效措施为蚕桑生产提供产前、产中、产后服务，促进了印染、养蚕、缫丝、织绸相配套的一条龙式生产（下略）。三年来全镇 95% 的养蚕人家受到了技术培养……1985 年以来全镇一年缫丝一万两千担产值三百五十万元，每担蚕茧收入可从单纯售茧的二百零五元增加到一千多元……

蚕桑飞跃了，蚕农致富了！茶农却没有组织（应该筹设各种合作社为宪法规定；不能搞一条龙，原来国家做的都放弃了）学茶的同仁应作怎样的感想?!《中国合作社经济报》社和北京《农民日报》都应预定，各种合作组织（载在宪法中），经管一条龙是农民致富的捷径。

还有君鹏同志来信提到的拟选陆羽《茶经述评》先选二篇加入本书。我原有这一计划。现经与"农业出版社"联系多次，他们说明在上海某印刷厂业已承印？现根据他们的说法，我已正式去信说明《选集》如明年四月前可以出版，希望他们也能如期出版，否则我须抽用几节附入选集，作了一个提示。现内部确已改组，可能不再误事。我在"述评"中，对茶树自西南向东南移转的发展史，已有若干地方谈到不少，但未完整地提出。如有可能拟拨时间补写，一周一篇，但实际是有困难的。

尚有两篇茶史，一篇是《湖南茶叶史话》刊在《湖南茶叶通讯》，另一篇为《四川茶叶史话》钱樑已看过，（为纪念毛主席七十寿辰而作）。前者约七八千字，后者约达二万二千字，两篇约三万字，希望能插入。这两篇倒是我的力作，特别是后篇，证明了川省（西南农学院出版内部的）可能和云南一样的是原始生产地，也很可能是由汉司马相如出使，去昆明等地带回来的茶种入川，当然两者可以并存，都根据历史事实写的（庄晚芳不大服人的，他对我四川茶史是比较佩服的）。这是插话，请勿外传。后这篇又发表在四川西南农学院《西南科技》（茶叶专辑，不日寄上）。注明系我和吕允福合作，不少材料由他供给，我原希望他补入大量品种改良等，但未增入。如果要发表我应作一说明，已附入编改稿。耀曾同志另有专页。

觉农复

1986 年 5 月 30 日

（编者注：和法，冯和法；两会，指工商联、民建。）

致陈君鹏（5）

君鹏同志：

你4月22日来信和复印件收到后拟复，但"五一"发烧进院治疗，昨日才出院。多次教训，三年内进院十次以上，都由咳嗽、气管炎直至有温度，这是住院的条件。总需输液——过去为庆大霉素现已改先锋霉素。上次的肺炎已治愈。以后必须静养并要在温度较高的条件下休养。这是我保护身体的一个初步经验。

复印来的稿件，有的我看过。上次寄来的，大多数尚未细看。有关妇女问题自然不宜多选，也可结合些现代青年的思想实际，如编者认为有必要，也可选录若干。其中有两篇似可用（在已看的登在商务《妇女杂志》中，我在医院看了一遍）。

例如：《松孩》，作者俄国人在1922—1924年间被日人驱逐来申。因爱罗先珂留日多年既能说日语，又懂世界语、英语等，确是位天才。（他后去北大，由鲁迅接待，并把他的日文著作，除《松孩》外几乎全部译出，并出版。）当时胡愈之主持世界语班的传授，记得也有胡的世界语译出的小说也刊在《东方杂志》上。爱罗先珂住虹口的一个外国人（大都是白俄）的公寓，我经常陪他去公园。由于我经常提到"人生观和世界观"的问题，他就介绍我译出《松孩》。译故事小说比较困难，由他在难懂处作了解释，从全文看还比较流畅。（鲁迅先生出版爱罗先珂的日文本集，曾征求我的译文编入该集的来信。）鲁迅所编的书我未得到。但这篇小说我现在读后，对"人生观"很有指导意义，似可在版末或某处转载……，我有译后语，并介绍李译的《赠姐妹们》一文，此文对妇女有鼓励。

其他杂文如《春耕运动的具体建议》，为邹韬奋同志所编的《抗战三日刊》在汉口出版的，曾亲自来汉口贸易委员会要稿，我曾应文（大致记得写的是"抗战已大有发展"……这类短文），似可与当时我在《妇女杂志》中所写的文章中挑选，当时周建人写有不少文章。我当时也几乎投入在商务做编辑了，主要还是为糊口和接济家用。恋爱、结婚、离婚和不少杂文和妇女问题，似也可以选录部分可代表当时的思想情况。

因我刚回家，拟仔细读看后提出我个人意见，为去留作参考。

主要一步速请杭州有人主持选稿，前曾面告希望能在6月—8月内，初步决定初稿并及早决定排印机构才能在9月初交稿，并订约在半月内排印出版。你去后对我的材料已搜集到大部分，所剩不多了。先有人看稿是初步的重要决定，务乞注意。

月初我进院后发现钱樑给我的信，要我负责审核《茶叶百科》，我曾直接复信给他，当已收到，我已无精力负担。

另承沪友写文宣传和帮助，容另再写文道谢。

今年收茶布置谅已定，希望比去年有所改善。我也限于精力，对茶事和开会等事，已无力参与了！能好好休养，得以听到和看到国家政治、经济的发展，也肯定看到茶叶事业的与日俱进！

甲选夫妇10日去南美就职，每年可回国一次。我发起了一个"农业史料馆"和"蔡元培研究会"都已批准成立，史料馆就设在东裱褙胡同旧宅。并告！

觉　农

再附说一个问题：《选集》既主要由"茶叶学会"和"农学会"负责发动，我的主要写作也以农业经济和茶叶贸易为主，在材料中大部分为茶叶贸易，所以茶叶贸易方面似应请上海市茶叶学会何耀曾和陈克文两同志负责，并请梦得和君鹏作副——当然也可请陈舜年、向耿酉等参加。花8～10天仔细看一下，先作初步决定。

在农业和农业经济方面，我仍想请张堂恒等同志或茶研所指定一二人作先读者。第三部分为杂文，太多太杂了，最后作决定即可。

当然外围应该有编委会，请杭研所带头，然后举行一二次编委会，当然，最后请几位领导决定。

5月26日至6月2日，合肥召开的"茶叶百科"，钱樑同志一定前去，我是"出门难"了的人，已去信请假，希望在泽农同志领导下，把编事作个最后决定如何？

第一类即茶叶部分比较复杂，上海看了初步意见即可带杭。第二类农业经济请即与杭州堂恒同志等商量；余由我们再作些商量。第三类还有整本几本书如何取舍应有个研究，需要送杭州茶研所同志选择。其余不急，有时间商量。

觉　农

1986 年 6 月

致陈席卿（1）

席卿同志：

接到您 1986 年端午杭发来信和两小包先后不同日期（4 月 30 日采制和 4 月 19 日采制），又注有前者用稻草覆盖，后者是否搭棚？未说明。（搭棚试遮日光，使叶绿素减少方法，现在或用塑料布代替了，耐用。）特别是 4.19 组的"蒸青制"的试验成功，我向你祝贺！试制是成功的，日商同意了的。

日本绿茶制法用的为中国古法"蒸青"。我去日本时为 1917 年夏，次年 9 月即介绍去静冈金谷町"牧の原"上，回国后曾集资购置一粗揉机和用蒸笼等，假"余杭林牧场"可能就是您现在作实验的所在，制品也感到有特点——即水色较绿的蒸青绿茶。（六十多年前的事了。）由于成本大，产量少，国人又对"绿色虽好""味香无特点"并不欢迎。嗣以"日本贩卖合作社"在上海出较高的价格大部收购了，特长就是在色绿而味又如日本绿茶。但在国人的口味论并不受欢迎，并且我试验时开支大，成本高——乃时最好的龙井茶"斤价"八元，一般为三四元。土制芽茶最高斤价一元足矣。

查日本京都特产的"玉露绿茶"，培植费工，采摘前须搭棚遮阴，日本茶大都叶肉较薄，蒸后用人工揉捻，可以形成如"针子样"的"玉绿"，茶形如细针，冲泡在白瓷杯里，确可称为"玉露"，以供"上层社会"之用。——当时或即以供"皇上"或贵族阶级的饮用，现在可能仍然如此。自不足为训也。

前年 1983 年，我去杭参加"茶人之家"的发起人会，张堂恒同志陪我同去参观了一个日人售予中国的"蒸汽制茶机械"，比较之新式的，但必然是弃置不用的旧件，我们上了日本人的"当"的。按理，日本人大量用蒸青绿茶，货少价高；我们有的是原料、人工又廉，如能彼此合作，定是最好机会。当时我在杭也曾再三调查，由于错误在前，很难弥补这一错失。

最近消息，由于"日汇高涨"，同时我们又开放各地欢迎外资和外国机械进口，如仍以他们的机械（据说须建设冷藏库、冷室车和其他设备），同时也得改进我们的茶园设施，仍可进行双方合作（我在余杭初试）——我对你作此提议，首先就是我过去还是手工艺生产的旧的观念。今后百事维新，一切必须从科学的和机械学的观点来考虑。

例如今年7月，中央已提出拟在西南各省大量提倡推广"大叶种和红碎茶"以应付国际，主要是欧美和其他新兴国家之用（苏联等国家也都需要红茶——可和牛奶和加糖等充早点用）。但是否把你多年积累而成功的研究就推翻了呢？那也不是。绿茶在国际市场上仅居7%，红茶却占93%，我国原也大量生产红茶，但现在都已显然很少了。（自从印、锡等国专制红茶，用的都是我后方云、贵、广等地的大叶种。）长江一带都属大叶种转变而成中小叶种，它的特长是香高、色绿、味纯的绿茶种，制红茶也可以，但色淡味薄但有香气（如祁门的祁红香），也能受部分人士的欢迎。这话说来很长，如你这次能争取参加南宁大会（已定7月开会，我体弱不能远行。）——都属茶叶学会会员，希望你由杭州市茶研所派去参加（现在提出还来得及）。

因你十多年来对绿茶和色素方面的研究已有很好的基础，您能从叶绿素、叶黄素到叶红素等等的深入研究，不仅对绿茶的改进有很大帮助，也同时对红茶各种色素及其他成分的研究也大有帮助。

现在杭州连你们所在内已有研究所三所，真是人才济济，倘能彼此分工研究、积极合作——例如这次七月的技术会议对今后茶业定有极大帮助可预卜也。

由于你的一个蒸青茶的研究问题，我就趁机会向你提出了不少问题，老人多啰嗦，恕我多言了！

并代向在杭各老友〔问好〕。

刚比较泡了的茶，4 月 30 日制的和 4 月 19 日对比，色虽同，味就较次了。以后希望能以龙井制作对比。

吴觉农

1986 年 6 月 20 日　北京

致陈爱新（9）

爱新同志：

别来多时，时切驰思！

最近由于中央关怀您地茶业生产，可能由于各地区已熟悉红碎茶生产闻名中外；有的茶场都能获得高额外汇；自愿积极生产，既利国家，又有富裕于人民。台端主持茶叶事业多年，我们又曾共同拟稿，各向省方和中央作出建议，得获同意。

现已由农贸各部会同"学会"和"茶研所"等，决定在下月（预定为中旬）指定南宁举行"红碎茶大叶种发展会议"集全国茶业隽贤，在红茶优异产区集会，茶业开展指日可待，特为预贺！

我个人因年老多病，长途旅行更有困难，未能前来作刍荛之献，并拟偏劳吾兄和在宁老友代劳一切，感同身受！

覃公和夫人　学会和各局老友

乞代问好！

吴觉农

1986 年 6 月 23 日晚　北京

我与兄共拟建议书一份，如便请代印分友如何？如何改正更所切盼！时隔多年，似加以更正。

致何耀曾等

耀曾、梦得两同志:

7 月底你们回申以后的来信收到了。这次确是一次重要而又有意义的会议。

今天据农业部高、黄二同志来寓汇报,也说有预料以上的收获:大致广西今后必可成为最好的基地,为我国茶业的发展建立基础了。

申、杭两地好友为我的《选集》冒暑从事,既感谢又惭歉。尚有一部分建议和部分资料已重拉恽老等来寓帮忙。有的已部分散失,有的尚须考虑"保留",所以要明后天或月初分寄申、杭。比较重要的两份昆明、海南岛回来以后的建议,和对政协当时主席邓小平同志批过的两稿,都已在本月初十左右,面交阮宇成同志带杭。

第一类建议:据说政协邓主席的建议已在会上分发;此外最早的一份为《关于发展云南、广西、广东、海南岛等地区红碎茶生产的前景》,(对中国科协的建议 79/2/15)外,尚有:

(1)《关于建议〈跟上农业现代化,大力发展红碎茶〉》的建议(1978 年初)。

(2)致李先念副主席(1978 年 3 月 28 日)有李的批示。

(3)致杜润生转王任重副总理的信(时间为 1979 年初,批示缺)。

(4)建议加快茶叶生产问题(1979 年 3 月间)。

(5)致陈慕华部长的信(1982 年 6 月 21 日)。

附《人民日报》茶叶产销亟待解决的几个问题,专论我国茶叶产销存在什么问题。刊载"经济参考"(1982 年 2 月 26 日)。

第二类:"关于茶叶出口机构的设置和隶属关系的往来文件。"

关于第二类文件,多属于我和陆定一副主席的联系和由陆老愿意参加帮助对改革问题，愿向中央代为联系，最后发生了外贸并入内贸，因而发生到最后才由总理批"暂缓合并"的局面。这个问题的发表，我和恽老考虑很久，现已决定必须发表：

主要原因：陆老帮我们干预茶业问题，不是我们私人友谊的往来而是党对重视改革和发展生产而商量由陆老出面赞助的。

（6）这次邓小平同志批过后的"七五"计划发展之初，把茶亦已列入发展项目，有密切关系的。

（7）"我不能贪天之功，必须听从党的领导"，即以陆老的出力相助——名义上是对我的很多捧场亦复如此。所以决定予以发表并要说明一些来去经过，另找一些资料是必要的。关于体制改革问题——本来业已由政协通过我的提案改设"中国茶叶出口专业公司"由政协通过我的提案并即转国务院办，并已行文到外贸——却被"土产、畜产、茶叶杂品等等……公司"的总协理（由于宝森批上"暂存备用"的批示而破坏了）。这事当然不拟公开。因之，对上述第二类中，特地把"关于茶叶出口机构的设置和隶属关系的往来文件"，列一专栏，以我和陆定一同志和他转给中央领导的信分别发表。共计已有二十多页约一万字以上。

但最重要的1982年，我曾受《经济参考》报记者的访问，发表过有关体制改革，特别是外贸中茶公司的问题的前后，各方特别是由该报记者访问了外贸和商业（内贸所属两公司，外贸和商业部供销局？）发表了不同的意见，由此反复的内、外贸分合，成了讨论的焦点，并且由并外又发展为外贸并内贸的纠纷后，最后决定"暂缓并"（陆老和我的意见）。

由于上述原因，我把经济参考的资料都散失了。希望上海费神先查到当时的该参考报，为要。查出后请打印多份，分送杭州和北京我处——已编好的部分和其他若干资料。其中有我在农业部所编的科普书《祖国的农业》和在农业部前后所写的两文：一、《为实现第一个五年计划而奋斗》，二、《中国合作事业的前途》两文内容尚可，都属农业部内部资料；但所留的系我所亲写的原始稿，可能在当时我已被看作将下台的人物，未予刊出，因之也属农业一类，都属于我的亲自所写尚有参考价值，请分寄杭、沪两处。其余都寄杭州，由他们代打好送申。

　　文件在赶，下月初二、三日，必寄邮，五日前能到杭、沪两地。

　　特先布闻

　　克昌、君鹏等同志未另。仲元已叫吴鹏寄出我的照片两张，如不合当续寄。

　　请领导题字陈云、陆老和王首道三位外，能加科委领导方毅同志更好。如由农学会去信最好。（信可送政协代转）

觉农手启

1986 年 7 月 30 日

　　（编者注：高，高麟溢；黄，黄继仁。）

致陈君鹏等（6）

君鹏、梦得两同志：

《茶经述评》"一之源"拟先寄申。（稿已核正）

今日寄出一信，报告《选集》最后部分的材料寄杭、申的事，谅已早此可达。目录在整理中，下月二、三日可寄文件。

忘记了一件事，即和法同志具名的关于我在抗战时期所干一些茶业资料，拟请你两个改写为第一人称，改写工作业已开始否？如已改就，盼能寄京审阅为盼！如另有朋友代笔亦无不可。当前的确热不可耐，你们又都已在古稀之年了。千万千万！

再，《选集》如归上海科学技术公司出版，我们虽有版权，但大都属于陈旧文章，论稿费为数不多，亦可以预计书价八折，余由我付款两成，即购者只付八成款，甚至对外说预付八成，余由编者在稿费中支付。现在定价又较高，我除"却酬"以外（即不收稿费或版权归茶所以外），我拟自出一万元以上作为会员定购时以八折预付书价，其他两成，由我出费支付。换句话说，将来版权让茶所，稿费可酬编辑人员的薄酬。这是经我的家人共同商量决定的，请你俩代告两会为盼，祝好！

吴觉农

1986 年 7 月 30 日北京

（编者注：和法，冯和法；两会，茶学会、中国农学会。）

致钱樑等（46）

梦得、君鹏二同志：

接五日君鹏同志给吴鹏函，以所寄照片两张（一彩，一白）尚须予以改正，当照办。但吴鹏远去新疆参加边疆举行少数民族运动会工作，须再过一个星期，才能回京。

另专寄邮包挂号的一件，今日寄杭州，内多为抗战时期茶叶统购统销问题，原由和法同志所写，这篇算是抗战时期的重要报道之一，特另邮，也寄杭州，预料你们已集中杭州了？

觉农　附启

1986 年 8 月 8 日午寄

8 月 3 日寄出挂号件，由阮老收转。《陆羽评述》第一章起源。

（编者注：阮老，阮宇成。）

致钱樑等（47）

梦得、君鹏等同志：

你们在大暑天去杭州，为我的《选集》冒暑工作，连同在杭参加编写的许多同志，我特致以衷心的感谢！

梦得月底来信致重远家老大的，我已代拆。他们都出门远道——吴鹏去新疆，老大去东北等地开会，十日前后回京。

你来信中提到的照片有色和无色的各一张，已由吴鹏寄申。关于和法同志写的有关在抗战时期的一篇，需要改为第一人称，如果你们还未动手，是否按照我和陈舜年同志，在崇安《茶叶研究》题为《抗战时对茶叶统制政策的检讨》文，寄上参考。就以检讨为主，刊出和法的作为附件，如若可能（请示阮老决定），否则托人改写致以薄酬如何？《茶叶研究》挂号寄上。

再：您俩是否已赴杭州？我初接你们来信，认为月初已去杭，故若干经我查审过的资料都不再寄申，大都送往杭州以免辗转误事。

接君鹏同志5日来信，知尚未赴杭，现查八八为立秋节，七月秋风起你们去杭，不致感到大热，故除复信外，都一律寄杭。

你们俩要我寄的《陆羽评述》第一章"一之源"亦已挂号寄杭了。

杭州已去数信和挂号件一包，由京（钱、陈收）径寄杭州茶研所。

觉农附启

1986 年 8 月 8 日下午

致阮宇成等

宇成、梦得、君鹏诸同志，

并转编委会诸公鉴：

在这样炎暑中，劳您们搞《选编》工作，实在使我日夜不安！

和法同志已拟有对我在抗战时期的工作经过一稿，京友也要我考虑编入——或改为个人稿，但必须改写，有误时间了！

现查得崇安"茶叶研究所"时，在抗日战争胜利后，曾写了对统购统销的检讨文不少，短论数篇，现复印好并由我重新看过，不符实际处也由我负责改正。事关茶叶历史大事，又对于当时情况，确有不少创造之处。将在数日内，由我整理寄上请讨论决定。

吴觉农

1986 年 8 月 10 日北京

致钱樑等（48）

　　冯和法专作——"我在抗战时期"一稿的参考资料，个人倡议：关于补充或改订"和法同志所撰《关于我的在抗战时对茶叶的统购统销》一文的方针和办法"：

　　1）上文原拟在政协"抗战一事"栏的文史资料中发表，适因国务院提倡改进农村经济，主要为使农民推动家庭责任承包制改进而推动"农工商联合"和他们的横向发展——所以对全部的由国家搞统购统销等工作必须分别缓急。特别"六五"和"七五"计划，甚至到20世纪的末期，大都要用"资本主义"和"社会主义"的各式各样的方法。只要对国家和人民有利都要择要推进。因之，像过去的"统制"办法必须择要而行。如原来的粮、棉、油，过去是统购统销，现在已改为议购（向农民），统销（对市民）。又如蚕丝现仍办订购和统售，"茶叶"则又定为外销为统购和统销，但也部分放松给省营等，以后红碎茶更拟由国家统购（并分地区和基地）等方法分别进行。现在匈、保等国也在分别推动，苏联也可能作这种不同情况的改进。总之，要"因地制宜""因时制宜"等等各种各样的方法，使经济搞活是主要的目的。农工人民富裕起来。

　　2）按照这一情况茶叶应该怎么办？这次南宁会议主要就是集贸农商各方面和各省市的技术科学工商各方面的人员，先作探讨继由农贸等部，各拟方针会同地方，共同生产对外的红碎茶，然后进行统销或分销（由各省分销）但各省是否能个别进行，也还在试行中。

　　3）根据上述各种情况看，和法同志作的那篇文章可以不必改而登，但在文体和《选集》的情况看，单独登出又嫌突出太甚，为了避免这一缺点，我想到在《茶叶研究》第三卷第7—12期合刊（在抗战胜利后的最后一期）现有我和舜年同写了《战时茶叶统制政策的检讨》，又有编者的胜利感言和茶事杂论（计五则）对"时事"有各种不同的"预言"——也可以说是我们全所《茶叶研究》所同人的共同观感。就是说就时间、地点、条件，作出了"实事求是"的讨论，既有实际执行中成功和不成的经验，也有抗战几乎全部被封锁、半封锁的不同条件……

4）特别在我于抗战胜利，反动政府垮台，新中国正式成立以后"中国茶业公司"请我创立（虽然时间不长，我即辞职，但也继续搞了三十多年），实况如何是要内外茶人来共同探讨了。我个人认为与陈舜年文中《茶叶研究》失败的原因，一句话"人事腐败和技术欠缺"，最后出了李泰初和朱羲农……

陈文如刊登也要修订一下，主要须把中茶公司在和贸委会合并以后的贪污、腐化等情况，可作扼要叙述，所以这个建议也需要作些修改，我的两论一为成因，二为……（最后行政院由宋子文出台，把农工贸三机关撤销。）

（编者注：此信已经不见头尾，根据信中内容，当作于 1986 年 8 月。）

致陈君鹏（7）

君鹏同志：

　　昨接宇成同志来信，欣悉你们业已到杭。秋风虽到，暑气难消，仍请各位在杭要多多防暑、节劳为要！

　　托仲元先寄现款千元，作定购选集之需，但我未能查到寄杭州的银行账号，希查明见告，以便寄款去杭。

　　祝诸友暑期安康！

觉农暨家人同启

1986 年 8 月 26 日于北京

（附件请交宇成同志）

致阮浩耕(6)

浩耕同志：

　　昨由您托茶厂同志从杭州带来名山大川年历（1987 年）由浙江人民美术出版社出版。内容极为丰富，尤以北京市为重点。我省能承印这样的高级的美术篇，实堪庆贺，并志谢忱，另给恽老的一份亦已转交。

　　嗓音宝——系清代宫廷保健茶—"代茶饮"我已泡饮，品质上都非优质茶，谈到含有维生素和氨基酸两者都属茶叶成分中所含有，说明中已有问题？再提到本品主要点为"嗓音"，对演员、播音员等作过实际试验方可，所以说明书也失去科学意义。这仅对您和茶厂熟人作参考，请勿外传，以使厂方或主管的成员所不快。《园林与名胜》请你为我们代订全年一份，款当径寄你处。（刊上未表出价格和出版地址）

　　近来仍会多事多，总是力不从心！

　　顺致

敬礼！

吴觉农致

1986 年 12 月 12 日

　　《园林与名胜》是杭州何地？无显明地址和定价等，查第五期内封面底有解放路 79 号，但不明确。显然不能为人所注意？！

致江素生（3）

素生同志：

获得你的来信，胜似您去年远道来，同样对您感谢！

我和老伴同到耄耋之年（八十至九十），确如你所说的，我比较乐观；更重要的也如你所说的政策新和医术的进步所致。我从小爱茶，茶对身体的健康确有帮助。您们如有好的红茶寄来，我当以议价相酬，十斤到二十斤都可邮寄，高山产的茶叶更有风味，如上价可行，多送若干亦可。当再函告。

再，您写的诗很好，很可聚集若干人，设立个"诗社"，为茶余饭后作些更有意义的悦意陶情，也是新时代的精神文明所极须提倡的工作之一也。

匆匆奉复顺询

你村老人们健康长寿！

并祝你全家和新邻居新年愉快！

吴觉农

1987 年新春第三日

附友人写的"祝寿词"一页作参考。茶人茶寿（一百零八岁）古稀：期颐为百岁，耄耋为八十至九十岁。

致阮浩耕(7)

浩耕同志:

上次你到京,适我因病在医院,未能接待一切,深以为歉!

又上次你曾提到《浙江省志》第一册业已出版?如已发卖请代购买寄京为盼!我出院后,精神已略有恢复,堪慰锦注,余续详。请代问各友好!

吴觉农
1987 年 2 月 14 日

致钱樑等（49）

梦得、君鹏二同志并转克昌：

日前接来信，我正为分寄《选集》而忙，却忘了对上海的几位审稿、定稿，特别是负责讨论、校对的许多辛苦的同志的感谢，务请原谅！！

这几日已较松，但身体似仍疲乏，仍失机会写信报道一切。

主要的一件事是除你们始终负责的你俩和王、何等两位外，为帮我做许多天工作的同志们道谢！除杭州方面由于学会和茶研所的工作人员已由阮宇成同志等各方收支账目业已安排妥当外，对非专责的同志亦已拨款和购置物品分别酬谢外，不知杭州阮老所说的某些分配是否包括上海的许多同志，则请你们四位发起人为我代出主意，并即决定分发：1. 按照杭州同样情况发现款作酬劳，数目由你们四老决定支付。2. 其次为物质鼓励按杭州拨给现款或物资亦由你们四老商量决定。3. 款代垫或即由我汇上或你们来京后面交。

《选集》发行，各方都为赞许，这是茶界同仁互相鼓励和积极援助所致。《选集》分送后，各方都称茶界同仁的团结特别对出版之速，印件之佳都以称道。当然另一方面，也使我受各方大德者，受之有愧也！！

匆匆问好！希四老夫妇都能来京。

吴觉农

1987 年 3 月 30 日

（编者注：王，王克昌；何，何耀曾。）

致陈君鹏（8）

君鹏同志和夫人：

　　梦得、舜年两对已定。你们两老尤为难得，因君鹏夫人不曾来过北京。

　　农业部已预定在 4 月 14 日，所以你们可在 4 月 10 日前后到京。

　　我家乡的几对年轻些的，约在四月十四日以后来京。我寓所可住满十人以上。三楼和一楼的旁室也可利用。务请早日莅京！

觉农、宣昭合拟

1987 年 3 月 31 日

（编者注：4 月 14 日，农业部庆祝吴觉农九十寿辰口。）

致谢金溪（2）

金溪同志：

月初曾接您的《读吴觉农选集寿吴老》的七言贺诗两首，不胜感谢！由于半个多月来接获各方文、电和礼物，在 4 月 14 日左右，又承农、茶各界友人来京，为我九十虚度祝寿，实不敢当!!!

你所寄恽老和冯金炜同志函中，又读到你的新作"茶的千古知音——曹雪芹"一文。读后感到你读了"红书全文"，又能搞出深刻细致的文艺作品，感佩无量！另关于陆放翁的咏茶诗"精神境界"已拜读过（刊去年湖南通讯）。但大作 1986 年写的"苏轼诗文句"，尚未收到（可能在《湘茶通讯》中未收到该册）。盼能补寄以快读大文为盼。其他仍盼继续搜集选录如白居易、苏辙和陆羽、卢仝等所作，将来完成全集，我当设法为你介绍成册以留纪念。

但最后能如曹雪芹千古知音一文也似尚可对它作更多的发挥。把发表过的刊物寄来。《红楼梦》全集的电视剧，前已播出六集，现闻从"5·2"起将把全集用很长时间播出。约达半年。作者多属艺人，今当亦可进而学之，对茶和其他诗文更能完整，何幸学之!! 勿沏顺致

敬礼

吴觉农谨上 4/26

请代订《湘茶通讯》全年，定款当一并寄奉不误。过去的如有售余请代补入。

致王家斌（5）

家斌同志：

日前接到您的来信，并要我在茶亭题字。因身体衰弱未能应命。如现在仍需要，请再商量格式大小当努力为之！

上月宋经理来寓，出示农业部要你省试办"茶业协会"。我已交了一份发起意见书给他。王达同志告诉我：省方已请你负责筹备，闻之不胜欣慰。筹备范围从省或从市，我和王达同志谈了不少，可先征求各方意见。将来领导机关谁属，可再研究，省方先试办极好。

我因鉴于"学会"多是些"之乎者也"的同志，且理事都须"官派"，实觉不妥。几年来确乎难说成绩，但耗费不下几百万之多！原中国农学会本来提及有学会、协会和研究机构等机构在内，所以在1980年10月，在桂林开会时我曾提出另办"协会"的建议，因当时"人心很乱"，原秘书长也是个人说了算，我就对学会更感到寒心了。

去年3月由中茶熊森同志负责搞了一份通告，已吸收了不少人。

协会我曾拟过一个"草案"，现这里只存稿根，现将几个重点摘下，供参考：

1）研究范围：产、制、运输、内外贸经营管理和有关行政的学术团体，藉以推动茶业上、理论上和农工商实际经营问题的研究和实践，为加速我国社会主义现代化做出贡献！

2）凡会员从事茶业学术研究和茶业农工商，实际经营工作过程中以马列主义、毛泽东思想为指导，坚持实事求是，理论联系实际，发扬民主贯彻百家争鸣的方针。

3）会员：

①专科以上毕业，从事茶业科研、教学、行政和产制销工作连续三

年以上，经会员两人以上的介绍和组织部分的审定；从事茶业工作五年以上，对茶业科学技术或对产制销有一定的成绩，经本会组织核定者。会员须缴纳会费，年纳会费两元以上。

②团体会员：各省市县、自治区赞同本会组织或与茶业有关的学会、研究会均得申请为本会团体会员，团体会员年纳会费拾元以上。

③赞助会员：赞同本会组织以经济基金或研究资料赞助本会工作者（须由本会常务理事会的通过）得聘请为赞助会员。

④名誉会员：对茶业科学技术或经营管理工作，曾有特殊贡献者（经本会常务理事会通过）可聘请为名誉会员。

赞助会员与名誉会员均需经常务理事会和理事会通过。会员入会应纳入会费人民币贰元，常年会费每年贰元，组织从略。上述大意采取过去和现在的实际情况拟订的，虽在三年前所拟，仍可供作参考。

匆匆！

吴觉农启

1987 年 5 月 6 日

（编者注："学会"，中国农学会。）

致陈君鹏（9）

君鹏同志：

入院后已经满月。甲选夫妇 7 月 5—6 日回京，拟先一二日回家，但又怕他们客多事繁，老家住不长，又是个矛盾。

《茶经述评》据上月底，我在寓时已略作联系。说六月初可出版（石础说也看到样本）。初步仅知定价每本为三元七角，已被定出二千多本。我们多买一千本仅可九折，印数多少未肯定宣布，仅知农业出版社可销二千册，对作者赠送不多也不肯说实数。根据梦得和恽老说定①大家不送书，②也不必多作介绍……我私自预定书出后，去"农业出版社"现购二百本备内部分配，如稿费较多再多购二百本的想法。稿费据说每千字至多二十元，不到三十万字或左右，多可达五六千元。拟获得实数后再作一次商量。由于恽老留我处时间较多（要给补贴四百元），他经济也较困难，拟略较多外，其他听取你们的意见作最后决定。

我在农业部旧居计三十二间，除后面六间已交吴鹏、小杨各三间。前面二十六间已送农学会作为"文史资料馆"用，科协拨有开办费五万元，仅能作修缮等费，农学会可调退休人员不用另拨经费。我个人决难再费力量，想另寻出路，搞些"基金"之类，这正如"天鹅"一样难得捕获的。前日已复一商函给学会转交。

祝贤伉俪身体健康！

觉农启

1987 年 5 月 29 日　北京医院

致马森科（9）

老马同志：

来信早悉，因病晚复甚歉。

我4月做九十寿，由于应酬过多、过繁，从"5·1"起即病在医院三个多月，现可以起床行走，眠食如常。月底前可以出院，你信迟复了！

论我的精力，已不能再操任何大小事务，但如当心行动似可以延续时间看到香港收回（1997年），或延到茶寿，乃是另一个世纪了，这只是想象而已。

我新被中国农学会推为"名誉会长"，并须另筹备一个"农业史料馆"，地点靠近车站是一块寸金宝地。我捐赠予农学会旧房二十六间即我任农业部副部长时所购入，后借予农业部达三十余年。现已退还。

由于有会所，但有修理费（五万元）却尚未能另拨专款，所以需要等候一个时期。你如能来京，仅能补贴一部分退休后的补助金，当然以后可以想些其他办法。你夫人身体如何？如能为我们俩老帮助做些杂务，冬季我家由国家专备烧锅炉，所以倒比平时工作为少，如你能与你爱人同来，可付月薪，这样你俩夫妻生活会较好，不知你老人、子女能自行生活不？如你们有困难我们以后再说。

我每日看报不少，来往信件必须复三两封，并拟把《茶经述评》重行改正，其间或有什么文章要做，或请你代劳，亦可收入些稿费。

我旧居甚宽，住屋并可容纳你夫妇在一起，如何？盼你详复，把你家实况告我。

觉 农

1987年6月20日

致马森科（10）

森科同志：

　　你五月底来信和许多好茶样收到多时，回件却一拖又是三周，就是等待杭研所的消息。他们也已把茶叶送到了，我才有机会应付朋友们了。

　　"中国茶叶博物馆"是由"杭旅行社"发动的。去年我九十岁时该社也派了一位女同志桂某来，我提出必须由当地的茶研所（中央的和地方的）共同帮助使该地茶园改进为新式的，并要贷款让农民改善住宅，也能使其以后部分作为招待所，使远地的游客出点小费就能住宿，否则，一二十年后，新中国业已大大改了样，而西湖上的茶农、茶园，还是落后得不像个样儿，怎么能应付千千万万的来客？这次程小姐来，我也再三谈及，至于存在我家的一些礼品，那就完全可作赠品，我是心甘情愿的。两所我都去了信，希望你也能参加以"茶叶学会"的名义要求旅行社为茶农、茶园作担保，积极投资发展才不失我们的初愿了。还有两件事也是今后所必须做的，尽量减少中间剥削是对茶农、蚕农最最需要的大事，当前的中间商是"供销社"。昨日读《人民日报》登载了"开会的广告"这个目的何在呢？对报馆大送礼物。广告费是各报大宗收入——连蚕茧原由蚕丝公司负责收购，也居然有"有钱人"中间抢购，报上经常有消息《人民日报》登了广告，报上也为此闭口不言！"供销社"开会为什么要这样登报宣传作甚？实际上，他们已研究好很多方式的包装，从半两、一两起到半斤、一斤的小包装就可供各个小店、大店代销已是足够了，为什么要举办"供销社"的若干分店和开什么大会呢？这种浪费，负担的都是茶农……其实我们宪法就已登刊农业的很多名称的生产、制造、运销、消费信用等等初步的人民合作社，而不使用，却用了一批什么也不懂得的青年去担任"供销等等"的职员，浪费开支和设店设摊的耗费……并且中央地方也早有筹划，却都被"供销"代策、代行了。

当前的事真是哭笑不得，你说的"种茶的不富（应改叫穷），卖茶者发财，吃茶者叫苦"。很对，很对！

搁笔吧！祝你全家安康，暑期平安。

觉农启

1987 年 6 月 20 日

致江素生（4）

素生同志：

我久住医院已有三月，最近稍好，即可出院在家休养。

先后两信收到，知你子女都可报考高中，即都入"工作之年"，对家中都大有帮助了。考大学每年都属于"富有的家庭"，如人人都要入大学，每年百万余毕业生，一千以上的学校，只能容纳10%的大中学生，故考试比较严格，非平时好学，特别对中外文（如中文英文）和数理化有根底者很难录取。再，要做对国家多贡献的事，并不一定要进大学才行。建立新中国的领袖毛主席、周总理、朱委员长都非大学毕业生，毛主席连国外留学都未去过。第一，全靠自学，读书比较费钱。特别现在大学生在校负担更重，实行高中毕业后，可考"就业"之门，这可由学校特请教育机关或各种厅室的招用人才时，前去投考或者向自己设想有前途、能发展合于个人爱好的事业，如工农商学兵等……做教员也可边教边学。所谓"行行出状元"者就是。

我也仅在农业中学毕业，留校工作三年，选入考留学，去日本学了三年"茶业"。回国后也无处可投奔，由于学了日本文，依靠翻译文章，卖文度日。以后在二十至五十岁中，依靠同事、友人，但主要是思想上认定"非有马列主义不能救中国"，虽未入党，但倾向于党的一切工作措施，忠于党、忠于社会主义，修身立志为人民，但在家要兄弟和睦。我已出院。

另有农业部办的，农科院程度的函授学院和农村高中程度的函授科两种，章程我出院后寄，又及。

吴觉农

1987 年 8 月 29 日

致庄晚芳（2）

晚芳老友：

仲良同志每次回京，经常谈到您的情况，特别提到您在晚年和老同学结成新婚之喜，实在应大贺特贺！！

明春"农业史料馆"将正式成立，当有招待之所，盼望能作一次新婚旅行！并在京畅叙，务希光临。"华侨茶叶发展基金会"由侨商捐助，自应以发展福建名产乌龙茶为主。日前外贸负责人之一，于宝森同志特来我寓，特别提到晋江原是茶产名区，过去却为了假药案，使当地居民，对今后工农生产望而生畏，更应乘此机会建议对闽南茶叶，特别对乌龙茶应尽力提倡，实为富国利民要举，极为赞成。

您和阮宇成同志系基金会专家委员，务希将基金利息所得，拟定收支方案，主要应属研究推广奖励等费用，在今年基金会商讨决定。

再，原捐款主，亦应由会对其热心捐助巨款表示感谢和转请中央予以表扬等举措。再，中国农学会新近成立"农业史料馆"并拟为我们农业先辈邹秉文、梁希等筹募奖学基金，闻您亦颇赞同。目前，杭州农科院茶叶研究所情报资料室王自佩同志来我寓也谈及上述各事。待回杭后托其面达上述各事，请多多赐教！

顺询 秋祺！

并向嫂夫人问好。

弟 吴觉农

1987 年 9 月 25 日京

（编者注：仲良：蒋仲良。）

致马森科(11)

森科同志：

别后多日，寒流已到，但火炉业已送暖，日子好过了。

关于《茶经述评》再版出书问题，我从你去后交涉再三，他们仅要求转托茶叶学会宣传分购一千本。我经再三考虑，农业书店不脱商人旧习，目的只为盈利，不必为他们多作宣传。我已先以稿费作抵，定购千本，但希望他们新春能再版。现仅光稿费为每千字十一元（原说过十二元）。再版后仍可批到再版费，故收入也较多些了！

我孙儿搞茶叶买卖事，仍拟进行可先去海南岛、广州等地，在上海碰头。绿茶方面请你在上海、杭州作研究。我以为能选择较好地区，如径山和其他较高地区自行仿制外销，可免去不少捐税，成本也低多了。

四川的沱茶我也去信联系可直接作外销。

农学会的"农业史料馆"冬季无暖气设备，现尚未正式开张，待明年四五月再开馆。《述评》再版事亦俟该局来信征订后，发信为好。

你们杭州学会也可去信给农业出版社预订《茶经述评》。再版千册左右足矣。

吴觉农

1987 年 10 月

致马森科（12）

森科同志：

连寄数信未获复。我病已愈，仍在院休养中。此间温度较高，适于病人。

《茶经述评》经由政协、农业部直接指示农业出版社的负责改订错误另行再版。读了刘河洲等同志对该书评论，极中肯。而宣传推广旧书可不理，便约河洲（他住杭州苓家新村）请联系。办茶叶出口事，我病略停，仍在酝酿中。我的病根本为老年性的三个弱点：①脉不均，②肺气肿（吃烟四十多年，六十五岁时戒掉）和气管炎三疾，基本不能大动，仅可散步、吃喝而已。

祝你健康！

吴觉农

1987 年 11 月 13 日

致马森科（13）

森科同志：

前复信计达。

我并兼农业部中国农学会"名誉理事长"更可以号召了。

你寄来的港版《陆羽传》已收到。

农业出版社原已说好，由他们发信给学会，但最后他们始终不发信，且不肯保证何时再版，实在令人难受。友人都劝以自印为上策。

我现在决定自己出版，图片可以不要，早印。三四千本有三四千元成本即够。自印后由各会代为分售，无图价更便宜，使社员少负担，如有盈利，可分配给分会或作为其他捐款。

上海你可等阮宇成回杭（我也已有信给四川），他对印刷等等都内行。《选集》印到六千册，平均价在五元以上，文长达四十三万字，《述评》仅三十万字，如不加插图，印价更低，大致三千元即够。此事请你去和浙茶公司陈观沧同志商量一下，最近他们印了全册硬布面，大致价也不高，同时你可去"杭州余杭出版社"（即印我的选集），刊印装订都不坏，也可先行估价（也是余杭县人民印刷厂印的选集，印了六千册一销而光，那是旧文章，新意甚少）。这次的选集评价较高，的确凡属茶人必须了解陆羽，也需了解我的新编。自印自销只需有五六千册，就不会亏损，务必先行进行。

刘河洲说：未收到我的书，你那里有两本，请先交陈观沧和刘河洲，为荷！

此事我也已商告上海友人了，代我出主意，主要想自印自销。

再，美国等国直接销售红、绿茶包装，零售事已决定，年初约你同赴海南岛，主要经手人仍为我的长孙吴应杰。

我身体已较好，"中国农学史料馆"春初即可筹备，拟网罗退休老人做骨干，广求著述译作等，也拟自印自销，史料馆即为主办之一。

你年底年初即可开始工作，《述评》的自印也可起步。

觉 农

1987 年 11 月 25 日

致上虞县长、书记

各位县长、书记同志：

去年你们来京，聆教甚多，又接到许多宝贵刊物，使远处他乡者无日不惦念故里。尝与胡愈老及其家属等谈到如何对故乡举办些某种文化事业，略作刍荛之献。

现初步想到拟先在旧城，即现属丰惠镇地区东门内县校（即经正书院）恢复被日本侵略者所炸毁的图书馆，以志纪念。

经正书院原为全县秀才或未考取的青年进修之地，辛亥革命前后，由城内开明士绅王寄颀、胡庆偕（胡愈老父亲）等首先改设县校，聘请绍兴、上海等地教师来虞。胡愈之、仲持兄弟，叶作舟教授等，特别如英烈谱一、二两期所介绍的王一飞、叶天底、朱士翘（即何云）、陈树谷等很多烈士都属"县校"毕业或在书院自修成材的学生。

再查我虞尚有中外闻名的后汉的唯物主义哲学家王充，墓墓即在旧城西门外乌石山，1981 年由省拨款重建；明朝著名学者倪元璐在学署内建有公祠，并在祠内设承泽书院。据我所知，旧城西门外有"状元"匾额悬挂（或说是武状元匾）。北门外有谢御史坟，北门街有陆御史遗址；又胡愈老的祖父（承斋）为清光绪时御史，询在京胡宅，其墓即在北门城外。其他如城西的观察第、进士台门等就有多处。

上虞旧城初建当在纪元前后，较百官称为禹舜旧地则已远不可考。但俱为历史名城。旧城文化则历历在目，似有保存的必要。

在京同乡谈及内地中小学虽多，师资大感缺乏；救急办法：如多多设立科学技术、文学艺术等协会，图书馆，科学奖金等举动，确有必要。现少数人初步建议在上虞旧城内为恢复经正书院（县校）的图书馆及旧址的必要，先成立一募款基金的发起人会。如获县领导的赞许，胡愈之副委员长及其子侄辈、范寿康（教授）常委的范岱年、岳年、乐年等兄妹等并愿捐献其城中旧宅（在巽水河旁，经新修并装有电话），可作为筹备处或初步藏书室之用；胡愈老不仅同意发起，并愿捐出他在新中国建国以来新出版的和收藏的全部书册；在京亦可捐募现款。首先修复经正书院被日寇在 1941 年炸毁的原址。……不仅恢复旧的图书馆，并可纪念我虞为国牺牲的不少英烈，更为对日寇侵略中国的惨痛史为后继青年牢牢记住抗日救国的大事，永远留为纪念！

再，上虞图书馆先设经正书院作总馆，经费稍稍充裕应逐渐筹设分、支馆，使各地学校、文化机构、公社、工厂等都能自由阅读各种书册，对今后"四化"定有极大裨益。匆匆写出，藉作刍荛之献。

顺致敬礼！

吴觉农谨上

1987 年 12 月 9 日　北京

致郑拓彬部长

拓彬部长同志：

今日获得您部在体制改革中，把出口产品占重要地位丝、茶两项，茶叶忽从第一类，又被改为第三类。您公司茶叶处同志写的建议我完全同意，并匆补建其他理由几点，务请重加考虑实为万幸！

一、茶丝为我国两大传统出口物资，最最重要一点为纯粹的农民自产加工的产物关系到农民生活，特别在当前我国上下所提的"要农民富起来"的最最重要物资之一。

二、自从把丝茶两项列入为土畜产类的规定以后，两者在国内外都奄奄一息，不仅影响农村经济，也大大影响出口外汇的重要收入。现蚕丝仍列为第一类，且以早数年已独立为第一类公司，因之开展也较快。其中另一原因，蚕丝在国际市场中，原由日本和印度等国竞争，但现在日、印等国均已大都停转，因之我国蚕丝得以从容成长。但实际国际间总的数字茶叶大大超过丝绸。亦即茶叶在国际市场竞争者甚多——到现在为止，印度、斯里兰卡的茶叶出口总量始终（近几十年来）在我国之上——即国际竞争非常剧烈，这是尽人皆知的事实。

三、犹忆 1985 年前，您已就任外贸部长，我们曾一再参入积极讨论了丝茶应同时建立专一出口公司，业已形成舆论，由于蚕丝公司及早成立，茶叶由于内外贸的问题，大家争论数年，最后经多方讨论，主张外贸单独成立"茶叶出口公司"，我曾经由政协全国委员会的提案通过，并经赵总理亲自批交您部承办，但不幸被土畜产公司某协理亲批"暂存备用"的违法主张，竟被搁置，以后且又产生茶叶公司内外销全归内贸主办，内贸则以牲畜产品交回外贸为条件，致使全体茶业人员抱头痛哭，亦经我向各方领导呼吁，最后国务院经办同志亦认为事关重大，特将该文件请赵总理亲自批示："外贸仍应管办外销茶叶。"这几年内外销各有专属，不仅出口额逐渐增加，第七个五年计划中特拨专款，在西南生产大叶种（专制红细茶地区）茶区积极播种新的茶种，再经三五年必可使茶叶外贸焕然一新。

我个人从事茶叶达七十年，自觉对茶叶有所贡献，常引以自豪。现在又正在一切改革之秋，显明的史实在前，容再渎陈如上，敬乞考虑改正，幸甚幸甚！

吴觉农

1987 年 12 月 16 日　北京医院

致马森科（14）

森科同志：

去年底你去广州前，来信早已收到。你回杭后尚未来信，谅一切都好。我身体已好转，因冬季正值冷气逼人，家中温度不高，防旧病复发——主要是气管炎和肺气肿，仍留院休养中。

情况如去年年底所告，即《述评》书坊已同意改订，大致快则上半年，迟则暑假后可以再版。出版前后当再函告。孙儿拟售茶出口事，尚未作出肯定。只好听之而已。余再详。

并祝新年如意！

吴觉农启

1988 年　新年

致江素生（5）

素生小兄弟：

你 1988 年新年来信收到，我去年整年从"5·1"节起就住在医院。由于年逾九十身弱力单，勉强能阅报读信，亦须戴花镜和扩大镜等为助。我生日时承你们送来红茶甚多，虽烟熏味远不及以前，故售价甚低，我劝你们改为乌龙茶。如略好即可充武夷上品，或在茶季时托人代售，应每斤在数十元以上。大家如能联合请制乌龙茶"上手"的茶师来制，也定能售十元以上。请多方托人帮助。茶叶是你们的名产，必须依靠"它"，先赚些现款。

我读完了你的诗，很好！但我更想听听你们的歌，如能积累些奋进的歌更好。

读书要有好的环境和学校的教育才好，单凭自学参加高考，也许很难和城里人竞争的。素生老弟文字有根底，首先应入城找些工作，什么都做，什么都学，可做些小生意，做茶叶买卖，略好的茶叶能得善价。现在各级政府都在奖励做买卖，你的情况也许依靠单纯上学不一定行了！匆复顺问你全家好！全村好！

吴觉农

1988 年 1 月　时年九十二岁　于北京医院

致马森科（15）

森科同志：

前后信和您给蒋仲良信也转到我这里了。加拿大"三一公司"分公司（北京总店）也由其"小开"经办，我的孙儿应杰是其表弟，拟定为在国内的茶叶经理。已决定先在"加拿大"试办，已开来该地可经销的红、绿、乌龙茶多种（有中英文名单，多属滇、粤、闽产物），并去粤和海南岛不可（专销 CTC 红碎茶），会要你陪同去港、粤和海南岛等地。我预料明年上半年还是个联系时期，由于他们初办，海南岛由于我的关系，可能就在上半年开始（已去和总公司联系）。

我的长孙的妻子刚从美国硕士毕业归来，拟留在北京工作，但身体不佳，归后已数周，仍患感冒。我孙儿大抵开春才能赴港约你同去广州、海南岛等地。

作为浙茶外销这计划很好，你最好不要自立公司，也可和其他机构确实联系推动，个人动作容易受到欺侮。中央原拟把外贸分散归各省，我建议暂须保留。总公司也多在慌杂之中。

我身体已较弱，上周出院后又复来院。

大致过了"冬寒"出院。身体已十分衰弱，但手脑还健，或可拖一段时间，这只能这样对付。

你打游击战甚好，一生凭本事吃饭，现在正提倡个体或群体这样的发展。

由于回家回院搬来搬去拖了较长的一个时间复信延期了！请谅！

觉 农

1988 年 1 月 28 日　北京医院

致陈席卿（2）

席卿同志：

新年又承你们到寓探望，仍因我长期住院，上周曾拟回寓，一住又三月，大致由于温度和环境关系，旧病复发，现仍回医院暂寓，拟俟过"旧历年"时退院。

前曾谈到你们所写的工作计划（有关你所茶业计划）——范围太大，限于人力物力，谅难一一完成。我意您所现属杭州市，自应以当前最有重望的"龙井茶"为主体，首先要把现有龙井茶田一律改为近代式的栽培经营。西湖博物馆拟由旅游社负责经营，我曾建议"西湖博物馆应附带把西湖龙井茶全部科学化、近代化，才使博物馆增色"。该社负责向银行贷款数百万，分年改造到全部西湖茶山都成为新式茶田——亩产应从数百斤达到千斤以上，甚至把整个"狮虎云龙"扩及到余杭、富阳、萧、绍等地。同时请茶科所陈尊诗等技师继续负责，还须请浙大机械电气等专家协助创造"龙井茶机"的完成。（陈已有计划继续完成这一事业）。其次你们应充分重视研究"日本茶蒸制法"，当然利用合作机会（现与日本合作），他们的机械化还应更上一层楼既是他们的事业，也是今后我们人力丰富的必然产物。上述两事，我和茶科院阮宇成老谈过，最好你们应作为该院的助手，你们的工作就可大大发展了。

吕蓬瀛同志既是位青年文豪，自应在文艺上多下功夫。初步宜少不宜多，宜小不宜大，最好先写些游记、记实小品为主，然后再扩及其他。我承领导去年为我编写了本《选篇》，虽然以节录我的作品为主，但亦属传记体的一种。另已有别的同志在计划专写一本，时间至少一年，且非早晚接近不可。由于我身体关系，也很难动手进行。承蓬瀛同志盛情可感，并此致谢。

承你们送来礼物多种，真是"受之有愧"，又"却之不恭"。草草
作复，敬希原宥，不备！

吴觉农谨复

1988 年 2 月 2 日　北京医院

诸友希代候！

樟海、全华、蓬瀛等同志未另。

致马森科（16）

森科同志：

我曾出了院，住家数天，又患咳嗽、高热进院。主要为医院温度最低25℃，家中平均不到20℃，并出外活动了一下，老病复发了。

茶叶去国外推销问题，拟以加拿大为主，"三一"美国分公司说已撤销，主要在"加拿大"当然美国仍可推销，日前，据开列的在"加"的红、绿茶种类不少，我要我孙儿应杰去电速寄回在"加"的各种样品。样品到后即由应杰到沪和你同赴广州及海南岛等地。"加"所开的品种中有不少为广东所产，如红茶类有"工夫"——加烟熏的，也有"乌龙"和绿茶之类，我建议也可列入"龙井茶"等。

详细下次告诉你，我孙媳由美国回国，已获硕士学位，拟在国内找"计算机"的工作，是她的专长。

我后日归家，以后拟少出家门，对天气能适合，自然能延长一个时候住家中。

《述评》交涉多次，书局同意再版，但尚无确切时间。余再谈。

觉农启

1988 年 2 月 11 日

致陈席卿（3）

席卿同志：

您好！各位同志好！

你去年来信，并书，我都收到。去年自"5·1"起我即患病进院，几乎多数时间在治疗中。好在所患仅系肺气肿和气管炎——受少年直到六十岁抽烟之故，使肺部受患，好在我从小饮茶，可能受惠不少。

最近读了您的《茶叶化学》就能作个证明。预料我国科学跟上去——最少仿效日本，在我离开日本的几十年中，他们早已不是茶产国家，却仍能继续研究，使茶叶化学作出许多发明创造，预料我国今后必然能更上、更快，可预卜也。

兹有一事奉告。"杭州旅游局"（？）已在杭州西湖筹建"中国茶叶博物馆"。去年我在京虚度"九十寿"时已有提议。我以旅游事业关系外汇收入和对国际关系甚大，曾赞成其建议，但和中国农科院茶研所阮宇成同志等商谈多次，我们必须和他们合作，最少把西湖各山头和可种茶叶的地区，都积极改良成近代茶园，否则虚立了一个"茶叶博物馆"，能不使千百万旅游者笑落牙齿么？现在即如日本，已是茶叶的输入国家，仍在继续作茶叶研究，并且把已有茶园都已改成为近代茶园——你那里定有很多的照片和茶书中的画片可资依据；即如你们和农科院茶叶研究所的所有或大部分茶园，早已改成，至少是大部分业已改成近代式的茶园了罢。

如果杭州或浙江旅游局能了解这一点，他们只须出面担保，便可向省内外进行"农贷"，甚至国内外定会有人进行投资的。否则到了21世纪的新中国：怎样见人？

此事我已商复旅游局并转知农科院茶研所阮宇成和多数负责同

志。你们关系到今后工作前途，务希联系茶科所并向杭州各界积极进行宣传，（对你所是第一次建议）特别联系和说服旅游局的茶叶博物馆的筹建处，（主要先报告市、省负责者了解）先找陈珲同志（女），她曾来我处，并已介绍给阮宇老（茶科所负责人之一），博物馆筹建处地点在杭州曙光路 70 号。可先作调查了解。

我名义上被推荐为该馆"名誉馆长"了。如该馆徒作虚名，我是决不会和他们作些空头工作的。

匆匆布念，务请在您所内作个详尽的讨论，然后约同农科院茶研所共同分头进行，不胜祈祷之至！祝这一事业的成功！！

各位同学和同人请代候

吴觉农谨启

1988 年 3 月 2 日　北京

上月曾发二信，谅达。

致马森科（17）

森科同志：

来信早到。适逢第六届政协结束，第七届开始，我仍须参加政协第七届的常委，所以除小组会外，我仍须参加若干次会，好在身体尚能勉强支持。3月下旬又须参加七次会——但预定也以住家中去参加几次大会为限。

《茶经述评》事，颇伤脑筋，为了使农业书店不亏本。由于新印很难推销，现拟外贸设法出两万元（在某个奖励机构用其年息）可订印精、平装的三五千册，半送机构，半找出售（陈书拟减价出售）。这办法似可行方针已获外贸和某机构同意可以照办。这办法三两天内解决。新书预定年内出版，旧的可减价销售（新书大致须半年以上才能印好），（拟重排挑些好纸和加印图片）。

向国外作茶叶出口贸易事，现由"三一公司"的两个分机构，一在加拿大，即以吴应杰和日本分两处推动。日本拟专售重庆或云南茶为主；加拿大的样品刚寄到，种类较多，红绿茶都销，现决定在5月广州的"春季推销节"去广州参加了解。各地售茶者（公司的成员）和购茶叶都可到广州预定，你和我孙应杰，和你同去参加，（时间在"5·1"节前）乃时你大概也须去广州联系，海南岛或先去联系，并决定种类、市价、包装等等。请你是否即在那时同去上海碰头，或定期先到海南岛亦可。

我的孙子应杰对买卖虽有经验，但茶叶不熟，非有一位行家帮助不可。他们年轻人对工作不熟练，他的家眷已从美毕业回京，大致可留京工作。（即大方针尚未定夺，时间稍迟似无妨。）

匆匆函告，祝你春好。

吴觉农

1988 年 3 月 8 日　北京

致江素生（6）

素生好友：

我又接到你 1988 年正月 12 日（阳历为 2 月底了）＊ 我正从医院回寓。

你处一时要改做其他茶，确有困难。最近想到抗战胜利前，曾托你父亲做了一批红茶，实际的名字应为"星村烟熏小种"曾销英国和德国（我到上海后由于工作过多过繁，没有亲自试售，之后交由内销店出售，售价不记得了）。我也没有再注意，但现在还有回忆可寻。

你去年送来较多到"二十余斤红茶"，我一般不惯喝烟熏茶，所以过了年还存在我室内摆着。最近由于研究外销，友人中想出袋包装，直接试销欧美，也可去日本。我就想到你们的烟熏红茶，值得一试，但请注意下列数点！！

第一先谈谈你们的"红茶"，（过去在九曲一带产茶集中处）实际应称为"星村烟熏小种"大概是百年以前的事了。（详细历史以后再谈）由于"桐木关"在武夷山的顶峰，产茶最好。星村地势低，品质就差得多。我也只知上述这个道理，所以就定制了一批红茶带回上海试销，由于当时在上海太忙（正在干革命的时期），红茶未向国外试销，后作内销售出，售价我也未加注意，这里也就不谈了，但记得当初试制的和带回上海的红茶，比较细嫩。（凡是好茶必须是"一芽两叶"或者多到"一芽三叶"）你去年的茶叶可惜芽叶太少，老叶和杆占大多数，所以论品质较过去相差甚远，须大大提高。去年的价仅为二百余元，当然低了，以后必须提高品质，才能适应外销获得较高价格和受人欢迎。

＊ 原信如此，编者注。

今年有友人预备茶叶外销先作试销，正在多方联系。你接到此信后，请先考虑附近或较远地处亦可。先联系收购各色乌龙茶标准以中等为准，打听价格（但要有香气并且味厚色也浓）也以一般的为标准。乌龙茶在日本可以获得高价，我的朋友拟推销欧美。收来还需运福州或上海改小包装，所以你们也须预备好运输工具。茶样不必多，但种类（上、中、下）多种并说明可收购数量和大致的价格（样品可先邮寄）。今年买不多，但也可准备做二、三类茶。

你们的红茶，去年的标准太低，售价每担（市制）二百余元，当然是低的，如提高到"一芽二三叶"，要价若干，最好你先估计一下成本。我们可以保证成本再加适当的利润。也请你估计一下头茶产量，最多可收购若干（你的和可以收到的），现在试验时期先须跨缓步。

如有别的茶类也可把样品送来。（你认为可供外销的）。附件2、4，仅供参考。

这里还须和你谈一下，红茶和乌龙茶两种不同的地方。即绿茶也有它的不同的做法。"红茶"——称发酵茶，"绿茶"——称不发酵茶，"乌龙茶"称半发酵茶。

红茶过去亦称"工夫茶"，从采摘起到萎凋、发酵、干燥上需要很多"工夫"……它的主要的做法，从芽、叶、梗要经过萎、酵和干燥，并且还要分筛等许多工夫——主要的目的除色、香外，还要重视红的颜色；烟熏茶还要经过烟熏味香。

乌龙茶形如一条龙，黑色，又称乌龙，它的特色是要做出香气，特别的一种香气，又与各种品种有所不同。

绿茶主要是不发酵高温炒或蒸，色香味同时需要，我说明这一点，由于做法不同，各地外国人需要不同，价格做法甚至包装也不同。因此成本价格也不同。

祝你和全家好！

吴觉农

1988 年 3 月 12 日

致王家斌等(6)

家斌、森科二同志：

茶季已到，浙茶推动方针业已确定否？时以为念！

今年初我从财政方面做了很多工作，原以为税务方面获得解决，外销全免，内销可改 20% 左右，但一波未平一波又起，上月又突然发生"外销茶也归并到内贸去处理了"（是经过茶畜两方的"捧铁饭碗者"的彼此暗中合流之故）。所议虽定，实际却有若干困难。兹送上外贸的呼吁，经新华社派员作出的"通报"（内部），工作同志仅茶叶处的一群人的呼吁，有可能暂不执行，但无论如何总非国家人民的幸事。

兹特寄上参考，你俩可参阅，并希转致陈观沧同志为荷。

祝好！

吴觉农

1988 年 4 月 16 日

致陈席卿（4）

席卿同志并杭茶科院茶人同志：

接到你 4 月 19 日来信，适我有病进院，现已告愈，"5·1"节前回寓。

我的题字，仅为你们的要求而作，万勿再多作无意义的安排，使我受之有愧，且容易引起年轻人的虚荣心，务乞作罢，不胜铭感之至！！

您安排的若干事都很好；但蒸青方法并不比我国的炒青进步——这个可以两种温度作说明：蒸青温度不超过百度，现在日机也不可能超我国的锅炒温度；日本的"玉露茶"制法，对鲜叶上搭棚、盖草，仅使日晒的热度减低，使汤、叶更加青绿，茶叶更为清淡，别无特色！日本的技术方面，确在我们之上，利用他们的设备，用我们栽培的茶叶原料，进行"蒸青茶"的制造，采双方合作制造，是大有前途的。我曾竭力怂恿杭友推动，现在能逐渐发展确是个好办法——这点由长袖善舞的李元璋经理负责，对此他确是位好领导。

我现在经常挂在心头的，由于旅游局在杭州的推动非常积极，特别是他们想到西湖茶山上筹设一"茶叶博物馆"，也要我"题字"，我也答允做了。去年有位女同志陈程（辉）同志（旅行社工作同志，我答允做了）。但却引起了我的"极大启发"，即是"博物馆怎样配合西湖的茶叶生产"？特别这几年来，为了中间商的剥削，使大好茶园主（农户）听到高价的龙井茶价，有高到一百元（斤）者，但他们的收入还不过"十多元收价"，这样就使茶园日益衰落。十余年后，即将踏入 21 世纪，新中国已是既富且强的国家；然后西湖上的茶农，还依然衣衫褴褛，茶园还是依然亩产数十斤，那样的情况，正使博物馆"睹景生情"闹出"不堪见人"！你们身居杭州市的茶叶研究所且和中国科学院茶叶研究所同在杭，恐怕那时连我在内，都将被人痛斥为"茶人"？！

你和同事们最好有机会去日本参观一下，"科学管理茶园"是怎样的？实际可看茶研所的和你们的茶园，都应该是亩产在千斤以上的罢？否则什么叫科学机关？也怎样来解释"西湖茶叶博物馆"的内容和外观？！

所以我首先和旅游社的陈同志谈了："要帮助茶农搞好茶园；甚至使农民也有钱改造住宅，以私人住宅招待国内外客人"，数日前中央对今后旅游格局要从一般化着眼，就是这个道理。否则只有有钱人才玩得起！

我所以在当时已介绍陈君去中央农科院找茶科所的负责同志，特别我已事前和阮宇成研究员谈过，要旅游社负责向银行担保，对西湖茶农贷款，首先"改进茶园的近代化"，进而对采摘制造、包装等等机械化；同时也要改造他们的住宅和招待设备——既是平民化的，又是近代式的——所谓社会主义中国化的格局。

据说最近已有人满为患的情况，如不在当前有所准备，将来我们就会是被批判的对象呢。

希望你所要召集多方面的人士举行几次座谈会，进而写出若干建议，送请杭州市和浙江省府，特别对省县市议会和政协多提出建议。同时，也帮助旅行社多想些办法，多负些责任，搞好各种设施！！我虽不能亲去杭州，但可以想些写些做些贡献。不是人微言轻，而是有话就讲。

祝好！

吴觉农

1988 年 4 月 29 日　北京医院

致马森科（18）

森科同志：

过去几天应付杭州来人，又接二儿（驻外大使）夫妇回来，忙了约四五天，复信较迟了！

你从新址寄来的信收到了。我在"5·1"节前才从医院回寓。现天气已转暖，我的纤弱身躯勉可应付了。好在医院离寓不远，随时可以进院求医的。

杭州旅游局在西湖茶山上拟盖一幢"茶叶博物馆"硬把我拉住，送来一个"名誉馆长"的名义，还在去年派人硬拉入的。我也"将计就计"，也拉了两所研究机关："中央农科院的茶研所"和杭州瓶窑镇的"市茶叶研究所"的同志们必须共同去改进西湖山上的大小茶园的近代化。同时要替国家改进茶园近代化和茶农在山上建立新房，以接宾客作为便宜旅舍或店铺，以改进他们的生活。最近有他们派了两位女青年来京，要我的纪念品（去年各地所送的礼品，由她们捡选，送杭州陈列）。

来人为程、阳两君，顺便托她们带上现款百元，我托你代购去年你带来的径山绿茶，色香实比龙井而上之。托你代购，市价当然不会超过龙井的罢（我托市研所买龙井给我了）。如无便人，即请邮寄为盼，主要是为了送人的。

中央对"改革"方案很多，有的都被中间商一再利用，使茶农有茶无处售，售也亏了本，都是哭笑不得的。这次"茶叶学会"在杭开会，我也提了议案，不知衮衮诸公（大部分为党的同志）如何处理？确如你所预料和农民所说的"关起门来由你打""政府在与民争利"！！我抗战时期住在崇安，上面是个"动植物保护区"产茶多属佳品，但提价（老枞，仅售二三百元），确是好茶无好价，曾托福州友人予以帮助，仍无结果。他们曾来京要我帮助，总觉鞭长莫及！以后拟介绍他们和上海联系，实际恐也"无济于事"吧。等将来再说了。

你暂不必来京，因我就工作上或从身体上打算都应退而不应进；能减少事务或可多延些时间，一切都看今年暑期过得如何？

家中老二一家已从牙买加大使馆回京，老二身体也差，年龄刚过六十岁，其老婆不到六十，在新华社工作是否继续尚未可知，一般都须退休的。

先此布复，以后再细谈了。祝你和全家都好！

吴觉农

1988 年 5 月 22 日

致欧阳勋（2）

欧阳勋同志：

　　5 月初我接到你的信，当时还在北京医院治疗。"五一"前回寓。这一个月由于天气转暖，仍不多外出，得在寓修养，现身体已转好，但会有变化。尊编四期《丛刊》大都系东南茶人的稿件，内容都好，这是您的主持者之功。

　　《茶经述评》已由外贸出了点补助费，已拟再版——实际把过去图片近百幅——记得有《陆羽画像》比较名贵。《茶经述评》再版，年内定可实现，由于印数不多，你那里如果经费可靠，可先去信农业出版社，预付若干，先付成"预付费"较妥。

　　我拟征求《评述评》，你会也可利用之，以充实您们的研究资料。我的《述评》搜集的资料不少，由于过去我杂务较多"写不深"，也很难避免对新生事例介绍较少，所以改版后预备能提高内容，也鼓励来者有较好的论著，实所欢迎。

　　有人提出陆羽去世在浙江——当然离不开"苕溪"了，希望您对这些问题多掌握些资料。

　　希望您对拙作《述评》多作评述。特别在这三两年内利用《述评》和你主编的《丛刊》有帮助，我对陆羽的生活等问题不拟重改，但你仍可重视这方面。

　　匆此

　　顺致敬礼！

吴觉农

1988 年 6 月 3 日　北京

致马森科（19）

森科同志：

6月10日来信，因地址误（改正时又写了个"东"，原为北河沿大街22号），人回到杭州重寄迟了半月。

沈、于等联袂到杭，足见对茶事关心之切。当前问题可能仍然是外、内销孰重？和两个机构的如何合并的问题。兹寄上材料一份说明上一问题尚未解决（材料请勿外传）。另一，外销税已决定减免但迄未实行。本年内销税业已减为25%，但亦"置之未理"。上述两个问题不解决，杭州之会仍然是空谈而已。当然单独就浙江论，你们今年还算搞得不错，特别对内销问题更应总结过去经验教训，继续改进各种名茶和地方名茶，从而改进品种，提倡包装。如你们带京的充氮绿茶（沈日铸尚未碰到，可能去别地未回）等的仿制和改进等。

单独召集会议，恐又是个劳师动众，效果不大，可否改为省的茶叶学会或省方的以"浙茶为中心的会议"先另外约外面专家——多亦不应超过十人，以座谈内销为主（如秋凉我可参加）。

最近外贸"中茶公司"正在草拟新的计划，说明外销必须由外贸负责经营，内销由各省负责经营——外贸在各省设立基地，原内外销著名产区，在浙江的除平水珠茶、少数珍眉外，余多可由省区经营，（可能温州拟划为外销基地）详细俟中茶拟稿（农林垦等都拟参加）后当函告。匆匆顺问

暑祺！

附件材料寄上请查阅。

吴觉农谨复

1988 年 6 月 27 日

致吕增耕等

增耕、仲仙贤侄：

接你们 6 月 24 日信，两天就收到，可见邮运亦已恢复常态了。你的著作能出版并致贺；《述评》已重版可能年内可出版。

我"5·1"前离院到寓，由于气候较正常，对我病后调摄较好，眠食也较好了。主要尽量减少会议和多谈话并注意眠食是件要事。

甲选夫妇亦已回寓，不再去国外供职，已六十岁出头了，家中可以添些热闹了。一家都安好，并以附闻。

"龙山"系我奶名，我老兄"燕山"，而且是北方的山名了。北京西北有山，故称"燕京"者。你们关心我的行动，倒是件好事，可以有所指点予人以前进时的帮助。

最近正为友人胡愈之、章锡琛等写传记，愈老两年前去世，最近为纪念他，在写传记。我们能够前进，主要是胡愈老（《东方杂志》主编），在童年起就是我的指路人，当然在抗战时得到不少师友的帮助，也是很重要的；还有 30 年度以后邹秉文的长期信任和我交友特别是《中国农村》的一批党员（陈翰笙、薛暮桥、钱俊瑞、孙冶方等）和前进的朋友们；又"中国农学会"也给我以很大的帮助；此外我的工作态度——助人和敬重能力较强或正直的人。此外，我认为我对"权""名""利"特别对"利"，公私分明，绝不贪私舞弊——当然不能说绝对的无私！

至于我还未入党一事，主要原因在解放前不受国民党的监视；同时，也避免了共产党员在那时的冒险等等，这也受益于胡愈老的暗示，一直未去入党。解放前，由于我已参加"中国民主革命同盟"（现简称为"小民革"）是由周总理领导的秘密的地下组织；解放后要我参加

"民建"，所以到现在还未入党。不过实际已从重庆开始 1942 年起就算入党了。但须退出"民建"后，才能算了局。现在仍被民建拖着（见今日《人民日报》）。还须在党派中挂个名。别告诉我个人消息给人。

来信提到过我对你们去年的信未复，遇到绍兴的家属，代为问好。

祝你们好，子女们都好。

觉　农

1988 年 6 月 28 日

（编者注：吕增耕：吴觉农的侄女婿。茶树栽培与育种、茶叶机械加工专家。著有：《中国茶树》《茶叶加工与加工机械》。）

致刘祖香（5）

祖香仁棣：

上月您和县志编委同志来京畅叙并讨论以"新志稿"近二十篇作了初步研讨。大家都感谢多数作者费力不少，内容也包罗多方面，堪作基础。关于出版时间方面，我个人主张"宜迟不宜早"。因在当前的时期，离本世纪末已仅十年，国家又已在本世纪内——即十年中必须在政、经、科、卫等多方面，有个较大发展。因之在各县县志中，对今后希望亦必须有恰当的陈述和布置，就在这一方面各省县也有必要提高各自的、积极的观点，以启后人。特别是"我县"处在旧府属绍兴、宁波之间，旧府属材料必然丰富多彩；同时我县又夹在余姚、嵊县两邑之中。余姚不仅人才多，物产丰富而嵊县所出《剡志》多宋时的重要名人执笔，各方称《剡志》是县志中的"名著"之一。所以我们必须精心细作才能勉附骥尾。特别是胡愈之兄弟，不仅为思想先进，且为新兴的编辑名手，但不幸俱已去世！实属可惜！承寄来新编多种，其中也不失佳作，最好能多加推究并仿效新旧之长，藉匡不棣，谅必为乡内外学者所赞同的罢。

兹先寄南京大学物理学副教授范信善，系我内侄，对上虞情况亦颇熟谙。我已约其暑假能回梓乡，他已备有初步的意见，并可于八月初回乡，请再去信约其赴百官先作数日的探讨，也可陪同赴附近地点作实地的调查，谅必为县府同志所赞同的罢。

范副教授家居旧城八字桥范家，他月初离京赴张家口，可能去河南洛阳其兄嫂处后，即回上虞约有二十天逗留。

如二稿能及早印妥，并希续寄多份，我已代你们编辑处代为另约也是上虞同乡现在杭州"浙江社会主义学院"任副院长职，家住杭州西湖，胡国枢同志（系胡愈老远房侄孙辈）。

　　附范副教授稿件（三页）。

　　请代向县府内同人问好！

吴觉农

1988 年 8 月 5 日

（范信善住上虞丰惠镇八字桥南十字街"范宅"。——编者注：此为信件第 1 页右上角原加注）

致刘祖香（6）

祖香同志：

前信谅达。近来由于我室内已装好暖气，所以冷天防了寒，小病可以减少，当然还要防止风寒。

我已约增耕和你商量，我县对茶叶如何报道的事。他谅已和你有过联系，这事关系到你场茶叶，是对县的贡献和前途。他对解放后的茶事关系比较了解，还有解放前，我们在三界，对茶叶的研究工作，也应详细提及以及今后的方针政策不应小看，都须有所提到，怎样应付内外需要好好想到、做到。

再，今天接到嵊县的《文史资料五辑》，此项可宝贵的资料，我虞也一定不少，但问题是不管多少，我县大致尚未发掘，这就太可惜了！如我在旧志中见北城外有御史坟墓和旧宅等计先后六人之多。胡愈之同志的祖坟就在民国成立后埋葬的。

嵊县寄来的仅为第五辑，其他或与我县有关应尚有可采用的材料。务希广为搜集或请各方代为收集，或即在旧志中多多搜集（如初期所编的有几期，仍希继续印发为盼）。

匆此顺贺　　撰安

并代问各负责同志好！

吴觉农

1988 年 11 月 13 日

致刘祖香（7）

祖香同学副主席：

您的信件和场茶一大包都已收到。这次来信和县志第二期稿，大部读了，有的较为满意，独我所关心的蚕茶两项，特别是您所专管为我县致富的茶业写得最差！比零分还差，如有人对你"弹劾"，您县何词以对？由于您工作太忙，管不了"自己家事"，这叫作"公而忘私"罢？"怎么办？"初步意见：我将推荐刘河洲、吕增耕两君给您做参谋和助手。刘、吕两君不仅是你的老同事，能补写三界茶场有关的筹组游击队的一段重要光荣历史，刘既是嵊籍，又长于文字，可请其帮文字上的大忙，和农业方面特别有关丝茶方面的推进。来稿中特别提到对蚕丝方面大大落后，必须迎头赶上才能使我虞在丝茶方面独树一帜。但刘在商量中，必要时你也可直接联系，但他现已年过八十岁，住杭州。他可否在二稿已改正后开始阅览，并提意见（在农业方面）。我已去信给他，由你考虑决定。

吕增耕他随我数十年，成为我的"大侄女婿"。现住绍兴咸欢河63号，对机械和产制红茶、龙井茶等尤有专长。已通知吕去和你联系，他对我们茶的历史最熟悉，不但是绿茶，还有红茶和机械方面他最有经验。他在绍兴机械厂担任技师。

上虞县的特长处就是你创办的三界茶场和出口珠茶，大致能直接出口，这是一长处应加以宣扬；其次我们在三界茶场时，记得曾上"芝陀山"我场对面的高山，试制"工夫红茶"不仅成功，为我在各地进行"绿改红"的成功经验。希望今年内有所部分者，盼能再创制一二批争取直接出口一顿半即"CTC"红碎茶或工夫茶，最少能生产一批芝陀新红，量如不足，你场或其他较好处，可全权委托。

九、十两月，我在京也较忙，主要为交涉重印《茶经述评》我已托人带去百官侄女处，再版比较清楚。我会寄数册给你和县府作参考。我拟将《述评》两册送你场，并以一册送你，请多提意见。

我的内侄范信善副教授，此人研究方面有不少突出之处，现已回南京，请多多联系。他也愿多回虞帮助。

《县志》明年有一年时间，仍须积极利用，有的如商业一章除上述茶蚕以外，其他希望较少的买卖，也不应范围太广，即材料也不必应有尽有，必须有选择才好，选好对县前途有望的。

我家中人才不少，可惜都忙于工作或者身体很差（如我家老二，六十岁已退休，患上了"糖尿病"，一时不能恢复，就难作帮手）。我已老弱又兼了很多职，只能提些意见而已。希望能起用或聘请外面归来或"退休同志"，且多多益善，这方面所用差旅费不多。①来人不支工资，②杭沪宁和原在内地的旅费也极有限，③大多都可在家写或看、改、研究等也不必多费招待……并且多方请来研究讨论也可以减少些事后或将来有人提出"不民主""不讨论"等很多麻烦……

我建议今年年底或新年能召开一次十位或二十位以上的乡友（上虞同乡为主也可约请以浙、绍有关的人员为限），举行十日或一个月左右的讨论研究或批判审查的半民主性的会议或延迟到明年暑期亦无不可。

这又是我个人的意见，请转县志编辑室的主要成员讨论研究！

党 农

1988 年 11 月 28 日

增　补

目　录

致张志澄（1）

志澄我兄，一别两年，闻老兄精神矍铄，不减当年，甚慰。

今年桂林之会，弟已决定作旧地重游，闻兄亦已准备前去，当图良晤。据张堂恒同志说起，令媛亦已在浙茶系作研究生，获一良助手，祝贺！祝贺！

冯金炜同志已到京，帮同茶学会年会工作，将和弟同赴桂林。

将晤在即，不再缕述。

顺祝　秋祺！

吴觉农

1980 年 10 月 18 日

　　本书出版过程中得到了吴觉农先生家属和朋友的大力支持和配合，在书稿即将印刷之际，又收到了部分珍藏的书信，具有极高的研究价值。——编者注

致张志澄（2）

志澄同志，别来月余，尚未问候。

昨接到您邮寄的《为江苏省外贸公司停制明年度外碎茶事》，仅以"片言数字"无理停止制造。吾兄以省人大常委地位，仗义执言，且语之中肯，为茶农请命，为国家争光，感佩万千！兹提个人意见，供参考。

一、中小叶种红细茶，是当前对农民增加收入，对国家争取外汇的重要项目之一。过去因外有印、锡等老红茶国的竞争，内受高税率，茶厂得净利，和有些机关无限浪费，致使成本增高。外贸经营的所以赔贴，实际是受上述多方面的支出过多所致。但另一原因，则为外汇率1.50（即1美元换汇人民币1.5元）的限额过低，但侧闻中央已另订"内部汇率"，为过高或过低的出口物资作调剂——实际过去外贸的补贴，实际仍旧由财政部负担。中央从1981年起改归由各省经办（不仅茶叶一项），在这一点上各省的承办单位，首先必须把过去的各种糜费和支出尽量减少；对制造方面尽力提倡产制统一，即使由原设置的茶厂代制，决不能再单独提取利润和各种检验手续等等费用，以增高茶叶本身的成本。以上种种你的意见书已详细说到，毋需多赘。

省人大对此必须充分改革，望兄多多注意调查。

二、吾兄所提在技术上提高品质一点，这次我们在桂林学会会议上已经多方面提到过。江苏所产红碎茶，急须按照浙江绍兴"东方红"茶厂和川、滇、两广等地秋茶试验的 R. T. D 方法试制改进，今年试制的川、湘、桂等地茶叶价格，均有提高，有的为 1/4～1/3，将来还应在栽培、制造等各个环节上积极推进。今年已初现成效，今后自必能逐步上升。

至大叶种红细茶品种改在较寒地带繁殖问题，您对此是专家，可列入计划推进。

（这次武汉会议冯金炜前往参加，我已嘱其商告。）

三、中央对外汇已规定由内部调剂，自可把外销红茶仍旧归由外贸中茶公司负责，这应由省方直接和中央打交道帮助。如果省方有计划负责，为了多分取外汇负担些人民币，也可在内销绿茶（花茶等茶）中赚取若干盈利贴补。再，红碎茶在内蒙北方各省一闻宜兴也爱吃红茶——以及各省市都可推销红茶赚取利润。再免税减税一点，外贸部已直接向财政部联系免除红茶外销税，再中央已允许免征多产茶叶的税收。一切应由省公司统筹兼顾为国家大利着想，希望能多加讨论解决。

匆匆，顺致敬礼并贺年禧

吴觉农

1980 年 12 月 28 日

致张志澄（3）

志澄同志：

获你为《抗议省茶叶公司拒收明年江苏红碎茶的通函》我已复您一信，谅已收到。

昨与外贸和财政当局面谈，据他们回说："明年汇率内定已可从1.55改为2.80，但只是内部核定数。这样对茶叶（特别如红碎茶）出口比较上亏负已较少；又财政部规定：如出口货物赔本的都规定可以退税；如还不足，外贸部仍可以报请补贴。"……过去外贸对江苏省红茶的外销，即按上述手续办理，现湖南仍照旧。由于江苏省不明真相，想由自己经营，实际江苏只有红茶是主要的出口货，其他茶叶只占少数。仅把所知托由冯金炜同志转告，请参考。

并祝年禧！

弟　吴觉农

1980年12月29日（信函作者自注：1980年底函：此信由冯转交，因他正从武汉回宁，情况比较清楚。）

致冯金炜

金炜同志：

你在汉口所寄两信，对红细茶问题提供了极好资料，甚感。接此信时谅已平安到达扬州。此次对红茶方面所得材料和知识必极丰富。有暇仍希细细见告为荷。

最近根据去广西所写资料，已备简要信送由政协转送邓小平主席。愈认对茶叶发展做出了很大贡献。同时，由于中小叶种的出口价格过低，致湖南和江苏红碎茶在明年归各省经营发生困难，特别是你江苏外贸突然通知，明年拒绝收购的事曾由张志澄同志，以江苏省人大常委资格抗议拒收的通告（我曾收到一文），中茶总公司也想不出办法。我昨今特与财政部前部长现任顾问的吴波同志陈明了事实，据吴今日告我："外汇汇率等事一般都应由外贸负责；农产品外销的数目甚多，一般如亏负的，有税者退税，退税仍不够的即由外贸补贴。"（此句原信又补"过去江苏所行，省方仍可继续要求办理。"）……我即以此转告中茶总公司。江苏红茶停收，是对人民的"犯罪"。现违背过去决议要人民制红茶，"改制"既无钱换用机器，又不能使原有红茶机退还机制厂，这种损失谁应负责？张志澄同志的文章词义严正，省方必须负责。但根据我和财政部吴波同志所谈，似应立即由省方与外贸部商量，仍如往例，由外贸收购——据说所有出口产品如属赔本的"有税退税，无税而又亏本的仍归由外贸贴赔"按去年例，继续推行。当然应由外贸派员指导，协助改进品质和其他有关工作。志澄同志处前日已去一信，您如去宜兴不便，请代挂一长途电话或用其他方法迅速转致为祷！并请将此信代为转出，至祷！至祷！

祝您全家安好并年禧！

吴觉农

1980 年 12 月 30 日下午

致张志澄（4）

志澄同志：

接到你80年除夕和81年初五的来信了，我也曾于12月29日寄交扬州冯金炜同志一信，因我误寄制种场——他夫人蚕种场的地区被退回北京。今再寄出。其中说明："今年既可以改订汇率，从1.55到2.80（1美元改换人民币）计升达80%，而实际的出口税规定退税，实等于出口免税。这几天又听外贸人员说起："红茶出口已免税。"如果属实，则过去强令"改制"的"胡言乱语"实是又一个当头棒击。近来情况如何？如有任何消息，盼即见示。

今天又在赴桂林的竹篓中检出"江苏红碎茶的出路问题"长达12页，大概也出吾兄手笔。可惜我和金炜同志俱忙于杂务，而杭州几位秘书同志又未能把各个重点分划讨论，以致你的好意见未能充分利用，实属可惜！这篇资料和你先后所述，已知江苏红茶创业的艰困，但成绩是主要的，创汇更属国家当前的急务。预料红细茶外销已大有前途。吾兄所提出的机械改进问题谅已和中茶总公司或绍兴制茶厂吕增耕联系过。据吕告诉我添备"速击机"为费不多，冯金炜同志（他已回扬州茶厂）前去百色等地参观，请就近联系（冯又去武汉参加中茶总公司评审和改进制造等工作），江苏亦派有关同志数人参加，均请就地询问为盼。

再，你所为了试验红细茶需要L. T. D或C. T. C和较好的干燥机事可请你速与北京中茶总公司张石城和郑以明同志联系，他们可为你帮助，我当顺便代你招呼。再江苏红茶如能重新推动研究改良费，自亦可在生产费中酌量引入。

至于品种改良问题亦属当前急务，请希大力推动，不胜盼祷之至！

来书中提到40年前复旦茶科大事。兄以正直有为之义与贪污分子姚在法抗击，事属初闻却亦属吾兄"见义勇为"的大事，深堪庆幸！

匆复顺祝敬礼，并贺年禧！

弟　吴觉农　谨写

1981 年 1 月 10 日

致张志澄（5）

国务院批转财政部《关于进出口商品
征免工商税收的规定》的通知

国务院文件国发（1980）315 号

送各省市政府、各部委：

现将财政部《关于进出口商品征免工商税收的规定》发给你们，请依照执行。外贸部所属企业经营的进出口商品 1981 年暂按原办法执行，缓征工商税。

国务院

1980 年 12 月 30 日

财政部关于进出口商品征免工商税收的规定

一、关于进出口商品征免工商税

（一）（略）

（二）对国家准予出口的商品，按照扣除税金计算，换汇成本高于当年贸易外汇内部结算价格的，免征工商税，低于当年贸易外汇内部结算价格的，可以酌情减征工商税。（下略）

（三）（略）

（四）已经缴纳工商税的商品转给出口部门外销时，无论出口亏损

多大，都不再退还已缴纳工商税款。（下略）

（五）（略）

志澄同志：您好！

数日前寄上有关茶叶主要是红细茶免税等问题。最近由国务院和财政部颁布正式函件（件附寄），凡属外贸部所属企业经管的进出口商品，1981 年暂按原办法执行——即以过去退税的办法亦即由外贸部按价照退，即 81 年起仍继续照退，并决定免征出口税了。

财政部的第一条已照抄，即免缴工商税；第二条仍不甚清楚，但按江苏过去例，实际即已由外贸作了补贴。今年外汇有内部结算价可从 1.55～2.80；但仍有不足时仍按过去例可以贴补。换言之，你省红茶仍可照常出口。

至如何改进品质、加强领导和联系外贸等事，盼随时见告为荷。

敬祝新年安吉！

弟　吴觉农

1981 年 1 月 18 日

致张志澄（6）

志澄同志：

　　刻读到《茶叶》志，提到"花果山中云雾茶"已恢复茶田 400 余亩，可运港销售。又碧螺春采摘太早损失甚大，是否也可设法改制运港或改充内销？请派员作个调查。

　　中央为了提倡外销，现又取消工商税（实即出口税）是否可与江苏红细茶等多想些外销办法。

　　冯金炜对制造乌龙茶有特到之处，他曾在台湾代邹秉老做过台湾茶叶生意。冯在去年搞过讲习班，兄可约其多做几次试验，又他这次去过百色，对红细茶制造也有体会。我有机会并介绍日本的商人，改在江苏做蒸青绿茶和玉露绿茶，你认为可行么？搞日本茶需要保持绿色，据云与管理及肥料关系很大。请加考虑为荷！

　　顺祝新年之禧！

吴觉农

1981 年 1 月 19 日补写

致王镇恒(1)

镇恒同志：

接到你的复信了，团体照先印大的，后印小的，共计需 37 张，我这里已寄出者为：你处两张，由我直接寄出 7 批 9 人，也都是大张，冯经纬、何耀曾、谷应、庄任、张志澄、我自己、张堂恒、胡光亚、罗齐祐，又第二批，巩惠英和在京的高麟溢。总计共寄出 13 张。

罗的左方即下排右方第 1 人未寄，余 14 人现从邮局挂号寄出 24 张（大的 14 张，小的 10 张），勉可应付。费款不多，已由我付清勿与各友计较。（庄任曾来过北京，是否业已要去，我忘了）现底片在我处，如需添印，可请来信，因农学会科普可代放大。价亦不高（又其他若干张由农印社印送）。

顺致　敬礼

泽农和其他知友请代问好！

吴觉农

1981 年 3 月 13 日

致王镇恒（2）

镇恒同志：

接到你 5.23 日来信，慰悉。

王泽农同志病已好转，更为快慰。年老体弱务希妥为照顾，早日勿药为祷！

近因日本学人经常来华，他们多想索取各院校出版的教材。现据农业出版社面告，凡属公开发行的资料可以外寄。但你院编辑的《茶叶生物化学》等书，该社一版并已售完，可否请你院分两册给我，俾资应付。

我最近拟编《茶树原产地》有关的中外论文集集刊问世，你院如有关上述已未发表的资料务希见赐，以便编入。

匆复顺祝 公绥并请代问泽农兄康复！

吴觉农

1981 年 5 月 24 日

（这次日本茶叶科技交换代表来京后，前去成都杭州等地。下次另有松下智等拟去祁门、合肥。他们后年拟来讨编原产地等问题）又及：日本组织茶叶托拉斯，在推销我国内外销茶叶。他们已选定云南沱茶和福建乌龙茶两种，代中茶总公司一面宣传一面推销。数量不小的日人曾写信给我，要我推荐其他各地新产的"名茶"。经我和中茶陈副处长（奭文）略谈了以后仍可推荐六安瓜片、梅片和黄山的毛峰（六安做瓜片梅片时亦包括毛峰）奭文同志曾提到"你去年曾寄我一次"，似亦可用。今年你们似亦可一试先做若干担由安徽茶公司经营。如外销的可以免除工商税，这已由财部明文规定（但闻各省又在各自主张做不同情况的税收，请斟酌）。

又日人提出 1982 年想举行"茶树原产地讨论会"，请商同泽农兄考虑在今年预先提交农学会核定。

觉农又及

致王镇恒（3）

镇恒同志：

前复信计达。

你托太平县农业局李杰生同志寄来的猴魁约两斤，业已收到。李君未提及市价及总价，务请查明，以便付款。并为今后委托代买等之便。

泽农兄身体谅已恢复。仍希休养为妥。前托办泽农等所编的茶叶生物化学书能设法代购否？

匆此顺问公绥。请代问泽农夫妇安好。

吴觉农

1981 年 6 月 1 日寄

致王镇恒（4）

镇恒同志：

前承您和你系为我虚庚 90 寿辰赠以重礼，至感盛情！

前寄奉拙作《陆羽茶经杂评》一册，请笑纳！并请批评。初版印刷纸张和图片都恶劣不堪。现已改订，明年春期可再版发行订正本。请先予以指正，俾可改进。

匆复　顺致　敬礼

吴觉农上

10 月 24 日

寄书两本，另一请代我交林刚同志并及。

致清水康夫

清水康夫博士：

您多次来信都收到了。感谢您联系多方面，尽量为中、日学术界帮助和发展的盛意，十分感动，谨向您致以崇高的敬意！

由于我们国内领导机关的改组，工作方针的变动；同时，我个人去年秋季和今年春季，两次入院（北京医院），以致稽迟作答，务希见谅！

原定 1982—1983 年，中、日两国茶业工作者 5～7 人，彼此互访的事，尚未作出决定。您介绍的红茶制造和研究的专家如山本亮老友、竹尾忠一博士和鸟屋尾忠一（桥本实博士最近来北京推荐）等人，如能来中国视察，并帮助改进红茶的生产制造，定可受到我国各方面的欢迎。

最近我国成立了"对外经济贸易部"，预定筹组专业的"茶业出口贸易公司"。对红茶——特别是外销的红细茶的改进，需要多方面的技术协助。今年可以筹组公司，需要邀请专家，届时再行奉告。

山本亮博士健康情况如何？他著述丰富，能介绍出专著否？他曾去我国祁门等地，现工夫红茶业已衰落，但仍可改制红细茶。今后我国红茶产区拟在西南各省云、贵、两广等地利用大叶种，适销国外。各该地区已开放为旅游地。桥本实博士等曾去云南、四川等地旅游。

您寄来的石恒氏的专稿业已收到，竹尾忠一博士的文献，亦请径寄我处，或由中国农学会转交亦可。

骆少君年龄已长，……希望静大教授先生们多加训教，无任感谢！此信可嘱她口译，可为我多加解释。

我病已痊，四月初可出院。

顺祝您身体健康、米福愉快！

吴觉农　北京医院

1982 年 3 月 24 日

致张志澄（7）

志澄同志：

手教和红碎茶样两包收到，谨谢！

我对红茶的提倡原从国际上的需要出发，最近几年来尤看到我国外销已远远不及印、斯等国，就我余年再作奔走，并积极提倡大叶种，既可与印、斯竞争也可使茶区农民获得大利。

中小叶种叶质虽薄，但有一特长，它有特种香味。祁门香就是个代表，宜红、宁红也有特点。

这次你所寄的红茶样，据我初步认识：形状、香味都属中上之品；如以"浓、强、鲜"作标准，仅色泽略低，加鲜牛奶后，浓强度较薄。这是中小叶种的弱点。但在整个红茶地位言，已是难得的中等品质，应在"中中"或"中上"之列。我国红细茶的国际标准注意不够，可能所言未必中肯。但就红茶的总的比较体会，你们使用自制的 L．T．D 和 C．T．C 机的制品，确属可喜可贺的好成绩了！

今年原已有希望将原"外贸"的"畜产、土产、杂品、蚕、茶…'杂七接八'的一个出口公司"分别改为专业公司。我已多次建议，并已获得多方领导者的同意。就是到了外贸的公司（茶公司部门）和内贸的供销（现既设公司又仍挂供销等牌子）最可批评的一点，是两个单位都主张"内外销统一经营"又各自提出非"中茶统办"或"供销统办"不可。直到外贸由陈慕华部长主治后，争论数月，仍各不相让，并把我提出的先办"外销出口专业公司"的主张也被他们反对，而同时搁浅了。

最近内外贸情况是：82 年又增产，但收购的 600 万担（左右），1/3 外销，1/3 内销，1/3 库存（尚有1/3 或以上由农民到处求售）……

同时 81 年外销约减 14%～15%，（绿茶更惨，品质低，售价减，印、斯、台的绿茶廉价竞销）价格也跌了。而负责内外销的机构却胡言乱语，说了毫不负责的许多"危言耸听"的话。现闻多方抓予以揭露，否则拖延下去，吃亏者农民，受损者社会主义国家！

据了解，外贸、财政两部早已在 1981 年底同意取消出口税（实即工商税），即使供销社一律照收工商税，出口时外贸也允许出口时补退已收的税款。你省既能做出中等以上的红细茶，我做几个初步建议，请参考。

1. 单独或联合两广作直接出口——苏红可能因香味较淡卖不出好价，如能与两广或其他地区（即大叶种区）合作必能获得好价（免税 45% 和外汇接近 1：3 计算，外贸还可加上津贴），并可增加销路。

2. 积极展开内销，苏红品质较湖红高出不少，在国内出售至少可售 6～8 元（斤），内销税也当然可以免收或减收。例如：最低售 5 元（斤），但须尽量减少多次转手，包装后直接运到市场。在上海许多地点红茶可以畅销，对咖啡馆或一般的饭馆、茶室中可尽量提倡"红茶＋糖＋牛奶"是文明茶的最好宣传。

3. 最近据了解，苏联和东欧国家对我国茶叶要求大量输往。你省必有同乡在国外，亦可托他们进行调查，甚至可托由外交人员做个调查。红碎茶或包装或听装，甚或改制工夫茶（可能仍需采用 C. T. C 的老法，做成工夫茶和红碎茶的类似品种，须再研究）。

写了这么多，写给你作参考，并请考虑其它方法见示！

匆匆顺致敬礼！

弟　吴觉农　谨复

1982 年 10 月 26 日

致张志澄（8）

志澄同志：

11 月 7 日来信，奉悉。

并悉你处红细茶在粤获售 1 330 美元的消息，确已证明在外销已可站稳脚跟，可喜可贺。据财政部同志面告，茶叶外销已不再取工商税率，外汇也可给有特殊补偿（原已从 1 550 <2 880，必要时中央认可给予补贴）。我原已建议外销茶红绿茶等都在内，都由新设的专业外销茶公司负责经营，但旧公司曾争取要内销，致难成事实。

你中旬来京，当图会晤。我住所就在中茶公司（老公司附近），并告。

祝好！

吴觉农　谨复

1982 年 11 月 11 日

致张志澄（9）

志澄同志：新年好！

新年我参约财政部税务机构同志和外贸中茶等部和内贸有关机构座谈税务问题。

初步获得红碎茶外销部分，特别是"高亏的"，统由外贸中茶公司负责退税。不日当有正式联系。请对苏红加强管理，使农民获些利得，同时盼能积极改善品质！

祝你安康！

弟　吴觉农

致张志澄（10）

志澄同志：

接到您 1985 年 2 月 17 日手教，不胜欣慰！并了解到您已荣任宜兴人民政协副主席，尤应庆贺！这是您对地方工作已有杰出贡献，受人民推崇的必然酬谢。

您这几年来对江苏红茶的生产确有特殊改进，这不仅对江苏，甚至就浙江、湖南而论，气候土质原在江苏之上，但红茶生产的江苏品质都比湘、浙所产为优。我曾在数年前告诉吕增耕等同志，应与您处生产作比较。当然急起直追，使彼此互相竞争，在栽培品种和制造方法上，日新月异，定有可能。

我因年龄和工作关系，去年四进医院，新年也亦进住一次。但病症系属"支气管炎"和过去吸烟之故，有肺气肿病，比较难治。现在充分节劳，并有病即去医院求治，倒也可早日获得疗效，恢复原状。

今年外销税已可减免，但财政部仍取"退税"办法。若能直接或与外贸部取得事先同意，所抽的税退之外贸，实在毫无道理！——即取之于生产者，却退诸出口机构。财政部不懂实际——认为外贸负"高亏"责任，故退诸外贸。务请注意。我虽多次呼吁，仍未获允。

拟在今年接获实际情况再行呼吁。

匆匆顺祝　新年好！

弟　吴觉农拜启

4 月 3 日

致张志澄（11）

志澄同志：

写好回信，立求简单了些。事后细想，过去直到现在，科学工作者一般以不谈政治——实际是以不谈论政治为荣，在新的马列主义时代却把上述的论断否定了的。记得几年前的一次对江苏红茶生产被反对过。你曾呼吁求援，由于你的坚持而获得胜利。现在由邓小平同志的主张，要求老年人的"换班"，就这一点大大引起了世界人士的"注目"。1985 年邓被提名当年世界第一位政治家了。

从去年开始，我曾为了国人对红细茶的重视和减轻茶农负担的必要，曾在去年中国茶叶学会在广州举行特种会议时，我因体弱不能前去参加，特去电建议在两粤积极推广大叶种红细茶，并取消内外销的茶税各 25%，全体茶人赞同者不多；嗣又向财政当局取消外销税获准了；但又改为"外销可以退税"，但却是收之于民，退给于"外贸"，认为可作"汇总的补充"？！（所谓补充是省方或厂方直接经营外销的，所得外汇可"兑换国币超出 2.88 元"，多的有到 5~6 元或 10 元以上的——过去所谓茶叶的"高亏"就是指此）。我的精力有限。看到你是人大代表和政协副主席，以后请多去农村和工厂做些实地调查，从县到省直到中央，尽量利用人民的监督和建议权，政协的调查和提案及讨论、建议权⋯⋯

今年茶叶会议后你那里必然有许多报告或消息，请尽量听取和研究，特别内销税 25% 怎样收的？有谁在中断收购，谁在放弃职权⋯⋯去年北京没有出售龙井和碧螺春，杭州龙井茶价高出百元以上，即使出钱也买不到货，听说年底杭州的陈龙井或退香的无香的货出笼了。

请你把能力花些在生产、收购、推广和茶叶问题上，最好在各报宣布，真是为民造福，使茶产有复苏之望焉！

今春务请您以省的人大代表和政协副主席资格去视察碧螺春的生产，如有感想请投诸报端，最好是人民日报，我是每天细读到的。

为全国 1985 年一切增产，独茶叶减产事，要求以你的余年，继续为茶农的困难服务。

致张志澄（12）

志澄同志：

　　新年接到您的来信，知小病已除，安返宜兴旧居，并将职务交卸青年，专任人大、政协政事，不胜庆贺！

　　曾忆令媛亦专攻茶业，未知能分配兄所创办的研所或制造厂工作否？

　　您处茶栽培、制造的材料甚多，对茶树原产地和品种改良等亦属"上手"，是否抽些时间撰著有关茶叶的产、制和其他著作否？

　　请编个简单的目录见寄，为荷！

　　祝你全家新年安吉！

吴觉农　谨复

内子嘱笔

1986 年 1 月 15 日

致张志澄（13）

志澄同志：

久未问候，谅一切都好！

今日接由湖南农学院松侯同志等联合致送大幅单条一幅，实受之有愧！特此致谢！

并候您全家健康长寿！

吴觉农

1987 年元旦

附录一

吴觉农年谱

1897 年　诞生

  4 月 14 日　出生于浙江省上虞县城（今上虞市丰惠镇）西大街吴家。乳名吴龙山，入学时取名吴荣堂，在浙江甲等农业专科学校更名吴觉农，以后，曾使用过"荣棠""咏唐""池尹天""施克刚""Y.D."等笔名。

1905 年　8 岁

  入私塾承泽书院读书。

1906 年　9 岁

  考入巽水小学读书。

1908 年　11 岁

  巽水小学毕业。

1909 年　12 岁

  进县立小学（高小程度）读书，与胡愈之、胡仲持及胡伯恳等先后同学。

1910 年　13 岁

  在胡愈之带动下，与胡仲持、胡伯恳等同学一起摘录《申报》《新闻报》等报纸上的一些消息抄成小报，散发给比较关心时局的同学与亲友们传阅。

1911 年　14 岁

  参加全县会考，名列第一。是年，从县立小学毕业。

1912 年　15 岁

　　　　考入浙江省甲种农业专科学校学习。该学校为浙江省教育厅所办三个专科学校（即农业、工业、商业）之一，校址在杭州笕桥。在校期间，结识沈端先（夏衍）、蔡叔厚等，皆成终生好友。

1913 年　16 岁

　2 月　在浙江省甲种农业专科学校学习。将名字改为"觉农"，意为自己要成为有觉悟的农民，同时也含有要启迪农民都有觉悟的意义。

1915 年　18 岁

　　　　继续在浙江省甲种农业专科学校学习。

　是年　在《妇女杂志》发表《蜜蜂饲养法》。

1916 年　19 岁

　　　　以第一名的成绩毕业于浙江省甲种农业专科学校，并留校任教。

1917 年　20 岁

　　　　浙江省甲种农业专科学校任教。

1918 年　21 岁

　　　　继续在浙江省甲种农业专科学校任教。奉母命成婚。

　是年　在《妇女杂志》发表《牡丹栽培法》。

1919 年　22 岁

　　　　继续在浙江省甲种农业专科学校任教。

　　　　参加杭州的反帝爱国运动。

　　　　初见陈宣昭。

　　　　考取公费留学日本。

　夏末秋初　赴日本，先在东京预备日语一年。

1920 年　23 岁

　　　　赴日本农林水产省静冈县"牧之原"国立茶叶试验场实习。

开始给国内朋友所办刊物写稿。

结识在日本留学的汤恩伯。

1921 年　24 岁

继续在静冈茶叶试验场实习。

同时查找资料，着手撰写《茶树原产地考》《中国茶业改革方准》等文章。

秋　　赴东京参加同学聚会，再见陈宣昭。

是年　　在《中华农学会报》发表《日本农商务省兴津园艺试验场内容记略》，在《妇女杂志》发表《优生学和美国婚姻法》《日本妇女状况》《谷本忒氏的婚姻问题观》《世界妇女消息：一个自杀的日本女青年》《职业与妇女》《妇女问题与劳动问题的共同点》。

1922 年　25 岁

从日本学成回国。经前杭州农校校长吴庶晨介绍，到芜湖的安徽省立第二农业学校当教员。

是年离婚。

是年　　在《东方杂志》发表《中国的农民问题》《日本农民运动的趋势》，在《妇女杂志》发表《日本家庭制度的破坏》《妇女的精神生活》《近代的恋爱观》《爱伦凯的自由离婚论》《白莲女史离婚记》《一件妥协的离婚》《告失恋的人们》《松孩》《儿童保障案》《恋爱之力》《恋爱的移动性与一夫一妻制的改造》《爱伦凯的世界改造与新妇女责任论》《近代的贞操观》《新社会自由人的贞操观》《论寡妇再嫁》《开花的老人》，在《现代妇女》发表《农村的妇人问题》。

1923 年　26 岁

继续在芜湖安徽第二农业学校任教，因校方发不出工资难以维持生计，辞职回上海。给《妇女杂志》《东方杂志》等撰稿，以卖文为生。

其间与朋友合作筹资，在家乡上虞县南部四明山麓的泰岳寺试办茶场，引进日本制茶机械制茶，并在上海筹备建立振华茶栈，任振华机器制茶公司经理。在湖南长沙召开的中国经济学社年会上初次认识马寅初。

是年　　在《中华农学会报》发表《茶树原产地考》《中国茶业改革方准》《五十年来世界茶叶贸易概况》，在《妇女杂志》发表《爱伦凯的母权运动》《日本妇女团体及妇女运动者访问记》《西维亚班霍斯德女士自叙传》《自由恋爱与恋爱自由》《自由恋爱与恋爱自由续篇》《恋爱与自由》《从家庭生活到人类生活》《我的离婚的前后》《从大家庭生活到个人生活》《未来社会的妇女》，在《湖北省农会报》发表《吾国之农业行政及农业教育》；出版《茶树栽培法》。

1924 年　27 岁

春　　　寓居上海闸北宝山路三德里 A19 号。

是年　　继续给《妇女杂志》《东方杂志》等撰稿。

为"新学会社"主编《新农业季刊》。

中华农学会暂移上海，会址在吴觉农寓所，先后担任该学会干事、司库之职。

资助俞秀松赴苏联莫斯科中山大学学习。

在《妇女杂志》发表《贞操》《万璞女士会见记》《家族制度的将来》《社会主义与妇女解放》，在《新农业季刊》发表《新农业季刊发刊旨趣》《为重农重工者进一解》《告学农青年》《三民主义与中国农民》《农民与青年的新觉悟》《美国农民团体的政治运动》《庚子赔款与中国农民》《田园哲学》。

1925 年　28 岁

继续主编《新农业季刊》，后"因书坊不肯付给编辑费"而被迫停刊。

担任中华农学会总干事。

5 月　　　上海"五卅"惨案发生，吴觉农积极募捐，支援工人坚持罢工斗争。

12 月　　与陈宣昭结婚。

本年前后　为了试制日本蒸青绿茶，在浙江余杭林牧公司由日本输入了制造绿茶初制的揉捻用的粗揉机。

是年　　　在《新农业季刊》发表《我国农业教育改造问题》《都市集中与农村问题》，在《妇女杂志》发表《春》，在《教育杂志》发表《我国农业教育改造的途径》，在《中华农学会报》发表《现代文明与农业政策》。

1926 年　29 岁

1 月　　　与胡愈之、章锡琛、郑振铎等创办《新女性》杂志，任发行人。

7 月　　　与章锡琛、夏丏尊、胡愈之等人商议，成立开明书店，任董事和监察人。

9 月　　　《中国的农民问题》一文被编入《中国农民问题研究》（《农民问题丛刊》第 13 种）。

中华农学会第九届年会，根据吴觉农的倡议，在大革命策源地广州召开。毛泽东到会并讲了话。根据王泽农《怀念恩师吴觉老》中回忆，会间，"主席公开说明：'两年来会务开支，悉由吴觉农会友暂垫。'"

是年　　　在《上虞声》三日刊国庆增刊发表《论本县的富源》。

1927 年　30 岁

继续担任中华农学会司库、总干事之职。

4 月 15 日　与胡愈之、郑振铎、冯次行、周予同、章锡琛、李石岑等，致书国民党上海临时政治委员会委员蔡元培、李石曾、吴稚晖，严重抗议国民党"四·一二"反革命政变的暴行。在《商报》公开发表。周恩来曾评述这一行动说，它是"中国正直知识分子大无畏的壮举"。

是年　　　夏衍自日本回国，吴觉农把他介绍给开明书店夏丏尊，从事翻译工作。

在《中华农学会报》发表《农民运动的意义和方针》《农村文明的创造》，在上海《商报》发表《就"四一二"惨案对国民党的抗议书》，在《新女性杂志》发表《女子的家庭生活与社会生活》《现代女子的苦闷问题》《日本竹内女史会见记》。

1928 年　31 岁

应上海特别市市政府社会局长潘公展邀请，任上海社会局技士，后兼市立园林场及农事试验场场长。

1929 年　32 岁

浙江省建设厅长程振钧，商得上海特别市市政府社会局同意，借调吴觉农赴任浙江省建设厅视察兼合作事业室主任。（浙江省政府委员会第 295 会议临时提案："程振钧委员兼建设厅长提议本厅视察汤惠荪辞职，拟予照准，遗缺拟任命吴觉农接充，可否照准，请公决案，决议通过"。）

是年　　　在《新女性杂志》发表《中国民间的婴孩杀害》《女性的悲剧》，在《中华农学会报》发表《浙江农业的特性与合作运动》，在《社会月刊》发表《救济农民的一条康庄大道》。

1930 年　33 岁

1 月　　　中华农学会由上海迁回南京，吴觉农不再负责会务。

是年　　　浙江省政府改组，辞去建设厅职务。应聘于上海国立劳动大学，任兼职教师。

《工商公报》第 20 期刊布，1929 年 12 月 18 日工商部任命吴觉农为上海商品检验局茶叶检验筹备员。

在《国际贸易导报》发表《上海茶业概况》，在工商部《中华国货展览会纪念特刊》发表《华茶贸易的现况与将来》，在《社会月刊》发表《育儿的合作》，在《浙江省农矿季刊》发表《地方自治与合作运动》。出版《世界农业状况》。

1931 年　34 岁

年初　　　应局长邹秉文邀请出任实业部上海商品检验局技师、技正，负责制订了中国第一部出口茶检验法典。6 月 20 日，茶叶检验法令颁布。

9 月　　　经邹秉文与园林局相商，中旬以后正式调入上海商品检验局，专门负责茶叶出口的检验工作。

11 月　　　与侯厚培合著并出版《日本帝国主义对华经济侵略》。

是年　　　应蔡元培邀请，在上海担任中央研究院社会组工作，先后招聘王寅生、孙冶方、钱俊瑞、薛暮桥、刘瑞生、秦柳方等人，组织调查团，先后去无锡、保定等地，进行实地考察调查。

　　　　　在《国际贸易导报》发表《改善华茶之新气运》《食粮输入免税问题》《改良中国茶业刍议》《华茶俄销问题》《日本对华投资与贸易侵略》，在《中华农学会报》发表《中国食粮进口与免税政策》，在《工商半月刊》发表《日本在我国金融机关之现势》，在《东方杂志》发表《我国今日之食粮问题》。出版《日本帝国主义对华经济侵略》。

1932 年　35 岁

　　　　　程振钧调任安徽省建设厅长，恢复祁门茶叶试验场，经与邹秉文磋商，吴觉农义务兼任祁门场场长。

是年　　　在《国际贸易导报》发表《一九三一年之茶业》（与俞海清合作）、《华茶销美的新展望》《世界农业恐慌与国际贸易》（与李宗藩合著）、《改良种与农民经济》（与陈宣昭合著）。在《中华农学会报》发表《世界农业恐慌中吾人应有之认识》。出版《日本人民对东北事件的公论》（与沈叔之合译）。

1933 年　36 岁

6 月之前，协助安徽省政府在祁门平里创立第一个茶叶运销委员会。

继续协助重建祁门茶叶试验场，并请得全国经济委员会农业处同意与安徽省建设厅合办祁门茶叶改良场。

向德国订购了克虏伯式揉捻机和其他必要的制茶设备如大成式揉捻机和印度的烘干机等，运用科学方法制茶。

经试验，祁门红茶品质足以与当时世界著名的印、锡高级红茶媲美。并与其他人一起参考中外技术资料，改革设计蒸、炒、揉及干燥等四种工序的制茶样机图，由上海环球铁工厂制造茶机，在安徽、江西、湖南等省茶业试验场使用。

冬　　与陈翰笙、孙晓村、薛暮桥、孙冶方、钱俊瑞、冯和法、骆耕漠、张锡昌、秦柳方等人共同发起成立"中国农村经济研究会"。

在邹秉文支持下，到各茶区进行调查研究。

是年　　兼任浙江平水茶叶改良场主任。

在《国际贸易导报》发表《中俄复交后茶叶贸易之展望》《华茶在国际商战中的出路》，在《申报月刊》发表《中国农业的现代化》《中国农业的前途》，在《民族（上海）》发表《世界经济恐慌中英日的贸易斗争》，在《中学生》发表《中国农业的现势》《平淡无奇的乡村》（与冯和法合作）。出版《祁门茶复兴计划》（与胡浩川合著）。

1934 年　37 岁

秋　　受实业部委派，出发赴海外考察国际茶业。

是年　　担任中国农村经济研究委员会副理事长。

与孙晓村一起创办《中国农村》月刊。

在《社会经济月报》发表《民国二十二年茶业之回顾》（上、下）、《民国二十三年中国茶业之展望》《民国二十三年第一季茶业之回顾》《民国二十三年上半年茶业之回顾》《民国二十三年第三季度茶业之回顾》《中国茶业的病源》，在《国际贸易导报》发表《在祁场一年》，在《社会月报》发表《中国茶业的病源》，在《中学生》发表《土地不是自然物》（与冯和法合作）。为《皖西各县之茶业》作"序言"。出版《华茶对外贸易之展望》《农业经济学（上）》（与赵南柔、章育武合译）。

1935 年　38 岁

11 月　　完成对印度、锡兰（今斯里兰卡）、印度尼西亚、英国、法国、苏联、日本等国和台湾地区的茶业考察，撰写了三部考察报告。

冬　　　鲁迅为瞿秋白遗作编《海上述林》，没有印厂敢承印。吴觉农和章锡琛商量由开明书店美成公司承印（但最后还是由另一家厂承印）。

是年　　在《民族（上海）》发表《一年来的中国农村经济》，在《安徽政务月刊》发表《日本绿茶在北非洲倾销之现状》，在《广东合作》发表《中国合作运动的出路》。出版《中国茶业复兴计划》（与胡浩川合著）。

1936 年　39 岁

2 月　　　《中国农村》发表上海文化界救国会公开信反击国民党中央宣传部的《告国人书》，国民党上海市党部因此勒令《中国农村》杂志停刊。吴觉农挺身而出，亲自去国民党上海市党部找潘公展，据理力争，终于使《中国农村》杂志得以恢复出版。

2 月 22—　参加在南京召开的茶业技术讨论会，与方周翰等十人一
25 日　　起被推选组成茶叶栽制研究委员会。

9 月 5 日　浙江三界茶场成立，任场长。

11 月 30 日　推动安徽、江西两省组织了"皖赣红茶运销委员会"，实现红茶的统一运销，以"打破中间剥削，谋茶农之真正

利益，复兴茶业"，遭上海洋庄茶叶同业公会、上海市总工会以及一些政客反对而最终失败。

国民政府实业部部长吴鼎昌，邀请蔡无忌、吴觉农一起商谈改进出口商品诸问题，吴觉农提出从出口检验延伸到产地检验的设想，并提出由国家创办茶叶公司、直接收购、直接办理出口的建议。

是年　　在《中国农村》发表《反帝反封建半幕剧》，出版《农业经济学（下）》（与薛暮桥合译）、《印度锡兰之茶业》《荷印之茶业》《日本和台湾之茶业》。

1937 年　40 岁

1 月　　实业部国产检验委员会茶叶产地检验监理处在上海成立，由蔡无忌任处长，吴觉农任副处长。

5 月 1 日　中国茶叶股份有限公司在南京成立，10 日在上海召开创立会正式成立。寿景伟担任总经理，吴觉农任协理兼总技师之职。

下半年　　抗日战争全面爆发，吴觉农与上海许多青年茶叶工作者一道，赴浙江嵊县三界浙江省茶叶改良场，主持举办茶业技术人员训练班，并出版《茶人》（油印本），自撰发刊词。

是年　　在《中国农村》发表《祁红统制的现阶段》，在《茶报》发表《怎样使茶叶的研究推广检验和指导取得联系》，在《浙江建设月刊》发表《世界主要产茶国之茶业》《一九三六年华茶之国外市场与本年浙茶之前途》，在《国际贸易导报》发表《一年来之茶业》。出版《中国茶业问题》（与范和钧合著）。

1938 年　41 岁

年初　　作为贸易委员会全权代表与苏联代表谈判签订茶叶易货协定，此后任贸易委员会专员，负责办理对苏易货事宜。

6 月 7 日　在吴觉农提议下财政部贸易委员会公布《管理全国茶叶

出口贸易办法大纲》，推动各省相继建立茶叶管理处（局），专事负责在战时体制下实行茶叶统购统销政策。

贸易委员会在香港设立办事机构富华公司，吴觉农任协理，专管茶叶易货贸易及茶叶外销业务。其时，吴觉农以贸易委员会专员兼富华公司协理的身份，往返于香港与内地之间。

是年　　在《抗战三日刊》发表《对春耕运动的建议》。

1939 年　42 岁

冬　　　担任贸易委员会茶叶处处长，兼任中国茶叶公司协理、总技师及技术处长职务。

是年　　在香港富华公司举办茶叶统制人员训练班，培养茶叶产销统制政策的执行人员。

在《浙茶通讯》发表《抗战以来的中国茶业》，在《茶声半月刊》发表《为什么要统购统销茶叶》《明年的茶业大计》。在《贸易月刊》发表《抗战与茶叶改造》。

1940 年　43 岁

春　　　回到重庆工作，与孙寒冰一起推动在复旦大学农学院设立茶叶系，并担任系主任。

12 月　　于重庆复旦大学纪念周上，发表了《复旦茶人的使命》的讲话。

是年　　在《茶声半月刊》发表《茶叶工作者的当前任务》，在《贸易月刊》发表《中国战时茶业改造运动》，在《浙茶通讯》发表《中国茶业贸易与茶业金融》，在《时事新报》发表《中国茶叶贸易与茶业经营》。

1941 年　44 岁

2 月　　　在湖南茶叶管理处发表《茶叶统购统销与湘茶前途》讲话。

在中国茶叶公司对技术人员训练班学员作《茶树栽培及茶园经营问题》的讲话。

3 月	中国茶叶公司技术处人员前往浙江省衢州万川，设立"东南茶叶改良总场"。吴觉农任场长。办《万川通讯》油印刊。
夏天	参加王昆仑、许宝驹等十八人秘密成立的"中国民族大众同盟"（一年后改名"中国民主革命同盟"，史称"小民革"，以别于李济深、宋庆龄的"民革"），后成为该组织负责人之一，该盟被周恩来直接关注。
10 月	东南茶叶改良总场改为财政部贸易委员会茶叶研究所，吴觉农任所长。在衢州，设法营救出救国会重要成员吴大琨。
是年	在《中苏文化杂志》发表《苏联农业的发展与中国》，在《安徽茶讯》发表《最近国茶运销状况与今后对策》。

1942 年　45 岁

4 月	因日军大肆进攻浙赣铁路沿线，茶叶研究所迁至福建崇安赤石。
9 月 18 日	在崇安茶叶研究所纪念周上作《本所的工作方针》讲话。
11 月	在茶叶研究所纪念周上作《我们的工作态度》讲话。
12 月 14 日	在茶叶研究所作《战时茶叶统制政策之检讨》讲话。
是年	提出茶树更新运动计划。

1943 年　46 岁

2 月 8 日	在茶叶研究所纪念周上作《国茶机械化的方针》演讲。
9 月	办研究所期刊《茶叶研究》。后陆续出版《武夷通讯》《茶叶研究所丛刊》。集中精力调查武夷山名枞和岩茶制造方法的改进，亲自到设于橘林岩的制造组实行试制。
是年	在《茶叶研究》发表《我国茶叶研究改进史》，在《合作供销》发表《中国合作经济研究社缘起》（与罗虞英、孙怀仁等合作）。出版《整理武夷茶区计划书》。

1944 年　47 岁

1 月	送两个儿子去桂林上学。在桂林停留两个多月，经常同

"中国农村经济研究会"陈翰笙、千家驹、冯和法等讨论国内外形势。同桂林文化界陈劭先、欧阳予倩等会晤交谈。同开明书店负责人范洗人等讨论开明书店业务情况。

是年　继续在茶叶研究所任所长，着意总结统购统销政策和茶树更新运动，并计划战后的茶业发展计划。

在《茶叶研究》发表《战后茶业建设计划草案》（与叶元鼎等八人合作），在《合作经济》发表《中国茶业的发展与合作运动》。

1945 年　48 岁

11 月　抗战胜利，茶叶研究所奉命结束，所办《茶叶研究》杂志亦告结束。

是年　在《茶叶研究》发表《战时茶叶统制政策的检讨》《三年来茶树更新工作之检讨》《三年来的本刊——代告别词》，出版《抗战与茶业改造》。

1946 年　49 岁

上半年　结束在福建崇安的茶叶研究所工作，携家乘卡车至杭州，后又到上海，初寓于四川北路永安里，旋迁居山阴路大陆新村 9—10 号。

在上海筹备兴华制茶公司，出任总经理之职。

应邹秉文的邀请，参加台湾农业技术考察团。前往台湾南部参观了当地繁殖的印度阿萨姆茶种，及各种粗制和精制茶机器。

是年　在《国际贸易》发表《半月来之茶叶市场》，在《中国建设月刊》发表《为茶农茶商作紧急呼吁》。

1947 年　50 岁

为兴华制茶公司设立台北分公司事宜，与公司董事长朱华同行前往，并利用此行机会自费订购精制红、绿茶机器若干套。

担任中共地下党组织创办的合众公司董事。

担任中共地下党组织创办的"上海现代经济通讯社"董事长。

是年　　在《闽茶》发表《茶叶输出贸易三年计划大纲》。

1948 年　51 岁

1 月　　到杭州参加参与发起的浙江制茶业同业公会成立大会。

与中国科学工作者协会总干事涂长望，共同筹建该协会上海分会，被选为常务理事，负责经济及联络工作。与著名科学家竺可桢、茅以升等建立了密切联系，并受中共地下党委托，广泛进行与科学工作者的联络工作。

2 月　　与童泉如、寿毅成等同去杭州，参加浙江省建设厅茶叶设计委员会会议。在会上提出：1. 希望杭州成为茶叶制造中心；2. 开展茶叶对苏联的易货贸易；3. 改良茶叶品质，改进平水茶和推广台湾式红茶试制。

参加《经济周报》座谈日本经济复兴后对中国之威胁会议。

与盛康年、莫艺昌等十余人，请黄炎培等座谈时局。

3 月　　生病卧床，读王任叔所著《风下之国》一书，"忆风雨故人"，想念可能在马来西亚生活的胡愈之和沈兹九。

5—6 月　结束兴华茶叶公司工作。因为外汇调价，法币大幅度贬值，在银行资本的逼迫下，兴华公司在股东的争吵声中倒闭。

7 月　　与冯和法、陈舜年、乔祖同、仇锦清等合作，于杭州正式建立之江机械制茶厂。"拟集中全力在之江工作，故将台湾所购机器数套亦均移来充数。"是为中国大陆机器制茶之开端。

秋　　　受党组织委托前往杭州去看望马寅初，转达中共领导人希望其参加新政治协商会议筹备工作的信息。不久，马寅初秘密经上海去香港，转道赴解放区。

接在美国的陈翰笙电报，经与各方面的配合与努力，将

"小民革"成员张锡昌保释出狱。

是年　　在《浙江经济》发表《浙江茶叶瞻望》，在银行周报三十周年纪念刊《民国经济史》中发表《民元来我国之外销茶业》，在《上海科协》发表《时代与科学工作者》。

1949年　52岁

1月—2月　受上海地下党与"小民革"之托，密劝汤恩伯，争取以和平方式解放上海。

3月　　　为骆宾基代找隐蔽地点，使之摆脱国民党的监视。

帮助梁希和刘庆云隐蔽于之江茶厂小花厅，躲避国民党的迫害。

7月8日　与茅以升、吴有训等二十余位知名人士由上海乘火车前往北平，参加中华全国第一次自然科学工作者代表会筹备会议。

9月21日　在北京参加中国人民政治协商会议第一届全体会议，参与制订新政协《共同纲领》。历任第一、二、三、四届政协全国委员会委员，第二、三届政协全国委员会副秘书长，第五、六、七届政协全国委员会常务委员。

9月　　　遵照周恩来的指示，"中国民主革命同盟"（"小民革"）已完成历史使命，故在中国人民政治协商会议第一次全体会议上，同王昆仑等同盟领导人一起，正式发表《结束声明》，宣布该团体解散。

同黄国光、张堂恒等开始商讨成立中国茶叶公司事。

陪同唐巽泽（浙江政协代表）前往看望中央财经委员会的薛暮桥。薛向他们通报，苏联可购买中国的各种特产，茶叶的需要量将会超过预定的数字。

10月1日　登上天安门城楼，出席中华人民共和国开国大典。

15日　由政务院推荐为农业部第二副部长。

19日　草拟中国茶叶公司计划。同姚依林（贸易部副部长）往返磋商，大致同意分办，生产部分属农业部，贸易由贸易部主管。

27 日 在北京召开的全国茶叶产销会议上作"关于茶叶产销会议筹备经过、苏联所需要之茶叶、今后茶叶外销问题和今后茶叶工作方针问题"的报告。

11 月 1 日 中央人民政府任命吴觉农为农业部第二副部长，于是日到职视事。

9 日 出席中央人民政府农业部第一次部务会议，在会上传达中央财委会联合办公席上的决定及农业部机构问题。并通报由农业部和贸易部合办中国茶叶公司，已报政务院审批中。

18 日 政务院财政经济委员会批准全国茶叶会议报告，着即调配干部组织成立中国茶业总公司。

是月 加入中国民主建国会。随后于 1952 年至 1983 年历任民建第一、二、三、四届中央常务委员，1988 年 6 月 21 日于民建第五届中央咨议委员会第一次会议上被选为咨议委员会副主任。

12 月 1 日 以农业部副部长身份，兼任中国茶业公司经理。

是年 出版译著《茶业全书》。在《人民日报》发表《急需恢复和发展的农业生产》。

1950 年 53 岁

1 月 18 日 出席农业部第九次部务会议，提议创办一个有指导意义的农业刊物，兼任筹备委员会主任职。

2 月 14 日 坚定地贯彻执行中国政府和苏联政府所签订的贷款协定：中国以原料、茶叶等偿还苏方给中方三亿美元贷款本息。

28 日 代表中茶公司与波兰国外贸易公司代表道勃拉金斯基在北京签订了新中国成立后第一个中波茶叶贸易合同。

29 日 出席由贸易部在北京召开的第一次全国商品检验会议。会议制订了 1950 年出口茶叶检验的最低标准，决定茶叶产地检验，并制订《茶叶产地检验办法》和《茶叶产地检验与中国茶业公司协议办法》。

3月5日　创办中茶公司内部业务刊物《中茶简报》，并题写刊名。

25日　主持中国茶业公司在北京召开的第一届全国茶业公司经理会议（3月25日至4月5日）。该会议讨论并确定各地茶叶分支公司系统组织编制、茶叶生产、毛茶收购价格、茶叶加工、茶厂管理、产品质量和财会制度等方面的工作。

30日　出席农业部第十九次部务会议。提议创办《中央农业》刊物（后改名为《中国农报》），并制定编辑计划和出版事宜。

4月19日　代表中茶公司与中央合作事业管理局签订供销茶叶协议。规定省市以上各级合作总社销售的茶叶统由中茶公司供应，其价格按当日牌价七五折赊销。

5月4日　出席农业部第二十五次部务会议。在会上，吴觉农传达了中央财经委员会计划局局长的报告，要求农业部制订1951—1955年农业计划，并主持讨论公营种子公司暂行实施办法草案。

8月2日　主持中茶公司在北京召开的新中国首次全国茶叶储运会议，并致开幕词。

8月4日　唐弢走访上海大陆新村10号吴觉农寓所，商议建立鲁迅纪念馆用房，得到吴觉农及其夫人陈宣昭的支持，免费让出房屋。9月15日，搬迁结束。

9月2日　代表中茶公司与苏联全苏粮谷输出公司代表根据中苏两国政府1950年贸易协定，在北京商签了新中国第一个中苏茶叶贸易合同。

11月13日　主持中茶公司在北京召开的第二届全国茶业公司经理会议。该会议讨论了1951年茶叶的生产、加工、贸易的经营方针、措施和任务，提出1951年业务计划大纲草案。

12月7日　出席农业部第五十三次部务会议，传达全国合作会议和茶叶会议的主要内容和要求。

19 日 赴杭州，为"中国茶业公司制茶干部训练班"作了《目前茶叶产销趋势和我们的任务》的报告。又题写《制茶学习》刊名。

20 日 偕总技师胡浩川莅临中茶公司杭州分公司，与之研究浙江省部分绿茶区改制红茶的问题，确定改制地区设立红茶初制所，举办茶叶技术训练班，组织红茶推广工作队，以及红毛茶收购价格诸问题。

是年 在《制茶学习》发表《目前茶叶产销趋势和我们的任务》。

1951 年 54 岁

1 月 18 日 出席农业部第五十九次部务会议，汇报参加华东、中南区 1950 年生产总结会议的情况。另又汇报了茶叶、烟叶、棉花的情况。

2 月 26 日 中茶公司在北京召开第一届全国财务会计会议，讨论了账簿制度、会计报告、结算与决算、财会工作职责诸问题。向会议致开幕词。

3 月 2 日 主持农业部第六十二次部务会议。会议对全国农业工作会议进行总结。

31 日 中茶公司第二届全国储运会议在北京举行。作 1950 年储运工作总结和 1951 年任务的报告。

7 月 5 日 出席农业部第七十九次部务会议。传达中央财经委领导同志的指示要点，并研究了 1951 年农业增产奖励办法草案。

8 月 8 日 主持中茶公司在北京召开的全国茶叶生产会议，并致开幕词，总结了两年来的成绩与不足。

是月 商定两部（贸易部与农业部）茶叶管理的分工问题，决定有关茶叶生产的实验研究改良及初制工作移归农业部门领导；中茶公司专营茶叶收购、精制与贸易业务。

11 月 中茶公司在北京召开第四届全国经理会议，研究确定

1952 年公司经营方针、计划和政策、措施。

12 月 15 日　登报征求中茶公司商标图案。最后从一百多个应征稿件中选取"红边绿中"的图案设计，即由八个红色"中"字连接成一个形似齿轮的圆圈，中间为一个绿色的"茶"字。

12 月 28 日　出席农业部第九十七次部务会议。会议决定，由吴觉农副部长召集各司、局研究关于各地要求增加 1952 年农业贷款问题，提出方案并报中央财经委审核。

冬　　　　参加中央人民政府和社会各界人民组织的抗美援朝慰问团，任中央分团长，赴朝鲜前线慰问中国人民志愿军指战员。

是年　　　在《中茶简报》及《人民日报》发表《新中国茶叶的前途》，在《自然科学》发表《发展我国茶叶的研讨》。

1952 年　55 岁

3 月 14 日　出席农业部临时部务会议，讨论 1951 年农业丰产模范第一批奖励名单。

5 月 24 日　出席农业部第一〇四次部务会议，讨论 1952 年度夏季农业生产工作的指示。

8 月 9 日　出席农业部第一〇九次部务会议，讨论全国农业工作会议准备工作和国营农场农业经营规章草案。

12 月 26 日　出席农业部第一一八次部务会议，讨论关于 1953 年土壤、肥料工作的意见和 1953 年各级农业试验研究机构气象观测设置方案。

12 月 31 日　辞去中国茶业公司经理职务。

是年　　　同冀朝鼎一起出席在丹麦哥本哈根召开的国际经济会议筹备会议。

　　　　　与郭沫若、茅盾、梅汝璈、吴耀宗等出席在奥地利维也纳召开的保卫世界和平大会。

1953 年　56 岁

9 月 26 日　　出席农业部一四四次部务会议，提出财务工作与生产工作紧密配合，抓紧经费掌握，研究经济核算问题。

1954 年　57 岁

4 月 30 日　　出席农业部第一六一次部务会议。该会讨论了农业综合经费问题，提出经费使用的审批手续。

7 月 2 日　　出席农业部一六二次部务会议。

是年　　　　在农业部作《为实现第一个五年计划而奋斗》的讲话。

在农业部作《农业合作化运动》的讲话。

出版《祖国的农业》。

1955 年　58 岁

11 月　　　　与陈翰伯、茅以升等参加中国科普代表团访问苏联，并在莫斯科红场与苏联人民一起，共同欢庆十月革命节。

12 月 23—　以政协委员身份视察浙江省富阳县。

　　30 日

是年　　　　在《科学大众》发表《全苏农业展览会》。

1956 年　59 岁

年初　　　　离任农业部副部长。

春节　　　　与周恩来总理面谈。周总理对吴觉农说：准备让你担任全国政协副秘书长，参加一些统战工作，仍可关心茶叶和农业。

3 月 4—6 日　出席在北京召开的中国农学会成立暨第一次全国代表大会，被推选为副理事长。

3 月—6 月　　参加由陈毅副总理统率的中央代表团，任分团团长，前往西藏首府拉萨。期间，出席了 4 月 22 日举行的西藏自治区筹备委员会成立大会，并代表各民主党派在该会上作联合发言。此外，还慰问了驻在地的党政军工作人员。

7 月—8 月　　审阅钱樑、黄清云等所译苏联的《制茶工艺学》一书初稿。并着手翻译苏联的制茶工业方面有关资料。在日记中记道："我能始终从事，学习了茶业方面新的基础知识，也复习了荒废了的业务。"

年底　　　"年终未出去干其他工作，有机会整理了一下有关茶叶的旧资料，特别查核了一下《图书集成》，了解了该书的内容。这为以后的若干工作打下了基础。"

是年　　　担任全国政协副秘书长。初期的工作主要是：（一）参加筹备孙中山先生诞辰九十周年纪念活动。（二）负责"政协会刊"的筹备工作，建立机构、确定工作方针。参加第一期的约稿、审稿工作。（三）负责联系全国政协十四个专门小组，并担任科技组副组长和工商组副组长；（四）参加全国政协的内事及外事活动。如陪同蒙古代表团阿维尔齐德副主席等到华东、中南地区参观，接待日本农业代表团等。

在《民讯》月刊发表《青藏高原见闻记》第一、二部分。

1957 年　60 岁

4 月　　　中国民主建国会中央举行组织工作座谈会。以组织委员会主任委员的身份，主持讨论了毛主席在工商联的讲话。

4 月—5 月　以全国政协委员身份到安徽、浙江等地考察，主要了解茶叶生产情况。分别给两省领导写了有关茶叶的意见建议。

5 月中旬　访问了浙江农业大学和杭州、绍兴的茶场。参加浙江农业大学蒋芸生教授主持的座谈会。提出发展茶园二百万亩，制红茶二三百万担的方案。认为浙江以绿茶为主，也可适当发展红茶；为茶叶的发展，迫切需要成立研究机构等意见。

5 月下旬　到达上海。参观上海中茶公司、上海商品检验局。会晤了"许多老朋友、老茶人如钱樑、陈舜年、汤成、尹在继、陈君鹏等"。在交谈茶事中，建议大力发展红茶。在比较国内外各种茶叶样品之后，认为"滇红的叶底为各茶之冠，色、香、味亦不差。我发展滇茶的信心益坚"。

又认为，"宜宾等处所产颇有部分接近滇红，福建红茶近年有改进，霍山红茶与祁门红比较，并不很差"。

5月26日 参加中华职业教育社成立四十周年庆祝会。向周总理提出了自己对茶叶增产的设想，总理指示要尽快写出意见书。

6月 根据周恩来总理的指示，以在安徽、浙江各处视察调查资料为基础，写成增产茶叶万言意见书和给总理的简要报告。此文件由统战部副部长徐冰转呈周总理。

是月 订出下半年工作计划，其中的：写书计划：拟写五百万字的《茶叶丛书》（由上海科技出版社出版）。农业出版社约稿，写对外宣传中国茶叶册子。编一套（十辑）八十万字的《苏联茶叶》。编《茶叶要览》或《茶人手册》。拟写一本二十万字的《茶事漫谈》。

7月 校阅上海钱樑、黄清云等所译苏联И·А·霍卓拉瓦著的《制茶工艺学》书稿，并函苏联原作者洽谈撰写该中译本序言问题。

7月—8月 反右斗争开始。在民主建国会中央"揭发批判章乃器"，全国政协批判章伯钧，全国科学工作者联合会批判曾昭抡中，根据自己接触到的事实作了发言。吴觉农在日记中写道："有人说我软了一点。"

是年 在《民讯》月刊发表《青藏高原见闻记》第三、四部分。

1958年 61岁

1959年 62岁

6月1日 到社会主义学院（北京）学习。重读马克思和恩格斯著作。经批准后参加劳动。

9月 与农业出版社谈：1. 古茶书集可按计划进行——即先出第一集，搜集各地志书和清代的旧茶书，以后再出第二集；2. 负责各地志书编撰工作。是为其《茶叶地方志》的初步计划。

10 月	在某一座谈会上，提出对刘少奇主席在最高国务会议上所谈今年粮食增产 10% 的问题的看法，认为在这样重灾年能否达到这一指标，表示怀疑，因此受到所谓"右倾保守"思想的批判。
11 月 28 日	参观北京长辛店机车车辆厂。

1960 年　63 岁

1 月	老友许宝驹去世，在日记中表示了怀念的心情。
5 月	老友于振瀛去世，写了一篇怀念于振瀛的日记。
7 月	在社会主义学院学习结束。在日记中记道："校中正讨论最后的对三篇文章和个人思想的结合。要尽量把个人的主观世界缩小到最小限度，亦即要把客观世界尊重到最大化的限度。这样，个人的工作可以做好，心情可以愉快。"

1961 年　64 岁

8 月	赴大连避暑。同行者有雷洁琼、严景跃夫妇及徐冰父女。
11 月	偕夫人陈宣昭前往浙江上虞故乡一行，视察了上虞茶场、会稽山、四明山等处。

1962 年　65 岁

1 月	以全国政协委员身份前往福建视察。到崇安（现改为武夷山市）赤石企山茶叶研究所旧址参观。
	2 月　从闽回京经上海，参加民主建国会的基层片儿会。
3 月	向全国政协提交《拟请划定外销红、绿茶基地，由外贸部与当地有关生产机构积极经营，以利国茶外销案》。

1963 年　66 岁

1964 年　67 岁

11 月	在日记中记录读《毛泽东选集》心得。
12 月	观看音乐舞蹈史诗《东方红》。
除夕	在日记中记："今后拟以（学习）有关修养身心自我改造的材料为主，也兼及茶叶方面较重要的记录。"

是年　　　　在《茶叶通讯》发表《湖南茶业史话》，此文为编写
　　　　　　《茶集》计划的一部分。

1965 年　68 岁

1 月　　　　参加座谈周总理的报告，在日记中载："有人谈李维汉同
　　　　　　志的投降主义路线。我好像惊弓之鸟，不谈这事。一切
　　　　　　应依照总理的报告。"

2 月　　　　春节期间去通县，看望在那里已经数月，"过了三同（即
　　　　　　同吃、同住、同劳动）之关"的好友王昆仑、曹孟君夫
　　　　　　妇。回家以后，初三那天，与家人商量，决定向政协领
　　　　　　导要求下乡去参加"四清"运动

3 月　　　　购置大字本马、恩、列、斯著作三十一本，日记中载：
　　　　　　"我如有余年，拟读完这大字本的著作。首先想读懂列宁
　　　　　　的哲学笔记和恩格斯有关哲学的部分。"

6 月　　　　在日记中记："有些人常常看重了钱的作用，以为有钱就
　　　　　　有了一切，这就是忽视群众的最大的错误。我在历年对
　　　　　　茶叶迟迟不能发展，认为投资不够多，不够刺激，经常
　　　　　　从钱的方面着想。看了这些事实，应该有所醒悟。"

1966 年　69 岁

8 月间　　　受红卫兵冲击。

9 月　　　　自此不参加任何活动。

是年　　　　居家阅报读书。

1967 年　70 岁

元旦　　　　阅读《人民日报》《红旗》社论：《把无产阶级文化大革
　　　　　　命进行到底》。

2 月　　　　写了日记《记 1967 年有意义的旧历元旦——今日起和工
　　　　　　作同志互换了座位》。
　　　　　　参加"全面向资产阶级进攻的大会……被喊到主席台向
　　　　　　群众低头"，并被责令应该每隔 3～5 日作一次汇报。事

后，写了几张检查自己的大字报，并拟了一幅"座右铭"："不为名利，不怕牺牲，苦练无产阶级世界观；坚持朴素，厉行节约，当好工农群众小学生。"

3 月　　日记中载："去政协领了款（工资）。领款时，感到吃人民的饭，领人民的钱，没有能为人民工作感到了不安!"

5 月—6 月　多批所谓外调人员到寓所来，要求写陈汉明、张锡昌、朱刚夫、吴大琨等的有关历史问题材料。均作了实事求是的证明。

11 月—12 月　接待"某军事机关"的外调人员，"查询关于潘汉年、蔡叔厚、夏衍等及吴先清、刘鼎等在我家时的情况甚详。"又"查询吴（先清）的几个弟弟等"情况。

12 月　　邵力子去世。吴觉农前往北京东四六条邵宅，看望了邵夫人傅友文女士。

1968 年　71 岁

政协、民主党派尚未恢复正常活动，吴觉农偶尔参加一些传达文件的会议。

居家简出，阅读书报，关心时事，并搜集资料，准备写作。

1969 年　72 岁

6 月　　写《我 64 年来的经历》

在日记中载今后的设想："预定每日开始写作一小时。首先做旧茶书的审订工作，二三年内就一定能写成。并且还有从容修改增订的时间。不管有什么用处，终是对将来生产上的一个参考。"

8 月　　参加"两会（民主建国会、工商联合会）"各组到天津参观"三条石教育展览会"。

9 月　　参加"两会"的支农工作。

10 月　　参加挖防空洞劳动。《日记》中载："我不能和四十岁的甚至五十岁以上的成年人比，但和六十岁的成员差不多。

即我能按日维持，是思想上能接受。每晚早睡，次日已能恢复疲劳，故能持续达十余日，内心感到很大的欣快!"

11 月　和夫人陈宣昭一起，与情绪相当差的邹秉文交流，对之进行"规劝和鼓励"。看望次日将赴茶陵干校的陈翰笙，"与宣昭同去作为送行"。

12 月　日记中载："向甲选、重远邮寄《北京日报》和《工人日报》。用费省，但藉此作个联系，为以后赴乡作通讯准备。"

1970 年　73 岁

居家简出，阅读书报、关心时事，并继续搜集资料，准备写作关于茶叶的史料。

1971 年　74 岁

居家简出，阅读书报，关心时事，并继续搜集资料，开始为写作《茶集》作准备。

1972 年　75 岁

5 月 1 日　参加北京中山公园"五一"国际劳动节游园会。

10 月　开始大量阅读古今中外茶书，收集资料，继续为写《茶集》作准备。但因健康关系，进度甚慢。

1973 年　76 岁

1 月　月初得病，月中初愈。筹划写茶书《茶集》，先从各省茶史写起。

5 月　日记中载："今年的'五一'节仍为游园会。去年'五一'节起有请帖，并派车来接，今年因外宾多，被限制在常委（政协）层一级。我就引起了旧的感触——这就是恋恋于'名'、'利'，改造之难!"

6 月　接吕允福函，并附《四川茶业》编辑纲要。打算就此提出一些意见并与之取得联系。又接浙江张堂恒来函，并附新著《茶叶制造讲义》，其中提到有关茶叶减产的原因。

7 月	前往中国历史博物馆，详细抄录春秋至秦的与茶史有关的资料。
10 月	披阅茶书，为写《茶集》作准备。

复上虞茶场徐定福信，就其询问小包装销国外事答复云："首先欧美需销红茶，如 LipTon 两袋包装样式；这一想法不妨与上海出口公司一谈；同时建议与崿大山合作，试制龙井茶、红茶等。"

11 月	拟订明年去茶区作调查的安排，"分春秋两期，从一个月到一个半月。华东区：江苏、浙江、安徽、江西四省，还可兼及福建省。中南区：两湖、两广。西南区：云南、四川、贵州。"
12 月中旬	参观中国历史博物馆，达三次。
年底	下决心："1974 年要以较多精力，写成预定的茶书。先写好浙、川两省茶史并搞成茶集。"

1974 年　77 岁

是年	除参加各种有组织的参观活动外，为实现写作计划，继续搜集资料，但因个人力量有限，困难重重，进度甚慢。

1975 年　78 岁

是年	因邓小平同志重新主持中共中央工作，进行全面整顿，吴觉农极为兴奋，但对周恩来病重住院，又极忧虑。嗣后，"四人帮"刮起"反击右倾翻案风"，吴觉农不得不处于沉默状态，但也无心阅读茶叶史料。

1976 年　79 岁

1977 年　80 岁

积极参加政协工作和各种会议，把写作暂时搁了下来。

1978 年　81 岁

1 月	出席在北京召开的中国农学会扩大理事会，根据党中央"关于召开全国科学大会的通知"精神，兴奋地讨论对今

后工作的意见。

5月27日—　政协全国委员会组织部分在京委员分赴四川和上海、福
6月26日　　建参观。吴觉农参加四川组前往参观,写成《跟上农业
　　　　　　现代化,大力发展红细茶》一文,转报中央。

7月　　　出席中国农学会在山西太原召开的全国代表大会和学术
　　　　　讨论会。在会上作了中国农学会自20年代成立以来的会
　　　　　史报告,当选为第二届农学会副理事长。

8月　　　在全国政协作《关于如何发展农副产品对外贸易的几点
　　　　　体会》的报告(该报告稿与古耕虞合作)。

10月　　撰写《关于在海南岛建立出口茶叶生产基地的建议》。
　　　　　出席中国茶叶学会在昆明召开的理事会暨学术讨论会,
　　　　　被选为名誉理事长,并在会上发表《中国西南地区是世
　　　　　界茶树原产地》论文。
　　　　　与云南省科协、农业、外贸、茶科所同志多次座谈,了
　　　　　解云南茶叶的生产情况,提出了《关于加快云南茶叶生
　　　　　产发展的建议》的书面意见。

11月　　去广西南宁、广东广州和海南岛等地茶场、茶厂,与当
　　　　　地有关茶叶单位人士座谈,了解情况,提出发展红细茶
　　　　　生产的建议。

是年　　　在《西南科技》发表《四川茶叶史话》(与吕允福合
　　　　　作)、《一个发展现代化红茶生产的优良地区——关于四
　　　　　川茶叶历史的研究》。在《科技工作者建议》发表《关于
　　　　　发展云南、广西、广东、海南岛等地红细茶生产的前景》
　　　　　(与陈啸原合作)、《跟上农业现代化并大力发展红碎茶》。

1979年　82岁

2月18日　日记中载:"送建议交政协秘书处办事组陈定宣同志稿和
　　　　　茶(样),请交邓主席。"
　　　　　本月曾经多次在会上提到发展茶叶生产计划问题,并形
　　　　　成书面报告,日记中载"交王首道(政协副主席)同志

转交有关方面”，其中包括“两会（民主建国会和工商联合会）、政协。广西已送覃应机（广西自治区党政领导）同志”。

11 月 8 日　给杜润生副主任写信，并嘱转王任重副总理，再次提出茶叶出口应减免税收的问题。认为鼓励茶叶出口，茶叶税收必须全部免去；并分别出口农产品的外销实况，重新确定不同的浮动汇率。

是月　日记中载：“今年未出远门，主要会议多。原答应去四川转广东推动红细茶大叶种的‘自我推动’，因中央和地方方针尚未协调——主要为外贸部所要推进的十五条（中央已批准实行的）被各方阻滞未能实行。”

是年　邀请钱樑、陈君鹏至寓所，到北京图书馆收集资料，开始撰写《茶经述评》初稿，时约一年。在此之前，曾由张堂恒完成《茶经》译文和注释。
在《茶叶》季刊发表《我国西南地区是世界茶树的原产地》，在《中国茶叶》发表《我在崇安茶叶研究所的一些回忆和感想》。

1980 年　83 岁

3 月 23 日　《人民日报》发表傅冬的吴觉农访问记，介绍八十三岁老人呼吁大力发展红细茶的情况。

5 月初　张堂恒来京，商议有关《陆羽茶经述评》一书事，主张早改早交稿付梓。吴觉农认为仍有多处需重订。
撰写有关茶树原产地的文章，吴觉农已作多年思考，委托有关人员外出进行调查和收集资料，并承担费用。

5 月　多次向子女（均为中共党员）和政协、统战部有关领导表达了要求参加中国共产党的强烈愿望。

是月　探望病中的马寅初。打算“约人写些马老传记”。

11 月上旬　前往广西桂林出席中国茶叶学会年会暨茶叶生产现代化研讨会，向该会提交《略谈茶树原产地和外销红细茶的问题》论文，并作了报告。

11 月 24 日　桂林会议后，参观了桂林、阳圩、百色和武鸣等几个茶场，又在南宁同自治区的有关领导同志举行座谈，并综合写出《发展广西茶叶生产的初步意见》，提出了八点意见，上报国家进出口管理委员会，还转递自治区人民政府覃应机主席。

12 月 18 日　给全国政协刘澜涛秘书长写信，并附发展茶叶产销方面的建议材料，并请核转邓小平主席。信中报告了其今年参加中国茶叶学会桂林年会暨茶叶学术讨论会的情况，以及他同广西有关同志座谈发展该地区外销红细茶的情况。认为广西的地理、气候得天独厚，荒山又多，可以改造生产茶叶。建议改造老茶园，发展新茶园，生产红细茶出口外销，为我国红细茶大发展作出一个榜样。他请核转国务院经同意后，予以适当赞助，完成发展计划。

12 月 23 日　吴觉农关于发展广西地区外销红细茶问题的报告经邓小平主席批示："财经小组处理。"

是年　　　在《云南茶叶》发表《关于加快云南茶叶生产发展的建议》，在《人民日报》发表《茶叶产销亟待解决的几个问题》，在《中国农技资料》发表《我国最大的农业学术团体——中华农学会》，在《全国茶叶学会讨论会论文资料选编》发表《略谈茶树原产地和发销红细茶的问题》。向政协提交《发展广西茶叶生产的初步意见》。

1981 年　84 岁

10 月 29 日　《关于发展广西茶叶生产的意见》一文，受到国家进出口管理委员会的相当重视，由江泽民签署向国务院办公厅作出书面汇报，并作了处理。

7 月—9 月　邀请陈舜年、冯金炜和恽霞表至寓所重写《茶经述评》，此即为第二稿。后又由冯金炜按照吴觉农意见作了局部修改和补充。

| 是年 | 在《全国政协文史资料选辑》发表《马寅初先生的硬骨头精神》，在《中国财贸报》发表《在临沧地区建立世界第一流大茶园》《加快发展茶叶生产，满足内销和外贸需要》（由王郁风代为起草），该文后又以《中国茶叶产销存在什么问题》为题发表于《经济参考》。 |

1982 年　85 岁

1 月	向中国农学会捐献自有房产一座，该房位于北京火车站附近，计二十六间，供农学会筹建农学史料馆之用。
	春节期间，中国农学会召开常务理事会扩大会，接受吴觉农老会员捐献之北京房，筹建中国农学史料馆。
4 月	接待好友范寿康回国观光。
6 月	作"成立中国对外茶叶专业公司"建议书，提出出口茶叶的贸易业务由该专业公司专营，尽快把茶叶的出口业务搞上去。该建议书一式数份：一份托政协转送陈慕华，一份邮寄给邹斯颐（陈、邹当时为外经贸部负责人），一份亲交薛暮桥。
是月	回忆和整理有关上海商品检验局的情况，主要关于茶叶检验工作方面。
9 月	被创设于杭州的"茶人之家"聘为顾问。
是年	任《中国农业百科全书·茶业卷》编辑委员会顾问。
	在《经济参考》发表《我国茶叶产销存在什么问题》。

1983 年　86 岁

| 4 月 18 日 | 在给政协副主席陆定一所写的信中，再次提出茶叶机构的改革问题，认为应由经贸部成立中国茶叶出口总公司，专管外销茶的产制销业务，方能改变茶叶生产与销售工作的根本局面。随信还附上 4 月 13 日《人民日报》记者肖刚写的《茶叶出口归哪个部管最有利?》一文（刊于《内参》177 期）。 |
| 5 月 2 日 | 出席中国农学会在北京召开的第三次全国代表大会，被 |

选为农学会顾问和农学会成立六十六周年会庆纪念活动总顾问，以及农学会六十六周年纪念会评审委员会委员。接受农学会授予的从事农业科学工作五十年以上老会员表彰状。

6 月　　　　为中国农业科学院茶叶研究所主编的《中国茶树栽培学》一书审稿。

10 月 5 日—　赴杭州出席"茶叶与健康、文化学术研讨会"，在会上作
　　10 日　　了《茶叶与健康、文化学术研讨会是个创举》的发言。

　　11 日—　出席"茶人之家"在杭州召开的"茶事咨询会"，赞同
　　14 日　　"茶人之家"宗旨内有"联系华侨，港澳、台湾同胞和茶界同仁，促进台湾回归祖国"的条款，并作了《要考虑生产者利益，减轻消费者负担》的发言。

　是月　　　参加杭州茶事活动后，由浙江李元章、陈尊诗陪同，到故乡上虞参观，受到热烈欢迎（这是吴觉农最后一次回到家乡）。

11 月　　　　在中国茶叶学会第三届理事会（湖南长沙召开）上，被选为名誉理事长。

　是年　　　在《全国政协文史资料选辑》发表《我在上海商检局搞茶业工作的回忆》，在《人民政协报》发表《一生追求真理的梁希先生》；在《茶叶与健康文化学术研讨会论文集》发表《茶叶与健康文化学术研讨会是个创举》。

1984 年　87 岁

6 月下旬　　电贺中国茶叶学会在广州召开中国茶叶产销与发展战略研讨会，并提出若干建议。

7 月 25 日　积极促进茶叶专业经济咨询工作座谈会的召开，并全程参加了会议。该座谈会由中国民主建国会和全国工商联合会共同举办，邀请了全国各省有关单位参加，讨论了茶叶管理、流通体制、发展茶叶生产等政策性问题，提出了改革性建议，以供党中央、国务院作参考决策。

8 月 18 日　给《茶经述评》一书撰写"前言"。

11 月 1 日　陆定一为《茶经述评》一书作序，于该序中称吴觉农为"当代中国的茶圣"。

是年　　　在《陆羽研究集刊》发表《〈茶经述评〉前言》。

1985 年　88 岁

2 月 25 日　撰写《我和开明书店的关系》以纪念上海开明书店（1926－1953）创建六十周年。

9 月 6 日　接待旅美华人范和钧先生。范先生系 30 年代的茶叶专家，也是吴觉农《中国茶业问题》一书的合作者。

10 月 14 日　在祝贺陈翰笙从事研究工作六十周年大会上，作《求真求实，刚正不渝》讲话。

12 月 1 日　主编《中国地方志茶叶历史资料选辑》一书稿成，交农业出版社待出版。

是年　　　在《我与开明》一书中发表《我和开明书店的关系》，在《世界经济导报》发表《求真求实，刚正不渝——祝贺陈翰笙同志从事研究工作 60 年庆祝大会上发言》。

1986 年　89 岁

1 月 16 日　胡愈之逝世，撰写《相交八十年，童心永不泯》。

7 月 20 日　与茅以升、金善宝、胡子昂联名撰文，纪念著名农学家邹秉文逝世一周年。

是月　　　向由经贸、商业、农牧渔业三部和中国茶叶学会联合在广西南宁举行的红碎茶研讨会发去《敬祝优质红碎茶研讨会召开》贺电。

冬　　　　书赠刘祖香对联一副，联曰："知多世事胸襟阔；识尽人间眼界宽。"

是年　　　在《胡愈之印象记》书中发表《相交八十年，童心永不泯》，在《人民日报》发表《纪念我国著名农学家邹秉文先生》。

1987 年　90 岁

2 月	为庆祝吴觉农九十华诞暨从事茶业工作七十周年纪念，中国茶叶学会邀集有关人士组成"吴觉农选集编辑组"，编辑并由上海科学技术出版社出版《吴觉农选集》。书名系由陆定一题签。
3 月	为上海市茶叶学会会刊题写"茶报"刊名。
是月	原中国农村经济研究会的老同志在北京聚会，由薛暮桥主持为三位老同志祝寿：陈翰笙九十岁、吴觉农九十岁、孙晓村八十岁。
4 月 13 日	中国茶叶学会为吴觉农九十寿辰在北京举行祝寿会。吴觉农偕夫人陈宣昭、长子吴重远出席。 全国各地茶界人士纷纷著文祝贺吴觉农九十华诞，颂扬他对振兴祖国茶业所做出的巨大贡献。
4 月 14 日	中国农学会为吴觉农九十寿辰举行祝寿座谈会。著名文学家夏衍撰写了《我与"茶圣"》一文，以示对吴觉农九十华诞的祝贺。
4 月 15 日	为上虞"叶天底纪念馆"题词。
4 月 18 日	对于全国各地祝贺九十寿辰所写的文章、诗词、书画，赠送的寿幛、寿礼的团体和人士，一一发函表示谢意。
是月	为祝贺吴觉农九秩华诞，陆定一手书"馨香"二字以赠。
5 月	所主编《茶经述评》由农业出版社出版。
6 月	为纪念上虞籍教育家经亨颐诞辰 110 周年，撰联："民主革命先驱，浙江潮撼旧世界；启蒙思想遗泽，满天下桃李犹芬芳。"
11 月 10 日	接陆定一来信："因下届政协、两会仍将提名您为政协常委，所以您还是留在党外为好。"
12 月 9 日	写信给浙江上虞县的党政领导，提出对故乡文物保护，发展文化科学，设立图书馆等文化设施等精神文明建设方面的有益建议，并表示愿意把自己收藏的书籍捐献出来。

是年　　　在《茶叶》发表《目前茶叶产销趋势和我们的任务》，在《中国茶叶》发表《红碎茶发展简史和展望》。

1988 年　91 岁

6 月　　　在北京家中接见来自台湾回大陆探亲访问的茶叶专家吴振铎教授，叙谈海峡两岸茶事联谊问题甚欢。

8 月　　　《茶经述评》第 1 版第 2 次印刷。

10 月　　　为浙江农业大学茶学系所编《张堂恒选集》一书题签。

是月　　　为农业部农业司、中国农业科学院茶叶研究所编《中国茶树优良品种集》作序。

12 月　　　为云南省茶叶进出口公司创建五十周年（1938—1988）题写贺词："发挥云南茶叶原产地优势，加快茶叶发展、扩大出口。庆祝云南省茶叶进出口公司创建五十周年。吴觉农谨贺。一九八八年十二月年九十一岁于北京。"

是年　　　担任中国农学会名誉会长，被誉为中国农学界一代宗师。为筹建于杭州的中国茶叶博物馆题词。词曰："中国茶业如睡狮一般，一朝醒来，决不至于长落人后，愿大家努力罢！"并应邀任中国茶叶博物馆名誉馆长。

在《出版史料》发表《怀念老友章锡琛》，在湖北省陆羽研究会编印《陆羽研究集刊》发表《茶经述评》一书第七章"七之事"中的第四节《历代茶政沿革》。为《中国茶树优良品种集》作序。

1989 年　92 岁

春　　　　任陈宗懋主编的《中国茶经》顾问。

7 月　　　在北京为四川裘览耕所著《评茶、制茶、论茶》一书题词："这是努力学习，辛勤耕耘所收获的可喜成果。"

9 月 16 日　前往北京西单民族文化宫参观"茶与中国文化展示周"，——观看了展览的图片、茶文物及茶样品，并应大会要求挥毫题词。吴觉农应聘担任这次茶文化活动的顾问。

是月　　　为浙江省上虞县新修《上虞县志》撰写《序言》。

是年　　　为吕增耕所著《茶叶加工与茶叶机械》一书作序。

10 月 28 日　因病在北京逝世。

11 月 15 日　在首都八宝山革命公墓举行追悼会，向吴觉农遗体告别
　　　　　　的有姚依林、严济慈、费孝通、孙起孟、王任重、周培
　　　　　　源、赵朴初、屈武、刘靖基、钱学森、胡绳、孙晓村、
　　　　　　程思远、钱正英等五百多名生前友好及其亲属。李先念、
　　　　　　邓颖超、田纪云、丁关根、薄一波等党和国家领导人向
　　　　　　吴觉农遗体献了花圈。

说明：

一、本年谱以上海市茶叶学会编《吴觉农年谱》为底本，参照各家吴
　　觉农介绍，以及本次编辑《吴觉农集》过程中所掌握的资料，进
　　行简编与修订而成。

二、谱主年龄按公历进行编辑。

三、有关谱主活动纪事，尽可能保持资料原貌。纪事以时间先后为序，
　　基本上按一日一事立目，有月日者在前，有月无日者在后，有上、
　　中、下旬，上、下半月，春、夏、秋、冬，上、下半年者，依次序
　　编排列。单有月者采取"是月"置于月末，单有年者采取"是年"
　　写于年末。

四、谱主论著，著于年尾"是年"项下。但写作时间与出版时间相隔
　　较长者，仍在写作时间提及写作经过。

附录二

吴觉农论著目录

篇　　名	发表处所及时间
1. 蜜蜂饲养法	《妇女杂志》1915 年第 1 卷第 11 期
2. 牡丹栽培法	《妇女杂志》1918 年第 4 卷第 12 期
3. 日本农商务省兴津园艺试验场内容记略	《中华农林会报》1919 年第 8 期
4. 八时劳动制度的沿革史	《东方杂志》1921 年第 18 卷第 23 期
5. 优生学和美国婚姻法（Y. D.）	《妇女杂志》1921 年第 7 卷第 1 期
6. 日本妇女状况（Y. D.）	《妇女杂志》1921 年第 7 卷第 1 期
7. 谷本忒氏的婚姻问题观（Y. D.）	《妇女杂志》1921 年第 7 卷第 9 期
8. 世界妇女消息：一个自杀的日本女青年（Y. D.）	《妇女杂志》1921 年第 7 卷第 10 期
9. 职业与妇女（Y. D.）	《妇女杂志》1921 年第 7 卷第 11 期
10. 妇女问题与劳动问题的共同点（Y. D.）	《妇女杂志》1921 年第 7 卷第 12 期
11. 中国的农民问题	《东方杂志》1922 年第 19 卷第 16 期
12. 日本农民运动的趋势	《东方杂志》1922 年第 19 卷第 16 期
13. 日本家族制度的破坏（Y. D.）	《妇女杂志》1922 年第 8 卷第 1 期
14. 妇女的精神生活（Y. D.）	《妇女杂志》1922 年第 8 卷第 1 期
15. 近代的恋爱观（Y. D.）	《妇女杂志》1922 年第 8 卷第 2 期
16. 农村的妇人问题（Y. D.）	《现代妇女》1922 年第 2 期
17. 爱伦凯的自由离婚论	《妇女杂志》1922 年第 8 卷第 4 期
18. 白莲女史离婚记（Y. D.）	《妇女杂志》1922 年第 8 卷第 4 期

续表

篇　名	发表处所及时间
19. 一件妥协的离婚（Y. D.）	《妇女杂志》1922 年第 8 卷第 4 期
20. 告失恋的人们（Y. D.）	《妇女杂志》1922 年第 8 卷第 5 期
21. 松孩	《妇女杂志》1922 年第 8 卷第 7 期
22. 儿童保障案	《妇女杂志》1922 年第 8 卷第 9 期
23. 恋爱之力（Y. D.）	《妇女杂志》1922 年第 8 卷第 9 期
24. 恋爱的移动性与一夫一妻制的改造（Y. D.）	《妇女杂志》1922 年第 8 卷第 9 期
25. 爱伦凯的世界改造与新妇女责任论	《妇女杂志》1922 年第 8 卷第 10 期
26. 近代的贞操观（Y. D.）	《妇女杂志》1922 年第 8 卷第 12 期
27. 新社会自由人的贞操观（Y. D.）	《妇女杂志》1922 年第 8 卷第 12 期
28. 开花的老人（童话剧）（翰周 Y. D.）	《妇女杂志》1922 年第 8 卷第 12 期
29. 论寡妇再嫁（Y. D.）	《妇女杂志》1922 年第 8 卷第 12 期
30. 对于春晖中学的几点希望	《春晖》半月刊 1922 年第 4 期
31. 茶树原产地考	《中华农学报》1923 年第 37 期
32. 中国茶业改革方准	《中华农学报》1923 年第 37 期
33. 五十年来世界茶叶贸易概况（Y. D. 译）	《中华农学报》第 37 期
34. 茶树栽培法	上海泰东书局 1923 年版
35. 爱伦凯的母权运动	《妇女杂志》1923 年第 9 卷第 1 期
36. 日本妇女团体及妇女运动者访问记（Y. D.）	《妇女杂志》1923 年第 9 卷第 1 期
37. 西维亚班霍斯德女士自叙传（Y. D.）	《妇女杂志》1923 年第 9 卷第 1 期
38. 自由恋爱与恋爱自由（Y. D.）	《妇女杂志》1923 年第 9 卷第 2 期
39. 自由恋爱与恋爱自由续篇（Y. D.）	《妇女杂志》1923 年第 9 卷第 2 期
40. 恋爱与自由（Y. D.）	《妇女杂志》1923 年第 9 卷第 2 期
41. 从家庭生活到人类生活（Y. D.）	《妇女杂志》1923 年第 9 卷第 4 期
42. 我的离婚的前后（Y. D.）	《妇女杂志》1923 年第 9 卷第 4 期
43. 从大家庭生活到个人生活（Y. D.）	《妇女杂志》1923 年第 9 卷第 4 期
44. 未来社会的妇女（咏唐）	《妇女杂志》1923 年第 9 卷第 12 期

续表

篇　　名	发表处所及时间
45. 吾国之农业行政及农业教育	《湖北省农会报》1923 年第 8 期
46. 贞操（Y. D.）	《妇女杂志》1924 年第 10 卷第 1 期
47. 万璞女士会见记（Y. D.）	《妇女杂志》1924 年第 10 卷第 3 期
48. 家族制度的将来（Y. D.）	《妇女杂志》1924 年第 10 卷第 7 期
49. 社会主义与妇女解放（咏唐）	《妇女杂志》1924 年第 10 卷第 12 期
50. 新农业季刊发刊旨趣	《新农业季刊》1924 年第 1 期
51. 为重农重工者进一解	《新农业季刊》1924 年第 1 期
52. 告学农青年	《新农业季刊》1924 年第 1 期
53. 三民主义与中国农民	《新农业季刊》1924 年第 2 期
54. 美国农民团体的政治运动	《新农业季刊》1924 年第 2 期
55. 农民与青年的新觉悟	《新农业季刊》1924 年第 3、4 期
56. 庚子赔款与中国农民	《新农业季刊》1924 年第 3、4 期
57. 田园哲学（咏唐）	《新农业季刊》1924 年第 3、4 期
58. 都市集中与农村问题	《新农业季刊》1925 年第 5 期
59. 我国农业教育的改造问题	《新农业季刊》1925 年第 5 期
60. 我国农业教育改造的途径	《教育杂志》1925 年第 17 卷第 1 期
61. 春（Y. D.）	《妇女杂志》1925 年第 11 卷第 1 期
62. 现代文明与农业政策	《中华农学会报》1925 年第 48 期
63. 论本县的富源	《上虞声》三日刊 1926 年国庆增刊
64. 茶话	《一般》1927 年第 2 卷第 1－4 期
65. 农民运动的意义与方针	《中华农学会报》1927 年第 54 期
66. 农村文明的创造	《中华农学会报》1927 年第 59 期
67. 就"四·一二"惨案对国民党的抗议书（郑振铎、冯次行、章锡琛、胡愈之、周予同、吴觉农、李石岑）	上海《商报》1927 年 4 月 15 日（原件藏中共一大会址纪念馆）
68. 女子的家庭生活与社会生活（Y. D.）	《新女性杂志》1927 年第 2 卷第 1 期
69. 现代女子的苦闷问题（宣昭、觉农）	《新女性杂志》1927 年第 2 卷第 1 期

篇　　名	发表处所及时间
70. 日本竹内女史会见记（Y. D.）	《新女性杂志》1927 年第 2 卷第 1 期
71. 对于农民协会的贡献：在上海市农民协会成立会演说	《教育与职业》1928 年第 91 期
72. 中国民间的婴孩杀害（宣昭、觉农）	《新女性杂志》1929 年第 4 卷第 1 期
73. 女性的悲剧（Y. D.）	《新女性杂志》1929 年第 4 卷第 1 期
74. 浙江农业的特性与合作运动	《中华农学会报》1929 年第 71 期
75. 救济农民的一条康庄大道	《社会月刊》1929 年第 1 卷第 5 期
76. 上海市菊花展览会记	《旅行杂志》1929 年第 3 卷第 12 期
77. 上海茶业概况	《国际贸易导报》1930 年第 1 卷第 2 期
78. 华茶贸易的现况与其将来	工商部《中华国货展览会纪念特刊》1930 年版
79. 育儿的合作	《社会月刊》1930 年第 2 卷第 1 期
80. 地方自治与合作运动	《浙江省农矿季刊》1930 年创刊号
81. 从浙江农业的几个特性说到合作运动的前途	《浙江建设月刊》1930 年第 4 卷第 2 期
82. 日美两国农民生活标准的比较观	《浙江建设月刊》1930 年第 4 卷第 3 期
83. 世界农业状况	上海大东书局 1930 年版
84. 改善华茶之新气运	《国际贸易导报》1931 年第 2 卷第 3 期
85. 粮食输入与免税问题	《国际贸易导报》1931 年第 2 卷第 4 期
86. 改良中国茶叶刍议	《国际贸易导报》1931 年第 2 卷第 5 期
87. 华茶俄销问题	《国际贸易导报》1931 年第 2 卷第 10 期
88. 日本对华投资与贸易侵略	《国际贸易导报》第 2 卷 11 期
89. 日本在我国金融机关之现势	《工商半月刊》1931 年第 3 卷第 22 期
90. 中国的粮食进口与免税政策	《中华农学会报》1931 年第 90 期
91. 日本帝国主义对华经济侵略（与侯厚培合著）	上海黎明书局 1931 年版
92. 一九三一年之茶业（与俞清海合著）	《国际贸易导报》1932 年第 3 卷第 1 期

续表

篇　　名	发表处所及时间
93. 日本人民对东北事件的公论(与沈叔之合译)	上海黎明书局 1932 年版
94. 改良种与农民经济(与陈宣昭合著)	《国际贸易导报》1932 年第 4 卷第 1 期
95. 华茶销美的新展望	《国际贸易导报》1932 年第 4 卷第 3 期
96. 世界农业恐慌与国际贸易(与李宗藩合著)	《国际贸易导报》1932 年第 4 卷第 5 期
97. 世界农业恐慌中吾人应有之认识	《中华农学会报》1932 年第 101－102 期
98. 我国今日之食粮问题	《东方杂志》1932 年第 29 卷第 7 期
99. 中俄复交后茶叶贸易之展望	《国际贸易导报》1933 年第 5 卷第 1 期
100. 华茶在国际商战中的出路	《国际贸易导报》1933 年第 5 卷第 5 期
101. 祁门茶复兴计划	上海商品检验局农作物检验组 1933 年版
102. 世界经济恐慌中英日的贸易斗争	《民族(上海)》1933 年第 1 卷第 11 期
103. 中国农业的前途	《申报月刊》1933 年第 2 卷
104. 中国农业的现势	《中学生》1933 年第 41 期
105. 平淡无奇的乡村(与冯和法合作)	《中学生》1933 年第 42 期
106. 民国二十二年茶业之回顾(上)	《社会经济月报》1934 年第 1 卷第 1－2 期
107. 民国二十二年茶业之回顾(下)	《社会经济月报》1934 年第 1 卷第 1－2 期
108. 民国二十三年中国茶业之展望	《社会经济月报》1934 年第 1 卷第 3 期
109.《皖西各县之茶业》序言	上海商品检验局出版 1934 年版(张国本著)
110. 民国二十三年第一季茶业之回顾	《社会经济月报》1934 年第 1 卷第 4－5 期
111. 华茶对外贸易之展望	上海商品检验局 1934 年版,单行本
112. 民国二十三上半年茶业之回顾	《社会经济月报》1934 年第 1 卷第 7 期
113. 在祁场一年	《国际贸易导报》1934 年第 6 卷第 6 期

续表

篇　　名	发表处所及时间
114. 农业经济学(上)(与赵南柔、章育武合译)	上海黎明书局 1934 年版
115. 中国茶业的病源	《社会经济月报》1934 年第 1 卷第 10 期
116. 民国二十三年三季茶业之回顾	《社会经济月报》1934 年第 1 卷第 11 期
117. 土地不是自然物(与冯和法合作)	《中学生》1934 年第 44 期
118. 中国茶业复兴计划(与胡浩川合著)	上海商务印书馆 1935 年版
119. 一年来的中国农村经济	《民族(上海)》1935 年第 3 卷第 1 - 6 期
120. 日本绿茶在北非洲倾销之现状	《安徽政务月刊》1935 年第 8 期 《工商半月刊》1935 年第 7 卷第 15 期
121. 中国合作运动的出路	《广东合作》1935 年第 2 卷第 1 期
122. 日本和台湾之茶业	《茶叶杂志》1936 年创刊号
123. 反帝反封建的半幕剧	《中国农村》1936 年第 2 卷第 6 期
124. 印度锡兰之茶业	全国经济委员会农业处农业专刊 1936 年版
125. 荷印之茶业	全国经济委员会农业处农业专刊 1936 年版
126. 日本和台湾之茶业	全国经济委员会农业处农业专刊 1936 年版
127. 农业经济学(下)(与薛暮桥合译)	上海黎明书局 1936 年版
128. 一年来(1936)之茶业	《国际贸易导报》1937 年第 9 卷第 1 期
129. 世界主要产茶国之茶业	《浙江建设月刊》1937 年第 10 卷第 8 期
130. 一九三六年华茶之国外市场与本年浙茶之前途	《浙江建设月刊》1937 年第 10 卷第 8 期
131. 中国茶业问题(与范和钧合著)	上海商务印书馆 1937 年版
132. 祁红统制的现阶段	《中国农村》1937 年第 8 期

续表

篇　名	发表处所及时间
133. 怎样使茶叶的研究推广检验和指导取得联系	《茶报》1937 年第 1 卷第 4 期
134. 对春耕运动的具体建议	《抗战三日刊》1938 年 52 期
135. 抗战以来的中国茶业	《浙茶通讯》1939 年创刊号
136. 为什么要统销茶叶	《茶声半月刊》1939 年创刊号
137. 明年的茶业大计	《茶声半月刊》1939 年第 7 期
138. 抗战与茶业改造	《贸易月刊》1939 年第 2 −3 期
139. 中国战时茶业改造运动	《贸易月刊》1940 年第 2 卷第 1 期
140. 茶业工作者的当前任务	《茶声半月刊》1940 年第 17 期
141. 中国茶叶贸易与茶业金融	《时事新报(重庆)》1940 年 7 月 11 日《浙茶通读》1940 年第 8 期
142. 苏联农业的发展与中国:二十九年十月二十六日在中苏文化协会主办之苏联农业照片展览会中演讲	《中苏文化杂志》1941 年第 8 卷第 1 期
143. 茶叶统销政策与湘茶前途	1941 年演讲,转引自《抗战与茶业改造》
144. 最近国茶运销状况与今后对策	《安徽茶讯》1941 年第 1 卷第 3 期
145. 复旦茶人的使命	刊载于《抗战与茶业改造》
146. 本所的工作方针	刊载于《抗战与茶业改造》
147. 我们的工作态度	刊载于《抗战与茶业改造》
148. 中国茶叶研究改进史	《茶叶研究》1942 年第 1 卷第 1 −2 期
149. 茶叶统制政策的成因与其收获	1942 年演讲,刊载于《抗战与茶业改造》
150. 国茶机械化的方针	刊载于《抗战与茶业改造》
151. 整理武夷茶区计划书	《茶叶研究》1943 年第二号
152. 中国合作经济研究社缘起(与罗虞英、孙怀仁等合作)	《合作供销》1943 年第 3 卷 1 −2 期
153. 战后茶业建设计划草案	《茶叶研究》1944 年第 3 卷第 1 −3 期
154. 中国茶业的发展与合作运动	《合作经济》1944 年第 5 期

续表

篇　名	发表处所及时间
155. 茶树栽培及茶园经营问题	刊载于《抗战与茶业改造》
156.《抗战与茶业改造》序	载《抗战与茶业改造》
157. 三年来茶树更新工作之检讨	《茶叶研究》1945 年第 3 卷第 4－6 期
158. 战时茶叶统制政策的检讨	《茶叶研究》1945 年第 3 卷第 10－12 期
159. 三年来的本刊——代告别词	《茶叶研究》1945 年第 3 卷第 10－12 期
160. 半月来之茶叶市场（民国三十五年七月上半月）	《国际贸易》1946 年第 1 卷第 8 期
161. 为茶农茶商作紧急呼吁	《中国建设月刊》1946 年第 1 卷第 5 期
162. 茶叶输出贸易三年计划大纲	《闽茶》1947 年第 2 卷第 1 期
163. 民元来我国之外销茶业	《民国经济史》，银行周报三十年纪念刊 1948 年版
164. 浙江茶叶瞻望	《浙江经济月刊》1948 年
165. 时代与科学工作者	《上海科协》1948 年第 4 期
166. 茶业全书	中国茶叶研究社 1949 年 5 月版
167. 急需恢复和发展的农业生产	《人民日报》1949 年 10 月 22 日第 5 版
168. 目前茶叶产销趋势和我们的任务	《制茶学习》1950 年《茶叶》季刊（浙江）1987 年第 1 期
169. 恢复与发展中的东北农业	《中国农报》1951 年第 2 卷第 3 期
170. 新中国茶叶的前途	《中茶简报》1951 年第 43 期《人民日报》1951 年 4 月 19 日第 2 版
171. 发展我国茶叶的研讨	《自然科学》1951 年第 1 卷第 5 期
172. 祖国的农业	中华全国科学技术普及协会 1954 年 3 月版
173. 为实现第一个五年计划而奋斗	1954 年任中央农业部副部长时的讲话稿
174. 农业的合作化运动	1954 年任中央农业部副部长时的讲话稿

篇　　名	发表处所及时间
175. 全苏农业展览会	《科学大众》1955 年第 6 期
176. 视察浙江省富阳县的报告	1956 年 1 月
177. 青藏高原见闻记一	《民讯》1956 年第 62 期
178. 青藏高原见闻记二	《民讯》1956 年第 63 期
179. 青藏高原见闻记三	《民讯》1957 年第 64 期
180. 青藏高原见闻记四	《民讯》1957 年第 65 期
181. 拟请划定外销红、绿茶基地,由外贸部与当地有关生产机构积极经营,以利国茶外销案	1962 年政协全国委员会委员提案
182. 湖南茶业史话	《茶叶通讯》1964 年第 1－2 期
183. 四川茶业史话(与吕允福合作)	西南农学院编《西南科技》1978 年
184. 一个发展现代化红茶生产的优良地区——关于四川茶叶历史的研究	西南农学院编《西南科技》1978 年
185. 跟上农业现代化并大力发展红碎茶	《科技工作者建议》1978 年第 2 期
186. 关于发展云南广西广东海南岛等地区红细茶生产的前景(与陈啸原合作)	《科技工作者建议》1978 年第 2 期
187. 关于如何发展农副产品对外贸易的几点体会	1978 年 8 月与古耕虞合写,在全国政协礼堂的报告稿
188. 关于在海南岛建立出口茶叶生产基地的建议	1978 年
189. 增加茶叶出口,成立专业公司	1978 年 12 月致全国政协有关部的建议
190. 关于由国家贷款扶植公社茶园和筹建茶厂以发展红细茶的建议	1978 年 12 月致全国政协有关部的建议
191. 致中共中央农村政策办公室杜润生副主任并转王任重副总理的信	1979 年,并附发展西南地区茶叶生产的建议
192. 我国西南地区是世界茶树的原产地	《茶叶》1979 年第 1 期
193. 我在崇安茶叶研究所一些回忆和感想	《中国茶叶》1979 年第 3 期

续表

篇　　名	发表处所及时间
194. 茶树在我国西南地区的自然分布	西南农学院茶叶教研组 1979 年 11 月
195. 致全国政协刘澜涛秘书长转邓小平主席信两件,并附发展茶叶产销方面建议四件	1980 年 1 月
196. 致全国政协陆定一副主席的信	1983 年 4 月 18 日,附《人民日报》1983 年 4 月 3 日(茶叶出口哪个部管最有利)
197. 关于加快云南茶叶生产发展的建议	《云南茶叶》1980 年第 1 期
198. 茶叶产销亟待解决的几个问题	《人民日报》1980 年 3 月 24 日
199. 略谈茶树原产地和外销红细茶的问题	《全国茶叶学会讨论会论文资料选编》
200. 发展广西茶叶生产的初步意见	1980 年 11 月《全国茶叶学会讨论会论文资料选编》;《中国农垦》1981 年第 6 期
201. 中华农学会——我国第一个农业学术团体	1980 年《中国农技史料》丛刊第 2 辑
202. 马寅初的硬骨头精神	中国文史出版社 1981 年 8 月版全国政协《文史资料选辑》第 73 辑
203. 加快发展茶叶生产,满足内销和外贸需要	《中国财贸报》1981 年 12 月 26 日
204. 在临沧地区建立世界第一流大茶园	《中国财贸报》1982 年 4 月 10 日 3 版
205. 我国茶叶产销存在什么问题	《经济参考》1982 年 2 月 26 日
206. 我在上海商检局搞茶叶工作的回忆	中国文史出版社 1983 年 4 月版全国政协《文史资料选辑》第 88 辑
207. 茶叶与健康文化学术研讨会是个创举	1983 年 10 月版《茶叶与健康文化学术研讨会论文集》
208. 让生产者得利　消费者受益	1983 年 10 月在杭州茶人之家"茶事咨询会"上的发言
209. 一生追求真理的梁希先生	北京《人民政协》1983 年 12 月第 37 期
210.《茶经述评》前言	《陆羽研究集刊》1984 年

续表

篇　　名	发表处所及时间
211. 我和开明书店的关系	《我与开明》中国青年出版社 1985 年 8 月版
212. 求真求实,刚正不渝——祝贺陈翰笙同志从事研究工作六十年庆祝大会上发言	《世界经济导报》1985 年 10 月 14 日
213. 敬祝优质出口红碎茶研讨会召开(贺电)	1986 年 7 月致全国优质出口红碎茶学术研讨会的贺电
214. 相交八十年,童心永不泯	1986 年版《胡愈之印象记》
215. 纪念我国著名农学家邹秉文先生	《人民日报》1986 年 7 月 20 日
216. "叶天底纪念馆"题词	上虞"叶天底纪念馆"1987 年 4 月 15 日
217. 茶经述评	农业出版社 1987 年 5 月
218. 红碎茶发展简史和展望	《中国茶叶》1987 年第 2 期
219. 怀念老友章锡琛	《出版史料》1988 年第 1 期
220. 回忆中国农学会	中国文史出版社 1988 年 7 月版全国政协《文史资料选辑》第 115 辑
221.《中国茶树优良品种集》序	1988 年 10 月
222.《茶叶加工与茶叶机械》序	1989 年
223.《上虞县志》序言	《上虞县志》浙江人民出版社 1990 年
224. 中国地方志茶叶历史资料选辑	农业出版社 1990 年 12 月版
225. 中国饮茶的习惯	科学普及出版社 1989 年版《大自然的召唤》(科学随笔经典丛书)

后　　记

2006 年 4 月，中国国际茶文化研究会、吴觉农茶学思想研究会等全国 12 家茶叶、茶文化团体和吴觉农故乡绍兴市人民政府、上虞市人民政府共同发表了"弘扬吴觉农茶学思想倡议书"，建议多方筹集资金，组织整理出版《吴觉农茶学文集》。经过多方努力，中国国际茶文化研究会成立了由有关专家组成的《吴觉农集》编委会，自 2006 年起就把编辑出版《吴觉农集》列入中国国际茶文化研究会的重要工作内容，并特邀著名学者、中国社会科学院研究员沈冬梅同志为具体执行主编，全面展开吴觉农有关文献资料的搜集和整理编辑工作。

吴觉农先生一生著述宏富，在茶学、农学、农业经济学、社会、家庭、婚姻、人生等方面，皆有着众多著述和译作。如何确定《吴觉农集》编选范围，编委会和中国国际茶文化研究会学术委员会专家经过数次讨论，最终决定主要以茶学论著、译著为主，并选取少量农学、农业经济学、社会、政治等方面的代表性论述和译作，以期着重反映出吴觉农先生一生事茶作为茶叶专家同时又是著名的农学家和社会活动家的人生风采和学术成就。

《吴觉农集》资料搜集工作量大而繁杂，几乎都在图书馆及茶人们中间展开，沈冬梅同志为此付出了大量心血。资料搜集工作得到了刘勤晋、刘启贵、朱自振、邵曙光、王建荣、陈书谦等茶界人士的大力支持与帮助。钱樑先生的子女、王家斌、马森科、陈席卿、阮浩耕、张定、王亚雷、尹福生等提供了数十封吴觉农书信；中国科学院图书馆馆长张晓林，上海图书馆的甘振虎、屠秀丽，中国国家图书馆文献中心的陆承、王三珊、任鹏飞，上海茶叶学会傅平方，曾在中国科学院图书馆工作的姜勇，中国人民大学的廖菊栋，吴觉农家乡的有关领导和部门等，都给予了大力支持与帮助。中国农业出版社责任编辑姚佳对《吴觉农集》进行了认真编审。在此一并表示衷心的感谢！

这里特别要感谢吴觉农先生的亲属，吴甲选先生、张素娟女士陪同编者先后访问了陈舜年、尹在继、何耀曾、裘览耕等老茶人；而在书信整理方面，吴甲选先生、吴谷茗女士、张素娟女士更是付出了辛勤的努力。

吴觉农先生的著述包含了以其为代表的老一代茶人的历史经验与精神镜鉴，是中国茶产业和茶文化发展的宝贵财富。经过多年努力，《吴觉农集》（共八册）2020年由中国农业出版社陆续出版发行。愿《吴觉农集》的编辑出版为弘扬中国茶文化，以茶为媒，以茶会友，谱写茶产业和茶文化发展新篇章作出应有的贡献。

编　者

图书在版编目（CIP）数据

杂著并书信集／吴觉农著. —北京：中国农业出
版社，2023.6
（吴觉农集）
ISBN 978-7-109-30574-8

Ⅰ. ①杂… Ⅱ. ①吴… Ⅲ. ①茶业－中国－文集②吴
觉农－书信集 Ⅳ. ①F326.12-53②K826.3

中国国家版本馆 CIP 数据核字（2023）第 081425 号

ZAZHU BING SHUXINJI

中国农业出版社出版
地址：北京市朝阳区麦子店街 18 号楼
邮编：100125
特约专家：穆祥桐 特约编辑：张 荷
责任编辑：姚 佳
版式设计：王 晨 责任校对：吴丽婷
印刷：北京通州皇家印刷厂
版次：2023 年 6 月第 1 版
印次：2023 年 6 月北京第 1 次印刷
发行：新华书店北京发行所
开本：700mm ×1000mm 1/16
印张：35.75
字数：515 千字
定价：198.00 元